SPINOZA
OBRA COMPLETA II

CORRESPONDÊNCIA COMPLETA E VIDA

Coleção Textos

Dirigida por:

João Alexandre Barbosa (1937-2006)
Roberto Romano
Trajano Vieira
João Roberto Faria
J. Guinsburg

Equipe de realização – Preparação de texto: Marcio Honorio de Godoy; Revisão: Luciana de Almeida Tavares; Ilustração: Sergio Kon; Projeto de capa: Adriana Garcia; Produção: Ricardo W. Neves, Luiz Henrique Soares, Elen Durando, Mariana Munhoz e Sergio Kon. e Lia N. Marques.

SPINOZA
OBRA COMPLETA II
ঔ
CORRESPONDÊNCIA COMPLETA E VIDA

J. GUINSBURG E NEWTON CUNHA
TRADUÇÃO E NOTAS

J. GUINSBURG, NEWTON CUNHA E ROBERTO ROMANO
ORGANIZAÇÃO

CIP-Brasil. Catalogação na Publicação
Sindicato Nacional dos Editores de Livros, RJ

S472

Spinoza : obra completa II : correspondência completa e vida / organização J. Guinsburg , Newton Cunha , Roberto Romano; tradução e notas J. Guinsburg , Newton Cunha. – 1. ed. – São Paulo : Perspectiva, 2014.
     390 p. : il. ; 21 cm.   (Textos ; 29)

Inclui bibliografia
ISBN 978-85-273-1001-7

     1. Spinoza, Benedictus de, 1632-1677. 2. Filósofos - Alemanha - Biografia. I. Guinsburg, J. II. Cunha, Newton. III. Romano, Roberto, 1946-. IV. Série.

14-08387

CDD: 921.3
CDU: 929:1(430)

08/01/2014   13/01/2014

[PPD]

Direitos reservados em língua portuguesa à

EDITORA PERSPECTIVA LTDA.

Av. Brigadeiro Luís Antônio, 3025
01401-000 São Paulo SP Brasil
Telefax: (11) 3885-8388
www.editoraperspectiva.com.br
2019

SUMÁRIO

Nota da Edição.. 9
Cronologia Política e Principais Fatos Biográficos 13
Acerca desta Tradução 19

CORRESPONDÊNCIA COMPLETA
Breve Biografia dos Interlocutores 27
Cartas 39
Correspondência Complementar.. 301

A VIDA DE BARUKH DE SPINOZA,
ALGUMAS OPINIÕES E DEPOIMENTOS
A Vida de Barukh de Spinoza (*Das leben des Benedikt von Spinoza*) – *Johannes Colerus*....................................... 319
Algumas Opiniões e Depoimentos.................................... 355

Pierre Bayle, J.W. von Goethe, Arthur Schopenhauer, Victor Cousin, Hermann Cohen, Friedrich Nietzsche, Léon Brunschvicg, Bertrand Russel, Julius Guttman, Leo Strauss, Walter I. Rehfeld, Gilles Deleuze, Ze'ev Levy, Denis Huisman, André Comte-Sponville

Alguma Bibliografia Recente e Endereços Eletrônicos 387

NOTA DA EDIÇÃO

A intenção da editora Perspectiva ao publicar a obra completa de Barukh (ou Bento) de Spinoza fundamenta-se em duas razões de maior valor e interesse: de um lado, a importância do pensador como um dos construtores da filosofia moderna e, de outro, a ausência de traduções em língua portuguesa de certos textos como o *(Breve) Tratado de Deus, do Homem e de Sua Felicidade*, os *Princípios da Filosofia Cartesiana*, a *Correspondência Completa*, a biografia do filósofo (de Johannes Colerus) e o *Compêndio de Gramática da Língua Hebraica*, que permite compreender a análise bíblica de caráter histórico-cultural que Spinoza inaugurou no *Tratado Teológico-Político*.

Dois outros textos, o assim chamado *Tratado do Arco-Íris* (*Iridis computatio algebraica* ou *Stelkonstige Reeckening van den Reegenboog*) e um sobre o cálculo das probabilidades, embora figurassem em muitas edições da obra spinoziana, particularmente no século XIX, vêm sendo considerados pelos estudiosos, já a partir dos anos de 1980, obras de outro autor. Dado o problema que criam e a polêmica suscitada, optamos por não inseri-los aqui, opção já adotada por edições mais recentes da obra completa do filósofo holandês.

As obras completas foram divididas em quatro volumes, o que permite ao leitor maior flexibilidade de escolha, na dependência de um interesse mais amplo ou mais restrito.

O primeiro volume inclui aqueles textos que, na verdade, permaneceram inacabados, mas que serviram a Spinoza para desenvolver suas concepções e realizá-las em seus escritos mais conhecidos e realmente finalizados. Assim sendo, nele se encontram reunidos: *(Breve) Tratado de Deus, do Homem e de Sua Felicidade*, *Princípios da Filosofia Cartesiana*, *Pensamentos Metafísicos*, *Tratado da Correção do Intelecto* e o *Tratado Político*. Já o segundo volume nos traz a sua *Correspondência Completa* e a primeira grande biografia de Spinoza, escrita logo após a sua morte, além de comentários de outros pensadores a seu respeito. O terceiro volume é dedicado ao *Tratado Teológico-Político*, e o quarto, à *Ética* e ao *Compêndio de Gramática da Língua Hebraica*.

Várias fontes foram utilizadas para as traduções e colações aqui efetuadas. A primeira delas foi a edição latina de Heidelberg, agora digitalizada, *Baruch de Spinoza opera*, datada de 1925, levada a efeito por Carl Gebhardt. A segunda, as traduções francesas completas de Charles Appuhn, de 1929, *Œuvres de Spinoza* (disponíveis em hyperspinoza.caute.lautre.net), acompanhadas dos respectivos originais latinos. Outras traduções em separado, igualmente utilizadas, foram a versão inglesa de R.H.M. Elwes, publicada em 1901, e a espanhola de Oscar Cohan, realizada em 1950, ambas para a correspondência, a edição da Pléiade das *Œuvres complètes*, de 1955, a *Complete Works* da Hackett, de 2002, assim como a versão brasileira de quatro livros, inserida na coleção Os Pensadores, de 1973, editada pela Abril Cultural.

Que se registrem aqui também os nossos mais sinceros agradecimentos à professora Amelia Valcárcel, renomada filósofa espanhola, por ter aceitado escrever um dos prefácios do segundo volume, e ao professor Roberto Romano que, além de nos oferecer a sua contribuição analítica, também muito nos auxiliou com suas orientações e propostas, assim como o havia feito nas publicações das obras de Descartes e Diderot.

J. Guinsburg e Newton Cunha

CRONOLOGIA POLÍTICA
E PRINCIPAIS FATOS BIOGRÁFICOS

1391 Os judeus espanhóis, que desde o século X tinham sido protegidos pelos monarcas católicos (eram seus súditos diretos, ou *servi regis*), são forçados à conversão "para o bem da uniformidade social e religiosa".

1478 Estabelecimento da Inquisição Espanhola, encarregada, entre outras coisas, de deter e julgar os judaizantes.

1492 Os judeus não convertidos são expulsos da Espanha. Cerca da metade deles se dirige a Portugal, incluindo a família Spinoza, nome que revela a origem da cidade onde vivia: Spinoza de Monteros, na região cantábrica da Espanha.

1497 Comunidades judaicas portuguesas, sobretudo cristãos-novos (entre os quais muitos praticavam o judaísmo privadamente, em família), dão início a uma leva progressiva de refugiados, entre eles os ancestrais de Spinoza. Os destinos mais comuns foram o Brasil, o norte da África, as Províncias Unidas (Holanda) e a Alemanha. A família Spinoza permaneceu em Portugal, adotando o cristianismo, até o final do século XVI, sabendo-se que o pai do filósofo, Miguel (ou Michael), nasceu na cidade de Vidigueira, próxima a Beja.

1609 Início de uma década de paz entre as Províncias Unidas e a Espanha, com a qual se reconhece a independência das sete províncias protestantes do norte.

1615	Chega à Holanda, vindo do Porto, Uriel da Costa, importante pensador judeu que nega a imortalidade da alma e diz ser a lei de Moisés uma criação puramente humana.
1618	Começo da Guerra dos Trinta Anos.
1620	Os cristãos-novos que viviam em Nantes, na França, durante o reinado de Henrique IV, são expulsos, entre eles a família Spinoza, que houvera saído de Portugal em fins do século anterior. O avô de Spinoza, Isaac, decide então transferir-se para Roterdã, na Holanda.
1621	Retomam-se as hostilidades entre a Espanha e as Províncias Unidas.
1622	Ano em que, provavelmente, a família Spinoza chega a Amsterdã.
1625	Morte de Maurício de Nassau, sucedido por seu irmão Frederick, que consolida a autoridade da Casa de Orange na Holanda.
1626	Fundação de Nova Amsterdã na América do Norte, na ilha de Manhattan, futura Nova York, cujo terreno foi comprado pelos holandeses dos índios algonquinos.
1628	Miguel de Spinoza se casa, em segundas núpcias, com Ana Débora, futura mãe de Barukh e de seus irmãos Miriam, Isaac e Gabriel.
1629	Descartes se transfere para a Holanda.
1632	Nascimento de Barukh Spinoza em 24 de novembro, em Amsterdã, já sendo seu pai um próspero comerciante. Nascem no mesmo ano: Antonie van Leeuwenhoeck, em Delft, mais tarde considerado o "pai da microbiologia", Jan Vermeer e John Locke. Galileu é denunciado pela Inquisição.
1634	Aliança entre as Províncias Unidas e a França, contra a Espanha.
1638	Manasseh ben Israel, sefaradita nascido em Lisboa, é indicado para a *ieschivá* de Amsterdã, denominada "Árvore da Vida" (*Etz ha-Haim*). Ele e o asquenazita proveniente de Veneza, Saul Levi Morteira, serão professores de Spinoza em assuntos bíblicos e teológicos.
1639	Derrota da marinha espanhola para a armada holandesa, comandada pelo almirante Tromp.
1640	Morte de Rubens, em Antuérpia.
1642	Morte de Galileu e nascimento de Isaac Newton.
1643	É criada uma segunda escola na comunidade judaica de Amsterdã, a "Coroa da Torá" (*Keter Torá*), ou Coroa da Lei, na qual Spinoza fez estudos sob a orientação de Morteira.
1646	Nascimento de Gottfried Wilhelm von Leibniz, em Leipzig.
1648	O Tratado de Westfália termina com a Guerra dos Trinta Anos. A Holanda obtém a completa independência da Espanha, assim como a Confederação Suíça passa a ser oficialmente reconhecida.

CRONOLOGIA POLÍTICA E PRINCIPAIS FATOS BIOGRÁFICOS

1650 Sob a proteção de Franciscus (Franz) van den Enden, adepto da teosofia, segundo a qual nada existe fora de Deus, Spinoza passa a estudar latim, ciências naturais (física, mecânica, química, astronomia) e filosofia. Provavelmente tem contatos com a filha de Enden, Clara Maria, também ela professora de latim, por quem se apaixona. Morte de Descartes. Morte de Henrique II, conde de Nassau, príncipe de Orange.

1651 A Holanda coloniza o Cabo da Boa Esperança. O governo de Cromwell decreta a Lei da Navegação, proibindo que navios estrangeiros conduzam cargas em direção à Comunidade da Inglaterra (Commonwealth of England).

1652/1654 Primeira das quatro guerras marítimas anglo-holandesas pelo controle de novos territórios e de rotas comerciais.

1652 Mesmo com a oposição de seu pai, Spinoza passa a se dedicar à fabricação de lentes (corte, raspagem e polimento).

1653 Nomeação de Jan de Witt como conselheiro pensionário das Províncias Unidas por seu tio materno e regente de Amsterdã, Cornelis de Graeff, ambos politicamente estimados por Spinoza.

1654 Morre o pai de Spinoza. O filho assume a direção dos negócios familiares.

1655 Spinoza é acusado de heresia (materialismo e desprezo pela *Torá*) pelo Tribunal da Congregação Judaica.

1656 Excomunhão (*Herem*) de Spinoza da comunidade judaica. Após o banimento, Spinoza mudou seu primeiro nome, Baruch, na grafia da época, para Bento (Benedictus). No mesmo ano, um édito do governo proíbe o ensino da filosofia de Descartes na Holanda.

1660 A Sinagoga de Amsterdã envia petição às autoridades laicas municipais denunciando Spinoza como "ameaça à piedade e à moral". Escreve o (*Breve*) *Tratado*.

1661 Spinoza deixa Amsterdã e se transfere para Rijnsburg; começa a escrever a *Ética* e tem seu primeiro encontro com Henry (Heinrich) Oldenburg. Convive com os Colegiantes, uma irmandade religiosa bastante livre e eclética, na qual se discutem os Testamentos. Tornam-se seus amigos e discípulos Simon de Vries, que lhe deixou, ao morrer, uma pensão, Conrad van Beuningen, prefeito de Amsterdã e também embaixador da Holanda, assim como Jan Hudde e seu editor Jan Rieuwertsz.

1662 Provável ano em que escreve o inacabado *Tratado da Correção do Intelecto*. Morte de Pascal.

1663	Spinoza se muda para Voorburg, nos arredores de Haia (Den Haag), e ali divide uma residência com o pintor Daniel Tydemann. Nova Amsterdã é capturada pelos ingleses e recebe o nome de Nova York.
1664	Publicação dos *Princípios da Filosofia Cartesiana*, trazendo como anexos os *Pensamentos Metafísicos*.
1665	Começo da Segunda Guerra Anglo-Holandesa.
1666	Newton divulga sua teoria da gravitação universal e o cálculo diferencial. Luís XIV invade a Holanda hispânica. Morte de Franz Hals.
1667	O almirante Michiel de Ryuyter penetra no Tâmisa e destrói a frota inglesa ali ancorada. O Tratado de Breda põe fim à segunda Guerra Anglo-Holandesa.
1668	Leeuwenhoeck consegue realizar a primeira descrição dos glóbulos vermelhos do sangue. A Tríplice Aliança (Províncias Unidas, Suécia e Inglaterra) impede a conquista da Holanda Hispânica pelos franceses.
1669	Morte de Rembrandt em Amsterdã. Spinoza muda-se mais uma vez, então para Haia.
1670	É publicado o *Tratado Teológico-Político* em Hamburgo, sem indicação de autor.
1671	Leibniz e Spinoza trocam publicações e correspondência. Clara Maria, filha de Van den Enden, casa-se com o renomado médico Kerckrinck, discípulo de Spinoza. O *Tratado Teológico-Político* é denunciado pelo Conselho da Igreja de Amsterdã (calvinista) como "obra forjada pelo renegado judeu e o Diabo".
1672	Sabotando o pacto com a Tríplice Aliança, a França invade novamente as Províncias Unidas. Os holandeses abrem os diques para conseguir deter os franceses. Os irmãos De Witt são responsabilizados pelos calvinistas pela invasão e assassinados em 20 de agosto por uma multidão, episódio que Spinoza definiu com a expressão *Ultimi barbarorum*. Willem van Oranje (Guilherme I, o Taciturno, príncipe de Orange) é feito Capitão Geral das Províncias Unidas.
1673	Spinoza é convidado pelo eleitor palatino para ser professor de filosofia na Universidade de Heidelberg e declina a oferta, alegando lhe ser indispensáveis as liberdades de pensamento e de conduta. Os franceses são expulsos do território holandês.
1674	Willem van Oranje assina um édito banindo o *Tratado Teológico-Político* do território holandês.

CRONOLOGIA POLÍTICA E PRINCIPAIS FATOS BIOGRÁFICOS

1675 Spinoza completa a *Ética*. Recebe a visita de Leibniz em Haia. Morte de Vermeer.

1677 Morte de Spinoza em 21 de fevereiro, de tuberculose. Em dezembro, seus amigos publicam sua *Opera posthuma* em Amsterdã: *Ethica, Tractatus politicus, Tractatus de intellectus emendatione, Epistolae, Compendium grammatices linguae hebreae*. No mesmo ano, as obras são traduzidas para o holandês.

ACERCA DESTA TRADUÇÃO

Tivemos a preocupação, neste trabalho, de não apenas cotejar traduções em línguas diferentes (francês, inglês e espanhol), mas também de nos mantermos o mais próximo possível dos originais latinos de Spinoza. Essa preocupação pareceu-nos importante não pela tentativa de recriar uma atmosfera literária de época (o que também seria justificável), mas tendo-se em vista não modificar em demasia os conceitos ou os entendimentos dados pelo pensador a determinadas palavras, ou seja, conservar a terminologia utilizada em sua filosofia.

Para que o leitor possa perceber mais claramente esse objetivo, Spinoza sempre deu nítida preferência, em duas de suas obras principais, a *Ética* e o *Tratado Político*, ao termo potência (*potentia*), mesmo quando, eventualmente, pudesse ter utilizado a palavra poder (*potestas* ou, ainda, *imperium*). Ocorre que o vocábulo potência tem um significado particular para o filósofo, o que nos parece dever ser mantido nas traduções.

A potência é aquilo que define e manifesta o fato ontológico de algo existir, de perseverar em seu ser e agir. Considerando inicialmente que "a potência de Deus é sua própria essência"

(*Dei potentia est ipsa ipsius essentia, Ética* I, XXXIV) e que pela potência de Deus "todas as coisas são e agem", todos os modos de existência, isto é, os entes singulares, só podem manifestar--se por essa força constituinte e natural. Assim, "poder não existir é impotência e, ao contrário, poder existir é potência" (*Ética* I, outra Demonstração). Ainda que diferentes em extensão ou abrangência, a potência infinita de Deus, ou da Natureza (substância), e a potência finita das coisas singulares (modos) jamais se separam.

Por conseguinte, tudo o que está relacionado à existência, ao esforço contínuo de preservação de si (*conatus*), às afecções sofridas e ao agir se congrega no conceito de potência. Por exemplo: "Entendo por afecções aquelas do corpo pelas quais a potência de agir desse corpo aumenta ou diminui, é favorecida ou coagida, e, ao mesmo tempo, as ideias dessas afecções" (*Ética* III, III). Daí também ser a razão considerada "a potência da mente", ou "a verdadeira potência de agir do homem, quer dizer, sua virtude" (*Ética* IV, LII). Por isso mesmo é que só agindo virtuosamente pode o homem expressar o livre-arbítrio ou a liberdade pessoal, ou, em outras palavras, "num homem que vive sob o ditame da razão, [o apetite] é uma ação, quer dizer, uma virtude chamada moralidade" (*Ética*, V, IV).

O mesmo entendimento de potência pode ser observado no *Tratado Político*, pois todo ser da natureza tem o mesmo direito que sua potência de existir e agir, o que para Spinoza não é outra coisa senão a potência de Deus na sua liberdade absoluta, daí que

o direito natural da natureza inteira e, consequentemente, de cada indivíduo, se estende até onde vai sua potência e, portanto, tudo o que um homem faz segundo as leis de sua própria natureza, ele o faz em virtude de um direito soberano de natureza, e ele tem tanto direito sobre a natureza quanto tem de potência (Capítulo II, parágrafos 3 e 4).

Optamos ainda por utilizar o termo *mente*, quando encontrado no original (*mens, mentis*), em primeiro lugar como tradução direta, tal como o próprio filósofo o utiliza e entende, ou seja, como coisa pensante: "Entendo por ideia um conceito da mente que a mente forma porque é uma coisa pensante" (*Per ideam intelligo mentis conceptum quem mens format propterea quod res est cogitans, Ética*, II, Definição III). Com isso lembramos que, por influência das traduções francesas ou alemãs, já foi ele vertido entre nós como *alma* (*âme, Seele*), o que lhe dá uma conotação fortemente teológica. Em algumas obras iniciais isso realmente ocorre, como no *Tratado de Deus, do Homem e de sua Felicidade*, ou ainda nos *Princípios da Filosofia Cartesiana*. Quando não, devemos nos lembrar que, por motivos históricos, as línguas francesa e alemã não preservaram o vocábulo, mas apenas o adjetivo *mental* (no caso francês) e o substantivo *mentalité, Mentalität* (em ambas as línguas). Ora, encontrava-se nas intenções de Spinoza examinar a natureza da mente em suas múltiplas e complexas relações com o corpo, o que se depreende de uma proposição como a seguinte (*Ética* II, XIII): "O objeto da ideia constituinte da mente humana é o corpo, isto é, certo modo da extensão existente em ato e nenhum outro" (*Objectum ideæ humanam mentem constituentis est corpus sive certus extensionis modus actu existens et nihil aliud*). Essa intenção insinua-se já no primeiro de seus escritos, o (*Breve*) *Tratado de Deus, do Homem e de sua Felicidade*, em que se pode ler ainda sob o nome de *alma* (capítulo XXIII):

Por já termos dito que a mente é uma ideia que está na coisa pensante e que nasce da existência de uma coisa que está na Natureza, resulta daí que, igualmente da mudança e da duração da coisa, devem ser a mudança e a duração da mente. Observamos, além do mais, que a mente pode estar unida ou ao corpo, da qual é uma ideia, ou a Deus, sem o qual ela não pode existir nem ser concebida.

Disso se pode ver facilmente: 1. que se a mente estiver unida só ao corpo e esse corpo perecer, ela também deve perecer, pois se estiver privada do corpo que é o fundamento de seu amor, ela deve também morrer com ele; 2. mas se a alma estiver unida a outra coisa que permanece inalterada, ela deve também permanecer inalterada.

Ou ainda, no mesmo livro, no Apêndice II: "A essência da mente consiste unicamente, portanto, em ser, dentro do atributo pensante, uma ideia ou uma essência objetiva que nasce da essência de um objeto realmente existente na Natureza". Nesse momento inaugural do pensamento de Spinoza, cremos que o uso do termo *anima* ou *animus* acompanha a tradição greco-latina, em que a *alma* (o *thymós* grego) é o lugar não apenas de movimentos (*motus*), de impulsos (*impetus*), de afetos (*affectus*), mas sobretudo da *mente*, a quem cabe regular e se impor, por ação e virtude morais, às paixões constituintes do ser humano.

Logo, se de um lado temos uma doutrina da mente como conjunto de faculdades cognitivas (memória, imaginação, raciocínio, entendimento) e de afecções (alegria, ódio, desejo e as daí derivadas), todas elas naturais, esse mesmo exame nos permite entender a mente (conservado o original latino) em termos contemporâneos, ou seja, como estrutura de processos cognitivos e aparato psíquico.

Vários outros termos latinos foram traduzidos de maneira direta, tendo em vista existirem em português e oferecerem o mesmo entendimento da autoria, como *convenire* (convir), no sentido de algo que aflui e ocorre simultaneamente, junta-se, reúne-se e se ajusta, como também no de quadrar-se; *tollere* (tolher), com o significado de suprimir, retirar ou impedir, ou ainda *scopus* (escopo) e libido.

J. Guinsburg e Newton Cunha

SPINOZA
OBRA COMPLETA II

Frédéric Hexamer, Estátua de Spinoza em Haia, 1800.

CORRESPONDÊNCIA COMPLETA

BREVE BIOGRAFIA DOS INTERLOCUTORES

O conjunto de cartas que hoje se designa como a "correspondência de Spinoza" abarca um período de quinze anos, de 1661 a 1676, sendo composto não apenas das que foram originalmente publicadas na *Opera posthuma* (1677), de Lodewijk Meyer, George Hermann Schuller e Johannes Bouwmeester, mas também daquelas que foram acrescidas pelas edições da *Qpera quotquot reperta sunt* (1882), de J. van Vloten e J. P. N. Land, que ainda estabeleceu sua numeração, e pela *Opera* (1925), de Carl Gebhardt, totalizando 88 cartas, a que esta edição acresce a carta de Steno que alguns estudiosos entendem ser, na verdade, uma carta aberta a Spinoza.

A biografia sucinta dos interlocutores de Spinoza apresentada abaixo (na ordem em que aparecem na Correspondência) não tem por objetivo tecer um relato exaustivo de suas vidas e realizações, mas contextualizar para o leitor os vínculos filosófico-pessoais e as linhas de força político-religiosas em interação, bem como os principais interesses científicos à época:

Henry Oldenburg

Heinrich Oldenburg (c.1619-1677) foi um diplomata e filósofo alemão radicado na Inglaterra, onde já vivera alguns anos e aonde fora enviado a fim de negociar com Cromwell o respeito à neutralidade de Bremen, sua cidade natal, durante a 1 Guerra Anglo-Holandesa (1952-1954). Ali, sua amizade com Robert Boyle e John Milton abriu-lhe portas e o ajudou a se tornar, em 1663, secretário da recém-fundada Royal Society (ou, na denominação completa em português, Real Sociedade de Londres para o Aprimoramento do Conhecimento Natural): ele se ocupava das "ciências físicas" (física e química), e o outro secretário, John Wilkins (1614-1672), das "ciências biológicas". O epistolário de Oldenburg é uma valiosa fonte para a história da ciência e o conhecimento das ideias e questões da época, embora, no caso de Spinoza, haja um hiato de dez anos devido aos conflitos entre ingleses e holandeses. Ambos haviam se conhecido em Rijnsburg, em 1661, quando Oldenburg estivera em Leiden em uma de suas viagens. Subjaz nas primeiras cartas uma controvérsia sobre Boyle, o que leva alguns estudiosos a afirmar que na verdade é com ele, via Oldenburg, que Spinoza está debatendo, além de tal correspondência deixar patente o grande interesse do filósofo holandês pelas questões científicas (a respeito disso, ver o artigo sobre Nicolaus Steno, infra). Fica claro, ainda, que uma característica dos grandes homens de ciência da época: a de não transformar discordância intelectual em inimizade. Oldenburg, assim como Boyle, Steno, Newton, Leibniz e outros, era apegado à ideia de ser a religião cristã a verdadeira fé e a última palavra no que concerne a assuntos metafísicos, assim, ele nunca foi capaz de compreender o pensamento de Spinoza, nem deixou passar oportunidade de demovê-lo de certas noções. Não obstante, a amizade ou simpatia mútua parece ter permanecido até o fim da vida de ambos.

Simon de Vries

Simon Joosten de Vries (c. 1633-1667), oriundo de uma próspera família de comerciantes, era um dos principais integrantes do círculo de Spinoza, de quem fora aluno e a quem legou em testamento uma quantia anual, além de ser também secretário de um clube de discussões filosóficas frequentado pelo pensador, cuja maioria dos associados era, como o próprio De Vries, do ramo menonita próximo dos colegiantes. Esse movimento, que derivara seu nome da forma como os adeptos designavam seus encontros, *collegia*, se iniciou de uma dissidência no sínodo realizado pela Igreja Reformada Holandesa entre 1618-1619, chamado de Sínodo de Dort ou de Doordrecht. Após a expulsão dos pregadores remonstrantes, reformados liberais ainda hoje existentes, um grupo passou a se reunir para o serviço religioso sem um pregador, o que acabou se transformando em sua marca. Para eles, nenhuma igreja podia afirmar-se como "a verdadeira" devido ao afastamento de todas elas dos princípios apostólicos e assim, na esperança de uma renovação das práticas, eles defendiam uma laicidade pura, antieclesiástica, jamais estabelecendo uma "igreja" propriamente dita – e muitos pastores de outras denominações compareciam às suas reuniões sem jamais abandonar suas igrejas de origem. Com os menonitas, os colegiantes compartilhavam a crença no sacerdócio de todos os crentes, no batismo apenas de adultos, na rejeição ao serviço militar, na simplicidade de vida e vestimenta e na caridade. Suas ideias e influência se difundiram por toda a Holanda, causando conflitos internos nas demais denominações protestantes que "acusavam" os colegiantes de "tolerância ilimitada". O último *collegia* ocorreu em Amsterdã, em 1791.

Lodewijk Meyer

Médico e erudito holandês (c.1629-1681), formado em Leiden, era também poeta, além de ter sido dirigente do primeiro teatro de Amsterdã (o Van Campen) e membro de uma sociedade artística conhecida por sua divisa "Nil Volentibus Arduum". Adepto radical das Luzes e do cartesianismo, foi ele que, segundo Colerus, esteve presente nos últimos momentos de Spinoza e teria sido a ele que o filósofo confiara seus escritos. No entanto, o inventário dos bens do filósofo, feito imediatamente após sua morte, foi assinado por Schuller. Escreveu o prefácio da primeira edição de *Princípios da Filosofia Cartesiana*, de 1663, e no seu *Philosophia sacrae scripturae interpres*, publicado anonimamente, em 1666, defendia que apenas critérios filosóficos deveriam ser empregados para interpretar as ambiguidades e obscuridades dos textos bíblicos.

Pieter Balling

Menonita e colegiante de Amsterdã (? – 1669), foi o autor de *Het Lichtopden Kandelaer* (A Luz do Candelabro, 1662), uma justificativa dos princípios do quacrismo não menos do que uma apologia à religiosidade baseada na luz da alma. Traduziu para o holandês os *Princípios da Filosofia Cartesiana*, em 1664.

Willem van Blyenbergh

Comerciante de grãos de Doordrecht (? - 1696), na qual foi eleito burgomestre em 1695, teólogo calvinista diletante, autor de um livro de refutações às teses consideradas por ele como ateístas (*De kennisse Gods...*, 1663), e de duas obras antispinozianas (*De Waerheyt van den Christelijke Godts--Diensten de Authoriteyt der H. Schriften, Beweert Tegen de Argumenten der Ongodtsdienstige, ofeen Wederlegginge van dat Godt-Lasterlijcke Boeck, Genoemt Tractatus theologico--politicus,1674;Wederleggingvan de Ethica of Zede-Kunst van Benedictus de Spinoza*, 1682).

Johannes Hudde

O holandês Johannes van Waveren Hudde (1628-1704) era considerado um dos maiores matemáticos de seu tempo, muito admirado por Huygens, Bernouilli, Newton e Leibniz, sem jamais ter publicado um livro, apenas artigos, como o dedicado à teoria das equações, *Exercitatione mathematicae* (1657), no qual, ao buscar as várias raízes de uma equação, criou o método atual de encontrar o máximo divisor comum de um polinômio e os seus derivados. Em *De reductione aequationum* (1657), de forma inovadora, abordou o coeficiente algébrico sem considerá-lo negativo ou positivo. Na *Epistola secunda, de maximis et minimis* (1658), tratou dos pontos extremos de uma função. Também se interessava pela óptica, sendo-lhe atribuída a autoria de um panfleto anônimo sobre aberrações esféricas, *Specilla circularia* (1656), e de outros dois textos, igualmente anônimos, em defesa do copernicianismo. Entretanto, a partir de 1663, Hudde dedica-se inteiramente à administração pública de Amsterdã, sendo um dos burgomestres da cidade de 1672 a 1703 – com um importante trabalho de saneamento dos canais –, e à Companhia Holandesa das Índias Orientais (Vereenigde Oost-Indische Compagnie). Os escritos dessa época, que continuava a fazer e foram perdidos após sua morte, exibia-os apenas a amigos, como Leibniz, mas parte de suas ideias foi preservada por meio de cartas, como aquelas em que abordava com Huygens o cálculo atuarial e a demografia, entre outros tópicos, ou em anotações.

Johannes Bouwmeester

Médico (1630-1680) e estudioso de filosofia, era amigo íntimo de Lodewijk Meyer, estudaram juntos, ambos eram membros da sociedade literária Nil Volentibus Arduum e foram dirigentes do primeiro teatro de Amsterdã, o Van Campen. A única obra conhecida de Bouwmeester é a tradução para o holandês

– a partir da versão latina do orientalista e estudioso bíblico Edward Pococke (1604-1691), de 1671, publicada com o título *Philosophus autodidacticus* – do romance *Hayy ibn Yaqzan*, do filósofo mouro andaluz Ibn Tufail (c. 1100-1185), incentivador e protetor de Averróis.

Johann van der Meer

A identidade do destinatário é controversa: para alguns, poderia tratar-se do pintor holandês Johannes Vermeer, cujo nome também podia ser grafado sob essa forma; para outros, de uma figura diferente e completamente desconhecida.

Jarig Jelles

Abreviatura de Jelleszoon (c. 1620-1684), comerciante, em particular de especiarias e frutas secas, que dedicou sua vida à busca do conhecimento e foi uma das pessoas mais próximas de Spinoza. Era menonita de origem e destacado colegiante. Sua obra *Belydenissedes Algemeenenen Christelyken Geloofs* (Confissão da Fé Universal e Cristã), foi publicada postumamente. O "Prefácio", em holandês, da *Opera posthuma* é atribuído a ele, tendo sido vertido para o latim supostamente por Lodewijk Meyer.

Lambert van Velthuysen

Também conhecido como Velthusius (1622-1685), era médico de formação (fora aluno de Henricus Regius) e teólogo calvinista, liberal em comparação com o clero da Igreja Reformada predominante e politicamente ligado à corrente republicana dos irmãos De Witt. Sua obra ajudou a difundir as ideias filosóficas mais avançadas da época, inclusive as de Hobbes e

Spinoza, tendo sido publicada em 1680. Seus escritos, majoritariamente filosóficos (apenas um deles versa sobre medicina), têm a peculiaridade de, embora professando a intenção de combater determinadas ideias, acabar por reforça-las. Já Henricus Regius (1598-1679) que, pelo que se sabe, não manteve relação pessoal com Spinoza, mas estava a ele ligado pelo cartesianismo e amigos comuns, foi um médico eminente e filósofo, um dos primeiros a defender a ideia da circulação sanguínea, além de ser correspondente de Descartes e um dos maiores defensores de suas ideias na Holanda, embora Regius discordasse de Descartes em outros pontos, principalmente ao afirmar que o vínculo entre a alma e o corpo era orgânico. Regius, que como Descartes era católico, envolveu-se numa polêmica que perdurou por anos e é exemplar do embate de ideias da época e da reação causada pelo cartesianismo. Seu colega na Universidade de Utrecht, Gisbertus Voetius (1589–1676), calvinista e professor de teologia, reagindo às teses "ateístas" da "nova filosofia", representada pelas publicações de Regius, obteve a condenação oficial pela universidade do cartesianismo. O próprio Descartes, eventualmente, interveio na polêmica com uma carta aberta, *Epistola ad Voetium* (1643).

Jacob Osten

Ou Ostens (c. 1625-1678), médico-cirurgião, menonita e colegiante de Roterdã.

Gottfried Leibniz

Gottfried Wilhelm Leibniz (1646–1716), filosofo, matemático, diplomata e bibliotecário alemão, foi um dos maiores pensadores de um tempo pródigo em gênios. Ele aborda, nas cartas com Spinoza, principalmente questões relacionadas à óptica, na qual considerava este uma autoridade. No entanto, Spinoza escreve a Schuller que seria prematuro enviar seus escritos a Leibniz (como Schuller havia pedido autorização para fazer), o que revela certa desconfiança por parte do filósofo holandês. Ambos se encontraram pela primeira vez em novembro de 1676, estando Leibniz em viagem para Hanover e discorreram então sobre a *Ética* e a física cartesiana, entre outros tópicos. Esse encontro parece ter posto fim à desconfiança, embora em seus escritos Leibniz sempre tenha deixado aparente que a afeição que dizia nutrir pela pessoa do filósofo era inversamente proporcional a que nutria por suas ideias filosóficas, até por ser ortodoxo em questões de religião (ele era, por exemplo, grande defensor da reunificação das igrejas cristãs). No final da vida, esteve envolvido em uma querela com Newton a respeito da invenção do cálculo infinitesimal, hoje considerado uma realização independente de ambos.

Johann Graevius

Johann Georg, de sobrenome Grava ou Greffe (1632-1703), alemão, era um erudito em cultura clássica e reputado professor de retórica, e depois de história e política, em Utrecht. Spinoza provavelmente o conheceu quando esteve no quartel-general montado por Condé (Luis II de Bourbon), em Utrecht, o mesmo lugar em que manteve relações amistosas com o ajudante de ordens de Condé, Jean-Baptiste Stouppe (Stoppa), que diria em *La Religion des Hollandois*, entre outras asserções do mesmo naipe, que o holandês era "um mau judeu e não melhor cristão".

Ludwig Fabritius

Johann Ludwig Fabritius (1632-1697), professor de filosofia e teologia em Heidelberg. Era tutor do filho do Eleitor Palatino,

Carlos I Luís, e foi em nome deste que escreveu a Spinoza oferecendo-lhe uma posição em Heidelberg, a mais antiga universidade germânica, mas que à época enfrentava uma crise que começara com a Guerra dos Trinta Anos e que só começaria a ser superada no século seguinte.

Hugo Boxel

Hugo van Boxel, estudara filosofia em Leiden e era natural de Gorkum (Gorichen), cidade em que foi secretário e pensionário (de 1655 até 1672). Pertencia ao grupo político de De Witt e era partidário da paz com os franceses.

George Hermann Schuller

Jovem (1651-1679) médico de Amsterdã, formado em Leiden. Assinou o inventário dos bens do filósofo, o que leva a crer que tenha sido ele, e não Meyer, quem assistiu o filósofo em seus últimos momentos, e também torna mais plausível a história do "butim" contada por Colerus (que atribui o malfeito a Meyer), já que uma carta comprova ter Schuller tentado, sem sucesso, vender a Leibniz o manuscrito da *Ética*.

Ehrenfried Walther von Tschirnhaus

Conde alemão da Saxônia (1651-1708) que lutou pelos holandeses contra os franceses. Fora estudante de matemática, medicina e filosofia em Leiden. Em 1683, ao estudar as curvas (assunto de que trata na carta a Spinoza) ele apresentou um novo método de resolução de equações polinomiais, conhecido atualmente como "transformação de Tschirnhaus". Provavelmente, foi em uma de suas muitas viagens que conheceu

Spinoza, assim como Newton, Huygens e Leibniz, com quem se correspondia.

Von Tschirnhaus é hoje também considerado o responsável pela descoberta dos materiais e do processo de fabricação da porcelana europeia, capaz de se igualar àquela produzida, desde o século II a.C., pela China, mas ele morreu antes que ela fosse efetivamente fabricada e a invenção foi atribuída ao alquimista Johann Friedrich Böttger (1682-1719), o primeiro a fabricá-la efetivamente e a quem o segredo industrial chegara por meios sub-reptícios (Von Tschirnhaus tivera roubado de sua casa um pedaço de porcelana e Böttger teve um encontro com o homem responsável pela avaliação dos bens do recém-falecido conde uma semana antes de anunciar sua descoberta, em 1709).

Albert Burgh

Era filho de Conraad Burgh, um dos homens mais ricos e influentes de Amsterdã. Estudou filosofia e pretendia se converter ao catolicismo, o que de fato ocorreu, tendo ele adentrado a ordem dos franciscanos. Do conjunto da *Correspondência*, a carta de Spinoza a Burgh revela-se aquela na qual o filósofo deixa transparecer a maior irritação.

Nicolaus Steno

Niels Stensen (1638-1686), dinamarquês, originário de uma família luterana, aderiu ao catolicismo (em 1667) e chegou a bispo em setembro de 1677, apenas dois anos após ter sido ordenado padre. Estudou medicina em Leiden, tendo sido aluno de anatomia de Franciscus Sylvius (Franz de le Boë, 1614-1672), e, em 1666, foi para a Itália, primeiro como professor de anatomia e depois como médico particular do grão-duque da Toscana, Fernando II de Medici. Um dos maiores nomes da ciência de sua época, Steno teve um papel destacado nos estudos de anatomia, geologia e paleontologia (com a obra *De solido intrasolidum naturaliter contento dissertationis prodromus*) e contava em seu círculo de relações com nomes tais como Leibniz e Spinoza, que se correspondera também com um pupilo seu, Albert Burgh. Não obstante isso, abandonou a ciência pela teologia, dando combate tenaz aos cartesianos, como Spinoza, a quem chamava de amigo e cuja *Ética* denunciou ao Santo Ofício, embora apenas após a morte do autor. Ver a esse respeito Pina Totaro, "Ho certi amici in Ollandia": Stensonand Spinoza – Science verso Faith, em Karen Ascani; Hans Kermit; Gunver Skytte (a cura di), *Niccolò Stenone: Anatomista, geologo, vescovo*, Rome: "L'Erma" di Bretschneider, c2002, p. 27 e s. (Analecta Romani Instituti Danici, Supplementum, 31.). A íntegra da denúncia, datada de 4 de setembro de 1677 (Libri prohibiti circa la nuova filosofia dello Spinoza), está nas p. 33-35. Steno foi beatificado por João Paulo II.

CARTAS[1]

Carta 1
Henry Oldenburg a Spinoza
(*Londres, 16-26 de agosto de 1661*)

Caro senhor e respeitável amigo,

Recentemente, lamentei tanto separar-me de vós, após minha estada em vosso retiro de Rijnsburg, que, tão logo de regresso à Inglaterra, apresso-me em comunicar-me ao menos por carta. A ciência das coisas que importam, juntamente com a afabilidade e a doçura dos hábitos (qualidades que a natureza e vossa própria indústria vos proveram em abundância), possuem atrativos capazes de enlevar todo homem bem nascido e de educação liberal. Não hesitemos, portanto, senhor, em estabelecer entre nós um comércio de amizade sincera e entreter essa amizade com todo gênero de serviços.

---

1. A informação referente ao idioma original de cada carta só aparece quando acreditamos ser ela do interesse do leitor por esclarecer algum ponto obscuro. Não obstante o acima exposto, ressalte-se que, por vezes, subjaz ao pensamento do autor da *Ética* e à sua redação a língua portuguesa, seu "idioma de formação".

Vós julgareis por vós mesmo o que é possível esperar de meu pouco mérito e me concedereis, em troca, um direito sobre os dons que vos foram atribuídos, ao menos sobre aquela parte que vós podeis determinar a meu favor, sem prejuízo para vós mesmo.

Em Rijnsburg falamos de Deus, da Extensão e do Pensamento infinitos, da diferença e do acordo que existem entre tais atributos, do modo de união da alma humana com o corpo e, ademais, dos princípios das filosofias de Descartes e de Bacon. Mas sobre assuntos de uma tal importância nós só nos ocupamos de passagem e de uma maneira que se pode dizer fugitiva. Desde então tenho o espírito atormentado e, pelo forte laço que nos une, eu vos pediria, amigavelmente, que me expusesse de maneira ampla vossas ideias sobre essas matérias e, em primeiro lugar, que não vos recusásseis instruir-me sobre dois pontos: 1. que diferença fazeis exatamente entre a Extensão e o Pensamento?; 2. Que defeitos observais na filosofia de Descartes e na de Bacon? De que maneira pensais ser necessário corrigir tais defeitos e, nos ensinamentos daqueles autores, substituí-los por outros mais seguros? Com tanto maior liberdade me escreverdes sobre ambas as questões, mais estreitamente me obrigareis e ainda me coagireis a vos prestar, caso esteja em meu poder, favores da mesma natureza. Ensaios de ciências naturais escritos por um inglês, erudito de grande mérito, estão para ser publicados. Ali se trata da natureza e da elasticidade do ar, estabelecida por 43 experiências, como também dos fluidos, dos sólidos e outros temas semelhantes. Tão logo a impressão esteja terminada farei com que essa obra vos seja remetida por um amigo que atravesse o mar. Conservai-vos com saúde e não esqueceis de um amigo que vos é muito afeiçoado.

Henry Oldenburg

Carta 2
Spinoza a Oldenburg
[*sem data, provavelmente setembro de 1661*]

Caríssimo senhor,

Para julgar até que ponto vossa amizade me é grata, será suficiente que vossa modéstia vos permita retroagir sobre vossos numerosos méritos; quanto a mim, quando os considero, acreditaria ser grandemente culpado de orgulho por ter a ambição de me tornar vosso amigo, quer dizer, de estabelecer entre nós uma comunidade que se estenda sobre todas as coisas do espírito, possuindo vossa modéstia e vossa benevolência uma parte preponderante neste caso. Pelo excesso de uma, vós quisestes vos abaixar; pela abundância de outra, enriquecer-me. Assim sendo, aceitarei sem receio a amizade estreita que vós me haveis prometido e, como em compensação vós quereis pedir a minha, me dedicarei com todas as forças a cultivá-la. Quanto às qualidades de espírito que vós me emprestais, se as possuísse, eu as colocaria prazerosamente à vossa disposição, ainda que disso me resultasse um grande dano. De resto, como não quero parecer vos recusar o que me pedis como direito da amizade, vou tentar explicar minha maneira de ver os assuntos que tocamos em nossas conversas. Mas só vossa benevolência poderá fazer com que esta tentativa conduza a uma aproximação maior entre nós.

Começarei por dizer brevemente que defino Deus como um ser constituído por uma infinidade de atributos dos quais cada um é infinito em seu gênero. É preciso notar que entendo por atributo tudo o que se concebe por si e em si, de modo que o conceito não envolva o conceito de qualquer outra coisa. A Extensão, por exemplo, se concebe em si e por si, mas não o movimento, que se concebe em uma outra coisa e cujo conceito envolve a extensão. Que tal seja a verdadeira definição de Deus, isso resulta daquilo que entendemos por Deus: um ser soberanamente perfeito e absolutamente infinito. Que, além disso, tal ser exista, é o que facilmente se demonstra por essa definição; mas não é aqui o lugar de fazê-lo e disso me absterei. Ao contrário, as proposições a serem estabelecidas para responder à vossa primeira questão são as seguintes:

1. que não pode haver duas substâncias na natureza, a menos que difiram totalmente em sua essência; 2. que uma substância não pode ser produzida, mas é de sua essência existir; 3. que toda substância deve ser infinita, quer dizer, soberanamente perfeita em seu gênero. Uma vez demonstradas tais proposições, vereis com facilidade para onde tendo, conquanto que tenhais a esse respeito, e ao mesmo tempo, a definição de Deus, de modo que não será necessário dizer mais sobre isso. Para tornar minhas demonstrações claras e breves, nada pude encontrar de melhor senão submetê-las ao vosso exame sob a forma empregada pelos geômetras; eu as envio separadamente e esperarei o julgamento que trareis sobre elas.

Vós me perguntais em seguida quais erros observo na filosofia de Descartes e na de Bacon. Embora não esteja acostumado a assinalar os erros cometidos por outros, me prestarei a satisfazer vosso desejo. O primeiro e maior erro de ambos consiste em que estão muitíssimo distanciados de conhecer a primeira causa e a origem de todas as coisas. A segunda é que não conhecem verdadeiramente a natureza da alma humana. A terceira é que jamais apreenderam a causa do erro. Ademais, esses três conhecimentos que lhes faltam são sumamente necessários, e apenas homens privados de qualquer cultura e saber podem ignorá-los. Basta considerar, acrescento eu, as proposições enunciadas acima para ver o quanto aqueles autores estão longe de conhecer a primeira causa e a alma humana; portanto, passo imediatamente ao terceiro erro. De Bacon direi pouca coisa: ele fala muito confusamente sobre esse assunto e não prova quase nada, limitando-se a uma descrição. Com efeito, em primeiro lugar ele supõe que o entendimento humano, sem falar dos erros cujas causas são os sentidos, está, por sua própria natureza, condenado ao engano, forjando sobre todas as coisas ideias que, ao invés de se acordarem com o universo, só se conciliam consigo mesmas; tal como um espelho que, refletindo desigualmente os raios luminosos, deformaria as coisas. Em segundo lugar, o entendimento humano, conduzido naturalmente à abstração, toma por propriedades imutáveis o que não é senão passageiro. E em terceiro lugar, a mobilidade própria ao entendimento o impede de fixar-se e jamais se deter. Essas causas dos erros e outras que ele indica podem facilmente se reduzir à causa única indicada por Descartes, a saber, que a vontade do homem é livre e mais ampla que o entendimento ou, ainda, como diz o próprio Verulam[2] em uma linguagem mais confusa (aforismo 49), o entendimento não é uma luz seca, mas impregnada de vontade (notar a esse respeito que Verulam toma o entendimento pela alma, no que se diferencia de Descartes). Ora, sem me preocupar com as demais causas dos erros, já que elas não têm importância, eu demonstrarei que aquela é falsamente determinada: eles a teriam visto se, de resto, prestassem atenção que entre a vontade, de um lado, e esta ou aquela volição, de outro, existe a mesma relação que entre a brancura e este ou aquele branco, ou entre a humanidade e este ou aquele homem, embora a impossibilidade seja a mesma de conceber a vontade como a causa de uma volição determinada, e a humanidade como a causa de Pedro ou Paulo. Depois, como a vontade é um ser de razão e não pode ser chamada, de modo algum, de causa desta ou daquela volição; e como as volições particulares possuem uma causa de existência e não podem ser chamadas de livres, pois são necessariamente tais como resultam das causas que as determinam, e que, enfim, seguindo o mesmo Descartes, os erros são volições particulares, segue-se necessariamente daí que elas não são livres, mas determinadas

---

2. Isto é, o filósofo e estadista inglês Francis Bacon (1561-1626), barão de Verulam, autor do *Novum organum scientiarum* (1620), cujo aforismo 49 do Livro I se inicia com: "O intelecto humano não é uma luz seca, mas admite a infusão da vontade e dos afetos, em conformidade com o que gera seu próprio sistema, pois o homem sempre acredita mais facilmente no que prefere."

por causas exteriores e, de maneira alguma, pela vontade. Isso é o que prometi demonstrar etc.

Carta 3
Oldenburg a Spinoza
(*Londres, 27 de setembro de 1661*)

Senhor e grande amigo,

Chegou-me vossa erudita carta e a li com grande prazer. Aprovo inteiramente vossa maneira geométrica de demonstrar, mas meu espírito não tem a acuidade que seria necessária para compreender prontamente ensinamentos tão bem ordenados. Aceitai, pois, vos imploro, que eu exponha a lentidão de minha inteligência, endereçando-vos algumas perguntas e pedindo que as respondeis.

Em primeiro lugar, é para vós uma coisa clara e indubitavelmente conhecida que da definição dada por vós de Deus se deduz uma demonstração de sua existência? Para mim, quando reflito, parece-me que as definições não podem conter outra coisa senão conceitos formados por nosso espírito; ora, nosso espírito concebe muitos objetos que não existem e sua fecundidade é grande para multiplicar e aumentar os objetos que concebeu. Portanto, não vejo como desse conceito de Deus posso inferir sua existência. Reunindo mentalmente todas as perfeições que percebo nos homens, nos animais, nos vegetais, nos minerais etc., posso, na verdade, formar uma substância única que possui indivisivelmente todas essas virtudes; mais ainda, meu espírito é capaz de multiplicá-las e aumentá-las ao infinito, chegando assim a representar um certo ser que se eleva a um grau supremo de perfeição e excelência, mas não pode, entretanto, estabelecer, por esse meio, a existência de um tal ser.

Em segundo lugar, é indubitável para vós o corpo não ser limitado pelo pensamento nem o pensamento pelo corpo?

Considerai ainda que se discute sobre a natureza do pensamento e que não se sabe se ele é um movimento corporal ou um ato espiritual absolutamente irredutível ao movimento corporal.

Em terceiro lugar, pergunto se vós tendes esses axiomas que me haveis comunicado como princípios indemonstráveis, conhecidos pela luz natural. Talvez seja assim para o primeiro axioma, mas não vejo possibilidade de atribuir a mesma característica aos três outros. Com efeito, o segundo implica que só existam na natureza substâncias e acidentes e, no entanto, muitos são da opinião de que o tempo e o espaço não entram em nenhuma dessas duas classes de seres. Quanto ao terceiro, coisas que possuem atributos diferentes nada têm de comum entre si, bem ao contrário o concebo; parece-me antes ser o oposto aquilo que resulta do conjunto das coisas que compõem o universo, pois elas se combinam por certos aspectos e diferem por outros. Enfim, no que se refere ao quarto axioma, das "coisas que nada têm de comum entre si, umas não podem ser causas de outras"; não me parece tão claro ao meu entendimento que não necessite de um pouco mais de luz. Deus, com efeito, não tem nada de comum com as coisas criadas e quase todos nós, no entanto, vemos nele sua causa.

Em seguida, e porque esses axiomas não me parecem subtraídos ao risco da dúvida, vós compreendereis facilmente que as proposições sobre eles fundadas não podem, a meus olhos, ser muito sólidas. Quanto mais as considero, mais a dúvida me assalta. No que diz respeito à primeira, observo que dois homens são substâncias com o mesmo atributo, pois que um e outro se caracterizam pela razão. De onde concluo haver duas substâncias com o mesmo atributo. Quanto à segunda proposição, e porque nada pode ser causa de si mesmo, considero ser bastante difícil compreender como será verdadeiro que uma substância não possa ser produzida nem mesmo por outra substância. Por essa proposição, com efeito, todas as substâncias convertem-se em causa de si próprias, todas adquirem uma plena independência em relação às outras e são outros deuses, de sorte que isso chega a negar a causa primeira. Confesso, sem barganhar, que não compreendo isso; seria necessário fazer-me o favor de vos explicar mais clara e abertamente sobre um ponto de tão alta importância, ensinar-me qual é a origem das substâncias, como se produzem, como as coisas dependem umas das outras, como, enfim, elas se organizam entre si. Eu vos conjuro por essa amizade que estabelecemos entre nós de vos mostrar livre e confiante comigo nesse assunto, e vos afirmo com bastante insistência que esteja inteiramente persuadido de que todas as explicações que vós quereis me dar permanecerão salvaguardadas como se estivessem num cofre, que não as comunicarei a ninguém e que nenhuma divulgação fraudulenta ou danosa devereis temer.

Em nosso Colégio Filosófico nos dedicamos a fazer observações e experiências com todo o cuidado possível e ainda, sem lamentar o emprego de nosso tempo, às artes mecânicas. Cremos, com efeito, que as formas e as qualidades das coisas podem ser explicadas por princípios mecânicos, e que todos os efeitos observados na natureza resultam do movimento, da forma, da estrutura e de suas diversas combinações, sem que seja preciso recorrer a formas inexplicáveis e a qualidades ocultas, esse asilo da ignorância.

Eu vos enviarei o livro prometido, tão logo os encarregados dos assuntos da Holanda, que aqui negociam, façam partir algum correio para Haia, como têm por costume, ou ainda quando um amigo digno de confiança for ao vosso país.

Desculpo-me por minha prolixidade e vos peço, acima de todas as coisas, levar em consideração, como convém entre amigos, as questões que vos fiz, sem evasivas nem outras cerimônias. Querei ainda acreditar-me como vosso sincero e devotado amigo.

Henry Oldenburg

Carta 4
Spinoza a Oldenburg
[*sem data, provavelmente outubro de 1661*]

Senhor,

No momento de ir a Amsterdã para ali passar uma ou duas semanas, tive o prazer de receber vossa carta e vi as objeções que vós levantais contra as três proposições que vos enviei. É apenas a essas objeções que tentarei responder, deixando os outros pontos de lado, por falta de tempo. Direi então, no que concerne à primeira objeção, que da definição de uma coisa qualquer não segue a existência dessa coisa; isso segue apenas (como demonstrei no escólio acrescido às três proposições) da definição ou da ideia de algum atributo, quer dizer (assim como expliquei amplamente a propósito da definição de Deus), de uma coisa que se concebe por si e nela mesma. De resto, no mesmo escólio, justifiquei essa diferença bastante claramente, salvo erro, sobretudo para um filósofo. Pois supõe-se que ele não ignore a diferença que existe entre uma ficção e um conceito claro e distinto, não mais do que a verdade desse axioma, segundo o qual é verdadeira toda definição, quer dizer, toda ideia clara e distinta. Sob o benefício de tais observações, vejo que minha resposta à primeira questão nada deixa a desejar. Passo então à segunda. Nela, vós pareceis concordar que se o pensamento não pertence à natureza da Extensão, então a Extensão não poderia ser limitada pelo Pensamento, pois vossa dúvida não tem razão de ser senão no exemplo dado. Mas notai isso, vos peço: se se diz que a Extensão não é limitada pela Extensão, mas pelo Pensamento, isso não é o mesmo que dizer que a Extensão não é infinita de modo absoluto, mas apenas enquanto Extensão? Concedei-me, pois, que a Extensão não é infinita de modo absoluto, mas apenas em seu gênero. Mas, dizei vós, talvez o pensamento seja um ato do corpo. Que seja, embora eu não concorde de maneira alguma;

ao menos não negarei que a Extensão, enquanto Extensão, não é o Pensamento e isso é bastante para explicar minha definição e demonstrar a terceira proposição. Além disso, e em terceiro lugar, vós objetais que os axiomas que enunciei não devem ser postos entre as verdades primeiras. Sobre esse ponto, eu não discuto. Mas vós pareceis duvidar de sua verdade e mesmo querer mostrar que as afirmações contrárias são mais verossímeis. Querei prestar a atenção, entretanto, na definição que dei de substância e de acidente, definição da qual tiro todas as conclusões. Pois entendo por substância o que se concebe por si e em si, quer dizer, aquilo cujo conceito não envolve qualquer outra coisa, por modificação ou acidente, o que está em outra coisa e se concebe por essa outra coisa; é manifesto: 1. que uma substância é anterior em natureza aos seus acidentes; 2. que exceto as substâncias e os acidentes, nada existe na realidade, quer dizer, fora do entendimento, pois toda coisa existente se concebe ou por ela mesma ou por outra qualquer, e seu conceito envolve ou não envolve o conceito de outra coisa; 3. que coisas que possuem atributos diferentes nada têm de comum entre si, pois o atributo, tal como o defini, é aquilo cujo conceito não envolve o conceito de outra coisa; 4. enfim, que se duas coisas nada têm em comum entre elas, uma não pode ser causa de outra. De fato, já que não haveria nada no efeito que fosse comum com a causa, ele deveria tirar do nada tudo o que contivesse.

Quanto ao que vós dizeis que Deus nada tem em comum formalmente com as coisas criadas etc., eu pus o contrário na minha definição. Eu disse, efetivamente: Deus é um ser que se compõe de uma infinidade de atributos, cada um dos quais é infinito, quer dizer, soberanamente perfeito em seu gênero. Pelo que vós alegais contrariamente à minha primeira proposição, querei considerar, meu amigo, que os homens não são criados, mas apenas engendrados, e que seus corpos existiam anteriormente, embora formados de outra sorte. O que se conclui realmente é que, se uma só parte da matéria fosse aniquilada, no mesmo momento toda a Extensão se dissiparia, e isso eu professo claramente. Quanto à segunda proposição, ela não crê em muitos deuses, mas num só, composto de infinitos atributos etc.

Carta 5
Oldenburg a Spinoza
(*Londres, 11-21 de outubro de 1661*)

Mui respeitável amigo,

Eis aí o pequeno livro que vos prometi. Em troca, vós me fareis conhecer o julgamento que dais a ele, em particular sobre as observações atinentes ao salitre, aos fluidos e aos sólidos. Faço-vos saber, de bom grado, que recebi vossa carta ontem, tão repleta de ciência. Lamento muito, todavia, que vossa partida para Amsterdã vos tenha impedido de responder a todas as minhas dúvidas e vos peço completar vossas explicações, desde que tenhais tempo livre. Vossa carta certamente lançou muita luz em meu espírito, mas não dissipou inteiramente a obscuridade. Esse resultado será conseguido, pelo que acredito, quando vós me tereis ensinado clara e distintamente sobre a verdadeira e primeira origem das coisas. De fato, enquanto não perceba claramente por que causa e de que maneira as coisas começaram a ser e qual o elo que as vincula à causa primeira, se uma houver, tudo o que ouço e leio me parece com palavras desconexas. Apelo, portanto, à vossa ciência, senhor, e vos peço me esclarecer, sem pôr em dúvida a fé e a gratidão de quem vos é devotado.

Henry Oldenburg

Carta 6
Spinoza a Oldenburg
[sem data, provavelmente início de 1662]

Senhor,

Recebi o livro do muito habilidoso Boyle[3] e o folheei enquanto meus lazeres me permitiram. Fico bastante agradecido por esse presente. Eu havia pensado, quando vós me prometestes, que só um objeto de grande importância vos poderia ocupar o espírito. Vós quereis, no entanto, que eu vos envie meu julgamento sobre esse escrito, e eu o farei enquanto minha pouca capacidade o permita; quer dizer que vos assinalarei certos pontos obscuros ou menos estabelecidos em minha opinião. Minhas ocupações não me deixaram até o presente o tempo de ler tudo, e menos ainda de tudo examinar. Eis agora o que tenho a observar no que diz respeito ao salitre.

O autor conclui de sua experiência sobre a recomposição do salitre que esse corpo é um composto de partes fixas e de partes voláteis cuja natureza (ao menos no que toca às características aparentes) muito difere das de suas partes, embora conclua sua origem apenas de sua mistura. Para que essa conclusão seja justificada, alguma nova experiência me parece necessária, experiência que demonstre que o espírito nítrico[4] não pertence realmente ao salitre e que não pode, sem a ajuda de algum sal extraído da lixívia, condensar-se nem cristalizar-se. Seria preciso, ao menos, investigar se a quantidade de sal fixo que resta no crisol é sempre a mesma para uma mesma quantidade de

---

3. Robert Boyle, filósofo e cientista irlandês (1627-1691), importante pesquisador nas áreas da química e da física, e cuja lei homônima estabelece as relações entre pressão e volume de gases a temperaturas constantes. O livro referido é o seu *Tratado de Físico-Química*.

4. Espírito, neste caso, é o termo de química antiga para se referir a qualquer substância volátil, resultado de processo de destilação e ao qual se acrescenta água. O espírito nítrico correspondia ao *ácido azótico* ou *nítrico*, da mesma forma *salitre* é a antiga designação do nitrato de sódio (também nitro) ou de potássio e *lixívia* a do hipocloreto de sódio.

salitre, e se aumenta proporcionalmente quando essa quantidade também aumenta. E quanto àquilo que o ilustre autor diz ter reconhecido com a ajuda de uma balança e também no que concerne às características aparentes pelas quais o espírito nítrico seria totalmente diferente do salitre, ou lhe seria mesmo oposto, não encontro nada, quanto a mim, que confirme essa conclusão. Para mostrá-lo, vou expor brevemente o que me parece dever explicar com mais simplicidade o fenômeno da recomposição do salitre; e à minha exposição acrescentarei dois ou três exemplos próprios para confirmar, em alguma medida, minha explicação. Para tornar claro, pois, esse fenômeno, suporei não existir outra diferença entre o espírito nítrico e o salitre, a não ser aquela bastante manifesta, a saber, que as partículas do salitre estão em repouso, enquanto as do espírito, que estão em movimento, entrechocam-se. No que se refere ao sal fixo, suporei que ele não contribua em nada para formar a essência do salitre, considerando-o como uma impureza da qual o espírito nítrico (creio tê-lo constatado) não está inteiramente isento, pois ela continua a se mesclar, na verdade em um estado de extrema divisão. Esse sal, essa impureza, contém poros, quer dizer, escavações na dimensão das partículas do salitre. Mas a força do fogo torna certos poros mais estreitos no momento em que as partículas do salitre são deles extirpadas, e outros, consequentemente, mais largos; e a própria matéria, quero dizer, as paredes desses poros, torna-se rígida e, ao mesmo tempo, mais frágil, de sorte que, quando o espírito nítrico se divide em gotículas, algumas dessas partículas, penetrando com força nos poros estreitados, cujas paredes têm espessura desigual, assim como bem demonstrou Descartes, encurvam as formas duras dessas paredes, precedentemente rígidas, antes de quebrá-las; depois, após tê-las quebrado, fazem explodir os fragmentos e, conservando o movimento que elas tinham, ficam, como antes, impossibilitadas de se fixar e cristalizar. Quanto às partículas do espírito nítrico que penetram nos poros mais largos, como elas não tocam as paredes, estão naturalmente envolvidas por alguma matéria muito sutil e são por ela empurradas para o alto, como acontece com os pequenos fragmentos de madeira pela chama e o calor, e assim se dispersam em fumaça. Se elas se encontram em grande número ou se se unem aos fragmentos das paredes e às partículas que penetraram nos poros estreitados, formam gotículas voláteis. Mas se o sal fixo é dissolvido por sua mistura com o ar ou a água[5], e assim se torna mais inerte ou debilitado, ele adquire o poder de parar o movimento das partículas do salitre e obrigá-las a se fixar, após terem perdido seu movimento. É assim que uma bala de canhão se detém quando penetra numa camada de areia ou de lama. É apenas nessa fixidez das partículas do espírito nítrico que consiste a recomposição do salitre e, assim como resulta dessa explicação, o sal fixo desempenha apenas o papel de um instrumento (até aqui, o que diz respeito à recomposição).

Vejamos agora, se vos agradar: primeiro, por que o espírito nítrico e o salitre diferem tanto pelo sabor?; segundo, por que o salitre é inflamável, enquanto o espírito nítrico não o é em absoluto? Para entender o primeiro ponto, é preciso considerar que corpos em movimento nunca entram em contato com outros corpos por suas superfícies mais extensas, ao passo que corpos em repouso se apoiam sobre outros por suas superfícies mais largas. É porque as partículas do salitre, quando no estado de repouso, são colocadas sobre a língua e obstruem os poros, causando uma sensação de frio; ao que se deve acrescentar que a saliva não pode dissolver o salitre em partes tão pequenas como o faz o fogo. Ao contrário, quando essas partículas estão animadas por um movimento rápido, postas sobre a língua elas entram em contato por suas partes agudas, penentrando nos poros; e quanto mais rápido o movimento, mais a picada será penetrante, do mesmo modo que uma agulha provoca sensações diferentes conforme ela toque a língua pela ponta ou se apoie sobre ela no sentido longitudinal.

---

5. [B. de S.:] Se vós perguntais por que tem lugar uma efervescência quando o espírito nítrico é vertido no sal dissolvido fixado, leia a nota no § 25.

A razão pela qual o salitre é inflamável, enquanto o espírito nítrico não o é, é porque as partículas do salitre, quando em repouso, são mais dificilmente conduzidos para o alto pelo fogo do que quando têm um movimento próprio dirigido em todos os sentidos. Logo, elas resistirão ao fogo até que ele as separe umas das outras e envolva todas as suas partes. Então, ele as arrasta consigo até que elas adquiram um movimento próprio e se evolem em fumaça. Ao contrário, para as partículas do espírito nítrico, que já estão em movimento e separadas umas das outras, é preciso pouco calor para conduzi-las a uma distância maior em todas as direções; de modo que uma parte delas irá na forma de fumaça, enquanto outra penetra na matéria que alimenta o fogo antes de ser inteiramente envolvida pela flama, e assim mais apaga o fogo do que o aviva.

Passo agora às experiências que me parecem confirmar essa explicação. Primeiramente, constato que as partículas do salitre que, com deflagração, se dissipam em fumaça, são do salitre puro. Com efeito, tendo muitas vezes fundido o salitre em crisol, até que ele se tornasse incandescente, recolhi a fumaça em uma ampola de vidro cuidadosamente resfriada, até que estivesse inteiramente cheia, depois umedeci essa retorta com meu hálito e, por fim, a expus ao ar frio para secá-la[6]. Isso feito, pequenos cristais de salitre apareceram na retorta. Mas talvez a presença desses cristais não se devesse às partículas voláteis, talvez a flama tivesse arrastando consigo partes inteiras do salitre (adapto aqui minha linguagem à opinião do senhor Boyle) e ela tivesse expulsado as partes fixas antes de sua dissolução, juntamente com as voláteis.

Para afastar essa objeção possível, fiz passar a fumaça por um tubo A com mais de um pé de comprimento[7], como se fosse por uma chaminé, de modo que as partes mais pesadas perma-

---

6. [B. de S.:] Quando o fiz, o ar estava muito limpo.

7. Esta medida de pé refere-se ao padrão francês, ou seja, o equivalente a 32 centímetros, um pouco mais do que a medida anglo-saxônica de 30,4 centímetros (*foot, feet*), ainda hoje unidade internacional apenas de medida.

necessem fixadas às paredes do tubo e eu só pudesse recolher as partes voláteis na extremidade estreitada B. A experiência foi bem sucedida, como indiquei acima, mas havia tomado uma pequena quantidade de salitre para que a flama fosse menos intensa. Não quis, portanto, deter-me aqui e, para levar mais adiante minha investigação, pus uma quantidade maior de salitre, fundi-a e inflamei-a com carvão incandescente. Como de modo precedente, pus um tubo A sobre o crisol e, enquanto a flama durou, mantive na abertura B um pedaço de vidro plano sobre o qual depositou-se uma certa matéria. Exposta ao ar, essa matéria tornou-se deliquescente, o que me fez conjecturar que ela se compunha de partes fixas do sal, mas, apesar de vários dias de espera, nenhuma característica do salitre pode ser observada. Ao contrário, quando eu a umedeci com espírito nítrico, transformou-se em salitre. Disso creio poder concluir: 1. que no momento da fusão as partes fixas são separadas das voláteis e a flama as empurra para cima; 2. que após as partes fixas se terem separado das voláteis na deflagração, elas não podem reunir-se de novo, do que se segue; 3. que as partes depositadas na retorta e que formaram pequenos cristais não eram as partes fixas, mas apenas as voláteis.

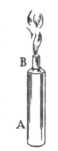

A segunda experiência, pela qual creio demonstrar que as partes fixas não são outra coisa senão impurezas do salitre, consiste nessa constatação, feita por mim, de que, quanto mais completa for a depuração do salitre, mais ele é volátil e capaz de cristalização. Com efeito, quando ponho cristais de salitre em um copo de vidro tal como A, após a depuração e filtragem, e em seguida verto um pouco de água fria, imediatamente ele se evapora, em parte, e certas partículas permanecem aderidas às bordas inferiores do copo, formando cristais.

A terceira experiência que me parece indicar que as partículas do espírito nítrico se tornam inflamáveis, tão logo perdem seu movimento, é a seguinte: deposito gotículas de espírito nítrico em um envelope de cartolina úmida; em seguida, aspirjo areia, de modo que o espírito nítrico se aloje nos interstícios compreendidos entre os grãos de areia. Quando a areia o tenha absorvido em sua quase totalidade, faço-lhe secar ao calor do fogo, dentro do mesmo envelope; depois disso, retiro dali a areia e introduzo um carvão incandescente. Assim que o carvão começa a queimar, surge uma crepitação de fagulhas, de modo semelhante à absorção de salitre. Eu teria juntado a essa constatação outros fatos que talvez aclarassem mais completamente esse fenômeno, se tivesse mais facilidade para tais experimentos. Como outros assuntos deles me desviaram, retornarei a isso mais tarde, com vossa permissão, e passarei a outras observações.

§ 5. Na passagem em que o ilustre autor trata, brevemente, da configuração das partículas do salitre, ele censura certos modernos de tê-las representado de maneira inexata, e não sei se entre eles se inclui Descartes. Se assim for, talvez o acuse com palavras alheias. Pois Descartes não fala de partículas visíveis, e não posso crer que o autor tenha querido dizer que, se os pequenos cristais de salitre fossem talhados em forma de paralelepípedo, ou conforme outra figura, eles deixariam de ser de nitro. Mas talvez sua observação vise outros químicos que nada admitem que não possam ver com os olhos e tocar com as mãos.

§ 9. Se essa experiência pudesse ser feita com cuidado, confirmaria inteiramente o que eu quis concluir da experiência acima mencionada.

§ 13. Até o § 18, o ilustre autor se esforça para demonstrar que todas as qualidades táteis dependem apenas do movimento da figura e de outras afecções mecânicas. No entanto, não estando essas proposições formuladas matematicamente, não há necessidade de se examinar se elas são convincentes. Não sei, porém, por que ele se dá tantas dificuldades para concluir isso em sua experiência, já que Verulam e, em seguida, Descartes, o demonstraram suficientemente. E também não vejo em que sua experiência nos forneça uma prova mais marcante do que outras muito banais. Pois no que se refere ao calor, não resulta igualmente claro que esfregando dois pedaços de madeira um contra o outro a chama brota desse movimento? Ou de que a cal esquenta quando se a rega com água? Quanto ao som, nada vejo na experiência do senhor Boyle que seja mais notável do que a ebulição ordinária da água e outros muitos casos. No que diz respeito à cor, que se modificou por uma afusão de nitro, não querendo avançar sobre nada que possa ser provado, me limitarei a dizer que vemos todos os vegetais mudarem de cor e de muitas e várias maneiras. Direi ainda que os corpos que exalam um mau odor se tornam ainda mais malcheirosos quando os remexemos e, sobretudo, quando os esquentamos ligeiramente. Enfim, o vinho doce se transforma em vinagre e assim por diante. Eis por que julgo supérfluas todas essas considerações (se me for permitido usar aqui da liberdade que convém aos filósofos. Digo isso com receio de que aqueles que não tenham tanta estima pelo autor, quanto ele merece, o julguem mal)[8].

§ 24. Já falei da causa desse fenômeno. Acrescentaria apenas que as partículas de sal fixo se misturam a essas gotículas salinas, como uma vez constatei. Pois dispondo de um vidro plano para as recolher quando escapam para o alto, e o tendo esquentado de modo que tudo o que houvesse de volátil na substância pudesse ser recolhido e para lá transposto, vi uma matéria branca e um pouco espessa aderida ao vidro.

§ 25. Neste parágrafo, o senhor Boyle parece querer demonstrar que as partes alcalinas são levadas, de um lado e de outro, pela impulsão que recebem das partículas salinas, ao passo que estas últimas se elevam no ar por movimento próprio. Para explicar esse fenômeno, digo que as partículas do espírito nítrico adquirem um movimento mais vivo pelo fato de que, ao penetrarem nas aberturas mais largas, elas devem estar, necessariamente, envolvidas por alguma matéria muito sutil e

---

8. [B. de S.:] Na carta que eu enviei, deliberadamente omiti essas palavras.

empurradas para o alto, como as partículas de madeira o são pelo fogo, enquanto as partículas alcalinas receberam seu movimento do empuxo das partículas do espírito nítrico que passam pelas aberturas mais estreitas. Ajuntaria aqui que a água pura não pode facilmente se dissolver e liberar as partes fixas. Não há, pois, de que se espantar se uma adição de espírito nítrico em uma solução aquosa de sal fixo produzir uma efervescência como aquela de que fala o senhor Boyle no § 24. Bem melhor, penso que essa efervescência deve ser mais viva, em caso semelhante, se o espírito nítrico for vertido gota a gota sobre o sal fixo ainda compacto. Na água, com efeito, o sal fixo se dissolve em pequenas massas que podem ser mais facilmente arrastadas e mover-se mais livremente.

§ 26. Já falei do sabor ácido do espírito nítrico; logo, só me ocupo do álcali. Pondo-o sobre a língua, senti o calor que se segue a uma picada. Isso me fez saber que é uma espécie de cal; como, efetivamente, se dá com ela, auxiliada pela água, esse sal se aquece com a ajuda da saliva ou do suor, do espírito nítrico ou ainda do ar úmido.

§ 27. Se uma partícula de matéria se junta a outra, nem sempre se segue que ela adquire uma nova configuração, mas apenas [uma configuração] maior, e isso basta para produzir o efeito que estuda o senhor Boyle neste parágrafo; quer dizer, para que ela ataque o ouro, o que não fazia antes.

§ 33. Direi meu sentimento sobre o modo de filosofar do senhor Boyle quando tiver visto a dissertação que menciona neste parágrafo e no prefácio, à pagina 23.

Da Fluidez

§ 1. "Está suficientemente estabelecido que tais características (como a fluidez, a solidez) devem estar dispostas entre as afecções mais gerais [...]" etc.[9] De minha parte, não concordo que se coloquem entre os gêneros supremos as noções que o vulgo

---

9. Por precisão e clareza em benefício do leitor, introduziu-se as marcas de corte das citações de Boyle que não figuram na *Opera posthuma*.

forma sem método e que representam a natureza não como é em si mesma, mas relativamente aos nossos sentidos, e não quero que as misturemos (para não dizer que as confundimos) com as noções claras que explicam a natureza tal como é em si. Desse gênero são o movimento, o repouso e suas leis; de outro, o visível, o invisível, o quente, o frio e também – não recearia dizê-lo – o fluido e o sólido, que entram na classe das noções devidas ao uso dos sentidos.

§ 5. "A primeira causa da fluidez é a pequenez das partes componentes, pois naquelas que são maiores [...]" etc. Embora pequenos, os corpos têm, ou podem ter, superfícies desiguais e asperidades. Se, portanto, grandes corpos fossem movidos com uma velocidade proporcional à sua massa, na mesma relação da velocidade dos pequenos corpos com sua massa, eles deveriam ser chamados fluidos, se esse nome de fluido não fosse uma denominação extrínseca, e utilizada pelo vulgo somente para designar os corpos em movimento cuja pequenez e interstícios escapam aos sentidos. Assim, é o mesmo dividir os corpos em fluidos e sólidos e em visíveis e invisíveis.

Mesmo parágrafo: "A menos que não possamos prová-lo por experiências químicas". Ninguém jamais conseguirá prová-lo por experiências químicas nem por outra maneira experimental, mas apenas por um raciocínio demonstrativo e pelo cálculo. Pelo raciocínio, com efeito, dividimos os corpos ao infinito e, consequentemente, também as forças requeridas para movê-los; mas jamais poderemos prová-lo por experiências.

§ 6. "Os grandes corpos são pouco aptos a formar fluidos [...]" etc. Que se entenda ou não por fluido o que eu disse há pouco, a coisa é evidente por si. Mas não vejo como o senhor Boyle o prova pelas experiências alegadas neste parágrafo. Com efeito, pois se se quer ter por duvidosa uma coisa certa, direi que, por pouco adequados que sejam os ossos para formar o quilo intestinal ou líquido semelhante, talvez sejam adequados para formar um novo tipo de líquido ainda desconhecido.

§ 10. "E isso enquanto os torna menos flexíveis que antes [...]" etc. Sem qualquer mudança de partículas, mas apenas pelo fato de que aquelas que são impelidas para o recipiente estavam separadas das outras, puderam se coagular em um corpo mais consistente do que o óleo. Pois o mesmo corpo é mais leve ou pesado de acordo com a constituição e a natureza dos líquidos nos quais é mergulhado. É assim que partículas de manteiga, quando flutuam no leite, formam parte do soro do leite[10]. Mas quando o leite, por sua agitação na batedeira, adquire um movimento novo, para o qual todas as suas partes componentes não se prestam de maneira igual, apenas isso faz com que as partes da manteiga se tornem muito leves para constituir um líquido com o soro lático e, ao mesmo tempo, muito pesadas para formar um fluido volátil com o ar. E como possuem configuração irregular, como se nota pelo fato de que elas não podem se prestar ao movimento das partículas do soro do leite, elas também não podem formar por si só um líquido, mas se apoiam ou se aderem umas às outras. Os vapores também, quando separados do ar, se transformam em água, e a água pode ser dita consistente se comparada ao ar.

§ 14. "E tomo como exemplo uma bexiga cheia de água, ao invés de uma cheia de ar [...]" etc. Como as partículas de água não deixam de ser agitadas em todos os sentidos, é claro que, se não estiverem comprimidas pelos corpos que as envolvem, a água se expandirá em todas as direções (ou, o que dá no mesmo, que ela terá uma força elástica).

No entanto, confesso não poder de modo algum perceber em que a distensão de uma bexiga cheia de água pode servir para confirmar a opinião sobre os espaços intermoleculares. Com efeito, a razão pela qual as partículas de água não cedem à pressão do

---

10. Na versão francesa, *petit lait*, ou seja, a parte sérica do leite. As traduções espanhola e inglesa mencionam apenas o vocábulo *leite*.

dedo que se exerce sobre as paredes da bexiga, como fariam se estivessem livres, é que não existe equilíbrio, como é o caso quando um corpo, por exemplo, nosso dedo, encontra-se envolvido inteiramente por um líquido. Mas qualquer que seja a compressão da água na bexiga, suas partículas cederiam ao movimento de uma pedra também contida na bexiga, como se estivessem fora dela.

Mesmo parágrafo: "Existe uma porção de matéria?" etc. É preciso responder afirmativamente, a menos que não se queira admitir uma progressão ao infinito ou concordar com a existência do vazio, o que é o maior absurdo.

§ 19. "De maneira que as partículas encontrem entrada nos poros e ali fiquem retidas (por onde chegam etc.)." Isso não pode ser afirmado de todos os líquidos que tenham acesso aos poros dos outros corpos, sem reservas. Pois as partículas do espírito nítrico, se elas penetram nos poros de um papel branco, o tornam rígido e quebradiço; pode-se fazer sua experiência vertendo algumas gotas sobre uma cápsula de 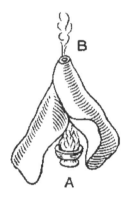 cerâmica levada ao fogo, tal como em A, de forma que a fumaça escape pela abertura de um cartucho de papel B. É preciso observar, além do mais, que o espírito nítrico amolece o couro sem molhá-lo; ao contrário, o couro se contrai como se estivesse sob o efeito do fogo.

Mesmo parágrafo: "E a natureza dispôs com tanta previdência suas penas para o voo, o nado etc." Aqui a causa é procurada pela finalidade.

§ 23. "Embora o movimento seja raramente percebido por nós. Que se tome com efeito [...]" etc. Sem essa experiência e sem nenhuma despesa, a coisa aparece claramente pelo fato de a expiração, que no inverno é bastante visível, deixar de sê-lo no verão ou num aposento aquecido. Além disso, se no verão o ar se resfria subitamente, os vapores, não podendo se expandir num ar tornado mais denso, como antes desse resfriamento, se acumulam com tal massa na superfície da água que se tornam visíveis para nós. Mais ainda: o movimento é, com frequência, muito lento para ser percebido por nós, como é o caso da sombra projetada pelo gnômon num quadrante solar e, muito frequentemente, a rapidez do movimento tem o mesmo efeito, por exemplo, quando se faz girar em círculo, com certa velocidade, uma tocha acesa. Nós imaginamos então que a tocha está em repouso em todos os pontos da circunferência que ela descreve. Eu poderia indicar as causas dessa ilusão, se não as julgasse supérfluas. Enfim, para dizer brevemente, basta saber, para compreender a natureza de um fluido em geral, que podemos mover nossa mão em um fluido em todas as direções, sem qualquer resistência, com um movimento proporcional a ele, como é evidente para todos os que se apegam às noções que explicam a natureza tal como é em si mesma e não relativamente aos nossos sentidos. Apenas essa observação, repito, faz conhecer inteiramente a natureza do fluido; todavia, não tomo esse relato de experiência por inútil, e não o desprezo; mas, ao contrário, se feitas essas observações de cada líquido com o maior cuidado e a máxima lealdade, elas me pareceriam extremamente úteis para conhecer as diferenças que há entre uma e outra, o que responde ao desejo de todos os filósofos.

Da Solidez

§ 7. "Às leis gerais da natureza". Existe uma demonstração de Descartes e não vejo o ilustre autor tirar de suas experiências ou das observações qualquer demonstração verdadeira. Eu havia mostrado, aqui e nos parágrafos seguintes, um grande número de pontos, mas vi em seguida que o autor corrigiu-se a si próprio.

§ 16. "E uma vez quatrocentos e trinta e duas [onças]". Se compararmos com isso o peso do mercúrio contido no tubo, nos aproximamos do peso verdadeiro. No entanto, creio que valeria a pena examinar isso mais de perto, de modo a tornar possível a comparação entre a pressão do ar sobre os lados (seguindo-se uma linha paralela ao horizonte) e a pressão quando se segue uma linha perpendicular ao horizonte, o que, penso, se poderia fazer da seguinte maneira: seja CD, na figura 1, uma superfície plana e polida com o máximo cuidado, e A e B dois pedaços de mármore em contato um com o outro. O mármore A está fixado pelo meio a um gancho E, e B está preso a uma corda; T é uma polia, G um peso que mostra que força é necessária para afastar o mármore B do mármore A, seguindo-se uma linha paralela ao horizonte. Na figura 2, seja F um fio de seda bastante forte, pelo qual o mármore B encontra-se retido ao solo. D é uma polia, G um peso que mostra que força é necessária para afastar o mármore A de B, seguindo-se uma linha perpendicular ao horizonte.

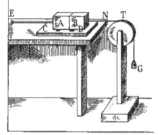

Fig. 1

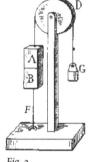

Fig. 2

Eis aí, meu caro amigo, as observações que encontro para fazer a respeito das experiências do senhor Boyle. No que se refere à sua primeira questão, quando percorro as respostas que fiz, vejo que nada omiti. E se por acaso tiver anunciado alguma proposição obscura (como me acontece, em razão da pobreza de linguagem), vos peço indicar-me que procurarei expor mais claramente minha ideia.

Quanto à vossa nova pergunta a respeito da origem das coisas e do elo que as liga à causa primeira, compus, sobre esse assunto e sobre a melhoria do entendimento, uma obra inteira; e agora me ocupo em escrevê-la e corrigi-la. Mas às vezes abandono essa obra porque não me decido sobre sua publicação. Receio, de fato, que os teólogos de nosso tempo fiquem chocados e me ataquem de maneira odiosa como é de seu costume, a mim que tenho horror às polêmicas. Levarei em consideração vossos conselhos no que tange a esse assunto e para que conheceis que tese contida em minha obra pode desgostar os predicadores, vos direi que considero como criaturas muitas das propriedades por eles atribuídas a Deus e por todos os autores meus conhecidos, enquanto considero como atributos de Deus outras coisas por eles consideradas, em virtude de juízos prévios, como coisas criadas, e me dedico a mostrar que eles não as entendem bem. Além disso, não estabeleço entre Deus e a natureza a mesma separação que os autores, de meu conhecimento, estabeleceram. Peço, portanto, vossa opinião, vendo em vós um amigo fiel, para quem seria crime pôr a lealdade em dúvida. Conservai-vos bem e continuai a amar, como tendes feito, este vosso devotado

B. de Spinoza

Carta 7
Oldenburg a Spinoza
[sem data, provavelmente julho de 1662]

Já há um bom número de semanas, senhor, que tive o prazer de receber vossa carta contendo observações sobre o livro de Boyle. O autor junta-se a mim para vos agradecer essa comunicação. Ele o faria antes se não houvesse tido a esperança de se liberar rapidamente da quantidade de assuntos com os quais está assoberbado e de poder, ao mesmo tempo que enviaria seus agradecimentos, dedicar-se a responder-vos. Mas a esperança não se realizou até o momento e os afazeres públicos e privados o retêm de tal modo que não pode, ainda dessa vez, vos testemunhar a gratidão, vendo-se constrangido a esperar um outro momento para dizer seu sentimento sobre vossas observações. Acrescente-se que dois adversários o atacaram após a publicação de seu livro e ele se julga obrigado a lhes responder antes. Eles não têm em mira, entretanto, o tratado do nitro, mas um outro pequeno livro contendo experiências pneumáticas e que provam a dilatação do ar. Tão logo esteja livre desse trabalho, vos fará saber seu pensamento a propósito de vossas observações e, na espera, vos pede para não ficar insatisfeito com o atraso.

O Colégio Filosófico ao qual já fiz menção foi transformado em Real Sociedade por favor de nosso rei e reconhecido em ato público, o que lhe confere grandes privilégios e lhe permite esperar que grandes recursos pecuniários não lhe faltem.

Sou inteiramente da opinião de que não priveis os homens de estudo dos escritos que com tanta ciência e penetração de espírito vós haveis composto, tanto sobre a filosofia quanto sobre a teologia, e que vós os publiqueis, apesar dos resmungos que possam fazer os teologastros. Vossa República é bastante livre e aí se filosofa muito livremente; ainda assim, vossa prudência vos leva a não publicar vossas ideias a não ser com grande moderação e, quanto ao resto, a vos deixar levar pelo destino. Bani, pois, meu excelente amigo, todo o medo de irritar os homúnculos de nosso tempo; durante muito tempo rendemos homenagens à ignorância e à inépcia. É tempo de ir com velas soltas em direção à verdadeira ciência e escrutar os segredos da natureza mais adiante do que até aqui se tem feito. Penso que vossas meditações poderão ser impressas sem perigo em vosso país, sem medo de que elas possam chocar os Sábios. Se vós os tendes por defensores e protetores, o que temer de um vil ignorante? Não vos deixarei livre, honrado amigo, antes de haver cedido à minha solicitação e, no que depender de mim, não consentirei que vossos pensamentos, de tão grande importância, restem como que condenados ao silêncio eterno. Vos peço insistentemente de me comunicar, tão rapidamente quanto possais, qual a vossa decisão tomada a esse respeito. Talvez aqui se passem coisas que mereçam ser por vós conhecidas. A Sociedade da qual já vos falei vai se ocupar agora mais ativamente de pôr seus projetos em execução e, talvez, desde que a paz se mantenha, será isso proveitoso para a República das Letras.

Conservai-vos bem e crede na grande amizade de vosso devotado

Henry Oldenburg

Carta 8
Simon de Vries a Spinoza
(Amsterdã, 24 de fevereiro de 1663)

Após um longo tempo, meu sincero amigo, desejei aproximar-me de vós, mas o tempo e o longo inverno não se prestam a esse desejo. Às vezes lamento minha sorte e o distanciamento no qual nos mantemos um do outro. Feliz, verdadeiramente muito feliz, é vosso companheiro Casearius[11], que mora sob o mesmo teto e que, na refeição, no passeio, pode manter convosco conversações sobre os mais elevados assuntos. Ainda que nossos corpos estejam afastados um do outro, muito frequentemente vós me haveis estado presente ao espírito, sobretudo quando me dedico aos vossos escritos e os manipulo. Mas como nem tudo parece igualmente claro ao nosso círculo de amigos (eis por que reconstituímos nosso colégio), e não quero que penseis vos ter esquecido, resolvi vos escrever.

No que se refere ao colégio, ele está instituído da seguinte maneira: um dos membros (em rodízio) lê vosso texto e explica como o entende; após o que, retoma todas as demonstrações, seguindo a ordem das proposições enunciadas por vós. Se acontece de não podermos nos contentar, julgamos que vale a pena anotar a passagem e vos escrever para que vós nos esclareçais, se possível, e que, sob vossa conduta, possamos defender as verdades cristãs contra a superstição religiosa e sustentar o

11. Johannes Caesarius, jovem estudante da Universidade de Leiden e a quem Spinoza deu aulas de filosofia cartesiana.

ataque de quem quer que seja. Assim, nesse trabalho de leitura e de explicação, nem todas as definições nos pareceram igualmente claras e não tivemos o mesmo julgamento sobre a natureza da definição. Em razão de vossa ausência, pedimos a opinião de um certo matemático que se chama Borelli[12]; ele, quando fala da definição, do axioma e do postulado, indica também as opiniões de outras pessoas. Seu pensamento próprio é o seguinte: as definições são empregadas como premissas na demonstração. É necessário, pois, que elas sejam conhecidas por sua própria evidência, do contrário não se poderia adquirir, por seu intermédio, um conhecimento científico, quer dizer, tendo todas as marcas da verdade. Em outro lugar: não é ao acaso, mas com a maior das precauções, que se escolhe o modo de construção ou o caráter essencial, primário e mais conhecido de um objeto. Pois se a construção ou o caráter designado forem impossíveis, não haverá definição científica; se, por exemplo, se dissesse: duas linhas retas que enfeixem um espaço são ditas linhas que formam uma figura, seria essa a definição de algo inexistente e impossível. Dela se concluiria antes a ignorância da ciência. De outro lado, se a construção ou o caráter designado são possíveis e verdadeiros, mas desconhecidos ou duvidosos, a definição não seria boa, pois as conclusões que se tiram de um ponto de partida desconhecido e duvidoso são também incertas e duvidosas, trazendo com elas a desconfiança ou a opinião, mas não uma ciência exata. Tacquet[13] parece afastar-se dessa opinião, pois diz, como sabeis, que se pode, partindo-se de um enunciado falso, chegar-se a uma conclusão verdadeira. Para Clavius[14], de quem Borelli também

12. Giovanni Alfonso Borelli (1608-1679), matemático italiano com importantes contribuições também na área das ciências físicas, astronomia e mecânica, assim como em medicina e biologia. Nos últimos anos de vida, esteve sob a proteção da rainha Cristina da Suécia, de quem era médico em Roma.

13. André Tacquet (1612-1660), padre jesuíta e matemático, autor de, entre outros, *Elementa geometriae* (1654) e um dos pioneiros do cálculo infinitesimal.

14. Cristóvão Clávio (1538-1612), renomado matemático, ajudou a revisar o calendário gregoriano e publicou uma versão latina dos *Elementos* de Euclides, com muitos comentários resultantes de suas pesquisas.

menciona a opinião, as definições são termos que exprimem uma construção; não é necessário dar-se a razão pela qual uma coisa é definida desta ou daquela maneira; basta jamais afirmar que a coisa definida convém a algum objeto, antes de haver demonstrado que a definição lhe convém. Portanto, Borelli queria que a definição de um objeto se compusesse de um caráter primário essencial, por nós bastante conhecido e verdadeiro, ou de uma construção desse objeto. Clavius não tem essas exigências: para ele não importa muito que o caráter que sirva para definir seja primário, verdadeiro, conhecido ou não, desde que aquilo que foi o objeto da definição não seja afirmado de um objeto antes de se ter demonstrado que a definição convém a esse objeto. Nós nos colocaríamos antes ao lado de Borelli e queríamos saber a qual das duas opiniões daríeis vosso assentimento, ou se não aprovais nenhuma das duas. Depois, já que existem tais desacordos a respeito da natureza da definição, que conta entre os princípios da demonstração, e que, sem que nos livremos das dificuldades que ela acarreta, ficaríamos embaraçados quanto ao que se deduz, teríamos o desejo de que, caso não seja demasiado vos pedir, e se tendes o necessário lazer, nos dissésseis vosso sentimento sobre esse ponto e que distinção fazeis entre definições e axiomas.

Acrescentarei que vossa terceira definição não está muito clara para nós. Dei como exemplo o que me haveis dito em Haia, a saber, que uma coisa pode ser considerada de duas maneiras; ou tal como é em si mesma, ou tal como é relativamente a outra coisa. Por exemplo: o entendimento pode ser considerado sob o aspecto do pensamento ou como composto de ideias. Mas não vemos bem o que aqui significa essa distinção, pois julgamos que, para conceber retamente o pensamento, é preciso compreendê-lo sob a forma de ideias, pois destruiríamos o pensamento suprimindo as ideias. Esse ponto, então, não sendo o exemplo suficientemente claro para nós, permanece ainda obscuro em alguma medida e temos necessidade de uma explicação complementar. Por último, no terceiro escólio da proposição 8, está: "desse modo se torna ainda manifesto que, embora se concebam dois atributos realmente distintos (quer dizer, que se concebe cada um deles sem o auxílio do outro), eles não constituem, entretanto, dois seres ou duas substâncias diferentes. A razão está em que é da natureza da substância que todos os seus atributos, quero dizer, cada um deles, sejam concebidos por si mesmos, pois que nenhum deles é, nela, anterior ao outro".

Vós pareceis supor, por conseguinte, que a natureza da substância é constituída de modo que possa ter vários atributos, mas não o haveis ainda demonstrado em nenhum lugar, a menos que se tenha em vista a quinta definição, a da substância infinita, ou seja, Deus. De outro modo, se digo que cada substância tem somente um atributo e que tenho a ideia de dois atributos, poderia concluir validamente que, havendo dois atributos diferentes, há também duas substâncias diferentes. Sobre esse ponto nós vos pedimos ainda dar uma explicação mais clara.

Agradeço-vos sobremaneira pelos escritos que me foram comunicados por P. Balling e que me deram grande alegria. Mas principalmente o escólio da proposição 19. Se aqui vos puder servir para alguma coisa, estou à vossa disposição; bastará que vós me demonstreis vosso desejo. Comecei a frequentar um curso de anatomia e estou quase na metade. Quando o houver terminado, começarei o de química e, seguindo assim vossos conselhos, percorrerei toda a medicina. Detenho-me e espero uma resposta. Recebei as saudações de vosso devotado

Simon de Vries

Carta 9
Spinoza a Simon de Vries
[sem data, provavelmente fins de fevereiro de 1663]

Meu caro amigo,

Recebi vossa carta há muito esperada e vos agradeço vivamente; vossa longa ausência não me é menos penosa que a vós e estou feliz de que os modestos resultados de minhas pesquisas vos sejam úteis, assim como aos vossos amigos. Continuarei assim a vos falar, apesar da distância.

Vós não tendes razão de invejar Casearius, pois ninguém me incomoda mais e a ninguém evito mais do que ele. Assim vos previno e gostaria de avisar a todos não ser preciso comunicar-lhe minhas opiniões, a não ser mais adiante, quando já estiver amadurecido. Ele é ainda infantil e bastante inconsistente, mais curioso de novidade do que de verdade. Espero, no entanto, que em alguns anos estará curado desses defeitos da juventude; diria mais, pelo que posso julgar de seu natural: estou certo de que irá sarar e por essa razão seu caráter me convida a amá-lo.

Quanto às questões propostas em vosso colégio (cuja regra me parece sabiamente instituída), vejo que vós haveis vos detido e duvidado porque não distinguis entre os gêneros de definição. Quero dizer, entre uma definição que se aplica a uma coisa da qual se procura apenas a essência, e uma definição que se dá para ser apenas examinada. A primeira forma de definição, por ter um objeto determinado, deve ser verdadeira; o mesmo não ocorre com a segunda forma. Por exemplo: se me pedem uma descrição do templo de Salomão, deveria dar-lhe uma descrição verdadeira, a menos que queira divertir-me. Mas se tracei em meu espírito o plano de um templo que desejo edificar e se, da descrição desse templo, concluo que tenho necessidade de tal terreno, que preciso comprar tantos milhares de pedras e outros materiais, uma pessoa de sã consciência me dirá que a conclusão é má porque empreguei uma falsa definição? Alguém exigirá de mim que prove a verdade de minha definição? Seria dizer que não concebi o que concebi, ou exigir-me que prove que concebi o que concebi; são bobagens. Assim, ou minha definição faz conhecer uma coisa tal como é fora do entendimento, e então deve ser verdadeira, não diferindo de uma proposição ou de um axioma (a não ser que a definição se aplique apenas às essências das coisas ou às afecções das coisas, enquanto o axioma possui uma extensão maior e compreende as verdades eternas); ou então uma definição faz conhecer uma coisa tal como é concebida por nós, ou pode ser concebida. Em caso semelhante, uma definição difere de um axioma e de uma proposição, devendo-se dela exigir apenas que seja concebida, e não, à maneira de um axioma, que o seja como uma verdade. Uma má definição é, portanto, uma definição que não se concebe. Para fazê-lo entender, tomarei o exemplo de Borelli: duas linhas retas que enfeixem um espaço são ditas linhas que formam uma figura. Se, quando assim se fala, entende-se por linha reta o que todos entendem por linha curva, a definição é boa – entender-se-á por tal definição uma figura como ⟨*a*⟩ ou outras assemelhadas –, desde que, na sequência, não se entenda por quadrados ou outras figuras. Mas se por linha reta entende-se o que comumente se entende, a coisa é inteiramente inconcebível e não há definição. Tudo isso foi confundido por Borelli, de quem estais dispostos a admitir a opinião. Ajunto outro exemplo, aquele que proponeis quase no fim. Se digo que cada substância só possui um atributo, é uma simples proposição e uma demonstração se faz necessária. Mas se digo: entendo por substância o que se compõe de um atributo único, a definição será boa, desde que, em seguida, as coisas compostas por vários atributos sejam designadas por um outro nome que aquele de substância. Quanto ao que dizeis, que não demonstrei que a substância ou o ser pode ter vários atributos, talvez seja porque não quisestes estar atento às demonstrações. Com efeito, ofereci duas delas: 1. se há qualquer coisa de evidente para nós é que todo ser é concebido por nós sob algum atributo, e quanto mais realidade ou ser ele contém, mais é preciso reconhecer-lhe os atributos. Por consequência, um ser absolutamente infinito deve ser definido etc.; 2. demonstração que acredito ser a melhor; quanto mais concedo ou admito atributos em um ser, mais sou obrigado a conceder-lhe existência, quer dizer, a concebê-lo como verdade. Seria o contrário se houvesse forjado uma quimera ou algo semelhante.

Quanto ao que dizeis, não conceber o pensamento senão sob a forma de ideias, pois que, suprimindo-as, destruiríeis o pensamento, creio que isso acontece por um retorno sobre vós mesmo, coisa pensante que esvaziais de todos os pensamentos e de todos os seus conceitos. Não é surpreendente que, colocando de lado todos os vossos pensamentos, não vos reste nada em que podeis pensar. No que se refere à tese que sustento, penso ter demonstrado claramente, e com bastante evidência, que o intelecto, embora infinito, pertence à natureza naturada e não à naturante. Não vejo que relação isso possa ter com a terceira definição e por que essa definição vos faz duvidar. A definição, tal como vos comuniquei, salvo erro, se enuncia como se segue: entendo por substância o que é em si e se concebe por si, quer dizer, aquilo cujo conceito não envolve o conceito de outra coisa. Por atributo entendo quase a mesma coisa que o termo atributo quando empregado em relação ao entendimento, que atribui a uma substância uma natureza determinada. Essa definição, digo, explica com clareza suficiente o que quero entender por substância ou atributo.

Vós desejais, no entanto, embora não sendo muito útil, que mostre por um exemplo como uma só e mesma coisa pode ser designada por dois nomes. Para não parecer avaro, darei dois: entendo por Israel o terceiro patriarca, e por Jacó a mesma personagem à qual o nome de Jacó foi dado porque ele havia agarrado o calcanhar de seu irmão[15]. Entendo por plano aquilo

---

15. Cf. *Gn* 35, 10 e 25, 26, respectivamente.

que reflete todos os raios luminosos, sem alteração; entendo por branco[16] a mesma coisa, salvo que o objeto é dito branco por alguém que observe o plano.

Creio ter respondido com suficiência todas as questões. Enquanto isso, espero seu julgamento e, se ainda houver algo que creais não estar bem ou claramente demonstrado, não receais assinalar-me.

Carta 10
Spinoza a Simon de Vries
[*sem data, provavelmente março de 1663*]

Meu amigo

Vós me perguntais: a experiência nos é necessária para saber se a definição de um atributo é verdadeira? Respondo que jamais temos necessidade da experiência, a não ser por aquilo que não se pode concluir da definição que damos de uma coisa, como, por exemplo, a existência dos Modos, pois ela não pode ser concluída da definição da coisa. Mas não temos necessidade da experiência para conhecer aquilo cuja existência não se distingue da essência e, por conseguinte, se conclui da definição. Mais do que isso, nenhuma experiência nos poderá jamais nos dar um conhecimento semelhante, pois a experiência não nos ensina sobre as essências das coisas; o mais que se pode dela esperar é dirigir o espírito de tal modo que ele se aplique somente a certas essências. Depois, e porque a existência dos atributos não difere de sua essência, jamais nenhuma experiência poderá nos fazê-la apreender.

Vós me perguntais, ainda, se as coisas reais e suas afecções são verdades eternas. Respondo que elas o são. Mas então, direis vós, por que não chamá-las de verdades eternas? Para distingui-las, responderia, assim como é de uso comum, dessas

---

16. No sentido de "cor" produzida por todas as frequências do espectro luminoso.

verdades que não nos fazem conhecer qualquer coisa e qualquer afecção, como esta aqui, por exemplo: nada vem do nada. Diria que tais proposições e outras semelhantes são chamadas, no sentido absoluto do nome, de verdades eternas, pelo que se quer dizer que não têm outra sede senão na mente etc.

Carta 11
Oldenburg a Spinoza
(*Londres, 3 de abril de 1663, resposta à carta 6*)

Poderia alegar muitas razões para tornar desculpável a vossos olhos meu longo silêncio, mas me contentarei de vos indicar as duas principais: a má saúde do senhor Boyle e a multiplicidade de meus próprios assuntos. De um lado, o senhor Boyle encontrou-se impedido de responder antes às vossas observações sobre o salitre; de outro, estive de tal forma retido durante vários meses que não pude dispor de mim mesmo, me tendo sido necessário, confesso, renunciar às obrigações contraídas convosco. Farei com que ambos os obstáculos (com o tempo) sejam superados e que a troca de cartas com um amigo tal como vós possa ser retomada. Terei grande satisfação e desejo vivamente que (com a ajuda de Deus) nosso comércio epistolar não sofra interrupção.

Antes de me entreter convosco sobre aquilo que vos concerne particularmente, devo vos comunicar o que o senhor Boyle me encarregou de dizer em seu nome.

Ele acolheu vossas observações, com as boas graças que lhe são próprias, sobre seu *Tratado de Físico-Química* e vos é reconhecido pelo exame que lhe quisestes fazer. Ele deseja, no entanto, que noteis que seu objetivo não era o de fazer uma análise verdadeiramente científica e completa do salitre, mas o de mostrar que a doutrina, geralmente admitida na Escola[17], de formas substanciais e de quididades repousa sobre um fun-

---

17. Os pensadores influenciados pela escolástica e pela física "estática" de Aristóteles.

damento muito pouco sólido e que todas as diferenças entre as coisas se reduzem à grandeza das partes, a seus movimentos, repouso e situação. Isso posto, diz o autor, as experiências relatadas por ele provam, mais do que suficientemente, que o salitre propriamente dito se decompõe por uma análise química em duas partes diferentes entre si, tanto quanto do todo; que, em seguida, o corpo, pela junção dessas partes, foi reconstituído de tal maneira que o peso obtido diferia pouquíssimo do peso primitivo. Acrescenta ter bem demonstrado que as coisas se passavam assim; quanto à maneira pela qual isso se produz – é o ponto sobre o qual parece recair vossa conjectura –, o autor não se pronunciou a respeito do assunto pela razão de que estava fora de seu objetivo. No entanto, vossa explicação, que consiste em ver no sal fixo do salitre um efeito de impurezas misturadas ao nitro, e tudo o que se segue, Boyle diz que são simples afirmações sem provas; quando vós pretendeis que essas impurezas, isto é, o sal fixo, têm poros cuja abertura corresponde à grandeza das partículas do nitro, o autor faz observar que o sal extraído das cinzas saibrosas[18] (comumente chamado potássio) forma, com o espírito nítrico, um salitre idêntico àquele constituído pelo espírito nítrico com seu próprio sal fixo, de onde se segue, segundo ele, que em corpos dessa natureza se encontram poros semelhantes de onde as partículas voláteis do nitro não são expelidas.

O autor também não vê que a necessidade dessa matéria bastante sutil que vós supondes resulte de algum fenômeno observado; ela é tirada unicamente da hipótese segundo a qual o vazio é impossível. Quanto ao que vós pretendeis sobre a causa da diferença de sabor que existe entre o espírito nítrico e o salitre, o autor responde que isso não lhe importa; e quanto à vossa explicação da inflamabilidade do salitre e da não inflamabilidade do nitro, diz que ela pressupõe a teoria cartesiana do fogo, a seus olhos insuficientemente estabelecida.

---

18. O termo latino aqui utilizado é *cinerun clavellatorum*.

Das experiências sobre as quais pretendeis fundar vossa explicação do fenômeno, o autor opõe o que se segue: 1. o espírito nítrico é, materialmente, bem semelhante ao salitre, mas não de todo formalmente, pois que ambos diferem, tanto quanto possível, pelo odor, pelo sabor, pela volatilidade, pelo poder de dissolver os metais e de mudar a cor de matérias vegetais etc.; 2. o fato assinalado por vós de que um certo número de partículas levadas para o alto se depositam como cristais de salitre, encontra sua explicação, segundo ele, na circunstância de que partículas de salitre são expelidas pelo fogo ao mesmo tempo em que o espírito nítrico, como acontece com a fumaça e a fuligem; 3. no que concerne à vossa assertiva sobre a depuração, o autor observa que, por essa depuração, o salitre fica principalmente liberado de um certo sal muito semelhante ao sal ordinário, e que seu movimento ascendente e seu depósito sob forma cristalina são comuns a outros sais: isso é efeito da pressão do ar e de outras causas das quais se falarão em outro lugar e que nada têm a ver com o que está aqui em discussão; 4. no que diz respeito à vossa terceira experiência, isso também acontece com outros sais, porque, quando o papel é efetivamente inflamado, diz ele, comunica um movimento vibratório às partículas rígidas e fixas que compõem o sal e assim as torna cintilantes.

Quanto ao erro que pensais que o autor imputa a Descartes no parágrafo 5, ele crê que vós mesmo vos enganais; declara jamais ter visado Descartes, mas Gassendi e outros que atribuem às partículas do salitre uma figura cilíndrica, ao passo que são, em realidade, prismáticas; aliás, ele não quis falar senão de figuras visíveis.

No que tange a vossas observações sobre os parágrafos 13 a 18, ele se limita a dizer que seu propósito, ao compor a obra, era principalmente mostrar, com provas de apoio, que partido se pode tirar da química para corroborar os princípios mecânicos da filosofia e acresce que não encontrou esse ponto tratado com tanta clareza em outros autores. Nosso Boyle é daqueles cuja confiança na razão não vai até o ponto de deixá-los indiferentes ao acordo dos fenômenos com a cognição. Há, diz ele, uma grande diferença entre experiências fortuitas, nas quais ignoramos o que nos traz a natureza e que circunstâncias ali intervêm, e as experiências dispostas de tal sorte que se sabe com certeza quais as condições reunidas.

As madeiras são corpos bem mais complexos do que aqueles de que trata o autor. Na ebulição da água comum, há um fogo exterior de que não se deu conta para a produção do som visado. Quanto às numerosas mudanças de coloração das plantas, a causa ainda não é conhecida; mas que essas modificações resultam de mudanças que afetam seus elementos é o que se manifesta dessa experiência, na qual a cor é modificada por uma aspersão de espírito nítrico. O salitre, diz ele, não tem nem bom nem mau odor, somente quando é dissolvido é que adquire um mau odor, perdendo-o quando retorna ao estado sólido. À vossa observação sobre o parágrafo 25 (o resto, diz, o deixa indiferente) ele responde que fez uso dos princípios postos por Epicuro, atribuindo às partículas um movimento que lhes é próprio; era necessário, com efeito, admitir alguma hipótese para explicar esse fenômeno. No entanto, ele não faz sua esta hipótese; dela se serve apenas para sustentar sua opinião contra os químicos da Escola e lhe basta que, com sua ajuda, possa explicar a coisa. Ao que vós dizeis no mesmo lugar, no tocante à água pura, que não teria o poder de dissolver os corpos sólidos, Boyle responde: os químicos observaram em diversas ocasiões que a água pura dissolve os sais alcalinos mais rapidamente do que outros corpos.

Até aqui faltou-lhe tempo para examinar vossas observações sobre o estado líquido e o estado sólido dos corpos; mas vos envio as observações que precedem para não ficar mais longamente privado do comércio e da correspondência convosco.

Peço-vos expressamente considerar o que vos envio aqui sem grandes sequências e de modo incompleto; é à pressa com a qual vos escrevo que se deve imputar tais defeitos, estando fora de causa o gênio de Boyle. Resumo as conversas que mantive com ele sobre tal assunto, ao invés de reproduzir uma resposta expressa e metódica. Daí, sem dúvida, tantas lacunas,

CORRESPONDÊNCIA COMPLETA

uma argumentação menos clara e menos vigorosa. Que a culpa seja minha, estando o autor dela desembaraçado.

Volto agora ao ponto que nos concerne particularmente e começo por vos pedir se haveis terminado essa obra de tal grande interesse, na qual tratais da origem das coisas, de sua dependência da causa primeira, e ainda da melhoria de nosso entendimento[19]. Certamente, meu caro amigo, não creio que qualquer outra publicação possa ser mais agradável do que essa, de um semelhante tratado para os verdadeiros sábios e os espíritos sagazes, nem melhor acolhida por eles. Eis o que deve ter importância para um homem de vosso caráter e espírito, e não o sufrágio dos teólogos de nosso século abastardado, menos preocupados com a verdade do que com seus próprios interesses. Eu vos rogo, então, invocando o pacto de amizade que nos liga, e o direito que temos de trabalhar para o crescimento e a difusão do verdadeiro conhecimento, de não nos privar de vossos escritos sobre tais matérias. Se, porém, algum impedimento, mais grave do que prevejo, se opuser à publicação da obra, vos suplico me enviar um resumo, crendo que vos terei uma viva gratidão por esse favor de amigo. Em troca, vos transmitirei os escritos desse erudito Boyle, cuja publicação está próxima[20], e a eles juntarei os documentos sobre a natureza da organização de nossa Real Sociedade, do conselho do qual faço parte com vinte outros membros e do qual, com dois outros, preencho as funções de secretário. Neste momento, disponho de pouco tempo para ocupar-me de outra coisa. Peço-vos acreditar que em mim encontrareis a fidelidade que se pode esperar de um espírito reto e a prontidão para vos prestar favores que minhas frágeis forças permitam, sendo, de todo coração, vosso

Henry Oldenburg

19. Refere-se ao que viria a ser o *Pequeno Tratado de Deus, do Homem e de sua Felicidade* (*Tractatus de Deo et homine ejusque felicitate*).

20. Boyle publicaria, em 1663 e 1664, respectivamente, as obras *Considerations Touching the Usefulness of Experimental Natural Philosophy* e *Experiments and Considerations Touching Colours, with Observations on a Diamond that Shines in the Dark*.

Carta 12
Spinoza a Lodewijk Meyer
(Rijnsburg, 20 de abril de 1663)[21]

Meu excelente amigo,

Recebi de vós duas cartas, uma de 11 de janeiro, que me foi reenviada por nosso amigo NN, outra de 26 de março, enviada a Leiden por um amigo desconhecido. Uma e outra me foram muito gratas, primeiramente porque fui informado por elas que vossos negócios iam inteiramente segundo vossos desejos e que pensáveis em mim com frequência. Agradeço-vos muitíssimo, além disso, por vossa benevolência e pelas marcas de consideração que me dais. Peço-vos acreditar que vos sou igualmente devotado e que, se a ocasião se apresentar, me esforçarei por demonstrá-lo enquanto minhas frágeis forças o permitirem.

Para começar, me esforçarei em responder às questões trazidas nas cartas. Perguntais-me sobre a minha reflexão a respeito do Infinito e eu a comunicarei de bom grado.

O problema do Infinito sempre pareceu a todos muito difícil e mesmo inextrincável, pois não distinguimos o que é infinito por uma consequência de sua natureza, ou em virtude de sua definição, e o que não tem limite, não em virtude de sua essência, mas em decorrência de sua causa. E também pela razão de que não distinguimos entre o que é dito infinito, porque não tem limites, e uma grandeza cujas partes não podemos determinar ou representar por qualquer número, embora conheçamos o maior e o menor dos valores. E, enfim, porque não distinguimos entre o que só podemos conceber pelo entendimento, mas não imaginar, e aquilo que também podemos representar pela imaginação. Se tivéssemos levado em conta todas essas distinções, não ficaríamos oprimidos sob o peso de tantas dificuldades. Teríamos claramente conhecido qual

---

21. Esta carta, de ampla circulação entre os amigos de Spinoza, ficou conhecida como a "Carta Sobre o Infinito".

Infinito não pode ser dividido em partes, ou é sem partes, e qual, ao contrário, é divisível, sem que haja contradição. Teríamos sabido, além disso, qual Infinito pode, sem dificuldade, ser concebido como maior do que outro Infinito, e qual aquele que, ao contrário, não o pode ser. É isso que vou mostrar claramente em seguida. Antes, porém, preciso tratar, em algumas palavras, de quatro conceitos: a Substância, o Modo, a Eternidade e a Duração.

Quanto à Substância, eis o que quero que se considere: em primeiro lugar, que a existência pertence à sua essência, quer dizer, que ela existe só por sua essência e definição; se minha memória não me engana, vos hei demonstrado isso de viva voz e sem a ajuda de outras proposições; em segundo, o que decorre do primeiro, não existem várias substâncias de mesma natureza, mas uma substância única. Terceiro ponto, enfim: uma substância não pode ser concebida de modo outro a não ser como infinita.

Chamo de Modos, por outro lado, as afecções de uma Substância, e sua definição, não sendo aquela de uma Substância, não pode envolver a existência. Eis por que, embora os Modos existam, podemos concebê-los como não existentes; de onde se segue que, se considerarmos apenas a essência dos modos, e não a ordem de toda a natureza, não podemos concluir, pelo fato de existirem presentemente, que existirão na sequência ou que não existirão, que tenham ou não existido anteriormente. Por isso se vê claramente que concebemos a existência dos Modos como inteiramente diferente da existência da Substância. De onde se tira a diferença entre Eternidade e Duração; sob o conceito de Duração só podemos conceber a existência dos modos; ao passo que o de Substância é concebido como Eternidade, quer dizer, como uma fruição infinita da existência ou do ser.

De tudo isso ressalta claramente que, como ocorre com bastante frequência, se considerarmos apenas a essência dos modos, e não a ordem da natureza, podemos fixar à vontade – sem que isso atente contra o conceito que temos – a existência e a duração, considerá-la maior ou menor, e dividi-la em partes. Sobre a Eternidade, ao contrário, e sobre a Substância, pois que elas não podem ser concebidas a não ser como infinitas, nenhuma dessas operações poderia ser realizada sem que o próprio conceito que temos delas fosse destruído. Os que pensam que a Substância extensa é composta de partes, isto é, de corpos realmente distintos uns dos outros, têm propósitos vãos, para não dizer delirantes. É como se, juntando círculos, acumulando-os, nos esforçássemos por compor um triângulo ou um quadrado ou não importa o que de uma essência oposta à do círculo. Todo esse amontoado confuso de argumentos, pelo qual os filósofos querem habitualmente mostrar que a Substância extensa é finita, desmorona por si mesmo: todos esses discursos supõem uma Substância corporal composta de partes. Do mesmo modo, outros autores, após estarem persuadidos de que a linha se compõe de pontos, puderam encontrar muitos argumentos para mostrar que uma linha não é divisível ao infinito.

Se, no entanto, vós perguntais por que somos tão naturalmente levados a dividir a substância extensa, responderia que é porque a grandeza é concebida por nós de duas maneiras: abstrata ou superficialmente, tal como no-la representa a imaginação com o concurso dos sentidos; ou como uma substância, o que só é possível pelo entendimento. Eis por que, se nós considerarmos a grandeza tal como é representada pela imaginação, caso mais frequente e mais confortável, nós a acharemos divisível, finita, composta de partes e múltipla. Ao contrário, se a considerarmos tal como é no entendimento, e se a coisa é percebida como é em si mesma, algo muito difícil, nós a encontramos infinita, indivisível e única, tal como antes vos demonstrei suficientemente.

Agora, pelo fato de podermos delimitar à vontade a Duração e a Grandeza, quando consideramos estas aqui fora da Substância e nela fazemos abstração do modo como decorre das coisas eternas, disso provêm o Tempo e a Medida. O Tempo serve para delimitar a Duração, a Medida para delimitar a Grandeza, de tal sorte que nós as imaginamos facilmente, tanto quanto seja possível. Depois, pelo fato de que separamos da Substância até mesmo as afecções da Substância e as repartimos em classes para imaginá-las o mais facilmente possível, disso advém o Número, com a ajuda do qual chegamos a determinações precisas. Daí se vê claramente que a Medida, o Tempo e o Número são apenas maneiras de pensar, ou antes, de imaginar. Não é surpreendente, pois, que todos os que se dedicaram a conceber a marcha da natureza com a ajuda de noções semelhantes e ainda mal compreendidas, se enredaram em dificuldades inextrincáveis das quais só escaparam quebrando tudo e admitindo os piores absurdos. Como há muitas coisas, com efeito, que não podemos apreender a não ser pelo entendimento, e não pela imaginação, como, entre outras, a Substância e a Eternidade, caso nos dispuséssemos a classificá-las sob noções como aquelas que enumeramos, e que são apenas auxiliares da imaginação, nos ocuparíamos em fazer o delírio de nossa imaginação. Os próprios modos da Substância jamais poderão ser conhecidos corretamente se os confundirmos com esses Seres de razão que são os auxiliares da imaginação. Quando fazemos tal emaranhado, os separamos efetivamente da Substância e abstraímos a maneira pela qual eles se originam da Eternidade, isto é, perdemos de vista as condições sem as quais esses modos não podem ser corretamente conhecidos.

Para que se veja mais claramente, tomai este exemplo: desde que se tenha concebido abstratamente a Duração, confundindo-a com o Tempo, e se tenha começado a dividi-la em partes, tornar-se-á impossível compreender de que modo uma hora, por exemplo, possa transcorrer. Para que ela passe, com efeito, será necessário que a metade passe antes, depois a metade do resto e, em seguida, a metade deste novo resto; e assim, retalhando ao infinito a metade do resto, jamais se chegará ao final de uma hora. É por isso que muitos, não se tendo acostumado a distinguir os seres de razão das coisas reais, ousaram pretender que a Duração se compunha de instantes e, desta sorte, para evitar Caribde, caíram em Cila. O mesmo acontece ao se compor a Duração com instantes e ao se querer formar um número ajuntando zeros.

Vê-se ainda, pelo que acaba de ser dito, que nem o número, a medida ou o tempo, porquanto são apenas auxiliares da imaginação, podem ser infinitos, uma vez que, se assim o fossem, o número não seria mais número, a medida, medida, nem o tempo, tempo. De onde se vê claramente por que muitas pessoas, confundindo esses três seres de razão com coisas reais, das quais ignoram a verdadeira natureza, negaram o Infinito. Mas para medir a fraqueza de seu raciocínio, recorramos aos matemáticos que jamais se deixaram deter por argumentos desse quilate, tendo percepções claras e distintas. Com efeito, além de terem encontrado grandezas que não podem ser expressas por qualquer cifra, o que basta para mostrar a impossibilidade de tudo se determinar por números, eles conhecem também grandezas que não podem ser igualadas a nenhum número, mas ultrapassam toda quantidade assinalável. Mas disso não concluem que tais grandezas ultrapassem todo número pela quantidade multitudinária de suas partes; a seus olhos, isso resulta do fato de haver grandezas que não se prestam a qualquer determinação numérica, sem contradição manifesta. Por exemplo, a soma de distâncias desiguais compreendidas entre dois círculos AB e CD e aquela das variações que a matéria em movimento pode experimentar no espaço assim delimitado ultrapassam todo número assinalável. Isso não provém da grandeza excessiva desse espaço, pois, por pequeno que o

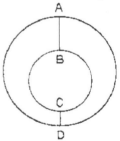

suponhamos, a soma das distâncias desiguais sempre ultrapassará todo número. Isso também não resulta, como ocorre em outros casos, daquilo que não temos para essas distâncias de *maximum* e de *minimum*, visto que, neste exemplo, há um *maximum* AB e um *minimum* CD; isso provém apenas de que a natureza do espaço compreendido entre dois círculos não concêntricos não admite um número determinado de distâncias desiguais. Se, pois, se quisesse determinar por número a soma de todas as distâncias desiguais, seria necessário conseguir-se, ao mesmo tempo, que um círculo não fosse um círculo.

Assim, para voltar ao nosso tema, se quiséssemos determinar todos os movimentos da matéria que tiveram lugar até o momento presente, levando-os, assim como sua duração, a um número e tempo determinados, seria como se nos esforçássemos para privar a Substância corporal de suas afecções, o que não podemos conceber de outra maneira senão como existente, e fazer com que ela não tenha a natureza que é a sua. Poderia demonstrar isso claramente, assim como muitos outros pontos a que me referi nesta carta, se não o julgasse inútil.

Em tudo aquilo que precede, vê-se claramente que certas coisas são infinitas por sua natureza e não podem ser concebidas, de nenhum modo, como finitas; que certas coisas o são em virtude da causa de que dependem e que, todavia, quando as concebemos abstratamente, podem ser divididas em partes e vistas como finitas; que ainda outras, por fim, podem ser ditas infinitas ou, se preferirdes, indefinidas, porquanto não podem ser igualadas a um número, embora as pudéssemos conceber como maiores ou menores. Não é necessário, portanto, que coisas que não podemos igualar em número sejam iguais, como se vê pelo exemplo dado acima e por muitos outros.

Pus ainda sob vossos olhos, em poucas palavras e salvo engano, a causa dos erros e das confusões que se produziram quanto à questão do Infinito. E expliquei esses erros de tal sorte que não há, pelo que penso, uma só questão relativa ao Infinito que não tenha tocado ou cuja solução não se deduza muito facilmente de minha exposição. Julgo não valer a pena vos reter mais longamente sobre o tema.

Gostaria, no entanto, de observar que os peripatéticos modernos compreenderam mal, pelo que creio, uma demonstração dada pelos peripatéticos antigos, ao tentar estabelecer a existência de Deus. Com efeito, eis como é enunciada, tal como a encontro em um certo autor judeu chamado Rab Hasdai[22]: se existe um progresso ao infinito das causas na natureza, tudo o que existe será o efeito de uma causa. Ora, coisa alguma que dependa de uma causa existe em virtude de sua natureza. Assim, não existe na natureza coisa alguma a cuja essência pertença existir necessariamente. Mas tal conclusão é absurda e, portanto, a suposição da qual é deduzida também o é. A força do argumento não reside no fato de que seja impossível que um Infinito em ato seja dado, ou ainda o seja por um progresso de causas ao infinito, mas apenas na suposição de que as coisas que não existem necessariamente por sua natureza não estejam determinadas a existir por uma coisa que, ela própria, exista.

Deveria passar agora, acossado pelo tempo, à vossa segunda carta, mas me será mais fácil responder às perguntas que ela contém quando vós me honrardes com uma visita. Peço-vos, assim, para vir o mais cedo possível, já que o tempo de minha partida se aproxima. Paro por aqui. Conservai-vos em boa saúde e não esqueçais aquele que se diz vosso.

Carta 13
Spinoza a Oldenburg
(*Voorburg 17-27 de julho de 1663*)

Senhor,

Recebi vossa carta longamente esperada e estou assim em condição de respondê-la. Antes, todavia, devo explicar ao senhor, em poucas palavras, o que me impediu de vos escrever

---

22. Hasdai ben Abraham Crescas (1340-1410), teólogo e filósofo judeu de origem espanhola, autor de *A Refutação dos Princípios Cristãos* (*Bitul Ikarei ha-Notzrim*) e ainda de *Luz do Nome* (*Or ha-Schem*), também conhecido como *a Luz do Senhor*, obra na qual se opõe ao uso de argumentos aristotélicos na teologia judaica.

mais cedo. Após ter transferido meu domicílio para cá, no mês de abril, parti para Amsterdã. Na minha chegada, alguns de meus amigos me solicitaram uma cópia de um certo tratado contendo a exposição, conforme o método geométrico, da segunda parte dos *Princípios* de Descartes, e um resumo das mais importantes questões de metafísica, um tratado por mim ditado a um jovem a quem eu não queria comunicar livremente minha própria maneira de ver. Além disso, me pediram para expor, do mesmo modo, a primeira parte dos *Princípios*. Como me era difícil recusar o pedido, pus-me a trabalhar e, em duas semanas, terminei a primeira parte e a enviei aos amigos, que então me pediram autorização para publicar o todo. Eles a obtiveram sem esforço, sob a condição de que um dos dois, em minha presença, aperfeiçoasse o estilo desse escrito e juntasse um pequeno prefácio no qual advertisse, por um ou dois exemplos, que, longe de ter todo o conteúdo por verdadeiro, expressava, sobre mais de um ponto, uma opinião totalmente contrária. Tudo isso um dos amigos[23], que devia cuidar da publicação dessa pequena obra, me prometeu fazer, e isso me reteve durante algum tempo em Amsterdã. E em meu retorno a esta cidade em que habito, tive tantas visitas que não pude dispor de mim mesmo. Agora, enfim, encontro um momento, meu caríssimo amigo, para me corresponder convosco e vos explicar por que autorizei a publicação desse tratado. É possível que algumas pessoas de classe elevada, e que se encontram em minha pátria, queiram ver meus outros escritos, nos quais falo em meu próprio nome, e farão com que possa publicá-los sem nenhum risco. Nesse caso, sem dúvida, não tardarei muito em fazer editar alguma coisa; se acontecer de outro modo, guardarei silêncio, ao invés de me tornar odioso a meus concidadãos, impondo-lhes, contra a vontade, o conhecimento de minhas opiniões. Peço, assim, meu honrado amigo, que espereis o momento dessa decisão. Então, ou tereis o próprio tratado im-

---

23. Provavelmente Lodewijk Meyer.

presso, ou o resumo que me pedis. E se ao esperar vós desejais ter um ou dois exemplares daquele que está no prelo, tão logo me façais conhecer vosso desejo e um meio cômodo de envio, cumprirei a vossa vontade. Retorno agora à vossa carta.

Sou muito reconhecido a vós e também ao senhor Boyle por vossa benevolência tão notável a meu respeito e de vosso amigável procedimento. Vossas ocupações tão numerosas e importantes não vos puderam fazer esquecer vosso amigo e, mais do que isso, prometeis fazer todo o necessário para que, de ora em diante, nossa correspondência não sofra tão longa interrupção. Agradeço ao senhor Boyle por ter consentido responder às minhas observações, ainda que rapidamente, ocupando-se ao mesmo tempo com outras coisas. Reconheço, além disso, que tais observações não têm uma importância tal que o sábio senhor Boyle gaste um tempo em respondê-las e que poderia ser utilizado em pensamentos mais relevantes. Quanto a mim, nunca tinha pensado e, na verdade, me teria sido impossível crer que esse homem erudito não tivesse outro objetivo em seu Tratado do Salitre a não ser mostrar a fragilidade dessa doutrina infantil e ridícula das formas substanciais e das qualidades etc. Ao contrário, persuadido de que quisesse nos explicar a natureza do salitre, a seus olhos um corpo heterogêneo, composto de partes fixas e voláteis, quis, por minha explicação, mostrar (e acredito tê-lo feito abundantemente) que podemos muito facilmente explicar todos os fenômenos do salitre, todos aqueles de que ao menos tenho conhecimento, sem admitir que seja um corpo heterogêneo, mas o tendo por homogêneo. Para isso, não tinha que mostrar que o sal fixo é um sedimento de impureza do salitre, mas apenas supor, para ver como o senhor Boyle poderia me mostrar que ele não é um sedimento de impureza, mas que é absolutamente necessário para constituir a essência do salitre, já que sem ele não poderia ser concebido. Acreditava, com efeito, que o senhor Boyle queria demonstrar isso. Quanto ao que disse que o sal fixo tem aberturas na medida das partículas do nitro, não tinha necessidade delas para explicar a regeneração do salitre, pois, do que disse, a saber, que a regeneração do salitre consiste apenas na solidificação do espírito nítrico, ressalta claramente que toda cal cujas aberturas são muito estreitas para conter as partículas do salitre e cujas paredes são moles, é capaz de deter o movimento das partículas do nitro e, consequentemente, conforme minha hipótese, regenerar o próprio salitre. Não é, pois, surpreendente encontrarmos outros sais, como o tártaro e as cinzas de potássio, com a ajuda dos quais se pode reproduzir o salitre. Disse, portanto, que o sal fixo do salitre tinha aberturas na medida das partículas de nitro para explicar a razão pela qual o sal fixo do salitre é mais apto à regeneração desse corpo, de tal modo que ele só difere por muito pouco de seu peso primitivo. Melhor ainda, pelo fato de encontrarmos outros sais que servem à regeneração do salitre, pensava concluir que a cal do salitre não é um elemento essencial de sua constituição, se o senhor Boyle não houvesse dito que nenhum sal é mais universalmente difundido do que o salitre, e que ele poderia, por conseguinte, estar presente no tártaro e nas cinzas de potássio. Quanto ao que disse, além disso, que as partículas de salitre estavam, nas maiores aberturas, envolvidas por uma matéria mais sutil, concluí, como notou o senhor Boyle, a impossibilidade do vazio. Mas não sei por que ele chama isso de uma hipótese, já que a impossibilidade do vazio decorre claramente do princípio de que o nada não contém propriedades. E me espanto que o senhor Boyle tenha dúvidas sobre esse ponto, quando parece professar que os acidentes não têm existência própria; se uma quantidade pudesse ser dada fora de toda substância, não haveria, pergunto, um acidente com existência própria?

Quanto às causas da diferença de sabor que existe entre o espírito nítrico e o próprio salitre, tive que supô-las para mostrar como eu podia, considerando apenas a diferença que admiti haver entre o espírito nítrico e o salitre, explicar mais facilmente esse fenômeno, sem levar em conta o sal fixo.

O que disse da inflamabilidade do espírito nítrico não implica qualquer suposição, a não ser que, para avivar uma chama em algum corpo, é necessária uma matéria separadora e agitadora do corpo; e creio que a experiência cotidiana e a razão mostram com suficiência que tais condições são requeridas.

Quanto às experiências que relatei em apoio à minha explicação, não que elas estabeleçam inteiramente a verdade a meus olhos, mas, disse-o expressamente, elas a confirmam de uma certa maneira. À primeira dessas experiências, o senhor Boyle não faz qualquer objeção além do que observei eu mesmo em termos explícitos. Aliás, ele não diz absolutamente nada das tentativas feitas por mim para suprimir todo motivo de dúvida sobre os pontos com os quais minhas observações concordam com as suas. Quanto ao que ele objeta da segunda experiência, a saber, que pela depuração o salitre se torna frequentemente livre de um sal que se parece com o ordinário, ele o diz, mas não o prova; quanto a mim, repito, não relatei essas experiências para restabelecer inteiramente a verdade de minha explicação, mas porque elas me parecem confirmar, em certa medida, o que havia dito e o que havia mostrado em concordância com a razão. O que diz o senhor Boyle no que toca à formação de pequenos cristais de salitre que também observaria com outros sais, não vejo em que isso importe na discussão, pois concordo que outros sais também depositem um sedimento de impureza e se tornem mais voláteis quando liberados. Contra a terceira experiência, nada vejo no que diz o senhor Boyle que me diga respeito. Acreditei que o ilustre autor havia se oposto a Descartes no parágrafo 5, assim como o fez em outras partes, em virtude da liberdade de filosofar, por todos reconhecida, sem que sua honra ou a de Descartes sofram qualquer atentado; outros leitores dos escritos do senhor Boyle e dos princípios de Descartes talvez julguem da mesma maneira, salvo opinião contrária. E continuo a não ver como o senhor Boyle explique abertamente seu pensamento, pois não diz em nenhum lugar se o salitre deixa de ser salitre no caso em que esses pequenos cristais visíveis, que ele diz tê-los somente em consideração, desapareçam até adquirirem a forma de um paralelepípedo ou de qualquer outra figura.

Mas deixo tudo isso e passo ao que o senhor Boyle expõe no tocante aos assuntos tratados nos parágrafos 13 a 18. Confesso de bom grado que essa regeneração do salitre é uma bela experiência para investigar a própria natureza do salitre, quando já se conhecem os princípios mecânicos da filosofia e se sabe que todas as mudanças se fazem nos corpos conforme leis mecânicas; mas nego que essas verdades decorram mais clara e evidentemente dessa experiência que de muitas outras que se apresentam por si mesmas e que não podem, entretanto, servir para estabelecê-las de maneira decisiva. Pelo que diz o senhor Boyle – que ele não encontrou tais matérias tratadas com tanta clareza em outros filósofos –, talvez tenha argumentos contra as razões dadas por Verulam e Descartes, para refutá--los, que não conheça. Não dou aqui tais razões porque não acho que o senhor Boyle possa ignorá-las. Digo somente que aqueles filósofos quiseram, também eles, fazer concordar os fenômenos com a razão; porém, penso que se cometeram algum erro, foram homens e nada de humano lhes foi estranho[24]. O senhor Boyle diz em seguida haver uma grande diferença entre as experiências banais e duvidosas que relatei, experiências nas quais ignoramos quais as condições que se encontram naturalmente reunidas e quais as circunstâncias que se acrescentam, e as experiências nas quais, bem ao contrário, as condições são conhecidas com certeza. Mas não vejo, em absoluto, que o senhor Boyle nos tenha explicado a natureza dos corpos que emprega em sua experiência: a da cal do salitre e a do espírito nítrico. De modo que as duas matérias não são menos obscuras do que aquelas das quais falei: a cal comum e a água. Quanto à madeira, reconheço que é um corpo mais complexo do que

---

24. Publio Terêncio Afro, *Heautontimerumenos* (O Punidor de Si Mesmo), verso 77: "Homo sum; humani nihil a me alienum puto" ("Sou homem; nada do que é humano me é estranho").

o salitre; mas que importa que eu ignore a natureza tanto de uma quanto de outra e de que maneira o aquecimento se produz em uma e outra – que interesse isso pode ter, pergunto. Também não sei o que dá ao senhor Boyle o direito de afirmar que ele conhece, no caso de que se trata, as condições reunidas. Pergunto: como ele poderá nos mostrar que esse aquecimento não provém de alguma matéria sutil? Dirá que isso resulta do fato de que o peso sofre apenas uma mui pequena diminuição? Ora, mesmo que ele não sofresse nenhuma, em minha opinião nada se poderia concluir; vemos, com efeito, com que facilidade as coisas podem ser coloridas pela penetração de uma pequeníssima quantidade de matéria, sem que seu peso aumente ou diminua de maneira apreciável aos nossos sentidos. Tenho, pois, alguma razão em duvidar se não há adjunção de certos elementos que escapariam aos nossos sentidos, sobretudo enquanto ignorar como todas essas modificações, observadas pelo senhor Boyle no curso de suas experiências, podem ter sua origem nos próprios corpos. Melhor, tenho por certo que o aquecimento e essa efervescência de que fala o senhor Boyle provêm de alguma matéria adventícia. Creio também que, se se trata de mostrar que a causa do som deve ser procurada no movimento do ar, isso se conclui mais facilmente da ebulição da água (passarei em silêncio pela agitação) do que da experiência relatada, na qual se ignoram que condições estão reunidas e se observa um aquecimento que não se sabe como nem por quê. Há, enfim, muitos corpos que não exalam qualquer odor, mas cujo cheiro é sentido tão logo suas partículas sejam agitadas ou aquecidas, odor que desaparece pelo resfriamento (ao menos até onde podemos verificar): tais são, por exemplo, o âmbar e outros corpos que ignoro serem mais complexos do que o salitre.

Minhas observações concernentes ao parágrafo 20 mostram que o espírito nítrico não é um espírito puro, mas contém cal de salitre e outras matérias. Quando o senhor Boyle diz ter reparado, com a ajuda da balança, que o peso das gotas de espírito nítrico introduzidas por ele era quase igual ao peso do espírito nítrico destruído pela deflagração, duvido, por conseguinte, que sua observação tenha sido bastante cuidadosa.

Enfim, embora a água pura possa dissolver mais rapidamente os sais alcalinos, tanto quanto nossos olhos nos permitem julgar, como ela é um corpo mais homogêneo do que o ar, não pode, assim como o ar, ter tanta variedade de corpúsculos capazes de se insinuar nos poros de toda espécie de cal. Eis por que, compondo-se a água principalmente de partículas de uma mesma variedade, podem dissolver a cal até um certo ponto, enquanto o ar não o pode, e segue-se daí que a água dissolverá a cal mais rapidamente do que o ar; ao contrário, compondo--se o ar de partículas, algumas mais espessas, outras mais sutis, embora as tenha de todos os gêneros, e tais partículas podem insinuar-se de diversas maneiras através de poros bem mais estreitos do que as partículas de água possam penetrar, segue-se daí que o ar, se não pode dissolver a cal do salitre tão rapidamente quanto a água, ele a dissolve, no entanto, em partículas muito mais finas, a enfraquece mais e a torna assim mais apta para deter o movimento das partículas do espírito nítrico. Pois as experiências não me obrigam a admitir qualquer diferença entre o espírito nítrico e o próprio salitre, senão que as partículas do último estão em repouso, enquanto as do primeiro, entrechocando-se, estão em um movimento muito vivo. É a mesma diferença que há entre o gelo e o fogo.

Mas não ouso vos reter mais tempo a respeito de tais matérias; receio ter dito muito, embora me tenha esforçado, tanto quanto pude, em ser breve. Se, no entanto, vos importunei, peço-vos me perdoar e interpretar no melhor sentido as observações francas e sinceras feitas por um amigo. Com efeito, ao vos responder, julguei que não era necessário guardar silêncio sobre tais matérias. E fazer elogios ao que não se gosta, seria pura adulação; nada me parece mais funesto e condenável na amizade. Resolvi, pois, explicar-me abertamente e creio que essa franqueza é o que deveria ser o mais agradável aos filósofos. Se, porém, julgais preferível, jogue ao fogo essas reflexões, em vez de transmiti-las ao mui erudito senhor Boyle. Fazei como quiserdes, desde que não ponhais em dúvida minha estima a vós e ao senhor Boyle. Lamento, no entanto, que minha fraqueza não me permita vos mostrá-la de outro modo que em palavras.

Carta 14
Oldenburg a Spinoza
(*Londres,* 31 *de julho de* 1663)

Ilustríssimo senhor e excelentíssimo amigo,

É para mim uma grande felicidade retomar nosso comércio epistolar. Sabei, pois, que recebi vossa carta de 17-27 de julho com grande alegria, e isso a duplo título: tanto porque me atestava vossa boa saúde quanto porque me assegurava da constância de vossa amizade para comigo. Por cúmulo, vós me anunciais nela a remessa à impressão da primeira e da segunda parte dos *Princípios* de Descartes, demonstrados segundo o método geométrico, e me ofereceis, generosamente, um ou dois exemplares. Aceito a dádiva com muito gosto e peço-vos remeter em meu nome, se vos aprouver, esse tratado ainda no prelo, ao senhor Pedro Serrarius, que reside em Amsterdã. Eu lhe solicitei, de fato, o favor de receber esse livro e enviar-mo por um amigo que vai fazer a travessia.

Permiti-me, ademais, exprimir-vos meu pesar por vos ver renunciar à publicação de escritos que reconheceis como vossos, sobretudo em um Estado tão livre que se pode aí pensar e se expressar como se quer. Eu gostaria de vos ver liberto de semelhantes inquietudes, dado que podeis calar vosso nome e vos pôr assim ao abrigo de todo risco.

O nobilíssimo senhor Boyle está em viagem; no seu retorno, comunicar-lhe-ei essa parte de sua doutíssima carta que a ele concerne e vos transmitirei sua opinião sobre vossas ideias, tão logo eu seja informado. Vós haveis lido, penso, seu *Químico Céptico* que, publicado já há muito tempo em latim, foi difundido no exterior. Ele contém muitas teses relacionadas à química e à física e submete a um exame severo os princípios hipostáticos, dos Espagíricos.

Ele publicou, há tempos, outro pequeno livro que, talvez, não tenha ainda chegado a vossos livreiros e que por essa razão eu vos envio, rogando-vos dispensar boa acolhida a esse presente. O livro contém a defesa da força elástica do ar contra um certo Francisco Linus, que deseja explicar os fenômenos descritos nos ensaios físico-mecânicos[25] do senhor Boyle, por um liame contrário ao entendimento e a todos os dados dos sentidos. Lede e examinai esse pequeno livro; depois, vós me direis o que pensais a seu respeito.

Nossa Real Sociedade persegue seu desígnio com zelo, na medida de suas forças; ela se encerra nos limites da experiência e da observação, proíbe tudo o que pode ser causa de disputa.

Uma experiência notável efetuada há certo tempo causou muito tormento aos partidários do vácuo e, em compensação, deu muita satisfação aos partidários do pleno. Eis no que ela consiste. Um frasco de vidro A inteiramente cheio de água é invertido em um vaso B de vidro, igualmente cheio de água. O conjunto é colocado sob a campânula da nova máquina pneumática do senhor Boyle e se produz aí o vácuo: logo bolhas de ar sobem em quantidade no frasco e expulsa de seu interior a água que desce para o vaso B. Os dois vasos são deixados nesse estado durante um ou dois dias e bombeia-se com frequência para expulsar de lá o ar que se encontraria sob a campânula. Eles são em seguida retirados da campânula e emborca--se no vaso B o frasco A agora cheio de uma

25. *New Experiments Physico-Mechanical, Touching the Spring of the Air, and its Effects: Made, for the Most Part, in a New Pneumatical Engine*, 1662.

água privada de ar; depois, coloca-se a campânula sobre o conjunto e faz-se a vácuo bombeando. Percebe-se uma bolha pelo gargalo até o alto do frasco A e crescendo à medida que se produz o vácuo e toda a água do frasco se vê de novo recalcada. Depois se recomeça: retira-se o frasco da campânula para enchê-lo de água sem ar, emborcado como anteriormente e recolocado sob a campânula. Depois, quando se tiver produzido o vácuo, e isso de maneira perfeita e total, a água permanecerá suspensa, no frasco, sem descer de modo algum. Nessa experiência, a causa que, segundo Boyle, retém a água em suspenso na experiência de Torricelli (a pressão do ar sobre o vaso B), parece inteiramente suprimida e, no entanto, a água não desce no frasco. Eu poderia vos dar aqui várias explicações, mas amigos e ocupações me reclamam.

Não posso encerrar minha carta sem insistir ainda na publicação de vossas pesquisas. Não cessarei de vos exortar até que me tenhais contentado. No aguardo, se quiserdes me comunicar o essencial dessas meditações, ó como eu vos seria grato e vos ficaria reconhecido! Mantende-vos em boa saúde e que possais continuar a amar.

Vosso amigo inteiramente devotado.

Carta 15
Spinoza a Meyer
(*Voorburg, 3 de agosto de 1663*)

Meu caríssimo amigo,

O prefácio que vós me fizestes chegar por meio de nosso amigo De Vries, eu vo-lo envio pelo mesmo intermediário. Como vereis, lancei na margem algumas notas, mas há ainda algumas observações que me pareceu preferível vos comunicar por carta.

1. Na página 4, dais a conhecer ao leitor em que ocasião eu compus a primeira parte; desejaria que lá, ou em outro lugar,

como vos apraza, vós advertísseis, além disso, que esse trabalho foi realizado em duas semanas; assim prevenido, ninguém pensará que minha exposição seja dada como tão clara que não se possa esclarecê-la ainda mais, e por essa razão se deixará deter por uma ou duas palavras que poderiam parecer obscuras.

2. Desejaria que fizésseis notar que muitas proposições são demonstradas por mim de outro modo que elas o são por Descartes, não para corrigi-lo, mas somente para melhor conservar a ordem que escolhi, e não aumentar o número de axiomas e, pela mesma razão, tive de demonstrar numerosas proposições que Descartes simplesmente apresenta sem demonstrá-las, e acrescentar coisas omitidas por ele. Enfim, eu vos peço mui encarecidamente, meu queridíssimo amigo, renunciar ao que escrevestes ao fim contra esse pobre indivíduo. Ainda que eu tenha muitas razões para vos pedir isso, dar-vos-ei apenas uma: desejaria que todos se persuadissem, em toda parte e sem dificuldade, que publico esse escrito no interesse de todos os homens, e que vós mesmo, ao editá-lo, sois movido pelo único desejo de difundir a verdade; e que fizeste, portanto, o melhor possível para que essa pequena obra seja agradável a todos, pois convida os homens, com benevolência e brandura, ao estudo da verdadeira filosofia, e que não tivestes outro alvo senão o interesse comum; o que cada um crerá facilmente quando vir que ninguém é aí atacado, e que nada é aí dito que possa ser julgado ofensivo a quem quer que seja. Mas se, depois, esse homem ou qualquer outro quisesse mostrar sua malevolência, então poderíeis, com aprovação, descrever sua vida e seus costumes. Peço-vos, portanto, o favor de esperar até então e, em acedendo ao meu pedido, crer que sou de todo coração, vosso mui devotado,

B. de Spinoza

P.S.: Nosso amigo De Vries havia prometido levar consigo esta carta, mas, não sabendo quando tornará a estar com o senhor, eu a envio por outra pessoa. Eu vos envio, ao mesmo tempo, uma parte do escólio da proposição 27 da parte II, cujo lugar é no começo da página 75, para que a remetais ao impressor. As palavras que junto devem necessariamente ser impressas e acrescentadas à regra 14 ou 15, inserção que poderá se feita sem dificuldade.

Carta 16
Oldenburg a Spinoza
(*Londres, 4 de agosto de 1663*)

Senhor e mui respeitável amigo,

Passaram-se apenas três ou quatro dias desde que vos enviei uma carta pelo mensageiro ordinário. Eu fazia aí menção a um pequeno livro escrito pelo senhor Boyle e que eu julgava dever vo-lo remeter. Eu não tinha naquele momento a esperança de encontrar tão cedo um amigo que pudesse levá-lo. Mas, depois, apresentou-se um mais rápido do que eu poderia crer. Recebei, pois, esse livro que não pude enviar ao mesmo tempo que minha carta e ao qual junto a saudação do senhor Boyle que agora está de volta. Ele vos roga consultar o prefácio que fez para as suas experiências sobre o salitre; vós conhecereis por seu intermédio o verdadeiro fim a que ele se propusera em seu livro: tratava-se de mostrar que se pode ilustrar por experiências claras as proposições tidas como verdadeiras pela filosofia recente, mais sólida que a antiga, e que se pode expô-las perfeitamente sem as formas da Escola, as qualidades e os absurdos dessa espécie. Em compensação, ele jamais tentou dar a conhecer a natureza do salitre ou desaprovar o que pôde ser dito por quem quer que seja acerca da homogeneidade da matéria e das diferenças que podem nascer nos corpos exclusivamente do movimento, da figura etc. Ele diz que só quis mostrar que as diversidades de estrutura nos corpos acarretam entre eles diversas diferenças e que efeitos extremamente diversos são sua consequência, donde segue que, até o momento em que se chegar a uma matéria primeira, os filósofos e outros podem admitir certa heterogeneidade. E não creio que haja no fundo desacordo entre o senhor Boyle e vós. Com respeito ao que dizeis que toda cal, cujas aberturas são demasiado estreitas para conter as partículas do salitre e cujas paredes são pouco resistentes, é capaz de deter o movimento das partículas do próprio salitre, Boyle responde que se combinarmos o espírito do salitre com outras cais, o corpo assim obtido não será, entretanto, verdadeiro salitre.

Quanto ao raciocínio de que fazeis uso para inverter a hipótese do vácuo, Boyle diz que o conhece e o previu, mas não confia nesse raciocínio; ele afirma que voltará ao assunto em outro lugar.

Ele me pede que eu vos rogue o favor de lhe dar, se puderdes, um exemplo de dois corpos odorantes que, reunidos em um só, formem um corpo inteiramente inodoro (o salitre). Tais são, diz ele, as partes do salitre: o espírito espalha um odor muito acre, o sal fixo não é desprovido de odor.

Ele vos roga, além disso, considerar com cuidado se comparastes a justo título o gelo e a água com o salitre e seu espírito; todo gelo se resolve em água e o gelo, que não tem odor, permanece inodoro quando é derretido; ao contrário, encontram-se diferenças de qualidade entre o espírito do salitre e seu sal fixo, como mostra abundantemente o tratado impresso.

São estas aí, com outras semelhantes, as observações que recolhi conversando com nosso ilustre autor; e, por causa da fraqueza de minha memória, estou certo de, reproduzindo-as, diminuir sua força mais do que aumentá-la. Uma vez que estais de acordo sobre o principal, eu não desejaria insistir sobre as divergências. Preferiria trabalhar para unir vossos espíritos a fim de cultivar à porfia uma filosofia verdadeira e solidamente fundamentada. Que me seja permitido convidar-vos a continuar a estabelecer fortemente os princípios das coisas, como convém à acuidade de vosso espírito matemático, enquanto incito meu nobre amigo Boyle a confirmar e a ilustrar sem demora essa mesma filosofia por experiências e observações repetidas e feitas com cuidado. Vede, pois, meu caríssimo amigo, qual é o meu intento, qual é minha ambição. Sei que nossos filósofos, nesse reino, se desincumbem sempre de suas funções de experimentadores, e não estou menos persuadido de que vós preenchereis com zelo a tarefa que vos é própria, quaisquer que possam ser as queixas e as acusações de filósofos e teólogos. Tendo já, em várias cartas anteriores, vos exortado a fazê-lo, não insisto presentemente para não vos importunar; peço-vos somente que vos digneis a me enviar, pelo senhor Serrarius, o mais cedo possível, tudo o que já mandastes imprimir, quer se trate do comentário sobre Descartes ou que tiverdes tirado do tesouro de vosso próprio entendimento. Eu vos serei grato e sabereis, na primeira ocasião, que sou vosso mui devotado

Henry Oldenburg

Carta 17
Spinoza a Pieter Balling
(*Voorburg, 20 de julho de 1664*)

Caro amigo,

Vossa última carta, escrita, salvo erro, em 26 do último mês, chegou pontualmente. Ela me causou muita tristeza e inquietação, embora encontre de fato algum alívio quando considero a prudência e a força d'alma que vos fazem desprezar os ataques da fortuna ou, antes, da opinião, quando eles são os mais prementes. Minha inquietude, entretanto, não deixa de crescer dia a dia e, por essa razão, vos rogo e adjuro, por nossa amizade, a não vos cansar de me escrever abundantemente. No que diz respeito aos presságios que mencionais, a saber, que em uma época em que vosso filho ainda gozava de perfeita saúde ouvistes gemidos, semelhantes àqueles que ele emitiu quando estava doente, e que foram seguidos bem depressa por seu falecimento, sou levado a crer que não se tratava de verdadeiros gemidos, porém de algo que vós imaginastes. Vós dizeis, com efeito, que, tendo se levantado e prestado ouvido para escutá--los, não mais os ouvistes tão nitidamente como fazíeis antes e como o fizestes mais tarde, depois de haver adormecido de novo. Isso mostra que esses gemidos nada eram exceto imaginação: vossa imaginação liberta, dando-se curso, pôde se representar gemidos bem definidos de maneira mais efetiva e mais viva do que no momento em que estáveis em pé e dirigíeis vosso ouvido para um lugar bem determinado. Posso confirmar e ao mesmo tempo explicar o que vos digo aí pelo que me aconteceu a mim mesmo, no inverno passado, em Rijnsburg. Certa manhã, quando o céu já se aclarava, ao despertar após um sonho muito penoso, as imagens que se me apresentaram no sonho ofereceram-se aos meus olhos com tanta vivacidade como se fossem objetos reais, em particular as de um certo brasileiro negro e escabioso que eu jamais tinha visto antes. Essa imagem desaparecia na maior parte quando, para me aliviar, eu fixava meu olhar em um livro ou em algum outro objeto, mas tão logo eu desviava os olhos daquilo e cessava de mirar atentamente o que quer que fosse, a mesma imagem do mesmo negro reaparecia com a mesma vivacidade repetidas vezes até que, pouco a pouco, ela desapareceu do campo visual. Considero como sendo certamente da mesma natureza o que se apresentou como visão ao meu sentido interno [consciência] e ao que se ofertou ao vosso sentido auditivo. Mas, sendo a causa muito diferente nos dois casos, o que vos aconteceu foi um presságio, ao passo que não foi assim no meu caso; isso se compreende bem pela razão que vou dizer. Os efeitos da imaginação nascem da constituição seja do corpo, seja da alma. Para evitar toda prolixidade, contentar-me-ei aqui em prová-lo só pela experiência. Nós sabemos pela experiência que as febres e as outras moléstias do corpo são causas de delírio, e que aqueles que têm um sangue espesso não imaginam senão rixas, sevícias, assassinatos e outras coisas semelhantes. Vemos também que a imaginação pode estar sob a dependência somente da constituição da alma, quando, como temos amiúde a experiência disso, ela segue em tudo os rastros do entendimento, encadeia e ordena suas imagens, como o entendimento de suas demonstrações; de modo que nós não podemos conhecer pelo entendimento quase nada do qual a imaginação não forme, em seguida, uma imagem. Sendo assim, os efeitos da imaginação que provêm de causas corporais não poderão jamais ser presságios de coisas futuras porque suas causas não envolvem nenhuma coisa por vir. Em compensação, os efeitos da imaginação ou imagens que tiram sua origem da constituição da alma podem ser presságios de qualquer coisa futura, porque a alma pode sempre pressentir confusamente o que será. Ela pode, portanto, imaginá-lo tão nítida e vivamente como se um objeto da mesma espécie estivesse presente. Um pai, direi eu (para tomar um exemplo tal como o vosso próprio), ama a seu filho de tal maneira que ele mesmo e o filho que ele adora não formam mais do que um único e mesmo ser. E dado que deve haver necessariamente no pensamento (como demonstrei alhures) uma ideia da essência das afecções próprias aos filhos e de suas consequências; e como, de outra parte, em vista de sua união com seu filho, o pai é uma parte do filho, é necessário também que a alma do pai participe da essência ideal do filho, de suas afecções e de suas consequências; isso também eu demonstrei mais completamente em outro lugar. Mas uma vez que a alma do pai participa idealmente de tudo o que decorre da essência do filho, o pai pode, como eu disse, imaginar por vezes qualquer das coisas que dela decorrem tão vivamente como se elas se apresentassem a ele próprio, contanto que as seguintes condições sejam preenchidas: 1. É preciso que o acontecimento que se produzirá no curso da vida do filho seja notável; 2. que seja tal que se possa imaginá-lo facilmente; 3. que o momento em que tal acontecimento se produzir não seja demasiado distante; 4. enfim, que o corpo seja bem constituído. Não se trata de saúde, mas ele deve estar livre, liberto de toda preocupação, de tudo quanto possa, de fora, perturbar os sentidos. Pode ser útil também que os objetos nos quais pensamos tenham evocado frequentemente imagens semelhantes àquelas que terão certa significação. Por exemplo, se enquanto falamos com este ou aquele homem, ocorre que ouçamos diversas vezes gemidos, no caso de pensarmos nesse homem, esses gemidos, que feriam nossos ouvidos quando fa-lávamos com ele, nos retornam à memória. Tal é, meu caro amigo, minha opinião sobre a questão que me propondes. Fui muito breve, reconheço, mas o fiz de modo que vós tivésseis um tema para me escrever na primeira ocasião etc.

Carta 18
Willem van Blyenbergh a Spinoza
(Dordrecht, 12 de dezembro de 1664)

Prezado senhor e amigo desconhecido,

Já li atentamente e por várias vezes vosso tratado recente-mente publicado com seu apêndice. Dizer da extrema solidez que ali encontrei e do prazer que obtive talvez fosse a um outro, e não a vós, conveniente fazê-lo. Ao menos não posso deixar em silêncio o fato de que, quanto mais minha atenção se volta para esse livro, mais ele me agrada e não deixo de descobrir alguma coisa ainda não observada. Nesta carta não quero, to-davia, dar a aparência de adulador, nem admirar em demasia o Autor: sei que dos deuses tudo se obtém ao preço de esforço. Vós vos perguntais quem sou e estais surpreso que um desco-nhecido tome a liberdade de vos escrever; vos direi então ser um homem que nesta vida breve e frágil, e por amor da pura verdade, se esforça pela ciência, tanto quanto a natureza do espírito humano o permita. Ele não se propõe outro fim, ao procurar a verdade, senão a própria verdade. Quer pela ciência chegar não às honras e riquezas, mas só à possessão da verdade, que é, daquela, uma espécie de efeito. Ele não encontra em nenhuma verdade, em nenhuma ciência, um atrativo comparável ao da metafísica, ao menos em uma de suas partes. Nela põe todo o atrativo de sua vida e lhe concede as horas de seu lazer. Estou convencido de que ninguém se dedicou a ela com tanta felicidade e zelo quanto vós, e ninguém, por conseguinte, chegou a esse grau de perfeição que vossa obra me demonstra ter alcançado.

Sem muitas palavras, o homem que sou vos será mais facilmente conhecido por pouco que consentis em a ele vos ligar, de maneira a abrir, a atravessar, por assim dizer, seus pensamentos.

Mas retorno ao vosso tratado. Se nele encontrei várias coisas deleitosas, há também outras de difícil digestão e em relação às quais haveria alguma impertinência de um desconhecido como eu, ao vos propor objeções, tanto mais que não sei se isso vos desagrada. Eis por que começo por vos perguntar se posso, no caso de ter tempo nas noites de inverno, e caso consintais em responder-me, vos submeter algumas dificuldades que encontro em vosso livro. Sob a condição de não vos impedir em nada de vos aplicar a uma tarefa mais necessária ou mais agradável, pois, se há uma coisa acima de outras em meu desejo é que, conforme a promessa feita em vosso livro, vós daríeis de vossos pareceres uma exposição mais completa. Queria vos dizer isso de viva voz, em vez de vos escrever, mas ignoro onde morais e a doença, de um lado, e minhas ocupações, de outro, obrigam-me a adiar essa visita para mais tarde.

Para que esta carta não seja, porém, inteiramente vazia, e com a esperança de que essa observação única não vos seja desagradável, vos direi que nos *Princípios*, como nos *Pensamentos Metafísicos*, vós pondes, seja em vosso nome, seja no de Descartes, do qual expondes a doutrina, que conservar e criar são uma e a mesma coisa (coisa perfeitamente clara em si para quem quer que sobre isso reflita e que se pode ter por uma noção primária) e que Deus não apenas criou as substâncias, mas também o movimento das substâncias, isto é, que Deus não só mantém a criação contínua das substâncias em seu estado, mas também seu movimento e tendência. Deus não é apenas causa nesse sentido de que a alma prolonga sua existência e persevera em seu estado por uma vontade e uma operação imediata (pouco importa o nome que vós escolheis de Deus); ele o é também no sentido de que determina os movimentos da alma. Quer dizer que, à causa que faz com que as coisas prolonguem sua existência, a saber, a criação de Deus, é também preciso acrescentar as tendências e os movimentos das coisas, pois, com a exclusão de Deus, não há causa de movimento. Disso se segue que Deus não é apenas a causa da substância da alma, mas também, como pondes em várias passagens, de cada tendência e de cada movimento da alma à qual damos o nome de vontade. E dessa proposição decorre, necessariamente, que, ou não pode haver aí nada de mau no movimento ou na vontade da alma, ou então Deus é, ele próprio, a causa imediata desse mal. Pois todas as ações que chamamos de más são produzidas por meio da alma e, consequentemente, por influência imediata de Deus e com seu concurso. Por exemplo, a alma de Adão quer comer o fruto proibido; pelo que precede, não é apenas à influência de Deus que se deve atribuir a existência de uma vontade em Adão, mas é preciso atribuir-lhe também que essa vontade se manifesta de tal modo determinado; ainda que não seja Deus o único ser a quem a vontade de Adão deve a existência, pois também a ele se deve o modo de agir determinado, ou bem este ato proibido a Adão não é mau em si, ou é preciso admitir que aquilo que chamamos de mal é obra do próprio Deus. Nem vós nem o senhor Descartes parecem ter resolvido a dificuldade, ao dizer que o mal é um *não-ser* ao qual Deus em nada contribui: de onde, com efeito, vem a vontade de comer (o fruto proibido) ou aquela dos demônios orgulhosos? Dado que a vontade (como observais com razão) não difere da própria alma, mas que é um e outro movimento, isto é, as tendências da alma, o concurso de Deus lhe será necessário tanto para um movimento quanto para o outro; ora, o concurso de Deus não consiste em outra coisa, tal como o fazeis conhecer em vossos escritos, senão em determinar uma coisa de um modo tal ou de outro por sua vontade. Assim, há o concurso de Deus no caso de uma vontade má, enquanto má, quanto no caso de uma boa, enquanto boa. Pois a vontade de Deus, que é causa absoluta de tudo o que é, tanto na substância quanto na tendência, parece ser também a causa primária da vontade má, enquanto má. Além disso, não há em nós uma determinação da vontade de que Deus não tenha conhecimento desde a eternidade. Seria atribuir a Deus uma imperfeição admitir que ele a pudesse ignorar; como conhecê-la senão porque ela faz parte de seus decretos? São, portanto, os decretos de Deus a causa de nossas determinações. E dessa maneira segue-se ou que uma vontade má não é um mal, ou que Deus é a causa imediata desse mal e que ele é sua obra. E aqui não está posta a distinção que fazem os teólogos entre o ato e o mal que a ele se liga, pois Deus decretou tanto o caráter do ato quanto o próprio ato; quer dizer que Deus não apenas decretou que Adão comeria, mas que, necessariamente, ele comeria contra a ordem recebida. De onde se segue, mais uma vez, que o ato de comer, de Adão, apesar da ordem recebida, não é um mal, ou esse mal é obra de Deus.

Tais são, senhor, no momento, os pontos que não posso entender bem em vosso tratado, pois uma e outra dessas hipóteses me parecem igualmente difíceis de aceitar. Espero de vosso julgamento perspicaz e de vossa habilidade uma resposta que me dê satisfação, esperando vos mostrar, em seguida, o quanto vos serei agradecido. Sou livre, não tenho vínculo com nenhuma profissão, vivo de um comércio honrado e emprego para essas pesquisas os lazeres que ele me deixa. Peço-vos que não tomais minha objeção de mau grado e, se consentirdes em me responder, como o desejo vivamente, queira escrever a

Willem van Blyenbergh

Carta 19
Spinoza a Blyenbergh
(De Lange Boogert[26], 5 de janeiro de 1665)

Recebi, enfim, em Schiedam, no dia 26, vossa carta de 12 de dezembro, contida em uma outra de 24 do mesmo mês. Por ela fiquei sabendo que, em vosso amor pela verdade, vós a tendes por objeto único de vossos estudiosos esforços e, não tendo eu mesmo outra preocupação na alma, não pude fazer de outro modo senão me dedicar não apenas à satisfação de vosso desejo, respondendo, conforme minhas forças, às questões colocadas em vossa carta e naquelas que poderão se seguir, mas fazer o melhor possível no futuro para estreitar nossas relações e criar entre nós uma sincera amizade. Por aquilo que me diz respeito, entre todas as coisas que dependem de mim não há nenhuma que tenha para mim um preço mais elevado do que um elo de amizade estabelecido com homens que amam sinceramente a verdade. Creio, de fato, que entre os objetos que não estão em nosso poder, não há outro no mundo ao qual possamos nos prender com mais tranquilidade do que à amizade de tais homens; tanto quanto não se pode abandonar a verdade, uma vez que se a tenha percebido, também os homens não deixam de se amar uns aos outros quando a amizade que possuem se baseia na paixão comum de conhecer a verdade. Uma amizade dessa natureza não é, entre todas as coisas que não dependem de nós, o que há de mais alto e amável? E não é a verdade o que pode aproximar as opiniões e unir estreitamente as almas? Não mencionarei além disso as vantagens bastante consideráveis que daí decorrem para não me prolongar num assunto que certamente vós conheceis tão bem e, se acreditei dever dizer uma palavra a esse respeito, nas linhas precedentes, foi para melhor indicar a que ponto me será afetuoso, também no futuro, aproveitar de toda ocasião para vos servir.

---

26. "O Longo Vergel", nome da fazenda de propriedade de Jacob Simons Gijsen.

Para começar, vou responder vossa questão que se remete ao ponto essencial, que aqui está: parece resultar claramente da Providência de Deus, a qual não difere em nada de sua vontade nem do concurso que ele presta ao mundo e à criação contínua, por ele, de todas as coisas, que o mal ou o pecado não podem existir, ou que Deus é ele próprio o autor. Mas vós não explicais o que entendeis por mal e, na medida que me é possível concluir do exemplo que vós me dais – a de uma certa vontade determinada de Adão –, vós pareceis ter em vista, ao falar do mal, a própria vontade quando concebida como determinada desta ou daquela maneira, ou contrária ao mandamento de Deus. Eis por que dizeis (diria a mesma coisa se dispusesse o problema da mesma maneira) ser um grande absurdo afirmar seja que o próprio Deus age contrariamente à sua vontade, seja que ações possam ser boas, embora contrárias à vontade de Deus. Quanto a mim, não posso concordar que o mal e o pecado sejam alguma coisa de positivo, e menos ainda que o que quer que seja possa ser ou acontecer contra a vontade de Deus. Não só digo que o pecado não é nada de positivo; afirmo que se fala impropriamente e de modo inteiramente humano quando se diz que pecamos contra Deus ou que os homens possam ofender a Deus. No tocante ao primeiro ponto, sabemos, com efeito, que toda coisa que existe, considerada em si mesma, e não em relação a outra, envolve uma perfeição tendo exatamente os mesmos limites de sua essência, pois essência e limite formam uma e a mesma coisa. Suponho, por exemplo, a decisão tomada por Adão ou a vontade particular que teve de comer o fruto proibido; essa decisão, considerada em si mesma, envolve tanta perfeição quanto realidade por ela expressa; e isso se conhece ao se considerar que não podemos conceber em um objeto qualquer imperfeição, a não ser quando o comparamos a qualquer outro que possua mais realidade. Em seguida, não podemos encontrar qualquer imperfeição na decisão tomada, enquanto a consideremos nela mesma, sem compará-la com outras decisões mais perfeitas e testemunhas de um estado mais perfeito. Pode-se mesmo comparar Adão a uma infinidade de outros objetos tais como pedras ou troncos de árvores que seriam muito mais perfeitos tendo em vista essa decisão (se ela se achasse neles). Todos concordarão com isso, pois todos veem com admiração, nos animais, maneiras de ser e de agir que reprovam nos homens, tais como as guerras a que se livram as abelhas, o ciúme dos pombos etc.; desprezíveis na humanidade, são coisas que nos parecem juntar-se à perfeição dos animais. Sendo assim, segue-se claramente que o pecado, tendo em si apenas as marcas de imperfeição, não pode exprimir qualquer realidade e esse é o caso da decisão tomada por Adão e sua execução.

Além disso, não devemos dizer que a vontade de Adão é contrária à lei de Deus, e que é um mal porque desagrada a Deus: admitir que alguma coisa possa acontecer contra a vontade de Deus, que tendo um desejo não possa satisfazê-lo, e que sua natureza, como a de um ser criado, o leva a experimentar simpatia por certos modos e antipatia por outros, além de se atribuir a Deus uma grande imperfeição, está em contradição absoluta com a natureza da vontade divina. Essa vontade, com efeito, não difere em nada de seu entendimento; é impossível que um acontecimento qualquer ocorra contrariamente à sua vontade, ou que se conceba um objeto real em desacordo com seu entendimento, tal como um círculo quadrado. Depois, dado que a vontade ou a decisão de Adão, considerada em si mesma, não é um mal, e, falando apropriadamente, não vai contra a vontade de Deus, Deus pode ser a causa ou, antes, pela própria razão que vós percebestes, ele deve ser a causa. Não, certamente, por ser essa uma má decisão, mas o mal que nela existe não é outra coisa senão a privação de um estado que, por sua causa, Adão foi levado a perder. E é certo que uma privação não é nada de positivo e que mesmo o nome pelo qual a chamamos só tem sentido aos olhos de nosso entendimento, não aos olhos do entendimento divino. Essa designação tem por origem o hábito que temos de agrupar todos os indivíduos do mesmo gênero, por exemplo, todos os que têm a forma exterior do homem, e de dar a esse gênero uma definição que acreditamos ser conveniente a todos, julgando, em seguida, que todos estão aptos à máxima perfeição que podemos deduzir daquela definição. Quando encontramos um cujas obras estão em desacordo com a perfeição, dizemos que ele está dela privado e que se afasta de sua natureza; nós não o faríamos se não o incluíssemos nessa definição e não lhe atribuíssemos uma natureza que lhe fosse conforme. Mas Deus não conhece as coisas abstratamente, não forma com elas definições gerais e não lhes exige mais realidade do que o entendimento e a potência divinas lhe atribuíram. De onde esta consequência manifesta: a de que a privação da qual falávamos antes só existe para o nosso entendimento e não aos olhos de Deus. De maneira que, como me parece, o problema que vos detinha, encontra-se inteiramente resolvido. Todavia, para vos aplainar mais ainda o caminho, e vos extrair de todos os escrúpulos, creio ser necessário responder às duas questões seguintes: 1. por que a Sagrada Escritura diz que Deus deseja a conversão do pecador e por que proibiu a Adão comer o fruto da árvore, quando por decreto divino Adão deveria necessariamente comê-lo?; 2. como conceber que, assim como parece decorrer das proposições que avancei, o orgulhoso, o avaro e o desesperado honrem a Deus tanto quanto o generoso, o paciente e o caridoso?

Sobre o primeiro ponto, respondo que a Escritura usa constantemente de uma linguagem por inteiro antropomórfica, conveniente ao vulgo ao qual se destina; esse vulgo é incapaz de perceber as verdades um pouco elevadas. Eis por que, e disso estou persuadido, todas as regras de vida, cuja observação Deus revelou aos profetas por ser necessária à salvação, tomaram a forma de leis e, pela mesma razão, os profetas forjaram parábolas. Com efeito, em primeiro lugar eles apresentaram como sendo expressões da vontade de um Rei e de um Legislador os meios da salvação e da perdição revelados por Deus e da qual era ele a causa; chamaram de leis a esses meios de salvação que nada mais são do que causas e as transformaram em leis; deram o caráter de recompensa e de castigo à salvação e à perdição, que não são outra coisa senão os efeitos que decorrem necessariamente dessas mesmas causas. Adaptaram sua linguagem a essa história ou parábola, de preferência à verdade e, em várias ocasiões, emprestaram a Deus as paixões do homem, às vezes a cólera, às vezes a misericórdia, às vezes o desejo do que ainda não é, às vezes o ciúme e a desconfiança. Até mesmo acreditaram que Deus podia ser induzido em erro pelo diabo. Como consequência, não devem os filósofos, e todos os que estão acima da lei, quer dizer, que praticam a virtude por amor a ela, por ser ela o que há de melhor e não porque a lei o ordena, ficar chocados com essa linguagem.

A interdição do fruto da árvore consistia, pois, somente na revelação feita por Deus a Adão sobre as consequências mortais que teria a ingestão desse fruto; é assim que sabemos, pela luz natural, que um peixe provoca a morte. Vós me perguntareis com que finalidade fez Deus essa revelação? Respondo: para aumentar seu conhecimento e, por isso mesmo, sua perfeição. Perguntar a Deus por que não lhe deu, ao mesmo tempo, uma vontade mais perfeita seria tão absurdo quanto perguntar por que não dar ao círculo todas as propriedades da esfera, assim como se segue claramente das considerações precedentes e que demonstrei na primeira parte dos *Princípios da Filosofia Cartesiana*, demonstrados geometricamente (escólio da proposição 15).

Quanto à segunda dificuldade, é sem dúvida verdade que os maus exprimem, à sua maneira, a vontade de Deus; mas eles não são, por isso, comparáveis com os bons: quanto mais uma coisa tem perfeição, mais ela participa, efetivamente, da divindade e mais exprime a perfeição de Deus. Depois, porque os bons têm incomparavelmente mais perfeição do que os maus, sua virtude não pode se comparar com a dos maus, pois os maus não possuem o amor de Deus que decorre de seu conhecimento, e somente pelo qual, conforme nosso entendimento humano, somos ditos servidores de Deus. Mais ainda: como eles não conhecem Deus, são apenas um instrumento nas mãos de um operário divino, e um instrumento que serve insciente-mente e se destrói ao servir, enquanto os bons servem sabendo e se tornam mais perfeitos ao servir.

Eis, senhor, o que no momento posso responder à vossa questão; todo o meu desejo é que essa resposta vos satisfaça. Se, porém, vós ainda encontrais alguma dificuldade, gostaria de sabê-la a fim de ver se posso retirá-la. Não temeis me im-portunar enquanto não estiverdes satisfeito, nada me sendo mais agradável do que os raciocínios pelos quais a verdade se torna apreensível. No entanto, gostaria de poder usar, ao vos escrever, a linguagem de que minha educação me fez familiar[27], pois poderia assim melhor expressar meu pensamento. Peços--vos desculpar as falhas contidas na presente carta, corrigi-as vós mesmo e me tenha por vosso devotado amigo e servidor.

B. de Spinoza

P.S.: Devo permanecer ainda de três a quatro semanas neste lugar [Schiedam], após o que conto em ir a Voorburg. Penso receber vossa resposta antes, mas se vossas ocupações vos reti-verem, querei escrever-me a Voorburg, no seguinte endereço: viela da Igreja, casa de mestre Daniel Tydeman, pintor.

Carta 20
Blyenbergh a Spinoza
(*Dordrecht, 16 de janeiro de 1665*)

Senhor e caro amigo,

Quando recebi vossa carta, senti-me disposto primeira-mente, após uma rápida leitura, não apenas a responder de ime-diato, mas ainda a refutar uma grande parte de seu conteúdo.

27. Isto é, o português.

Mas quanto mais meditei, menos motivo encontrei para objeções e o prazer que tinha ao ler não era menor do que o desejo que tinha de fazê-lo. Antes, porém, que vos peça, como é meu propósito, a solução de algumas dificuldades, é preciso que saibais que sempre me dedico, ao filosofar, em seguir duas regras gerais: a primeira é o conceito claro e distinto em meu entendimento; a segunda é a palavra relevada de Deus ou a vontade de Deus. Pela observação da primeira regra, esforço-me por ser um amigo da verdade; por uma e outra, um filósofo cristão. E se acontecer, após um longo exame, de o conhecimento natural me parecer estar em conflito com o Verbo Divino, ou não estar de acordo com ele, a palavra divina tem sobre minha alma uma autoridade tal que os conceitos que acredito serem claros se tornarão suspeitos, antes que consinta em opô-los à verdade que penso estar prescrita no Livro, ou colocá-los acima dela. Nada de espantoso, pois quero crer firmemente que essa palavra é a palavra de Deus, quer dizer, que ela provém de um Deus supremo e perfeito que abrange mais perfeição do que possa conceber em ideia, e que talvez tenha querido afirmar de si mesmo e de suas obras mais perfeições do que possa perceber neste momento, ou seja, neste momento presente, com meu entendimento finito. Pode acontecer, com efeito, que me prive, por minhas obras, de uma perfeição maior e, em seguida, se estivesse dotado dessa perfeição da qual me privam minhas próprias ações, poderia perceber que tudo o que nos é proposto e ensinado nesse Verbo concorda com os conceitos mais sãos do espírito. Mas desconfio de me privar eu mesmo, por um erro prolongado, de uma melhor condição e, como vós o dissestes nos *Princípios* (Parte I, Proposição 15), nosso conhecimento, mesmo quando mais claro, envolve ainda a imperfeição: inclino-me, pois, de preferência, para esse Verbo, apoiando-me sobre esse fundamento que vem do mais perfeito ser (o que pressuponho, mas a demonstração seria aqui muito longa) e deve, por isso, ter minha crença. Se agora eu fizesse um juízo sobre vossa carta, guiando-me apenas por minha primeira regra, como se a segunda não existisse ou não a conhecesse, deveria concordar com muitos pontos e admitir vossas ideias sutis. Minha segunda regra, ao contrário, obriga-me a separar--me de vós. Mas tanto quanto se possa em uma carta, quero examinar mais amplamente essas ideias, relacionando-as, ao mesmo tempo, a uma e outra das duas regras.

Em primeiro lugar, e conforme a vossa segunda proposição, criar e conservar são uma só e mesma coisa, e porque Deus faz com que as coisas não apenas se conservem, mas ainda que os movimentos e os modos perseverem em seu estado, isto é, lhes presta seu concurso, me pergunto, seguindo a primeira das duas regras, se não pareceria seguir-se disso que o mal não existe ou que Deus, ele próprio, é seu autor; é a conclusão à qual se é conduzido, apoiando-se sobre o princípio de que nada pode ocorrer contra a vontade de Deus sem que nele houvesse imperfeição; em outro termos, as coisas das quais Deus é o autor podem também ser más (pois aquelas que nós chamamos de más estão aí incluídas). Mas essa conclusão, também ela, implica contradição, e como não podia, para qualquer lado que me quisesse voltar, liberar-me da obrigação de me contradizer, dirigi-me a vós como o melhor intérprete de vossas próprias ideias. Em vossa resposta vós dizeis persistir em vossa opinião sobre o primeiro ponto, a saber, que nada acontece e não pode acontecer contra a vontade de Deus; quanto a essa dificuldade que se trataria de levantar – Deus é, pois, o autor do mal? –, vós negais que "o pecado seja algo de positivo" e acrescentais que "não se pode dizer, a não ser impropriamente, que nós pecamos contra Deus". No Apêndice, Parte I, capítulo 6, vós dizeis também que "coisa absolutamente má não pode haver nenhuma, como é evidente por si". Pois tudo o que existe, considerado em si mesmo, fora de qualquer relação com outro objeto, envolve uma perfeição que, em todas as coisas, se estende até onde vai a essência das coisas e, por conseguinte, é evidente que os pecados, por não exprimirem nada senão uma imperfeição, não podem consistir em o que quer que seja que exprima uma essência. Se o pecado, o mal, o erro, por qualquer nome que o chamais, não é outra coisa senão a perda ou a privação de um estado mais perfeito, parece seguir-se disso que, em verdade, a existência não é um mal nem uma imperfeição, mas que um mal pode nascer de algo existente. Pois o perfeito não está privado de um estado mais perfeito por uma ação igualmente perfeita, mas certamente pelo fato de nos inclinarmos em direção a um estado de imperfeição, usando mal de forças que nos foram concedidas. Vós pareceis chamar a isso não um mal, mas um estado de bem menor, porque as coisas consideradas em si mesmas envolvem uma perfeição e que às coisas – como dizeis – não lhes incumbe mais essência do que o entendimento divino e a potência divina lhes concederam e que, por conseguinte, elas também não podem, em suas ações, mostrar mais existência do que receberam em essência. Com efeito, se não posso produzir obras senão na proporção da essência que recebi, nem mais nem menos, não se pode imaginar qualquer privação de um estado mais perfeito: se nada acontece contra a vontade de Deus, e se em cada ser nada pode acontecer senão na proporção da essência que lhe foi conferida, como conceber o mal que vós afirmais ser a privação de uma condição melhor? Como pode um ser perder um estado mais perfeito por uma obra que estava em sua natureza, tal como foi estabelecido de se produzir necessariamente? Por consequência, senhor, estou persuadido de que é preciso decidir: ou existe um mal, ou não pode haver privação de um estado melhor. Pois me parece haver contradição se o mal não existe, estando-se privado de uma condição melhor.

Mas, direis vós, pela privação de um estado mais perfeito nós caímos em um bem menor, não em um mal absoluto. No entanto, vós me haveis ensinado (Apêndice, parte I, capítulo 3) que não era preciso discutir sobre as palavras. Assim, não discuto se se deve falar de um mal absoluto ou não; perguntarei somente se – sim ou não – ao cairmos de um estado melhor para um pior, se diz com razão, e se deve dizer, que nosso estado é pior ou é um mau estado. Vós alegaríeis que esse estado contém ainda muito de bom? Vos perguntaria se esse homem, que por sua imprudência é a causa de ter sido privado de um estado mais perfeito e, por conseguinte, é inferior ao que era anteriormente, pode ser chamado mau.

Esse raciocínio, que não deixa de conter algumas dificuldades aos vossos olhos, vós o rejeitais e afirmais que "há certamente um mal, que ele existiu em Adão, mas que esse mal não é nada de positivo e não pode ser chamado de mal a não ser em relação ao nosso entendimento, e não ao de Deus", e aos olhos de nosso entendimento ele é uma privação (somente enquanto por ele nos privamos nós mesmos da liberdade, a melhor que possa pertencer à nossa natureza e esteja em nosso poder), e que no que concerne a Deus é uma negação. Examinemos, pois, se o que vós chamais de mal, e que seria um mal em relação ao nosso entendimento, não seria um verdadeiro mal; em segundo lugar, se se deve dizer que o mal, entendido como é por vós, pode ser chamado apenas de uma negação aos olhos de Deus. À primeira questão creio ter respondido acima, de alguma maneira. Sem dúvida, concederia que o fato de ser menos perfeito que um outro ser não pode introduzir em mim um mal, pois não posso exigir do Criador um estado melhor, e isso tem por efeito apenas que meu estado é inferior em certa medida. Mas não poderia aceitar que, se me torno mais imperfeito do que era anteriormente, essa imperfeição, tendo sido produzida por uma falta minha, não me faria pior na medida em que seria menos perfeito. Se me considero, diria, tal como era antes de cair nessa imperfeição, e nesse estado me comparo com outros dotados de uma maior perfeição, essa perfeição que possuo não será um mal, mas um bem em menor grau. Ao contrário, se comparo o que me tornei após ter sido despossuído de minha primeira perfeição e por minha falta me ter privado do que era em minha forma primeira, quando saí das mãos do Criador, devo julgar que sou pior do que antes: não foi o Criador que me reduziu a essa condição, fui eu mesmo que me reduzi, pois as forças necessárias para me preservar do erro eu as tinha, e vós mesmo o reconheceis.

Quanto à segunda questão, trata-se de saber se o mal que vós declarais existir na privação de um estado melhor, e que não apenas Adão, mas todos nós, perdemos por uma ação repentina e contrária à ordem, é, aos olhos de Deus, uma simples negação. Para examinar esse ponto com espírito são, nos é preciso ver como vós concebeis o homem, como vós o fazeis depender de Deus antes de toda falta, e como vós o concebeis após o pecado. Antes do pecado ele não pode, conforme vossa definição, possuir mais essência do que o entendimento divino e a potência divina realmente lhe atribuíram e conferiram, quer dizer (se compreendo vosso pensamento), que o homem não pode ter perfeição a não ser na proporção que Deus lhe pôs, nem mais nem menos. Isso faz o homem dependente de Deus, da mesma maneira que os elementos, as pedras, as plantas etc. Mas se é tal vossa opinião, não percebo o que significam essas palavras dos *Princípios*, parte I, proposição 15: "como a vontade é livre para se determinar, segue-se que temos o poder de conter nossa faculdade de afirmar nos limites de nosso entendimento e, assim, fazer com que não caiamos no erro." Não parece haver aí contradição entre ser a vontade livre, a ponto de poder se preservar de erro, e, ao mesmo tempo, fazê-la dependente de Deus, de maneira que não possa manifestar outra perfeição a não ser na proporção da essência que Deus lhe deu? Quanto ao que é o homem após o pecado, como o concebeis? Dizeis que por uma ação muito precipitada, quer dizer, não contendo sua vontade nos limites do entendimento, privou-se de uma condição mais perfeita. Parece-me que na passagem desta carta, e também nos *Princípios*, vós deveríeis explicar mais completamente os dois termos opostos dessa privação, o que ele possuía antes da privação e o que ele conservou depois da perda desse estado perfeito (como vós o chamais). Dizeis, com efeito, o que perdemos, mas não o que conservamos (*Princípios*, parte I, proposição 15): "Toda a imperfeição do erro consistirá, portanto, apenas nessa privação da melhor liberdade; e essa privação é que se denomina erro." Examinemos de que modo chegais a essa conclusão.

Vós professais que não apenas há em nós uma tal variedade de maneiras de pensar, algumas relacionadas à vontade, outras ao entendimento, mas que deve haver também uma ordem tal que não queiramos as coisas antes de concebê-las claramente. Afirmais também que, se nós contivermos nossa vontade dentro dos limites do entendimento, jamais cometeremos erro e que, enfim, está em nosso poder conter nossa vontade nos limites de nosso conhecimento. Quando reúno essas proposições em meu espírito, parece-me necessário ou que toda tese seja apenas ficção ou que Deus nos imprimiu no espírito essa ordem. Se assim foi feito, não seria absurdo afirmar que ele fez sem objetivo e que Deus não exige que observemos e sigamos qualquer ordem? Não seria pôr em Deus uma contradição? E se devemos observar a ordem posta em nós, como podemos ser e permanecer, tal como dizeis, dependentes de Deus? Com efeito, se ninguém tem perfeição a não ser na proporção da quantidade de essência que recebeu, nem mais nem menos, e se essa força que nele há se deve fazer conhecer por seus efeitos, aquele que estende sua vontade para além dos limites do entendimento não recebeu de Deus forças em quantidade suficiente, sem o que as mostraria pelo uso que delas faria, e, por conseguinte, aquele que se encontra em erro não recebeu de Deus a perfeição de não cair em erro, sem o que nele jamais cairia. Segundo vós, com efeito, foi-lhe dada tanta essência quanto há de perfeição produzida. Se, além do mais, Deus nos deu bastante essência para que possamos observar a ordem, como afirmais que podemos, e se manifestamos a perfeição na proporção da essência que possuímos, como acontece de transgredirmos a ordem e que nem sempre contenhamos a vontade dentro dos limites do entendimento? Em terceiro lugar, se, como demonstrei acima o que vós afirmais, depende de Deus de tal maneira que não posso fazer ato de vontade nem dentro dos limites do entendimento nem para além desses limites, a não ser na proporção da essência que me foi concedida por Deus, e na medida em que sua vontade tiver assim decidido, como poderia usar da liberdade de minha vontade? Não parece haver aí contradição entre Deus nos prescrever a ordem de conter nossa vontade nos limites do entendimento e não nos dar a essência ou a perfeição que nos seria necessária para observar essa ordem? E se, conforme vossa opinião, ele nos tivesse dado essa quantidade de perfeição, nós jamais poderíamos cair em erro, pois, do mesmo modo que possuímos essência, nos é preciso igualmente manifestar perfeição, e sempre expomos em nossas obras as forças que nos foram concedidas. Ora, nossos erros são uma prova de que não possuímos, dependente de Deus (como vós declarais), um poder como esse, e então, das duas uma: ou não dependemos de Deus, ao ponto em que vós o dizeis, ou não temos o poder de nos defender do erro. Ora, conforme vossa declaração, nós temos o poder de nos defender do erro. Logo, não somos tão dependentes de Deus.

Do que precede, segue-se já claramente ser impossível que o mal, ou o fato de ser privado de um estado melhor, seja aos olhos de Deus uma simples negação. O que significa, com efeito, esse termo privação, de perda de um estado mais perfeito? Não é passar de uma perfeição maior a uma menor e, por conseguinte, de uma essência superior a uma inferior? E o que é ser posto por Deus em uma condição que se define por uma certa medida de essência e de perfeição? Isso não quer dizer que nos é impossível adquirir um outro estado que não seja aquele que Deus sabe perfeitamente que nos foi assinalado, e que seria preciso, para que uma tal mudança fosse possível, que Deus houvesse decidido de outra forma, que sua vontade fossa outra? Pode acontecer de essa criatura – produzida por um ser onisciente e soberanamente perfeito, para que conserve a essência que lhe foi dada, assim como ele o quis, que essa criatura à qual Deus empresta seu concurso em todos os momentos para que ela conserve sua essência –, pode acontecer, pergunto, que ela sofra uma tal degradação em sua essência, quer dizer, torne-se menor em perfeição, contrariamente ao conhecimento que Deus tem dela? Tal hipótese me parece envolver um absurdo.

Não é absurdo dizer que Adão perdeu uma condição mais perfeita e, consequentemente, tornou-se incapaz de se conformar à ordem que Deus havia posto em sua alma, e que Deus não tinha nenhum conhecimento da perda da quantidade e da qualidade de perfeição cometida por Adão? Pode-se conceber que Deus forme um ser dependente de si de tal maneira que não possa produzir qualquer obra que não esteja predeterminada, e que perca um estado mais perfeito precisamente por causa dessa obra, e uma tal desordem tendo escapado do conhecimento de Deus (da qual, no entanto, seja dito de passagem, é a causa absoluta)? Concordo que entre o ato e o mal inerente ao ato haja uma diferença: "mas esse mal que, aos olhos de Deus, é uma negação", ultrapassa minha compreensão.

Parece-me impossível que Deus tenha conhecimento do ato, o determine, empreste-lhe seu concurso e, no entanto, ignore esse mal que ali se encontra contido e as consequências que advirão. Considere comigo que Deus me empresta seu concurso no ato pelo qual eu procrio com minha mulher: isso é algo de positivo e dele Deus tem um claro conhecimento. Mas quando cumpro esse mesmo ato de uma maneira abusiva, com a mulher de um outro, contrariamente à fé jurada e à minha palavra, então existe o mal nesse ato. O que há de negativo aos olhos de Deus? Não é o ato de proceder – que é algo de positivo e ao qual Deus empresta o seu concurso. O mal que está ligado a esse ato deve consistir apenas naquilo ao qual me uno, contrariamente a um compromisso por mim assumido ou a uma prescrição divina, com uma mulher estranha, com a qual esse ato não é lícito. Mas podemos conceber que Deus conheça nossas ações, lhes empreste seu concurso e, no entanto, ignore com quem as realizamos? Mais ainda porque Deus também empresta seu concurso à ação dessa mulher com quem realizo o ato. Parece-me difícil que se faça de Deus uma tal opinião. Consideremos ainda o ato de matar; enquanto é um ato positivo, Deus lhe empresta seu concurso; mas pode ele ignorar o efeito de um tal ato, ou seja, a destruição de um ser e a dissolução de uma criatura de Deus?

Seria supor Deus ignorante de sua própria obra (creio não compreender bem vosso pensamento; vós tendes muita perspicácia para cometer um erro tão grosseiro). Talvez repliqueis que tais atos, como os suponho, são bons pura e simplesmente e que nenhum mal a eles se vincula. Mas se assim é, não posso imaginar o que vós chamais de mal e que não seja a privação de uma condição mais perfeita. E então o mundo deveria ser uma confusão eterna e perpétua e nós nos tornaríamos semelhantes às bestas. Considere, vos peço, a utilidade dessa maneira de ver o mundo.

Vós rejeitais a definição vulgar de homem e concedei a cada homem tanta perfeição quanto a que Deus cedeu em essência para que ele aja. Mas dessa maneira vós pareceis admitir que os ímpios honram a Deus por suas obras tanto quanto os piedosos. Por quê? Porque uns e outros não podem produzir obras mais perfeitas do que aquelas que correspondem à quantidade de essência que lhes foi dada, e que eles manifestam em seu modo de agir. Vós não me parecereis tampouco responder à minha pergunta em vossa segunda resposta, quando dizeis: "Quanto mais uma coisa tem perfeição, mais ela participa, efetivamente, da divindade e mais exprime a perfeição de Deus. Depois, porque os bons têm incomparavelmente mais perfeição do que os maus, sua virtude não pode se comparar com a dos maus, pois os maus não possuem o amor de Deus que decorre de seu conhecimento, e somente pelo qual, conforme nosso entendimento humano, somos ditos servidores de Deus. Mais ainda: como eles não conhecem Deus, são apenas um instrumento nas mãos de um operário divino, e um instrumento que serve inscientemente e se destrói ao servir, ao passo que os bons servem sabendo e se tornam mais perfeitos ao servir." É verdade, porém, que uns e outros não podem fazer mais, pois na medida em que um se mostra superior por suas obras, ele recebeu mais essência do que o outro. Com sua perfeição reduzida, não honram os ímpios a Deus tanto quanto os piedosos? De fato, conforme vossa opinião, Deus não pede aos ímpios nada mais do que eles dão, sem o que lhes teria de conferir mais essência; mas como se vê por seus atos, ele não lhes deu mais essência. Portanto, não lhes pede nada mais. E se cada um, à sua maneira, age como Deus o quer, nem mais nem menos, como aquele cuja obra é pequena, tal como Deus dele exige, não seria agradável a Deus, tanto quanto aquele que é bom? Além do mais, e da mesma forma que nós perdemos por nossa imprudência um estado mais perfeito, em razão do mal ligado ao ato, vós pareceis admitir que, contendo nossa vontade nos limites do entendimento, não só permanecemos tão perfeitos quanto éramos, mas nos tornamos mais perfeitos ao servir, o que me parece envolver uma contradição: se nós somos dependentes de Deus, de tal modo que não podemos produzir perfeição a não ser na medida da essência que recebemos, nem mais nem menos, quer dizer, se não podemos ter outra perfeição do que aquela que Deus quis que tivéssemos, como poderíamos nos tornar piores por nossa imprudência, ou melhores por nossa prudência? Concluo disso que se o homem é tal como vós dizeis, isso significa declarar que os ímpios honram a Deus por suas obras tanto quanto o fazem os piedosos. E assim nos tornamos dependentes de Deus, da mesma maneira que os elementos, os vegetais e as pedras. De que serviria então nosso entendimento? Por que razão uma certa ordem nos foi prescrita? E vede, vos peço, do que isso nos priva, quero dizer, de um trabalho ansioso e sério para nos fazermos perfeitos, seguindo a regra da perfeição divina e a ordem que nos foi prescrita? Nós nos privamos da prece e dos suspiros a Deus, pelos quais frequentemente percebemos ter recebido uma consolação extraordinária; nós nos privamos de toda religião e de toda esperança, de todo apaziguamento, de tudo o que esperamos das preces e da religião. Se Deus não tem, efetivamente, nenhum conhecimento do mal, é bem menos crível que deva punir o mal. Que razões subsistem, portanto, que me detenham de cometer com avidez quaisquer crimes, desde que escape ao juiz? Por que não adquiriria riquezas por meios detestáveis? Por que não faria, indistintamente, e seguindo os impulsos da carne, tudo o que teria vontade? A virtude, diríeis, deve ser amada por si mesma. Mas como posso amar a virtude? Não recebi, na partilha, tão grande quantidade de essência e perfeição. E se me é possível retirar tanta reconciliação de uma maneira de agir quanto de outra, por que empregar meus esforços para conter minha vontade nos limites do entendimento? Por que não agiria segundo minha inclinação? Por que não mataria um homem secretamente que me é contrário? Eis que facilitação não daríamos a todos os ímpios e à impiedade; nos tornaríamos semelhantes a troncos de árvore e todas as nossas ações parecidas ao movimento dos relógios. Pelas razões que precedem, parece-me difícil admitir que se possa dizer, a não ser de modo impróprio, que pecamos perante Deus. Com efeito, o que significaria o poder que nos foi dado de conter a vontade nos limites do entendimento, de modo que, indo além, pecaríamos contra a ordem? Vós respondereis, talvez, que não é um pecado contra Deus, mas contra nós mesmos; pois se pudéssemos dizer com propriedade que pecamos contra Deus, então seria preciso dizer também que qualquer coisa pode acontecer contra a vontade de Deus; o que, segundo vós, é impossível, de modo que também o pecado o é. E, no entanto, é necessário que uma das duas hipóteses seja verdadeira: Deus quer ou não quer. Se quer, como o que quer pode ser um mal relativamente a nós? Se não quer, segundo vós, o acontecimento não pode se dar. Embora essa conclusão envolva uma certa absurdidade, conforme vossa opinião, parece bastante perigoso se admitirem as absurdidades que, conforme demonstrei, decorrem da primeira hipótese. Quem sabe se, no caso de procurar tenazmente, não se encontraria algum remédio para conciliar tais exigências opostas?

Terminarei assim meu exame de vossa carta de acordo com a minha primeira regra. Antes de passar ao exame, em conformidade com a segunda, vos farei ainda duas observações que concernem vossa carta e o que haveis escrito nos *Princípios*, parte I, proposição 15. Em primeiro lugar, vós afirmais que "podemos dominar nosso poder de querer e de julgar dentro dos limites do entendimento". Não posso, em absoluto, concordar. Se isso fosse verdade, entre a multidão incomensurável dos homens encontrar-se-ia um dotado desse poder. Não importa quem faça a experiência consigo mesmo, qualquer que seja a força dispensada, não poderá alcançar esse objetivo. Caso duvide, que se examine a si mesmo, e considere quantas vezes, apesar do entendimento, as paixões triunfam sobre a razão, mesmo quando resiste com todas as suas forças. Vós direis que essa imperfeição provém não do fato de que nos seja impossível, mas por não nos aplicarmos com bastante zelo? Respondo que, se isso fosse possível, se encontraria um só homem entre milhares. Mas jamais existiu e não existe um só que ousaria se vangloriar de não ter caído em erro. Que razões mais fortes do que os fatos podemos dar para isso? Se houvesse alguns seres capazes de não errar, entre eles haveria um. Mas não há nenhum, em parte alguma. Vós insistireis e direis: se pode acontecer de suspender meu julgamento uma só vez e, dominando a vontade nos limites do entendimento, conseguir uma só vez não cair em erro, por que, usando da mesma aplicação, não o poderia sempre? Respondo que não posso ver que hoje tenhamos forças suficientes para perseverar sempre com a mesma aplicação: é possível que uma vez, com todas as minhas forças, eu percorra duas léguas em uma hora, mas não o posso fazer constantemente. Da mesma maneira, e com grande disposição, posso me preservar uma vez do erro; mas as forças me faltam para sempre o conseguir. Parece-me claro que o primeiro homem, ao sair das mãos do perfeito artesão, possuía essas forças, mas (nesse ponto penso como vós) não se servindo delas, ou delas abusando, perdeu aquele estado de perfeição que lhe permitia, se assim fosse a sua escolha, não cair em erro. Poderia apoiar--me em variadas razões se não temesse estender-me muito. E nessa matéria está contida, penso, toda a essência da Sagrada Escritura, que deve ser mantida honradamente entre nós, porque nos ensina aquilo que nosso entendimento confirma tão claramente pela luz natural: que a queda que nos fez perder nossa perfeição primeira é um efeito de nossa imprudência. O que há, então, de mais necessário senão a restauração que nos reerga dessa queda? E o objetivo único da Sagrada Escritura é o de reconduzir a Deus o homem caído.

O segundo ponto é aquele que afirmais nos *Princípios*, parte I, proposição 15: "Repugna à natureza do homem ter percepções claras e ditintas", de onde concluís que é muito melhor para o homem afirmar "coisas mesmo confusas e exercer sua liberdade do que permanecer sempre indiferente, quer dizer, no mais baixo degrau da liberdade". A obscuridade que existe em meu espírito a respeito dessa conclusão me impede de admiti-la, pois a suspensão do juízo nos mantém no estado estabelecido pelo Criador, ao passo que dar seu assentimento às coisas de modo confuso é julgar sobre o que o entendimento não concebe e, portanto, dar o seu assentimento tanto ao falso quanto ao verdadeiro. E se (como ensina em algum lugar o senhor Descartes) não seguimos em nossos juízos a ordem que Deus quis que regulasse as relações da vontade e do entedimento, a saber, que não tenhamos nada por verdadeiro que não seja claramente percebido; mesmo quando erramos por acaso, não deixamos de pecar, pois não abraçamos a verdade conforme a ordem estabelecida por Deus. Por consequência, enquanto a retenção do juízo nos mantém no estado em que Deus nos colocou ao criar-nos, um juízo confuso torna o nosso estado pior, pois uma apreciação desse gênero é o princípio do erro pelo qual perdemos em seguida o nosso estado de perfeição. No entanto, vos escuto dizer-me: não é melhor nos tornarmos mais perfeitos fazendo um julgamento sobre coisas mesmo confusas do que permanecer sempre no mais baixo grau de perfeição e de liberdade, sem julgá-las? Mas além de termos negado isso e pretendermos ter mostrado de alguma maneira que nos tornamos não mais perfeitos, mas mais corrompidos, parece-nos impossível e quase contraditório que Deus estenda o conhecimento das coisas por ele determinadas além dos limites que ele nos deu, isso implicando que Deus é a causa absoluta de nossos erros. Não é contraditório que não possamos acusar Deus como tendo podido nos conceder mais do que nos concedeu, visto não ser ele constrangido. Certamente, é verdade que Deus não estava constrangido a nos dar mais do que nos deu, mas a perfeição soberana de Deus traz por consequência que uma criatura que dele procede não pode envolver qualquer contradição, como aquela que pareceria proceder de vossa tese. Em nenhum lugar na natureza criada, salvo em nosso entendimento, descobrimos qualquer ciência. Para que fim esse entendimento nos foi concedido, senão para que nós contemplássemos e conhecêssemos as obras de Deus? E que consequência mais evidente tirar daí do que a existência necessária de uma harmonia entre os objetos do conhecimento e o nosso entendimento?

Se examino vossa carta no que diz respeito a esses mesmos pontos, em conformidade com a minha segunda regra geral, o desacordo entre nós vai se agravar. Parece-me (se eu me engano, fazei-me ver) que vós não assinalais na Sagrada Escritura essa verdade infalível e divina da qual estou persuadido de nela haver. Vós dizeis acreditar que Deus revelou as coisas aos profetas da Sagrada Escritura, mas de uma maneira de tal modo imperfeita que, se fosse como vós dizeis, isso implicaria uma contradição em Deus. Com efeito, se Deus manifestou aos homens seu Verbo e sua vontade, foi em vista de um fim determinado e com clareza. Se, no entanto, os profetas forjaram uma parábola desse Verbo por eles recebido, isso foi por vontade de Deus ou contra a sua vontade. Se o erro cometido pelos profetas foi por vontade de Deus, ao forjarem uma parábola, quer dizer, ao travestirem seu próprio pensamento, isso teria o próprio Deus como causa e, assim, ele teria uma vontade dirigida contra si mesmo. Se, entretanto, Deus não o tivesse querido, seria impossível que os profetas forjassem uma parábola. É de se crer, além disso, caso se admita que Deus comunicou seu Verbo aos profetas, que ele o fez de tal sorte que eles não puderam, ao recebê-lo, cometer erro; pois Deus, em sua revelação, devia se propor um certo fim, mas não se podia propor por fim induzir os homens ao erro, pois isso seria em Deus uma contradição. De sua parte, o homem não podia cometer um erro, apesar da vontade contrária de Deus, pois isso não pode ocorrer, segundo vós. Além de todas essas razões, não se pode acreditar que esse Deus todo perfeito tenha permitido ao Verbo, comunicado aos profetas para ser explicado ao povo, um sentido diferente daquele que Deus tenha querido que os profetas dessem. Se nós admitirmos, com efeito, que Deus comunicou seu Verbo aos profetas, afirmamos ao mesmo tempo que Deus apareceu aos profetas de uma maneira extraordinária, ou lhes falou. Se sobre esse Verbo comunicado os profetas forjaram uma parábola, isto é, se tendo a missão de transmiti-lo deram-lhe um outro sentido que aquele que Deus queria, foi preciso que assim fosse para se conformar às instruções dadas por Deus. Assim também quanto aos profetas, relativamente a Deus, pois é impossível que tenham tido no espírito um sentido diferente daquele que Deus quis que tivessem.

Que Deus tenha revelado seu Verbo da maneira como pretendeis, vós pouco o provais; quero dizer que vós não provais que ele tenha somente revelado a salvação e a perdição, que ele tenha estabelecido por seu decreto os meios corretos de consegui-la e que a salvação e a perdição não sejam outra coisa senão os resultados desse meio. Se, com efeito, os profetas tivessem recebido o Verbo com o sentido que vós pretendeis, que razões teriam tido para atribuir-lhe um sentido diferente? Mas vós não dais qualquer prova que possa nos persuadir a aceitar essa opinião que acabo de expressar quanto aos profetas. Se vós credes poder estabelecer pela consideração de numerosas imperfeições e das contradições que o Verbo abarca na hipótese oposta, respondo que essas mesmas contradições, que vós dizeis existir, não as provais. E quem sabe se ambos os sentidos fossem comparados, qual deles envolveria mais imperfeição? Enfim, o ser soberanamente perfeito bem devia perceber o que o povo compreenderia, e qual seria o melhor método a seguir para instruí-lo.

No que se refere ao segundo ponto contido em vossa primeira questão, vós vos perguntais por que Deus ordenou a Adão que não comesse o fruto da árvore, quando havia decretado o contrário, e vós respondeis que o mandamento feito a Adão consistia apenas na revelação feita a ele de que comer esse fruto era uma causa de morte. Se for admitido que Deus interdisse alguma coisa, por que motivos eu preferiria o modo de interdição que vós propondes àquele que os profetas indicam e que Deus, ele mesmo, os fez conhecer por revelação? Minha maneira de interdizer, direis vós, é mais natural e, por conseguinte, concorda melhor com a verdade e com Deus. Mas isso eu nego. Não sei em que consiste essa revelação de um veneno mortal que Deus nos teria feito pela luz natural do entendimento, e não vejo como poderia saber que uma coisa está envenenada se não visse ou não aprendesse os efeitos sobre outros. Que homens ignorem o veneno, comendo-o sem consciência, e dele morram é o que mostra a experiência cotidiana. Se os homens, direis vós, soubessem que tal coisa é um veneno, não ignorariam que é mau. Respondo que ninguém tem e não pode ter a consciência de um veneno a menos que tenha visto ou aprendido que alguém se prejudicou a si mesmo ao fazer uso dele. E se vós suponstes que até hoje jamais tenhamos visto ou aprendido que o uso de uma coisa foi prejudicial a alguém, não apenas ainda ignoraríamos que é um veneno, mas certamente faríamos uso nós mesmos, em nosso detrimento, como se vê todos os dias.

Portanto, o que uma alma cândida e correta pode amar na vida mais do que a contemplação dessa Divindade perfeita? Ela deve envolver, com efeito, a maior perfeição de que é capaz nosso entendimento finito, pois se relaciona com o que há de mais perfeito. E não há nada na vida que eu quisesse mudar desse deleitamento. Espicaçado por um apetite celeste, posso dispensar bastante tempo a prová-la e, ao mesmo tempo, sinto-me afetado de tristeza quando considero tudo o que falta em meu entendimento; mas acalmo minha tristeza com a esperança que possuo, e que me é mais cara do que a vida, de que existirei e continuarei a ser e contemplarei a Divindade mais perfeitamente do que o posso agora. Quando penso na brevidade e na fuga dessa vida, em que espero a morte em todos os instantes, se devesse crer que cessaria de ser, e que seria privado dessa santa e sublime contemplação, certamente seria mais miserável do que qualquer outra das criaturas às quais falta o conhecimento de seu fim. Antes que, efetivamente, a morte venha, o medo da morte me tornaria miserável e, após a morte, nada mais haveria, e eu seria miserável porque estaria privado dessa contemplação divina. Ora, vossas opiniões me parecem conduzir a que, cessando de ser neste mundo, deixo de ser para a eternidade, enquanto o Verbo, ao contrário, e essa vontade de Deus trazem à minha alma uma consolação, ao atestarem que, após esta vida, chegado a um estado mais perfeito, gozarei da contemplação da Divindade soberanamente perfeita. Na verdade, mesmo que essa esperança seja reconhecida como falsa, ela me torna bem feliz tão longamente enquanto a espero. A única coisa que eu, em minhas preces, meus suspiros e votos, peço a Deus, e a única que quero pedir, tão demoradamente quanto o espírito governe meus membros, é que lhe apraza conceder-me, em sua bondade, suficiente beatitude para que, quando da dissolução do corpo, eu permaneça um ser intelectual capaz de contemplar essa Divindade perfeita. Se eu possuo esse bem, pouco me importa como se estabelece a crença nesse mundo, de que coisa os homens se persuadem, se, sim ou não, alguma coisa pode ser estabelecida e percebida pelo entendimento natural. Somente essa é a minha vontade, meu desejo, minha prece constante, que Deus reafirme em minha alma essa certeza e, se a possuo (quão miserável eu seria se dela estivesse privado), que minha alma clame em seu desejo, "assim como o cervo sedento suga a água do riacho: minha alma te deseja, ó Deus vivo. Ah! Quando chegará o dia em que estarei perto de ti e te verei?"[28] Que eu o consiga e terei tudo aquilo por que minha alma se esforça, tudo

---

28. Cf. *Sl* 42, 2-3.

o que ela deseja e, no entanto, vossa maneira de ver as coisas me rouba essa esperança pois, segundo vós, nossas ações não são agradáveis a Deus. Eu não compreendo por que Deus (se me for permitido falar dele tão humanamente), se de nossos atos e de nossa louvação não obtém nenhum prazer, nos criou e conservou. Se entendi mal vossa opinião, peço-vos que me explique. Mas me fiz demorar e vos retive mais tempo do que o habitual. Falta-me papel e paro por aqui. Desejo ter a solução dos problemas postos. Talvez eu tenha, aqui ou ali, tirado de vossa carta uma conclusão que não está em vosso pensamento. Se assim for, desejo de vós uma outra explicação.

Ocupei-me recentemente em examinar certos atributos de Deus e, nessa tarefa, encontrei grande auxílio em vosso Apêndice. Apenas desenvolvi mais abundantemente vosso pensamento que me parece não dar a público senão demonstrações. Eis por que estou surpreso que Meyer afirme em seu prefácio que vós não pensais assim, mas estáveis obrigado a ensinar a vosso aluno a filosofia de Descartes assim como haveis prometido, tendo, tanto sobre Deus quanto sobre a alma e em particular sobre a vontade, uma opinião bastante diferente. Vejo também que segundo esse prefácio vós deveis em breve oferecer uma edição aumentada dos *Pensamentos Metafísicos*. Desejo vivamente que uma e outra informação sejam verdadeiras, pois elas despertam em mim alguma esperança. Aliás, não tenho o costume de exaltar as pessoas, bajulando-as.

Escrevi esta carta com alma sincera, com uma amizade não fingida, assim como vós pedistes na vossa, a fim de descobrir a verdade. Desculpai a extensão não premeditada deste escrito, pois vós me obrigais a vos responder no mais alto nível. Não faço objeção que useis da linguagem "a que vossa educação vos tornou familiar", ou de uma outra, desde de que seja latim ou francês. A resposta a esta, no entanto, peço-lhe que seja na mesma língua que eu usei[29], a fim de melhor compreen-

---

29. A correspondência entre Spinoza e Blyenbergh se deu em holandês.

der vosso pensamento, o que não seria talvez o caso se usásseis o latim. Sentir-me-ei obrigado se assim o fizer e serei e permanecerei, senhor, vosso muito devotado e afeiçoado

Willem van Blyenbergh

p.s.: Peço-vos explicar mais desenvolvidamente em vossa resposta o que entendeis por negação de Deus.

Carta 21
Spinoza a Blyenbergh
(Schiedam, 28 de janeiro de 1665)

Senhor e caro amigo,

Quando li vossa primeira carta, acreditei que vossa opinião e a minha quase concordavam; pela segunda que me chegou, percebo ser de outra maneira. Vejo que pensamos diferentemente, mas não apenas sobre as consequências afastadas que se extraem dos primeiros princípios, mas sobre os próprios princípios. Desde então, não me parece que um intercâmbio de cartas entre nós possa servir ao nosso aprendizado. Vejo, com efeito, que nenhuma demonstração, nem mesmo a mais sólida, conforme as regras da demonstração, tem força aos vossos olhos, caso não concorde com o ensinamento que vós, ou os teólogos de vós conhecidos, credes encontrar na Sagrada Escritura. Ora, se vós admitis que Deus fala mais clara e eficazmente pela Escritura do que pela luz natural do entendimento, que ele igualmente nos deu, e que conserva incorruptível por sua sabedoria divina, tendes sólidas razões ao submeter vosso entendimento às opiniões encontradas na Sagrada Escritura; eu mesmo não poderia agir de outra forma. Mas, devo confessar sem rodeios, não possuo da Escritura um conhecimento claro, embora tenha dispensado alguns anos a estudá-la, e sei que nunca posso, quando possuo uma demonstração sólida, chegar a pensamentos que me permitam colocá-la em dúvida. Eu me acomodo absolutamente sobre o que o entendimento me faz perceber e não duvido que me possa enganar ou que a Escritura possa estar em contradição com ele, e isso mesmo sem fazer pesquisas; pois a verdade não pode contradizer a verdade, assim como o demonstrei claramente em meu Apêndice (não posso indicar o capítulo por não ter o livro aqui onde estou); e o fruto que colhi de meu poder natural de conhecer, sem jamais deparar-me uma só vez em erro, fez de mim um homem feliz. Dele me regozijo e procuro atravessar a vida não na tristeza e em prantos, mas na tranquilidade da alma, com alegria e contentamento, elevando-me assim um degrau. Não cesso, aliás, de reconhecer que todas as coisas acontecem pelo poder do Ser soberanamente perfeito e de seu decreto imutável, e é a esse conhecimento que devo minha maior satisfação e tranquilidade de alma.

Para voltar à vossa carta, digo que estou extremamente reconhecido por me ter feito conhecer abertamente, e em tempo oportuno, vosso modo de filosofar; quanto às consequências que vós imaginais poder tirar de minha carta, não vos sou de modo algum reconhecido. O que havia nessa carta, pergunto, que vos permitiu atribuir-me opiniões tais como: os homens são semelhantes aos animais, eles morrem e são perecíveis da mesma maneira, nossas obras desagradam a Deus etc.? A verdade é que, no que tange a esse último ponto, nossas maneiras de ver diferem no mais lato grau, pois de outra forma não perceberia que ideia tendes quando dizeis que Deus tem prazer em nossos atos, como alguém que, tendo alcançado seu objetivo, experimenta prazer porque as coisas vão segundo seu desejo. Para mim, digo-o muito claramente, os bons honram a Deus e se tornam mais perfeitos honrando-o; isso faz de nós seres similares aos animais, ou perecíveis como eles, ou, enfim, seres cujas obras não agradam a Deus? Se vós houvésseis lido minha carta com mais atenção, teríeis visto claramente que todo vosso desacordo reside num só ponto: as perfeições que os bons possuem lhes são comunicadas por Deus, falando absolutamente, sem que lhe seja necessário supor atributos humanos (é assim que o concebo), ou provêm de Deus concebido como um juiz? Esta aqui é vossa ideia e, por essa razão não quereis que os ímpios, porque agem contrariamente ao mandamento de Deus, sirvam a Deus como os piedosos. Mas mesmo isso não decorre em nada de minhas palavras; ao não introduzir em minha ideia de Deus a de juiz, estimo as obras segundo sua qualidade, não conforme a potência do agente que as produz e, para mim, a recompensa que segue à obra é uma consequência que dela decorre tão necessariamente como decorre da natureza de um triângulo que seus três ângulos sejam iguais a dois retos. E isso qualquer um o compreenderá considerando apenas que toda nossa beatitute consiste no amor de Deus e que esse amor provém necessariamente do conhecimento de Deus, coisa de alto apreço para nós. Isso pode, além do mais, demonstrar-se de uma maneira geral, bem facilmente, desde que se dê atenção à natureza do decreto de Deus, assim como expliquei em meu Apêndice; mas confesso que todos aqueles que confundem a natureza divina com a humana são incapazes de compreender isso.

Tinha a intenção de me deter aí para não vos importunar mais com razões que (vê-se claramente pelos protestos de devoção que ajuntais em vossa carta) são unicamente pretextos para rir e gracejar, sem qualquer utilidade para quem quer que seja. Todavia, para não deixar vossa demanda sem resposta, vou explicar as palavras privação e negação e expor brevemente o que de melhor se deve saber para compreender minha carta precedente.

Direi, pois, em primeiro lugar, que a privação não é o ato de privar, mas pura e simplesmente a ausência ou a falta de uma certa coisa, ou, dito de outra forma, ela não é nada por si mesma; é apenas um ser de razão [*ens rationis*], uma maneira de pensar que nós formamos quando comparamos coisas entre si. Dizemos, por exemplo, que um cego está privado da vista porque o imaginamos facilmente vidente, seja por comparação com outros homens videntes, seja porque comparamos o estado presente desse homem com seu passado, quando enxergava. Quando, pois, consideramos esse homem desse modo, comparando sua natureza com a de outros indivíduos ou com sua natureza pregressa, afirmamos que a visão pertence à sua natureza e, por essa razão, dizemos que ele está dela privado. Mas se dermos atenção ao decreto de Deus e à natureza desse decreto, não se pode mais dizer que esse cego está privado da visão, como não se pode dizer isso de uma pedra. Dizer que a visão pertence a esse homem é tão ilógico quanto dizer que pertence à pedra, uma vez que nada mais lhe pertence, e pode ser dito seu, do que aquilo que o intelecto e a vontade de Deus lhe atribuíram. Portanto, Deus não é mais a causa de que ele não tenha visão tanto quanto não é a de que uma pedra não a tenha; é no que consiste uma negação pura e simples. Assim também, quando consideramos a natureza de um homem dominado por um baixo apetite sensual e comparamos esse apetite nele presente com o que se encontra em homens de bem, ou com aquele que, em outro momento, nele próprio se encontrou, afirmamos que esse homem está privado de um apetite melhor porque acreditamos que valeria mais a pena para ele o apetite da virtude. Não podemos assim julgar quando observamos a natureza do decreto e do entendimento divinos, pois, relativamente a ela, esse apetite melhor não pertence mais à natureza desse homem, no momento considerado, do que ao diabo ou à pedra. Nesse sentido, por conseguinte, não há privação de um desejo melhor, mas apenas negação. Em suma, pode-se dizer que há privação quando um atributo, que acreditamos pertencer à natureza de algum objeto, é por ele mesmo negado; e negação quando se nega a um objeto o que não lhe pertence por sua natureza. Dessa forma aparece, claramente, que o apetite de Adão pelas coisas terrestres era mau somente aos olhos de nosso entendimento, não aos olhos do entendimento de Deus. Embora Deus, com efeito, tivesse conhecimento do estado anterior de Adão, como de seu estado presente, ele não concebia por isso que Adão estivesse privado de seu estado anterior; dito de outro modo, que seu estado anterior pertencesse à sua natureza presente, pois teria sido conceber alguma coisa contrária à sua vontade, quer dizer, ao seu próprio entendimento. Se houvésseis bem percebido isso, assim como L. Meyer, em meu nome, atestou no Prefácio, que não admito de modo algum essa liberdade conferida à alma por Descartes, não teríeis encontrado em minhas palavras a menor contradição. Mas percebo que eu teria feito melhor em me manter, na primeira carta, adstrito à linguagem de Descartes, dizendo que não podemos saber como nossa liberdade e tudo que dela depende coincide com a providência e a liberdade de Deus (assim como o fiz em diversos lugares no Apêndice); de sorte que não podemos achar que nossa liberdade implique qualquer contradição porque não podemos compreender como Deus criou as coisas e, o que vem a ser a mesma coisa, como ele as conserva. Mas pensei que vós havíeis lido o Prefácio e que eu pecaria contra a amizade que oferecia sinceramente ao não responder segundo minha convicção interior. Mas não é disso que se trata.

Como vejo, porém, que não haveis compreendido bem o pensamento de Descartes a esse respeito, peço-vos considerar dois pontos:

1. Nem eu nem Descartes jamais dissemos que pertence à nossa natureza conter nossa vontade dentro dos limites do nosso entendimento, mas apenas que Deus nos concedeu um entendimento determinado e uma vontade indeterminada, de tal sorte, porém, que ignoramos para que fim ele nos criou; dissemos, além disso, que uma vontade assim indeterminada e perfeita não apenas nos torna mais perfeitos, mas, também, como vos direi na sequência, nos é muito necessária;

2. Nossa liberdade não é a da contingência, não mais do que a da indiferença; ela consiste no modo de afirmar ou de negar; isto é, quanto menos formos indiferentes ao afirmarmos ou negarmos alguma coisa, mais seremos livres. Por exemplo, se a natureza de Deus nos é conhecida, então a afirmação de

sua existência segue-se tão necessariamente de nossa natureza como decorre da natureza do triângulo que seus três ângulos se igualem a dois ângulos retos. E, no entanto, jamais somos tão livres quando afirmamos algo dessa maneira. Não sendo essa necessidade, como o demonstrei claramente em meu Apêndice, nada além de um decreto de Deus, pode-se, a partir disso, saber de que modo fazemos uma coisa livremente, e ser dela a causa, ainda que ajamos necessariamente e em virtude de um decreto de Deus. De alguma forma, podemos saber isso quando afirmamos algo que percebemos clara e distintamente. Ao contrário, quando afirmamos alguma coisa que não percebemos clara e distintamente, isto é, quando toleramos que nossa vontade vá além dos limites de nosso entendimento, então não podemos perceber aquela necessidade e os decretos de Deus, mas percebemos a liberdade que nossa vontade sempre envolve (e é apenas nesse sentido que nossas obras são chamadas de boas ou de más). E se nos esforçamos para conciliar nossa vontade com o decreto de Deus e a criação contínua, confundimos o que conhecemos com clareza e distintamente com aquilo que não percebemos da mesma maneira, de modo que nosso esforço é em vão. Basta-nos saber, portanto, que somos livres e podemos sê-lo, não obstante o decreto de Deus, e que somos causa do mal no sentido de que nenhum ato pode ser chamado de mau senão relativamente à nossa liberdade. Eis o que diz respeito a Descartes, mostrando-vos que não há, a esse respeito, qualquer contradição em sua linguagem.

Vou ocupar-me agora do que me concerne e, em primeiro lugar, sublinharei a consequência útil a ser retirada de minha opinião, a saber, principalmente, que nosso entendimento faz uma oferenda a Deus de nossa alma e de nosso corpo, sem que a superstição nisso interfira. Não nego, porém, que as preces não sejam úteis, pois meu entendimento é incapaz, em razão de sua exiguidade, de determinar todos os meios pelos quais Deus pode conduzir os homens ao seu amor, quer dizer, à salvação. Longe dessa opinião ser prejudicial, ela dá, ao contrário, àqueles que não possuem o espírito ocupado com preconceitos ou com uma superstição pueril, o único meio de alcançar o mais alto grau da beatitude.

Quanto ao que dizeis, que pelo modo como concebo a dependência dos homens aos olhos de Deus os torno semelhantes à matéria bruta, às plantas ou pedras, isso mostra com suficiência que haveis compreendido mal minha opinião e que confundis com as coisas que imaginamos aquelas que são da instância do entendimento. Com efeito, se houvesses percebido pelo entendimento puro o que é depender de Deus, certamente não pensaríeis que as coisas são, enquanto dependentes de Deus, mortas, corporais ou imperfeitas (quem já ousou falar tão baixamente do Ser soberanamente perfeito?); compreenderíeis, ao contrário, que são perfeitas por essa mesma razão e enquanto dependentes de Deus. Eis por que conhecemos o melhor que se possa essa dependência e essa operação necessária por decreto divino quando consideramos não troncos de árvores e plantas, mas as coisas criadas mais inteligíveis e perfeitas, tal como aparece por aquilo que havemos lembrado acima do pensamento de Descartes e a que vós deveríeis ter prestado atenção.

Não posso dissimular a extrema surpresa que vossa linguagem me causa quando dizeis: se Deus não punisse o delito cometido (assim entendo: à maneira de um juiz e por uma pena que não é a consequência da própria falta; toda a questão está aí) que razão impediria que não se cometessem avidamente todos os crimes? Certo, alguém que se abstém do crime unicamente por medo do castigo (tal não é o vosso caso, quero crê-lo) não age por amor e de modo algum possui virtude. Por mim, abstenho-me ou me esforço em abster-me porque o crime repugna expressamente minha natureza particular e me afastaria do amor e do conhecimento de Deus.

Se, além disso, tivésseis dado atenção à natureza humana e à natureza do decreto divino, tal como o expliquei no Apêndice, e se tivésseis sabido como uma dedução deve ser conduzida, antes de se chegar à conclusão, não teríeis imprudentemente dito que uma opinião, tal como a minha, conduziria a fazer-nos seres semelhantes a troncos de árvores etc., e não me haveríeis atribuído tantos absurdos que só têm existência em vossa imaginação.

No que respeita aos dois pontos que vós dizeis não compreender, respondo antes de passar à vossa segunda regra.

Quanto ao primeiro ponto, que Descartes vos dê uma conclusão satisfatória e que experimentais em vós mesmo, quando considerais vossa própria natureza, que podeis suspender vosso julgamento. Vós direis que não experimentais em vós mesmo termos hoje forças suficientes para colocar a razão a nosso serviço e assim sempre poder continuar a suspendê-lo; isso seria para Descartes dizer que não podemos ver hoje que enquanto vivermos seremos sempre seres pensantes ou conservaremos a natureza de uma coisa pensante, o que seguramente implica contradição.

Quanto ao segundo ponto, digo com Descartes que, se não pudéssemos estender nossa vontade para além dos limites de nosso entendimento bastante limitado, seríamos muito miseráveis e não teríamos o poder de comer uma migalha de pão ou de dar um passo adiante, nem permanecer de pé, imóveis, pois todos esses atos são incertos e cheios de perigo.

Passo agora à vossa segunda regra e afirmo que, sem atribuir à Escritura essa sorte de verdade que vós encontrais nela, creio, no entanto, reconhecer-lhe tanta ou mais autoridade que em outras, e tomar muito mais precauções para ali não introduzir opiniões pueris e absurdas, o que exige que se tenha da filosofia um conhecimento exato ou bem que se seja favorecido por alguma revelação divina. Eis por que não me emociono muito com as explicações que os teólogos vulgares dão à Escritura, sobretudo quando pertencem a essa escola que sempre se apega à letra e ao sentido exterior. Jamais vi, salvo entre os socinianos, teólogo tão opaco de espírito que não compreenda que a Sagrada Escritura fala frequentemente de Deus em uma linguagem antropomórfica e por parábolas para exprimir o que ela quer dizer. E no que concerne à contradição que vós procurais

CORRESPONDÊNCIA COMPLETA

tornar aparente (inutilmente, em minha opinião), creio que entendeis por parábola algo inteiramente diferente do que se tem costume designar sob esse nome. Com efeito, quem já ouviu dizer que exprimir suas ideias por meio de parábolas é infligir--se um desmentido? Quando Miqueias diz ao rei Acab que ele viu Deus sentado em um trono, os exércitos celestes em pé à sua direita e esquerda, e que Deus perguntava a seus combatentes quem dentre eles iludiria Acab[30], era, certamente, uma parábola. E era uma expressão suficientemente clara daquilo que, em nome de Deus, o profeta devia fazer conhecer nessa ocasião (não se tratando de ensinar as sutilezas dogmáticas da teologia). Não se trata, pois, de nenhuma maneira, de infligir--se um desmentido. Da mesma maneira, os demais profetas fizeram conhecer ao povo, por ordem de Deus, a sua palavra, usando um meio que lhes pareceu o melhor, mas sem dizer que Deus lhes pediu para empregá-lo e assim conduzir o povo ao objeto da Escritura que, segundo o próprio Cristo, consiste em amar a Deus acima de todas as coisas e ao próximo como a si mesmo[31]. As altas especulações nada têm a ver, acredito, com a Escritura. No que me diz respeito, ali jamais aprendi ou pude aprender qualquer dos atributos de Deus.

Quanto ao quinto ponto (que os profetas exprimiram a palavra de Deus da maneira como o mostrei, porque a verdade não se opõe à verdade), a única coisa que me resta a fazer é demonstrar que a Escritura, tal como é, constitui a verdadeira palavra revelada de Deus. Disso não posso dar uma demonstração matemática e apenas o sei pela revelação divina. Eis por que digo: eu creio, e não eu sei com uma certeza matemática, que tudo o que Deus fez conhecer aos profetas etc. E creio firmemente, mas não o sei matematicamente, que os profetas foram admitidos ao conselho de Deus e agiram como mensageiros fiéis; de sorte que não há qualquer contradição em minhas afirmações e, ao contrário, dela se encontra um grande número na tese oposta.

30. Cf. *1Rs* 22, 19-22; *2Cr* 18, 18-22.
31. Cf. *Mt* 22, 37-40.

Quanto ao resto de vossa carta, quando dizeis: enfim, o Ser soberanamente perfeito sabia etc., quanto ao que vós opondes ao exemplo do veneno, pelo que tange o Apêndice e o que se segue, respondo que tudo isso não se relaciona com a questão presente.

Com referência ao prefácio de L.M., ali se mostrou aquilo que Descartes teria podido provar para dar do livre-arbítrio uma demonstração sólida e, ao mesmo tempo, ali é dito que sustento uma opinião contrária e como a sustento; talvez a faça conhecer a seu tempo; no momento, não tenho esse desejo.

A obra de Descartes, direi por fim, saiu-me do espírito e dela não me ocupei após ter sido publicada em língua holandesa; tinha para isso uma razão que seria muito longa para aqui relatar. Só me resta, pois, vos assegurar etc.

Carta 22
Blyenbergh a Spinoza
(*Dordrecht, 19 de fevereiro de 1665*)

Senhor e caro amigo,

Recebi em tempo apropriado vossa carta de 28 de janeiro. Ocupações advenientes impediram-me de respondê-la mais cedo, e como ela contém, em diversas passagens, advertências muito duras, não sabia mais que juízo dar a ela: na primeira, efetivamente, que remonta a 5 de janeiro, vós havíeis tão generosamente oferecido vossa amizade, acrescentando a garantia de que não somente minha primeira carta vos era agradável, mas que as que poder-se-iam seguir o seriam também, convidando-me amigavelmente a vos fazer parte de todas as dificuldades e objeções, que na carta de 16 de janeiro desenvolvi minhas razões com uma certa amplitude. Esperava uma resposta amigável e instrutiva em conformidade com o acordo que me parecia estabelecido entre nós. Ao contrário, recebo uma que não possui muito o tom da amizade. Dizeis ali, de fato, que quaisquer demonstrações, por muito sólidas que possam ser, não têm valor para mim; que não entendo o pensamento de Descartes; que confundo muito o espiritual com o terrestre etc., que de resto não podemos, por uma troca de cartas, nos instruirmos um ao outro. Respondo amigavelmente que, segundo minha firme convicção, vós entendeis melhor do que eu tais matérias e estais mais habituado do que eu a distinguir o corporal do espiritual; vós haveis alcançado de fato o grau superior em metafísica, na qual sou apenas um noviço; eis por que desejo vossa ajuda e nunca pensei que, por minhas objeções livremente apresentadas, podia vos dar motivo de vos crer ofendido. Sei de vossa grande boa vontade em superar a dificuldade para escrever tais cartas, sobretudo a segunda. Compreendi melhor vosso pensamento nessa segunda do que na primeira e, no entanto, não posso lhe dar meu assentimento, a menos que sejam levantadas as dificuldades que ali encontro ainda; e isso não pode ser para vós um motivo de ofensa. Pois admitir uma verdade sem uma justa razão seria pecar contra o entendimento. Supondo-se que vossas ideias sejam verdadeiras, não lhes posso dar minha adesão enquanto subsistir para mim alguma obscuridade ou razão de duvidar, mesmo porque essa dúvida teria sua origem não na proposição por vós avançada, mas na imperfeição de meu entendimento. Sendo isso bem conhecido de vós, se de novo faço algumas objeções, não deveis tomá-las por mal. Sou obrigado a agir assim enquanto não perceba a coisa claramente. Isso não tem outro objetivo senão descobrir a verdade. Não se trata absolutamente de deformar vosso pensamento de um modo contrário à vossa intenção. Eu vos solicitaria, pois, uma resposta amigável a estas breves observações.

Vós dizeis que "somente isso pertence à essência de uma coisa nada mais lhe pertence e pode ser dito seu, do que aquilo que o intelecto e a vontade de Deus lhe atribuíram e com ela coincidem realmente a vontade e a potência de Deus; [...] quando consideramos a natureza de um homem que é conduzido por um apetite sensual e que comparamos o apetite nele presente com o que se encontra em homens de bem, ou com aquele que, em outro momento, nele próprio se encontrou, afirmamos que esse homem está privado de um apetite melhor porque acreditamos que valeria mais a pena para ele o apetite da virtude. Não podemos assim julgar quando observamos a natureza do decreto e do entendimento divinos, pois, relativamente a ela, esse apetite melhor não pertence mais à natureza desse homem, no momento considerado, do que ao diabo ou à pedra [...] Embora Deus, com efeito, tivesse conhecimento do estado anterior de Adão, como de seu estado presente, ele não concebia por isso que Adão estivesse privado de seu estado anterior; dito de outro modo, que seu estado anterior pertencesse à sua natureza presente". Parecia decorrer claramente dessas palavras que, segundo vossa opinião, não pertence à essência de uma coisa senão aquilo que, num momento considerado, percebe-se que nela está. Assim, quando o desejo do prazer me possui, esse desejo pertence, nesse momento, à minha essência. Disso se segue, infalivelmente, que aos olhos de Deus sou tão perfeito em minhas obras quando o desejo do prazer me possui do que quando não (minhas ações diferem em ambos os casos apenas em grau): quando cometo crimes de todos os gêneros e quando pratico a virtude e a justiça. Com efeito, à minha essência, nesse momento, nada pertence a mais do que aquilo que determina meu ato, pois, seguindo-se vossa tese, não posso manifestar em meus atos nem mais nem menos perfeição do que efetivamente recebi; o desejo dos prazeres e dos crimes pertence à minha essência no momento em que ajo e, nesse momento, é precisamente essa essência, e não outra mais alta, que recebo da potência de Deus. Portanto, a potência divina não exige de mim outras obras senão essas. E parece assim decorrer claramente de vossa tese que Deus quer os crimes, da mesma maneira que aquilo que vós embelezais com o nome de virtude insigne. Digamos, pois, que Deus, enquanto Deus, e não juiz, concede aos piedosos e aos ímpios tal qualidade e tal quantidade de essência que ele quer para que eles ajam; que razões vede para que ele não queira a ação de uns e também a de outros? Considerando-se que ele deu a cada qual a essência que convinha à sua obra, daí resulta que, com relação a uns e outros, aos mais providos e aos menos, sua demanda é igual.

Na sequência, Deus, tomado absolutamente e em si mesmo, exige da mesma forma uma perfeição maior ou menor de nossas ações, o desejo dos prazeres e o das virtudes, embora aquele que cometa crimes deva necessariamente cometê-los porque nada mais, naquele momento, estaria concorde com sua essência. De modo idêntico, aquele que pratica a virtude o faz porque a potência de Deus quis que naquele momento essa prática da virtude pertencesse à sua essência. De onde me parece resultar, de novo, que Deus quer igualmente, e da mesma maneira, o crime e a virtude; com efeito, e enquanto ele quer um e outro, é causa de um e de outro; nesse sentido, ambos lhe devem ser agradáveis. Conclusão difícil de ser admitida.

Como o entendo, dizeis que os homens íntegros rendem culto a Deus, mas o que percebo em vossos escritos é apenas que servir a Deus é somente produzir obras que sejam tais como Deus as quis. Ora, isso se aplica igualmente, segundo vós, aos ímpios e aos voluptuosos. Então, que diferença há aos olhos de Deus entre o culto dos íntegros e o dos maus? Dizeis também que os íntegros servem a Deus e que, em o servindo, tornam-se constantemente mais perfeitos; mas não entendo o que dizeis por essas palavras – "tornar-se mais perfeito" – nem o que significam estas aqui – "tornar-se constantemente mais perfeitos". Pois piedosos e ímpios cometem seus erros, têm sua conservação ou sua criação contínua em Deus, considerado não como juiz, mas tomado em si e absolutamente; e uns e outros cumprem da mesma maneira a vontade de Deus, conforme seu decreto divino. Que diferença pode haver aos olhos de Deus entre ambas as classes de homens? Com efeito, se a aquisição contínua de uma perfeição maior decorre não de ações, mas apenas da vontade de Deus, e se uns e outros apenas cumprem a vontade de Deus, não pode haver aí diferença entre eles, do ponto de vista de Deus. Quais são, portanto, as razões que fazem com que uns se tornem constantemente mais perfeitos por sua obras, e os outros piores?

Todavia, vós pareceis fazer consistir a diferença entre ambos naquilo em que uma das obras implica mais perfeição do que a outra. Estou seguro de que aí existe um erro escondido no qual eu ou vós caímos.

Não posso encontrar em vossos escritos, efetivamente, qualquer regra segundo a qual uma coisa seja dita mais ou menos perfeita, a não ser que sua perfeição mede-se pela essência que possui. Se tal é a medida da perfeição, consequentemente os crimes são, aos olhos de Deus, tão agradáveis quanto as ações dos justos; pois Deus, agindo enquanto Deus, quer as coisas da mesma maneira, já que elas decorrem igualmente de seu decreto e, assim, são equivalentes aos seus olhos. Se a única medida da perfeição é essa que dizeis, os erros não podem ser assim chamados senão impropriamente, pois, em realidade, não há erros, não há crimes, e tudo o que existe não pode conter senão a essência que Deus lhe deu, essência que, seja qual for, envolve uma perfeição. Confesso que não posso perceber isso claramente, e perdoai-me por vos perguntar se o homem que mata seu semelhante agrada a Deus tanto quanto aquele que distribui esmolas. O ato de cometer um roubo corresponde aos olhos de Deus a um ato justo? Se o negais, quais são vossas razões? Se concordais, que razões eu poderia ter para me vincular à obra que dizeis de virtude? O que chamais de virtude mais do que a qualquer outra? Que lei me interditará esta e não aquela? Quando falais de uma lei de virtude, devo confessar que não encontro em vossos escritos qualquer lei cuja observação conduza a praticar ou, ainda, a conhecer a virtude. Tudo que existe, com efeito, depende estritamente da vontade de Deus e, consequentemente, há tanta virtude numa maneira de agir quanto em outra. E não compreendo o que é para vós a virtude ou uma lei de virtude; não compreendo ainda o que dizeis com "devemos agir por amor à virtude". Vós dizeis, é verdade, que vos abstendes de crimes e de vícios porque eles repugnam à vossa natureza e vos afastam do conhecimento e do amor de Deus. Mas não encontro em todos os vossos escritos qualquer regra que prescreva essa maneira de agir e que a justifique. Parece-me, e perdoai-me dizê-lo, que o contrário é que disso decorre. Vós vos abstendes do que chamo vícios porque eles repugnam vossa natureza particular, não porque são vícios; vós vos abstendes como que de um alimento de cuja natureza temos nojo. Certamente aquele que se abstém de maus atos porque sua natureza lhes tem horror não pode se vangloriar de sua virtude.

De novo, portanto, põe-se a questão de saber se, em caso de haver uma alma cuja natureza singular está convencida da busca dos prazeres e dos atos criminosos, existe um argumento que possa determinar este mesmo ser a agir virtuosamente e abster-se do mal? Mas como poderia acontecer de um ser deixar de desejar o prazer quando seu desejo, nesse momento, faz parte de sua essência, essa essência que ele acaba de receber e à qual não pode renunciar? Também não vejo em vossos escritos como se estabelece que ações por mim chamadas criminosas vos desvie do conhecimento e do amor de Deus? Pois não fazeis senão cumprir a vontade de Deus, e não podeis fazer mais, porque nada mais havia sido dado pela vontade e a potência de Deus para constituir vossa essência nesse momento determinado. Como, determinado pelo destino e assim dependente de Deus, vossa obra vos extraviaria do amor de Deus? Extraviar-se é seguir ao abandono, não ter nenhum vínculo e isso, segundo vós, é impossível. O que quer que façamos, qualquer grau de perfeição que mostremos, nós o recebemos sempre de Deus imediatamente ou no momento da constituição de nosso ser. Como, pois, podemos nos extraviar? A menos que eu não compreenda o que é preciso entender por extravio. E, no entanto, é apenas nisso que deve residir a causa, seja do meu erro, seja do vosso.

Teria ainda muito a dizer e perguntaria: 1. Se as substâncias dotadas de entendimento dependem de Deus de uma maneira diferente do que aquelas privadas de vida? Com efeito, embora os seres dotados de entendimento envolvam mais essência do que aqueles privados de vida, não são eles levados por Deus, uns e outros, e por um decreto divino, a cumprir uma obra que é a conservação de seu movimento em geral e de um movimento próprio a uma espécie de seres animados e, consequentemente, enquanto dependentes de Deus, não dependem de uma única e mesma maneira? 2. Já que vós não concedeis à alma a liberdade com que o senhor Descartes a dota, que diferença há entre a dependência entre os seres dotados de entendimento e aquela das substâncias sem alma? E se as primeiras não possuem qualquer liberdade de querer, como concebeis sua dependência de Deus? 3. Se nossa alma não possui essa liberdade, nossa ação não é, em realidade, a ação de Deus e nossa vontade, a vontade de Deus?

Poderia fazer muitas outras perguntas, mas não ouso pedir tantas coisas. Espero somente uma resposta, a mais breve, a essas questões que precedem, na esperança de encontrar um meio de compreender melhor vosso pensamento, de maneira que possamos em seguida nos tratar de viva voz. Tão logo eu tenha vossa resposta, irei, para me dirigir a Leiden, vos saudar de passagem, caso isso vos convenha. Com essa esperança e vos saudando, digo de coração que vos sou bem devotado.

Willem van Blyenbergh

P.S.: Na pressa, esqueci de vos fazer uma outra pergunta: podemos, com nossa prudência, impedir que nos aconteça aquilo que, de outra maneira, nos aconteceria?

Carta 23
Spinoza a Blyenbergh
(*Voorburg, 13 de março de 1665*)

Senhor e amigo,

Recebi esta semana duas cartas vossas: a mais recente, que é de 9 de março, destinava-se apenas a lembrar-me da primeira, escrita em 19 de fevereiro, e que me foi reenviada de Schiedam. Nessa primeira carta vejo que lamentais o que eu disse, que "nenhuma demonstração tem força aos vossos olhos" etc.

Não é, como acreditais, porque minhas razões não vos pareceram convincentes de modo imediato, ao contrário do que tinha sido meu pensamento; referia-me a vossas próprias palavras, cujo texto literal é o seguinte: "E se acontecer, após um longo exame, de o conhecimento natural me parecer estar em conflito com o Verbo Divino, ou não estar de acordo com ele [...] a palavra divina tem sobre minha alma uma autoridade tal que os conceitos que acredito serem claros se tornarão suspeitos, antes que consinta" etc. Não fiz, portanto, senão reproduzir abreviadamente vossa linguagem, e não creio vos ter dado qualquer razão para estar irritado. Tanto mais que com isso queria mostrar a razão profunda do dissentimento que há entre nós. Haveis, além disso, escrito, no final da segunda carta, que toda vossa expectativa e vosso desejo era perseverar na fé e na esperança, e que o resto, as convicções que podemos nos comunicar no que diz respeito ao entendimento natural, vos é indiferente. A ideia, portanto, me veio, e ela continua a ocupar meu espírito – a de que minhas cartas não vos serão de nenhum proveito e que, assim sendo, agirei mais sabiamente ao não negligenciar meus trabalhos (que de outra forma seria obrigado a interromper por um certo tempo) para discussões sem utilidade. E isso em nada se opõe à minha primeira carta: quando a escrevi, com efeito, eu vos considerava um puro filósofo, alguém que não admitia (assim como muitos outros que fazem profissão de ser cristãos) outra pedra de toque da verdade do que o entendimento natural, e não a teologia. Mas vós me fizestes compreender que as bases sobre as quais queria que se erguesse a nossa amizade não estavam colocadas como acreditava.

Quanto ao resto, há maneiras de dizer que se costumam empregar na discussão sem com isso romper os limites da polidez e, por tal razão, não me deterei em certas expressões que se encontram em vossa segunda carta e também na última. Eis o que há quanto à censura de vos ter ofendido e para que compreendeis que nada disse que a justificasse e não posso admitir que me seja endereçada. Passo agora a vossas objeções para replicá-las.

Digo em princípio, e em primeiro lugar, que Deus é causa de todas as coisas, absoluta e realmente, quaisquer que sejam e que possuam uma essência. Se vós podeis demonstrar que o mal, o erro, os crimes etc. são coisas que exprimem uma essência, concordarei convosco, sem reservas, que Deus é causa dos crimes, do mal, do erro etc. Creio ter suficientemente demonstrado que aquilo que dá ao mal, ao erro, ao crime seu caráter de ato mau ou criminoso, e de falso julgamento – o que se pode chamar a forma do mal, do erro, do crime – não consiste em nada que exprima uma essência. Que, por consequência, não se pode dizer que Deus seja a sua causa. O matricídio de Nero, por exemplo, enquanto possui alguma coisa de positivo, não foi um crime; Orestes pôde cumprir um ato que, exteriormente, é o mesmo e ter tido, simultaneamente, a intenção de matar sua mãe, sem merecer a mesma acusação de Nero. Qual é, pois, o crime de Nero? Ele consiste unicamente em que, em seu ato, Nero mostrou-se ingrato, impiedoso e insubmisso. Nenhuma dessas características exprime o que quer que seja de uma essência e, por conseguinte, Deus não é a causa, embora ele o seja do ato e da intenção de Nero.

Queria vos mostrar que não devemos, ao falarmos como filósofos, usar frases da teologia, pois ela representa Deus, frequente e inadvertidamente, como um homem perfeito; ocorre na teologia dizer que Deus tem desejos, que as obras dos maus o afligem e que as das pessoas de bem lhe dão alegria. Mas em filosofia, tão logo tenhamos claramente percebido que é impossível atribuir a Deus as qualidades que tornam um homem perfeito, assim como atribuir ao homem as características de um asno ou de um elefante, tais maneiras de dizer, e todas aquelas que lhe sejam semelhantes, não mais convêm e não podemos utilizá-las sem cair em confusão. Assim, falando em filosofia, jamais diremos que Deus espera alguma coisa de alguém nem que está aflito ou experimenta alegria por alguém, pois são maneiras de ser que não se podem encontrar em Deus.

Queria fazer notar, enfim, que se as obras de pessoas de bem (quer dizer, aquelas que tenham de Deus uma ideia clara e regram por ela todas as suas ações e pensamentos) e as dos maus (as que não têm a ideia de Deus, mas apenas das coisas terrestres e regram com elas seus atos e pensamentos) e, enfim, as obras de todos os seres existentes decorrem necessariamente de leis eternas e dos decretos de Deus, que a ele se ligam, diferem entre si não só em grau, mas por sua essência.

Com efeito, ainda que um rato e um anjo, a tristeza e a alegria dependam de Deus, um rato não pode ser, todavia, uma espécie de anjo, assim como a tristeza uma espécie de alegria. Penso, portanto, ter respondido a vossas objeções (se bem as entendi; pergunto-me às vezes se as conclusões deduzidas por vós não diferem da mesma proposição que tentais demonstrar).

Aliás, isso aparece mais claramente se respondo às questões que vossos princípios vos levam a fazer. A primeira é a seguinte: Deus aceita igualmente o homicídio e a esmola? A segunda: roubar é, aos olhos de Deus, tão bom quanto a prática da justiça? A terceira, por fim: caso exista uma alma de natureza particular a quem não repugna, mas se abandona aos apetites sexuais e ao crime, pode haver uma argumentação sobre a virtude capaz de conduzi-la, por persuasão, a fazer o bem e não o mal?

À primeira questão responderia que, falando filosoficamente, não sei o que quereis dizer com essas palavras: "Deus aceita." Perguntais se Deus tem a um horror, enquanto ama o outro, se um ofende a Deus, enquanto outro o agrada?

Respondo: não. Ao contrário, a questão é saber se os assassinos são também gente de bem e tão perfeitos quanto os que dão esmolas. Respondo outra vez: não.

Quanto à segunda questão, pergunto se quando dizeis "bom aos olhos de Deus" considerais que o justo provê algum bem a Deus, enquanto o ladrão lhe causa mal?

Respondo então que nem o justo nem o ladrão podem ser causa de prazer ou de desgosto para Deus. Trata-se de saber se uma e outra obra, a do justo e a do ladrão, enquanto são alguma coisa de real, da qual Deus é a causa, são igualmente perfeitas? Respondo que se nós considerarmos unicamente as obras, de um modo determinado, pode ser que haja em uma e outra uma perfeição igual. Perguntai se o ladrão e o justo são igualmente perfeitos, se têm a mesma beatitude? Respondo: não. Por justo, com efeito, entendo aquele que deseja constantemente que cada um tenha o que é seu e em minha *Ética* (ainda não publicada) demonstro que esse desejo, nos homens piedosos, extrai necessariamente sua origem do conhecimento que possuem de si mesmos e de Deus. O ladrão, não tendo um desejo dessa qualidade, está, pois, necessariamente, desprovido do conhecimento de Deus e de si mesmo, isto é, do que inicialmente nos faz homens. Além disso, se perguntais que força pode nos conduzir a praticar essa ação que chamo de virtude, e não outra, respondo que não posso dizer de qual meio, entre uma infinidade de outros, Deus usa para vos determinar a fazê-la. Poderia ser que Deus tenha impresso em vós uma ideia clara de si mesmo, de sorte que, por seu amor a Deus, esqueceríeis o mundo e amaríeis os demais homens como a vós mesmo. E é evidente que a uma alma assim formada repugna tudo o que se chama de mal, e que, por essa razão, o mal nela não pode existir. De resto, aqui não é o lugar para explicar os fundamentos da *Ética* nem mesmo demonstrar as proposições que adianto, pois meu único objetivo presente é o de responder às vossas questões e afastar as objeções.

No que diz respeito à terceira questão, ela implica contradição e fazê-la seria, aos meus olhos, como se alguém perguntasse se conviria à natureza de algum ser que ele se enforcasse ou se há razões para que ele não se enforque. Suponhamos, porém, que uma tal natureza possa existir: afirmo então (admitindo ou não o livre-arbítrio) que se um homem vê que pode viver mais comodamente suspenso na forca do que sentado à mesa, agiria de modo insensato se não se enforcasse. Da mesma maneira, se veria claramente que se ele pode gozar de uma vida ou de uma essência cometendo crimes, mais do que se prendendo à virtude, também ele seria insensato se se abstivesse de cometer crimes. Pois, aos olhos de uma natureza humana assim pervertida, os crimes seriam virtudes. Quanto à outra questão que acrescentastes ao fim de vossa carta, como poderíamos em uma hora fazer cem outras do mesmo gênero, sem jamais chegar a solução de nenhuma, e como não me apressais para respondê-la, nada direi. Limitar-me-ei a dizer, neste momento, que espero vossa visita por volta da data assinalada e que sereis bem-vindo. Todavia, preferiria que viésseis prontamente, já que me proponho a ir a Amsterdã em uma ou duas semanas. À espera, peço-vos receber minhas cordiais saudações.

B. de Spinoza

Carta 24
Blyenbergh a Spinoza
(*Dordrecht, 27 de março de 1665*)

Senhor e amigo,

Quando tive a honra de vos ver, faltava-me tempo para prolongar nossa conversa e minha memória se mostrava ainda mais insuficiente para conservar as lembranças a despeito dos esforços que fiz, tão logo vos deixei, para reunir as palavras que havia escutado. Tentei, desde minha primeira parada, colocar por escrito vossas opiniões, mas senti então que não havia retido um quarto das coisas que havíamos discutido. Por conseguinte, desculpo-me por importuná-lo mais uma vez, questionando-vos sobre pontos que permanecem obscuros, seja por que compreendi mal vosso pensamento, seja por não tê-lo bem guardado. Gostaria que me fosse possível fazer alguma coisa em troca pelo trabalho que vos darei.

Em primeiro lugar, como poderei distinguir vossa própria opinião da de Descartes ao ler os *Princípios* e vossos *Pensamentos Metafísicos*?

Segundo ponto: existe o erro, propriamente falando, e em que ele consiste?

Em terceiro lugar: por que razão julgais que a vontade não é livre?

Em quarto: que entendeis por essas palavras que L.M. escreveu em vosso nome no Prefácio: "Nosso autor, ao contrário, admite na Natureza uma substância pensante, mas nega que ela constitua a essência da mente humana. E sustenta que o pensamento, não mais do que a extensão, tenha limites e que, por consequência, da mesma maneira que o corpo humano não existe em absoluto, sendo apenas uma extensão determinada de um certo modo pelo movimento e pelo repouso, segundo as leis da Natureza extensa, também a mente ou a alma humana não existe em absoluto, mas é bem um pensamento determinado de um certo modo por ideias da Natureza pensante; pensamento cuja existência está posta necessariamente, tão logo o corpo comece a existir." Parece decorrer disso que, à semelhança do corpo humano, que se compõe de milhares de partes extensas, a alma humana se compõe de milhares de pensamentos e que, dissolvendo-se o corpo em milhares de partes extensas, com as quais estava formado, nossa alma se dissolve, quando separada do corpo, em tantos pensamentos quanto aqueles de que se compunha. E assim, da mesma maneira que as partes de nosso corpo após a dissolução não mais permanecem unidas, mas outros corpos nela se inserem, é preciso que, após a dissolução de nossa alma, os inumeráveis pensamentos com os quais se compunha não mais se combinem entre si, mas sejam separados. Mas se é verdade que os corpos assim desagregados permaneçam ainda corpos, eles não são mais corpos humanos; assim também, após a morte, que arrasta a dissolução de nossa substância pensante, subsistem pensamentos ou substâncias pensantes, mas sua essência, ou ao menos aquela que possuía quando se falava de alma humana por eles constituída, não é mais a mesma. Ao que me parece, vossa tese retorna, por consequência, a sustentar que a substância pensante do homem sofre mudanças e se dissolve como fazem os corpos, ou mesmo que certas almas perecem inteiramente, como afirmais dos ímpios, pois que nenhum pensamento nelas permanece. E da mesma forma que o senhor Descartes, segundo L.M., pressupõe que a alma é uma substância pensante, no sentido absoluto, vós e L.M. me parecem, na maior parte de vossa teoria, fazer suposições; portanto, não percebo claramente vosso pensamento nessa matéria.

A quinta questão se relaciona a esse juízo que vós haveis enunciado tanto em nossa conversa quanto na vossa carta de 13 de março, a saber, que do conhecimento claro de Deus e de nós mesmos provém o desejo constante que a cada um vem do que é seu. Resta explicar de que maneira o conhecimento de Deus e de nós mesmos produz em nós a vontade constante de pôr cada um na possessão do que é seu. Dito de outra forma, por qual via isso provém do conhecimento de Deus, ou como ela nos obriga a amar a virtude e a evitar as obras que qualificamos de vícios, e de onde acontece, pois, segundo vós, que o homicídio e o roubo compreendem algo de positivo, como a distribuição de esmolas; que um homicídio não envolve tanta perfeição de beatitude e de paz interior como a distribuição de esmolas. Talvez digais, como na carta de 13 de março, que essa questão concerne à *Ética* e que será tratada quando a ela regressais. Entretanto, como na falta de esclarecimento dessa questão, tanto quanto das precedentes, não posso perceber vosso pensamento, e que subsistem para mim absurdos impossíveis de superar, peço-vos como amigo respondê-las mais amplamente. De modo particular, peço que enunciais e expliqueis as principais definições, os postulados e os axiomas sobre os quais fundamentais vossa *Ética* e, em primeiro lugar, vossa resposta à minha última pergunta. Talvez vós vos escusareis, alegando o trabalho que vos tomará, mas vos peço ainda desta vez dar-me satisfação, pois que, na falta de uma resposta à minha última questão, jamais perceberei diretamente vosso pensamento. Queria que me fosse permitido fazer algo por vós em troca do trabalho.

Não ouso vos indicar um interregno de duas ou três semanas; peço-vos apenas responder a esta carta antes de vossa viagem a Amsterdã. Vós me tornareis grandemente agradecido assim fazendo, e demonstrarei que vos sou e permaneço, senhor, totalmente devotado.

Willem van Blyenbergh

Carta 25
Oldenburg a Spinoza
(Londres, 28 de abril de 1665)[32]

Senhor e caríssimo amigo,

Foi com grande alegria que soube por uma carta recente do senhor Serrarius que estais vivo e com boa saúde e que não esquecestes de vosso Oldenburg, mas eu acusava, ao mesmo tempo, a minha sorte (se é permitido usar essa palavra) que me privou, durante tantos meses, do comércio tão agradável estabelecido entre vós e eu. Deve-se acusar por essa interrupção à multidão de ocupações e às grandes calamidades que me acabrunharam. Meus sentimentos para convosco permaneceram, entretanto, sempre tão vivos e a amizade fiel que eu vos dedico desafia os anos. O senhor Boyle e eu conversamos amiúde a

---

32. Esta carta retoma a correspondência interrompida na Carta 16.

vosso respeito, acerca de vosso grande saber, de vossos profundos trabalhos. Desejaríamos que o fruto que carregais em vós viesse à luz e se oferecesse à boa vontade dos doutos, e esperamos com confiança que vós nos daríeis satisfação. Não há razão para que a dissertação do senhor Boyle sobre o salitre, a solidez e a fluidez seja impressa em vosso país: ela já o foi em latim e espera-se apenas uma ocasião para vos enviar alguns exemplares. Eu vos rogo, pois, não permitir que nenhum de vossos impressores empreenda esse trabalho.

O mesmo Boyle publicou um notável tratado sobre as cores, em inglês e latim e, ao mesmo tempo, uma série de pesquisas experimentais sobre o frio, os termômetros etc., em que se encontram muitas coisas belas e novas[33]. Somente essa guerra nefasta impede que esses livros vos sejam enviados. Apareceu também um notável tratado, contendo, sobre sessenta observações no microscópio, considerações audaciosas, mas filosóficas (conformes aos princípios mecânicos)[34]. Espero que nossos livreiros encontrem algum meio de vos fazer chegar exemplares de todas essas obras. Desejo, de meu lado, receber de vós mesmo o que fizestes recentemente, ou a obra que tendes em mãos, e permaneço vosso amigo mui devotado.

Henry Oldenburg

---

33. As obras de Boyle aqui mencionadas são, respectivamente, *Experiments and Considerations Touching Colours* (1664) e *New Experiments and Observations upon Cold* (1665).

34. Provável referência à obra *Micrographia* (1665), de Robert Hooke (1635-1703), cientista inglês com trabalhos em campos tais como mecânica, gravitação, microscopia, paleontologia, astronomia, arquitetura, além de ter pesquisado um modelo científico da memória humana. Desenvolveu também uma bomba de ar de alta pressão, utilizada por Boyle em seus estudos sobre o comportamento dos gases.

Carta 26
Spinoza a Oldenburg
[*Voorburg, sem data, provavelmente maio de 1665*]

Excelente amigo,

Há alguns dias um amigo me dizia que um livreiro de Amsterdã lhe havia remetido vossa carta de 28 de abril, trazida sem dúvida pelo senhor Ser[rarius]. Fiquei muito feliz em saber que gozais de boa saúde e que conservais vossa amizade por mim. Quanto a mim, todas as vezes que tive a ocasião, nunca deixei de me informar sobre vosso estado junto ao senhor Ser[rarius], e a Christian Huygens, senhor de Zeelhem[35], que me disse vos conhecer também. Pelo mesmo Huygens soube que o sapientíssimo Boyle estava vivo e havia publicado em inglês um notável tratado sobre as cores. Huygens me teria dado a ler se eu soubesse inglês. Alegro-me, portanto, em saber por vós que esse tratado, ao mesmo tempo que um outro sobre o frio e os termômetros, cuja existência eu ignorava, haviam recebido sua naturalização latina e foram postos à disposição do público. O livro sobre as observações

---

35. Christian Huygens (1629-1695), polímata e horologista holandês, é um dos principais nomes da história da ciência. Foi educado em casa, embora tenha passado pela Universidade de Leiden. Seu pai, Constantijn Huygens, fora conselheiro da casa de Orange, poeta e muito amigo de Galileu Galilei, Marin Mersenne e René Descartes, sendo que os dois últimos foram os primeiros a notar e incentivar o talento matemático do jovem. Christian inventou o relógio de pêndulo (em 1656, tendo publicado um trabalho a respeito (*Horologium oscillatorium sive de motu pendulorum*, em 1673), que não apenas possibilitou marcar mais acuradamente o tempo, mas também determinar a longitude no mar. Suas pesquisas sobre a refração fizeram dele o precursor da teoria ondulatória da luz. Ele provou a existência dos anéis de Saturno e descobriu uma de suas luas, Titã (*Systema Saturnium*, 1659). Foi autor ainda de, entre outros, um tratado sobre a teoria das probabilidades, *De ratiociniis in ludo aleae* (Do Cálculo em Jogos de Azar, 1657), e de *Cosmotheoros* (1698), em que aborda a possibilidade de vida em outros "mundos". Em certa época, Huygens morara próximo a Spinoza e nunca deixou de se interessar pelo que o filósofo estava fazendo, como testemunha sua correspondência com o irmão mais velho, Constantijn Huygens Jr. (1628-1697). Este último seguira os passos do pai, tendo sido secretário do rei Guilherme III da Inglaterra e lutado pela Holanda contra os franceses, além de dedicar-se à pintura e ao desenho e de auxiliar Christian na fabricação de lentes e telescópios. É autor de um precioso diário que cobre o cotidiano da corte inglesa e na Holanda, no período que vai de 1688 a 1696.

no microscópio, Huygens o possui igualmente, mas, se não me engano, está em inglês. Huygens me contou coisas espantosas sobre esses microscópios e também sobre os telescópios de fabricação italiana[36] por meio dos quais foi possível observar eclipses causados em Júpiter pela interposição de seus satélites e também uma sombra que parece projetada sobre Saturno por um anel[37]. Eu não pude nessa ocasião me espantar o suficiente com a precipitação de Descartes: ele disse que se os planetas vizinhos de Saturno não se deslocam (ele julgou que essas ansas eram planetas, talvez porque não tenha jamais observado que elas estavam em contato com Saturno), essa imobilidade podia resultar do fato de que Saturno não gira em torno de um eixo que lhe seja próprio[38] e, no entanto, além de que essa explicação pouco concorda com seus princípios, ele poderia mui facilmente, com a ajuda deles, dar a explicação das ansas, se não estivesse dominado por um preconceito etc.

Carta 27
Spinoza a Blyenbergh
(*Voorburg, 3 de junho de 1665*)

Senhor e amigo,

Quando vossa carta de 27 de março me foi remetida, estava a ponto de partir para Amsterdã. Por isso a deixei em casa, tendo lido somente a metade, para respondê-la na minha volta: acreditava não encontrar senão questões relativas à nossa primeira discussão. Mais tarde, vi tratar-se de outra coisa que apenas da

36. Fabricados por Giuseppe Campari (1635-1715), opticista e astrônomo italiano.

37. No caso de Júpiter, os satélites foram descobertos por Galileu em 1610 e a Grande Mancha Vermelha foi uma descoberta compartilhada de Giovanni Domenico Cassini e Robert Hook. Já com relação a Saturno, Galileu inferiu que a sombra que ele primeiro identificou se devesse a possíveis satélites; apenas em 1655 Christian Huygens esclareceria a natureza do objeto.

38. Referência à obra de Descartes, *Les Principes de la philosophie* (Livro III, 154), publicado em 1644.

confirmação das proposições por mim enunciadas no Prefácio dos *Princípios* de Descartes, demonstrados geometricamente, com a única finalidade de indicar ao leitor, quem quer que fosse, qual era minha opinião, sem pretender estabelecê-la e ser admitida por todos. Vossa demanda de esclarecimento trata de uma grande parte da *Ética*, a qual tem, como se sabe, seu fundamento na metafísica e na física. Por esse motivo, não pude me decidir a vos dar satisfação. Quis esperar uma ocasião para vos pedir aberta e amigavelmente que renunciasse à vossa solicitação, ao mesmo tempo que explicarei minha recusa e, enfim, vos mostrarei que vossas perguntas nada têm a ver com a solução das dificuldades que vós me opunheis em nossa primeira discussão; ao contrário, é dessa solução que elas dependem em boa parte. Assim, está longe que minha opinião a respeito da necessidade possa ser percebida antes que uma resposta tenha sido dada a vossas questões. São questões, ao contrário, que não podem ser compreendidas antes que se as tenha bem entendido. A ocasião esperada ainda não estava presente quando, esta semana, recebi uma nova carta deixando transparecer certo descontentamento com meu atraso. Vejo-me, pois, na obrigação de vos escrever algumas palavras para vos fazer conhecer minha intenção e minha decisão. Espero que após ter refletido a respeito, renunciareis à vossa demanda e continuareis, apesar disso, disposto à amizade. De minha parte, sempre me mostrarei vosso devotado

B. de Spinoza

Carta 28
Spinoza a Johannes Bouwmeester
[*sem data, provavelmente junho de 1665*]

Caro amigo,

Não sei se vós me haveis de todo esquecido, mas tenho mais de um motivo para desconfiar. De início, quando, no momento de partir eu vos quis dar adeus e, convidado por vós mesmo, pensava vos encontrar em vossa casa, soube que havíeis partido para Haia. Voltei a Voorburg não duvidando que teria ao menos vossa visita de passagem, mas haveis retornado sem ter saudado vosso amigo, que os deuses me perdoem. Para finalizar, esperei três semanas uma carta de vosso punho que não me chegou. Se quereis que eu mude de opinião, fazei-me saber por carta como estabelecer entre nós esse comércio epistolar com o qual nos entretivemos uma vez em vossa casa. Esperando, queria vos pedir com insistência, em nome de nossa amizade, de vos apressar no cuidado verdadeiro de uma obra séria e julgar que vale a pena consagrar a melhor parte da vida a cultivar vosso entendimento e vós mesmo. Peço-vos enquanto ainda há tempo; mais tarde lamentareis o tempo perdido e o abandono de vós mesmo. É preciso agora voltar à nossa correspondência, e para que não temeis escrever-me mais livremente, é preciso que saibais que, após um certo tempo, suspeito e estou quase seguro de que vos falta confiança, mais do que seria justo, em vossas próprias capacidades e receais estabelecer uma questão ou enunciar uma proposição que traia a ignorância. Não convém, entretanto, que eu fale de vós e insista sobre vossos dons naturais de modo abertamente elogioso. Se, todavia, temeis que eu comunique vossas cartas a outras pessoas que, em seguida, poderiam rir de vós, dou minha palavra que as guardarei religiosamente e não as darei a ler a ninguém sem vosso consentimento. Em tais condições, podeis começar vossa correspondência, a menos que não confiais em minha promessa. Creio que uma primeira carta me fará conhecer vosso sentimento sobre esse assunto e também que receberei um pouco dessa geleia de rosas vermelhas que me haveis prometido, agora que minha saúde está bem melhor[39]. Desde que parti daí, estive curado uma vez, sem que a febre tenha desaparecido (eu me sentia no entanto

---

39. Como médico, Bouwmeester sabia que a geleia de rosas vermelhas era louvada já desde a medicina árabe, com o aval de Ibn Sina (Avicena), como sendo capaz de curar a tuberculose, tendo ela figurado no *Codex pharmaceuticus* até o início do século xx.

mais disposto antes mesmo da cura como resultado, penso, da mudança de ares). Duas ou três vezes, ao contrário, padeci da febre terçã, que enfim consegui expulsar seguindo um bom regime, e enviá-la não sei para onde, sendo todo meu desejo que ela não regresse. No que toca à terceira parte de nossa filosofia, enviarei proximamente um trecho, seja a vós, se quereis traduzi-lo, seja ao nosso amigo De Vries. Tinha decidido nada enviar antes de ter terminado meu trabalho; porém, como ele parece ser mais longo do que pensava, não quero vos fazer esperar muito. O que vos enviarei vai aproximadamente até a proposição 80[40].

Ouvi falar muito dos assuntos da Inglaterra, mas nada soube de seguro[41]. As pessoas não cessam de temer o pior, e ninguém sabe por que razão não se faz sair a frota. Parece-me apenas que a decisão ainda está em suspenso. Tenho medo de que nossos dirigentes não queiram ser sábios e previdentes. Veremos, além do mais, o que eles têm no espírito e o que preparam. Possam os deuses fazê-los agir bem. Gostaria de saber o que os nossos amigos pensam e o que eles souberam a respeito, mas desejo ainda mais, e sobretudo que vós... etc.

Carta 29
Oldenburg a Spinoza
(*Londres, provavelmente setembro de 1665*)

Senhor e honorabilíssimo amigo,

Por vossa carta de 4 de setembro, vejo que não cessastes de vos interessar por nós. Não sou somente eu que vos deve por isso gratidão, mas também o senhor Boyle, que junta seus agradecimentos aos meus e, havendo ocasião, está pronto a vos prestar, em troca de vossos amistosos procedimentos, todos os serviços que puder. Não duvidai tampouco de que eu esteja na

---

40. A referência aqui é à *Ética* e o número total de proposições da parte III ficou em 59.
41. Referência à Segunda Guerra Anglo-Holandesa (1665-1667).

mesma disposição. No que se refere a esse indivíduo mui zeloso que, embora uma tradução latina do *Tratado das Cores* já estivesse pronta aqui, quis, não obstante, confeccionar outra, ele compreenderá talvez que, em seu zelo indiscreto, foi mal aconselhado. Do que valerá sua tradução se o autor acrescenta à sua edição latina publicada na Inglaterra um grande número de experiências que não se encontram na edição inglesa? Felizmente, nossa edição, que não tardará a se difundir, será preferida à sua. Mas que ele proceda como quiser; quanto a nós, agiremos como julgarmos mais conveniente.

O Mundo Subterrâneo de Kircher[42] não apareceu ainda em nosso círculo inglês, por causa da peste que detém quase todo comércio, para nada dizer dessa guerra abominável que traz consigo toda uma plêiade de males e ameaça fazer desaparecer toda a civilização humana. Nossa sociedade filosófica, nesses tempos calamitosos, não mais realiza sessões públicas, ainda que alguns de seus membros não esqueçam que são filósofos. Eles prosseguem sem estrépito suas experiências, umas sobre a hidrostática, outras sobre a anatomia, a mecânica ou outras matérias. O senhor Boyle submeteu a exame a origem das formas e das qualidades tal como ela foi descrita na Escola, e pelos mestres encarregados de ensiná-la, e compôs sobre esse tema um tratado que deve ser logo impresso e não pode deixar de ser notável[43]. Quanto a vós, vejo que vos ocupais menos de filosofia, se assim se pode dizer, pois que redigis vossos pensamentos acerca dos anjos, dos profetas e dos milagres. Mas provavelmente o fazeis com um espírito filosófico. Como quer que seja, estou certo de que a obra será digna de vós e tenho o mais vivo desejo de conhecê-la. Como nestes tempos difíceis a liberdade das trocas sofre muitas restrições, peço-vos ao menos que aceite indicar em vossa próxima carta o objetivo a que vos propondes.

---

42. Athanasius Kircher (c. 1601-1680), jesuíta alemão e orientalista, com estudos publicados nos campos da geologia e da medicina. *Mundus subterraneus* (1664) aborda as marés, as forças e os processos em ação no interior da Terra.
43. Referência a *Hydrostatical Paradoxes, Made out by New Experiments*.

Esperamos a cada dia notícias da segunda batalha naval que deve travar-se, a não ser que vossa frota haja regressado de novo ao porto. A coragem com que dais a entender que sobre isso se discute entre vós tem algo, não de humano, porém de bestial. Se os homens fossem guiados pela razão, não se dilacerariam uns aos outros, como é o caso no momento. Mas de que serve lamentar-se! Enquanto houver homens, eles terão vícios, mas o reino do mal não é perpétuo e a intervenção dos melhores pode contrabalançá-lo.

Enquanto vos escrevo esta, entregam-me uma carta a mim endereçada pelo grande astrônomo de Dantzig, senhor Johan Hevelius[44]: ele me informa, entre outras coisas, que sua *Cometographia* em doze livros já se acha no prelo há um ano inteiro, e que as quatrocentas primeiras páginas, isto é, nove livros, já estão impressas[45]. Diz, além disso, que me enviou alguns exemplares de sua Introdução sobre os cometas em que descreve com amplidão o primeiro dos dois cometas mais recentes[46]. Esses exemplares, todavia, não me chegaram ainda. Ele decidiu que publicaria outro livro sobre o segundo e o submeteria ao julgamento dos doutos. Gostaria de saber o que se pensa entre vós sobre os pêndulos de Huygens e, particularmente, sobre aqueles que dão do tempo, diz-se, uma medida tão exata que poderão servir no mar para calcular a longitude. Onde estão a *Dióptrica* e o seu *Tratado do Movimento*?[47] Nós os aguardamos já há muito tempo. Estou certo de que ele não permanece ocioso, mas eu desejaria saber o que se propõe a fazer. Passai bem de saúde e continuai a amar vosso mui devotado

Henry Oldenburg

---

44. Ou Höwelcke, astrônomo germano-polonês, famoso por ter cartografado a superfície lunar (*Selenographia*, 1647).

45. O livro de Hevelius veio a público finalmente em 1668.

46. *Prodromus cometicus*, de 1665.

47. O *Horologium oscillatorium sive de motu pendolorum*, de Huygens, publicado em 1673, expôs suas análises matemáticas dos pêndulos, mas seus relógios já eram famosos e muito usados na navegação para medir a longitude; *Dioptrica* e *De motu corporum ex percussione* foram publicados postumamente.

Carta 30
Spinoza a Oldenburg
[*sem data, provavelmente outono de 1665*]

[Fragmento subsistente apenas em uma carta de Oldenburg a Boyle, publicada em *The Works of the Honourable Robert Boyle*, Londres: J&F Rivington, 1772]

... Fico feliz em saber que os filósofos, nos círculos em que viveis, permanecem fiéis a si mesmos, ao mesmo tempo que ao seu país. Devo esperar, para conhecer seus trabalhos recentes, o momento em que, saciados de sangue humano, os Estados em guerra se concedam algum repouso para refazer suas forças. Se essa personagem famosa que ria de tudo vivesse em nosso século, ela morreria de riso certamente. Quanto a mim, essas perturbações não me incitam nem ao riso nem às lágrimas; antes, elas desenvolvem em mim o desejo de filosofar e de melhor observar a natureza humana. Não creio que me convenha, com efeito, meter a ridículo a natureza e, muito menos ainda, me lamentar a seu respeito, quando considero que os homens, como os outros seres, não são senão uma parte da natureza e quando ignoro como cada uma dessas partes se acorda com o todo, como ela se liga com as outras. E é só esse defeito de conhecimento que é a causa de que certas coisas – existentes na natureza e das quais eu tenho apenas uma percepção incompleta e mutilada, porque elas concordam mal com os desejos de uma alma filosófica – me pareceram outrora vãs, desordenadas e absurdas. Agora deixo cada um viver segundo sua compleição e consinto que aqueles que o querem, morram por aquilo que acreditam ser seu bem, contanto que me seja permitido, quanto a mim, viver pela verdade. Componho atualmente um tratado sobre a maneira como encaro a Escritura e os meus motivos para empreendê-lo são os seguintes: 1. Os preconceitos dos teólogos; eu sei, com efeito, que são esses preconceitos que se opõem sobretudo a que os homens possam aplicar seu espírito à filosofia; julgo, portanto, útil pôr a nu esses preconceitos e desembaraçar deles os espíritos refleti-dos; 2. A opinião que tem de mim o vulgo que não cessa de me acusar de ateísmo; vejo-me obrigado a combatê-la tanto quanto eu possa; 3. A liberdade de filosofar e de dizer o que sentimos; desejo estabelecê-la por todos os meios: a autoridade excessiva e o zelo indiscreto dos predicantes tendem a suprimi-la. Não ouvi dizer até o presente que um cartesiano tenha explicado os fenô-menos observados por ocasião dos cometas recentes pela hipó-tese de Descartes e duvido que isso seja possível...

Carta 31
Oldenburg a Spinoza
(*Londres, 12 de outubro de 1665*)

Senhor e honorável amigo,

Como convém a um homem de coragem e a um filósofo, vós procedeis de modo a amar as pessoas de bem. Não duvidai que elas vos amam, em troca, e estimam vossos méritos como é justo. O senhor Boyle se junta a mim para vos enviar seus melhores vo-tos e vos exortar a continuar a filosofar com coragem e convicção. Em particular, se conseguistes ver um pouco mais claramente como cada parte da natureza se acorda com seu todo e de que maneira ela se liga às outras partes, rogamos-vos que vos digneis a nos comunicar vossas luzes sobre esse problema difícil. Aprovo inteiramente os motivos que vos determinaram, segundo a expo-sição que deles fizestes, a compor um tratado sobre a Escritura, e um de meus mais caros desejos é ver com meus olhos esses co-mentários sobre esse assunto. O senhor Serrarius me fará chegar proximamente um pacote e, se bem quiserdes, podeis confiar-lhe com toda segurança o que já fizestes. Assim como podeis contar, de nosso lado, com uma prontidão igual em vos obsequiar.

Folheei um pouco o *Mundo Subterrâneo*, de Kircher: seus raciocínios não me dão uma alta ideia de suas capacidades, mas as observações e as experiências que aí se encontram relatadas honram sua diligência e seu desejo de prestar serviço à República dos filósofos. Como vedes, lhe reconheço algo mais do que piedade e vós deslindareis sem dificuldade o que pensam dele aqueles que aspergem água benta. Na passagem de vossa carta em que falais do tratado de Huygens sobre o movimento, dais a entender que as regras enunciadas por Descartes a esse respeito são quase todas falsas. Não tenho agora em mãos o pequeno livro que publicastes precedentemente sobre os *Princípios* de Descartes demonstrados geometricamente, e não me lembro se demonstrais aí essas falsidades ou se, para o ensinamento de outrem, seguis aí Descartes passo a passo. Apraza ao Céu que o fruto de vosso próprio espírito venha enfim à luz e que o círculo dos filósofos o receba de vós para lhe prodigalizar seus cuidados! Destes a entender, em alguma parte, recordo-me disso, que era possível aos homens conhecer e explicar claramente muitas das coisas que Descartes declarava que passavam de nossa compreensão, e mesmo coisas mais altas e mais sutis. Por que hesitar, meu amigo, o que temeis? Ide à frente, mãos à obra e levai a bom termo uma tarefa tão grande, vereis todo o coro dos filósofos vos rodear. Ouso empenhar minha palavra que será assim, eu não o faria se duvidasse de que isso devia ser assim. Não posso crer que tendes o que quer que seja no espírito que ameace a existência de Deus e da Providência. [Pois, estando] esses pontos de apoio fora de causa, a religião repousa sobre uma base sólida e todas as considerações filosóficas podem ser sustentadas e confessadas. Não deixai, pois, vos deter e não permiti que vosso trabalho seja interrompido.

Ficareis a par em breve, penso, do que convém admitir a respeito dos recentes cometas. O dantziguense Hevelius e o francês Auzout[48], ambos matemáticos e eruditos, estão em desacordo

---

48. Adrien Auzout (1622-1691) discordava de Hevelius acerca do posicionamento de um cometa na constelação de Áries, o que era apenas parte de uma divergência ainda maior entre eles com relação às órbitas dos cometas, uma vez que, para Azout, elas seriam elípticas ou parabólicas.

acerca das observações feitas. Sua controvérsia está sendo submetida a exame neste momento e, quando o caso tiver sido julgado, terei, creio, comunicação de todas as peças do processo e eu vo-las transmitirei. Há uma coisa que posso afirmar: todos os astrônomos que conheço pensam que há dois cometas e não um só e não encontrei até agora ninguém que haja tentado explicar pela hipótese de Descartes os fenômenos a que eles deram lugar.

Eu vos pediria que se souberdes algo de novo sobre os trabalhos e as pesquisas de Huygens, assim como sobre sua fixação na França, me fizésseis o favor de me dar conhecimento o mais cedo possível. Juntai a isso, rogo-vos, o que se diz em vosso país a respeito do tratado de paz, dos desígnios do exército sueco transportado para a Alemanha e também do avanço do bispo de Munster[49]. Toda a Europa, ao que eu penso, vai ser arrastada à guerra no próximo verão e tudo parece anunciar grandes mudanças. Quanto a nós, temos apenas de servir com uma alma pura uma Divindade suprema e cultivar uma filosofia conforme a verdade, sólida e útil. Alguns de nossos filósofos que seguiram o rei a Oxford, realizam ali frequentes reuniões e refletem sobre o meio de fazer progredir a física. Eles empreenderam, entre outras, pesquisas sobre a natureza dos sons. Efetuarão, creio, experiências com o fito de determinar em que proporção é preciso aumentar os pesos destinados a esticar uma corda, para que, sem a adjunção de nenhuma outra força, ela produza um som mais agudo que seja acorde com o som anteriormente emitido. Voltarei alhures, com maior desenvolvimento, a esse tema. Gozai de boa saúde e não esquecei vosso mui devotado

Henry Oldenburg

---

49. Referência ao príncipe-bispo Christoph Bernhard von Galen (1606-1678) que, encorajado pelos ingleses, invadira a Holanda.

CORRESPONDÊNCIA COMPLETA

Carta 32
Spinoza a Oldenburg
(*Voorburg, 20 de novembro de 1665*)

Nobilíssimo senhor,

Sou muito grato a vós e ao mui ilustre senhor Boyle pelos encorajamentos que me dais; continuo a filosofar tanto quanto me permitem minhas modestas capacidades, e não duvido que encontro junto a vós um apoio benevolente. Pedis minha opinião sobre o modo pelo qual podemos conhecer como cada parte da natureza se acorda com seu todo e de que maneira ela se liga às outras partes. Penso que se trata das razões que persuadem acerca desse acordo e dessa ligação. Eu vo-lo disse, de fato, em minha carta anterior, mas, no que concerne a eu saber absolutamente de que maneira as coisas se ligam umas às outras e se acordam com seu todo, não tenho essa ciência; ela requereria o conhecimento da natureza inteira e de todas as suas partes. Eu me aplico, em consequência, a mostrar qual razão me obriga a afirmar que esse acordo e essa ligação existem. Quero, porém, previamente, fazer ver que não atribuo à natureza nem beleza, nem feiúra, nem ordem, nem confusão. De fato, as coisas não podem ser chamadas de belas ou feias, ordenadas ou confusas a não ser em relação à nossa imaginação.

Por coesão das partes, portanto, entendo simplesmente que as leis ou a natureza de cada parte se ajustam de tal maneira às leis da natureza de outra que não pode haver aí contrariedade entre elas. Quanto à relação do todo e das partes, considero as coisas como partes de um certo todo, todas as vezes que sua natureza se ajusta à das outras partes, de modo que haja tanto quanto possível acordo entre elas. Todas as vezes, em compensação, que as coisas não se ajustam umas às outras, cada uma delas forma em nosso espírito uma ideia distinta e deve ser, em consequência, considerada como um todo e não como uma parte. Por exemplo, na medida em que os movimentos das partículas da linfa, do quilo etc., se ajustem uns aos outros, de tal forma que haja entre essas partículas acordo e que elas formem um mesmo líquido que é o sangue, a linfa, o quilo etc., serão consideradas como partes do sangue. Mas, na medida em que concebamos as partículas da linfa como não se ajustando, tendo em conta sua figura e seu movimento, às partículas do quilo, nós as consideramos como um todo e não como uma parte. Porém, há um grande número de outras causas na dependência das quais se encontra a natureza do sangue, e que por sua vez dependem do sangue, de onde segue que outros movimentos e outras variações se produzem, as quais não têm por origem única as relações que sustentam os movimentos de suas partes, mas também as relações do movimento do sangue com as causas exteriores e reciprocamente. O sangue cessa então de ser um todo e torna-se uma parte. Eis o que tenho a dizer sobre o todo e a parte.

Nós podemos e devemos conceber todos os corpos da natureza da mesma maneira que acabamos de conceber o sangue; todos, com efeito, estão cercados por outros corpos que atuam sobre eles e sobre os quais eles atuam todos, de sorte que, por essa reciprocidade de ação, um modo determinado de existência e de ação lhes seja imposto a todos, sustentando o movimento e o repouso no universo inteiro uma relação constante. Daí esta consequência de que todo corpo, na medida em que sofre uma modificação, deve ser considerado como uma parte do Universo, como se acordando com um corpo e como ligado às outras partes. E visto que a natureza do Universo não é limitada assim como o é a do sangue, mas absolutamente infinita, suas partes sofrem de uma infinidade de maneiras a dominação que exerce sobre elas um poder infinito e sofrem variações ao infinito. Mas eu concebo a unidade da substância como [algo] que estabelece uma ligação ainda mais estreita de cada uma das partes com seu todo. Pois, assim como eu vos escrevia em minha primeira carta, quando ainda morava em Rijnsburg, apliquei-me a demonstrar que decorre da natureza infinita da substância que cada uma das partes pertença à natureza da substância corporal e não possa sem ela existir nem ser concebida.

Vedes, assim, por qual razão e em qual maneira o corpo humano é, em minha opinião, uma parte da natureza.

No que concerne à alma humana, creio também que ela é uma parte da natureza: creio, com efeito, que há na natureza um poder infinito de pensar e que esse poder contém objetivamente, na sua infinidade, a natureza inteira, encadeando-se os pensamentos particulares que ela forma da mesma maneira que as partes da natureza, que é o objeto do qual ela é a ideia.

Considero, além disso, a alma humana como sendo esse mesmo poder de pensar, não na medida em que ela é infinita e percebe a natureza inteira, mas na medida em que percebe somente uma coisa finita que é o corpo humano: a alma humana é assim concebida por mim como uma parte do entendimento infinito.

Não posso, entretanto, aqui explicar e demonstrar de forma rigorosa toda essa doutrina e suas consequências; isso seria demasiado longo e não penso que vós o esperais de mim neste momento. Pergunto-me mesmo se compreendi bem vosso pensamento e se minha exposição responde ao vosso pedido; peço-vos o favor de me fazer saber.

Em relação ao que me escreveis ainda a respeito das regras do movimento estabelecidas por Descartes, que eu teria dado a entender que elas são falsas, foi, se minhas lembranças não me enganam, a opinião do senhor Huygens que relatei e não afirmei, eu mesmo, a falsidade de nenhuma dessas regras de Descartes, salvo a sexta, a respeito da qual eu disse que o senhor Huygens, ele também, como Descartes, havia cometido um erro. Nessa ocasião eu vos pedi que me comunicasse a experiência que efetuastes em vossa Real Sociedade partindo dessa hipótese; aparentemente, isso não vos é permitido, visto que não me respondeis sobre esse ponto. Esse mesmo Huygens esteve totalmente ocupado, ele o está ainda, no polimento de lunetas; para tal fim, ele construiu uma máquina bastante bonita por meio da qual pode fabricar lentes no torno. Não sei, entretanto, que resultados obteve e, para dizer a verdade, não me sinto muito desejoso de sabê-lo. A experiência mostrou, com efeito, que se pode, à mão, melhor do que com alguma máquina, polir lentes esféricas. Quanto aos pêndulos e à data de seu estabelecimento [de Huygens] na França, não posso ainda nada vos dizer.

O bispo de Munster, depois de haver imprudentemente entrado na Frísia como o cervo de Esopo em um poço, nada pôde aí fazer, a menos que a má estação venha com grande atraso, ele não sairá sem grande perda. Ninguém duvida que não seja pelo conselho de algum traidor que ele ousou empreender essa má ação. Mas toda essa história já é antiga demais para que se possa falar dela a quem pede novidades, e nas últimas semanas nada se passou que valha a pena ser recontado por escrito. Nenhuma esperança de paz com os ingleses: um rumor nesse sentido, entretanto, correu há pouco tempo, por causa de um embaixador que, segundo se pretendia, teria sido enviado e também porque as gentes de Overissel que trabalham com todas as suas forças em favor do príncipe de Orange e isso, na opinião de mais de uma pessoa, menos em seu próprio interesse do que para prejudicar os holandeses, haviam imaginado enviar o dito príncipe à Inglaterra a título de mediador. Mas a situação é totalmente outra. Os holandeses, no momento, não têm a menor ideia de fazer a paz; pode ocorrer somente que as circunstâncias os levem a comprá-la por dinheiro. Duvida-se ainda dos desígnios dos suecos; muitos pensam que o objetivo deles é Metz, outros dizem que é a Holanda. Mas são apenas conjecturas.

Escrevi esta carta na semana passada, mas não pude enviá-la, pois o estado do tempo não me permitia ir a Haia. Eis o inconveniente de residir no campo. Raramente recebo uma carta sem atraso: a não ser que uma ocasião se apresente por acidente, uma semana ou duas se passam antes que ela me chegue. E quando eu quero enviar uma, não é raro que uma dificuldade me ponha obstáculo. Quando vedes, portanto, que eu não vos respondo tão logo quanto seria requerido, não crede que isso provenha de um esquecimento de minha parte. O tempo me apressa e preciso encerrar esta carta; completá-la-ei em outra ocasião. Por ora, nada mais posso dizer senão vos rogar [a gentileza] de saudar, de minha parte, o senhor Boyle e de não esquecer aquele que se diz vosso cordialmente afeiçoado

B. de Spinoza

P.S.: Desejaria saber se todos os astrônomos julgam que houve dois cometas, baseados em seus movimentos ou apoiando-se na hipótese de Kepler. Adeus.

Carta 33
Oldenburg a Spinoza
(Londres, 8 de dezembro de 1665)

Senhor e honorabilíssimo amigo,

Vossas considerações filosóficas sobre a colaboração das partes da natureza com seu todo e seu encadeamento me agradam muito. Não compreendo, entretanto, muito bem como podemos excluir da natureza, como pareceis fazê-lo, a ordem e a simetria. Vós mesmo reconheceis que todos os corpos cercam-se uns aos outros e se determinam mutuamente tanto a existir quanto a agir em condições fixas e imutáveis, subsistindo uma relação constante; se a gente os considera todos em conjunto, entre o movimento e o repouso, não está aí o caráter formal da verdadeira ordem? Mas pode ser que eu não tenha apreendido bem vosso pensamento sobre esse assunto, assim como a respeito daquilo que escrevestes anteriormente sobre as regras do movimento segundo Descartes. [Oxalá] possais vos dar o trabalho de me esclarecer em que, julgais vós, Descartes e Huygens se enganaram sobre as regras do movimento. Vós me prestaríeis, fazendo isso, um serviço pelo qual vos seria muito grato e me empenharia em reconhecê-lo do melhor modo.

Não assisti às experiências do senhor Huygens em Londres para apoiar sua hipótese. Soube depois que se havia suspendido uma bola de uma libra à maneira de um pêndulo e, depois, soube que essa bola abandonada a si mesma veio, após haver descrito um ângulo de quarenta graus, chocar-se com outra bola suspensa da mesma maneira, mas pesando somente meia libra. Huygens tinha calculado algebricamente e de antemão qual seria o efeito desse choque que se mostrou inteiramente conforme à sua previsão. Um distinto sábio havia proposto um grande número de experiências desse gênero em que se diz que Huygens triunfou, mas ele está ausente no momento. Tão logo ele estiver aqui, eu vos exporei tudo isso mais amplamente e com mais detalhe. Enquanto isso, rogo-vos ainda não rechaçar meu pedido anterior e, se souberes algo a respeito dos resultados obtidos por Huygens no que toca ao polimento das lentes das lunetas, queira fazer o favor de me participar. Espero que nossa sociedade volte a sediar-se em Londres, onde, graças a Deus, a peste atenua seus estragos, e retome suas sessões hebdomadárias. Podeis estar certo de que vos comunicarei tudo o que aí se fizer que valer a pena.

Já vos falei precedentemente de observações anatômicas. O senhor Boyle (que vos envia suas melhores saudações) me escreveu, há pouco tempo, que soubera, de eminentes anatomistas de Oxford, que eles haviam encontrado a traqueia-artéria de alguns carneiros, e também de bois, cheia de erva. Há algumas semanas esses mesmos anatomistas foram convidados a ver um boi que, durante dois ou três dias, mantivera o pescoço quase constantemente esticado e rígido e depois morrera de uma doença desconhecida por seus proprietários; tendo-o dissecado, constataram, com espanto, que sua traqueia-artéria estava em toda a sua profundeza cheia de erva, como se tivesse sido aí introduzida à força. Eis o que incita a pesquisar por que causa e de que maneira uma tão grande quantidade de erva se havia alojado nesse conduto, e como é possível que, nessas condições, o animal haja sobrevivido tanto tempo. O mesmo amigo me deu a

CORRESPONDÊNCIA COMPLETA

conhecer que um médico de Oxford, observador atento, encontrou leite no sangue humano. Ele conta que uma jovem, tendo tomado um lauto café da manhã, às sete horas, foi sangrada no mesmo dia às onze horas. O sangue foi primeiro recolhido em uma bacia e pouco depois tomou uma cor esbranquiçada, depois, em um recipiente menor, daqueles que se chamam pires se não me engano (*saucer*, em inglês), e logo em seguida tomou o aspecto de leite coalhado. Após cinco ou seis horas o médico examinou o sangue recolhido em outro recipiente. O líquido contido na bacia era composto por metade de sangue, e metade parecia ao quilo flutuante no sangue, como soro no leite. Quanto ao líquido contido no pires, não era senão quilo sem aparência de sangue. Submetidos à ação do calor, os dois líquidos se coagularam. Quanto à jovem, ela passava bem de saúde e não foi mais sangrada, a não ser para suprir a ausência das regras que desapareceram, embora a saúde dela fosse florescente.

Uma palavra agora sobre a política. Fala-se muito do retorno à sua pátria dos israelitas dispersos há mais de dois mil anos[50]. Poucas pessoas creem nisso, mas muitos o desejam. Queira, por favor, me fazer saber o que ouvistes falar e o que pensais disso. Quanto a mim, se bem que a notícia me tenha chegado por intermédio de pessoas dignas de fé, de Constantinopla, que é a cidade mais interessada nessa questão, não posso crer nisso. Ficarei muito contente de saber o que os judeus de Amsterdã ouviram dizer a esse respeito e como acolheram a nova que traria decerto uma grande perturbação no mundo.

50. Referência a Sabatai Tzvi e seus seguidores, que acreditavam ser ele o Messias (e alguns persistiram nessa crença inclusive após sua apostasia e conversão ao islamismo; ver, a esse respeito, a obra de Gershom Scholem, *Sabatai Tzvi: O Messias Místico*, São Paulo: Perspectiva, 1995-1996, 3 v.). Oldenburg era amigo de Petrus ou Peter Serrarius (Pierre Serrurier, 1600-1669), colegiante, mercador de ofício e teólogo protestante milenarista holandês bem-relacionado entre humanistas (como Samuel Hartlib, c. 1600-1662), quacres e livres-pensadores e, também, muito próximo do judaísmo, em parte devido a seu interesse pela Cabala e a guemátria. Serrarius nutria certa esperança com relação ao movimento sabataísta, cujo surgimento e desenvolvimento atraíam a atenção não só das comunidades judaicas. A correspondência de Oldenburg para Spinoza passava por ele e Serrarius até mesmo incluiu Spinoza em seu testamento. A relação entre essas personagens é objeto de um romance de Ili Gorlizki, *Tehiru* (São Paulo: Perspectiva, 2009).

Explicai-me, se puderdes, o que a Suécia e o Brandenburgo preparam, e crede-me que sou vosso amigo totalmente devotado

Henry Oldenburg

P.S.: Eu vos farei saber logo, se Deus o permitir, o que nossos filósofos pensam dos cometas recentes.

Carta 34
Spinoza a Johannes Hudde
(*Voorburg, 7 de janeiro de 1666*)

Ilustríssimo senhor,

Vós me perguntastes como eu fundamentava a demonstração da unidade de Deus sobre o fato de que sua natureza envolve a existência necessária; certas ocupações me impediram anteriormente de vos enviar essa demonstração. Para deduzi-la, começo por colocar os seguintes princípios:

1. A verdadeira definição de uma coisa não envolve nada mais senão a natureza simples da coisa definida. De onde segue:

2. Que nenhuma definição envolve ou exprime uma multidão ou um número determinado de indivíduos, visto que ela não envolve e não exprime senão a natureza da coisa tal como ela é em si mesma. Por exemplo, a definição de um triângulo não compreende nada mais exceto a simples natureza do triângulo e não um número determinado de triângulos. Do mesmo modo, a definição da alma, a saber, que ela é uma coisa pensante, e a de Deus, a saber, que ele é um Ser perfeito, não compreendem nada mais senão a natureza da alma e a de Deus, mas não um número determinado de almas ou de Deuses;

3. Deve haver necessariamente uma causa positiva pela qual existe toda coisa existente;

4. Essa causa reside ou na natureza e na definição da coisa (porque a existência pertence a essa natureza ou está aí necessariamente envolvida) ou então ela lhe é exterior.

Desses princípios segue que se na natureza existe certo número de indivíduos, deve haver aí uma ou várias causas que tenham podido produzir precisamente esse número de indivíduos e não um número menor ou maior. Se, por exemplo, vinte homens existem na natureza (eu suporei, para evitar toda confusão, que eles existem simultanea e primitivamente), não basta uma pesquisa sobre a natureza humana em geral para prestar conta da existência desses vinte homens, será preciso ainda pesquisar a razão pela qual existem vinte, nem mais nem menos (há uma causa que faz com que cada um deles exista e é preciso conhecê-la para prestar conta dessa existência). Mas (conforme a segunda hipótese e a terceira) essa causa não pode estar contida na natureza do homem, pois a verdadeira definição do homem não envolve um número de vinte homens. Em consequência (conforme a quarta hipótese) a causa da existência desses vinte homens e, em consequência, de cada um deles, deve ser exterior a eles. Daí a necessidade de concluir que todas as coisas que se pode conceber como existentes em vários exemplares são produzidas por causas exteriores e não pela virtude de sua própria natureza. Mas como (conforme a hipótese) a existência necessária pertence à natureza de Deus, é necessário que sua definição envolva a existência necessária e que, por essa razão, deve-se concluir de sua verdadeira definição a existência necessária. Mas de sua verdadeira definição (assim como demonstrei precedentemente pela segunda hipótese e pela terceira) não se pode concluir a existência necessária de uma pluralidade de Deuses. É, portanto, de um Deus único certamente que a existência deve ser afirmada.

Eis, senhor, por ora, o método que me pareceu o melhor para demonstrar essa proposição. Eu a demonstrei anteriormente de outro modo, apoiando-me na distinção da essência e da existência. Tendo em conta, todavia, o objeto preciso de vossa pergunta, preferi enviar-vos a demonstração que precede.

Espero que ela vos satisfaça; aguardo o juízo que fizerdes e permaneço vosso etc.

Carta 35
Spinoza a Johannes Hudde
(*Voorburg, 10 de abril de 1666*)

Ilustríssimo senhor,

Vós esclarecestes excelentemente, em vossa última carta, que é de 30 de março, o que havia permanecido um pouco obscuro para mim na de 10 de fevereiro. Agora que sei qual é propriamente vosso parecer, vou colocar a questão tal como vós a concebeis. Trata-se de saber se não há senão um ser que subsiste por sua própria força e se basta a si próprio, o que não somente afirmo como pretendo demonstrar apoiando-me no fato de que sua natureza envolve a existência necessária, embora isso se conclua mui facilmente do entendimento (como eu o demonstrei na proposição II de meus *Princípios de Descartes* demonstrados geometricamente) ou dos outros atributos de Deus. Para começar, mostrarei brevemente, em preliminar, quais propriedades deve ter um Ser que envolva a existência necessária. A saber:

1. Ele é eterno; com efeito, se se lhe atribuísse uma duração determinada, conceber-se-ia este Ser fora desta duração determinada como algo que não envolve a existência necessária, o que é contrário à sua definição;

2. Ele é simples, não composto de partes. Cumpre, com efeito, que as partes componentes sejam anteriores por sua natureza ao composto e sejam conhecidas antes dele; o que não pode ser quando se trata de um ser eterno por sua natureza;

3. Este ser não pode ser concebido como limitado, mas somente como infinito. Se, com efeito, a natureza desse ser fosse limitada e fosse concebida como tal, fora desses limites ela

seria conhecida como não existente; isto também é contrário à definição;

4. Ele é indivisível. Pois se fosse divisível, ele poderia ser dividido em partes que seriam da mesma natureza do que ele ou de natureza diferente. Nesta última hipótese, ele poderia ser destruído e assim não existir, o que sua definição exclui; na primeira, uma qualquer das partes envolveria a existência necessária por si, ela poderia, portanto, existir e consequentemente ser concebida sozinha sem as outras, e assim essa natureza poderia ser considerada como limitada, o que, segundo o que precede, seria contrário à sua definição. Vê-se por aí que, se alguém quer atribuir a um Ser desse tipo uma imperfeição, cai-se imediatamente em contradição. Ou então, com efeito, essa imperfeição que desejaríamos atribuir à sua natureza, residiria em alguma deficiência, isto é, em alguma limitação que estaria em sua própria natureza, ou então ela consistiria em uma mudança que ela sofreria por ação de causas exteriores em razão de sua falta de força. Assim, voltamos sempre a dizer que essa natureza, que envolve a existência necessária, não existe ou não existe necessariamente. Concluo, portanto;

5. Que tudo o que envolve a existência necessária não pode ter em si nenhuma imperfeição, mas deve ser apenas perfeição;

6. Visto que, agora, da perfeição só pode provir um ser que exista por sua própria força e se baste a si mesmo, se supusermos que um ser, em quem todas as perfeições não estão compreendidas, exista por sua própria natureza, devemos admitir também a existência do Ser que compreenda em si próprio todas as perfeições. Pois se um ser dotado de um poder menor se basta a si próprio, tanto mais será assim em se tratando de outro dotado de um poder maior.

Para chegar, enfim, ao ponto essencial, afirmo que não pode haver senão um Ser à cuja natureza pertença a existência, a saber, o Ser que tem em si próprio todas as perfeições e ao qual eu daria o nome de Deus. Se, com efeito, supomos um Ser à cuja natureza pertence o existir, este Ser não pode conter em si mesmo nenhuma imperfeição, mas deve ser somente perfeição (pela observação n. 5). E em consequência a natureza de tal Ser deve pertencer a Deus (do que, segundo a observação n. 6, devemos a existência), porque ela possui todas as perfeições e não possui de modo algum imperfeições. E ela não pode existir fora de Deus, pois se existisse fora de Deus, uma só e mesma natureza a envolver a existência necessária existiria em duplo exemplar, o que, segundo a demonstração precedente, é absurdo. Portanto, fora de Deus nada envolve a existência necessária, mas Deus somente a envolve. O que se queria demonstrar.

Eis, senhor, o que no momento posso oferecer à maneira de demonstração. Desejo que me seja dada a possibilidade de vos mostrar que sou...

Carta 36
Spinoza a Johannes Hudde
[*sem data, provavelmente junho de 1666*]

Ilustríssimo senhor,

Não pude, devido a alguns impedimentos, responder mais cedo à vossa carta de 19 de maio. Mas, visto que julguei compreender que vós suspendeis vosso julgamento sobre a demonstração que eu vos havia enviado, ao menos sobre sua maior parte (por causa, penso eu, da obscuridade que aí encontrais), vou tentar explicá-la de um modo mais claro.

Eu enunciei em primeiro lugar quatro propriedades que um Ser existente por sua exclusiva força e que se basta a si próprio deve ter. Reduzi a uma só, em minha quinta proposição, essas quatro propriedades e as outras semelhantes. Em seguida, para deduzir da única proposição tomada como ponto de partida tudo o que minha demonstração implica necessariamente, em sexto lugar eu quis demonstrar a existência de Deus partindo somente daquilo que era suposto e, enfim, concluí daí aquilo que se tratava de estabelecer, sem supor como conhecida outra coisa além do sentido puro e simples das palavras. Tal era meu desígnio brevemente exposto, tal era meu alvo. Vou agora explicar separadamente o sentido de cada uma das partes de minha demonstração, começando pelas propriedades sobre as quais me apoiei.

Na primeira, não encontrais dificuldade e, como a segunda, é um axioma. Não entendo, com efeito, por simples nenhuma outra coisa senão aquilo que não é composto de partes quer diferentes, quer concordantes entre si por sua natureza. A demonstração vale certamente para todos os casos.

O senhor compreendeu muito bem o sentido da terceira proposição, tanto mais quanto se trata de afirmar que, se o Ser é Pensamento, ele não é de modo algum limitado enquanto pensante, e que se ele é Extensão, ele não é de modo algum limitado enquanto extensão, mas não pode ser concebido senão como infinito e, no entanto, vós dizeis que não compreendeis a conclusão. Ela se apoia, entretanto, sobre o fato de que há contradição nisso que uma coisa cuja definição envolve existência, ou (o que dá no mesmo) que afirma sua existência, seja concebida como não existindo. E como uma limitação não exprime nada de positivo, mas somente uma privação de existência, própria à coisa concebida como limitada, segue daí que aquilo de que a definição afirma a existência não pode ser concebido como limitado. Se, por exemplo, o termo extensão envolve a existência necessária, será tão impossível conceber a extensão sem existência quanto a extensão sem a extensão. Se a julgarmos assim, será igualmente impossível conceber a extensão como limitada. Se, com efeito, a concebermos como limitada, ela deveria sê-lo por sua própria natureza, isto é, pela extensão e, assim, essa extensão pela qual a extensão seria limitada, deveria ser como uma negação da existência. Mas isso é uma contradição manifesta com a hipótese.

Em minha quarta proposição eu quis apenas mostrar que um tal Ser não pode ser dividido nem em partes da mesma natureza que ele, nem em partes de natureza diferente, isto é, em partes que envolvem a existência necessária, nem em partes que não a envolvem. Se, com efeito, dizia eu, vós admitis a segunda hipótese, o Ser poderia ser destruído, pois é destruir uma coisa que a resolve em partes, das quais nenhuma manifesta a natureza do todo. Quanto à primeira hipótese, ela está em contradição com as três propriedades precedentemente reconhecidas como pertencentes ao Ser.

Em minha quinta proposição indiquei unicamente que a perfeição consiste no ser e a imperfeição na privação do ser. Eu digo: a privação, pois, se bem que, por exemplo, a extensão exclua de sua própria natureza o pensamento, nem por isso há nela nenhuma imperfeição. Seria assim realmente no caso que ela fosse limitada e, do mesmo modo, se ela fosse privada de duração, de situação etc.

Vós me concedeis minha sexta proposição sem restrição. Entretanto, dizeis que a dificuldade subsiste para vós (trata-se de saber por que não pode existir uma pluralidade de seres existentes por si mesmos e, no entanto, diferentes por sua natureza: a extensão e o pensamento não podem subsistir por eles mesmos e se bastar a si mesmos?). Não consigo explicar-me que vejais aí uma dificuldade senão admitindo que entendeis a proposição em outro sentido além daquele que eu lhe dei. Creio ver como vós a entendeis. Todavia, para não perder tempo, limitar-me-ei ao sentido que ela tem para mim: se colocarmos que uma coisa, infinita e perfeita somente em seu gênero, existe por si mesma, será preciso também conceder a existência de um ser infinito e perfeito absolutamente. É um tal ser que denomino Deus. Se, por exemplo, quisermos admitir que o pensamento e a extensão (um e outro podem ser perfeitos em seu gênero, isto é, em um certo gênero de existência) existem por si próprios, deveremos também conceder a existência a Deus que é perfeito absolutamente, isto é, a um ser infinito absolutamente. Eu desejaria repetir aqui o que disse há pouco a respeito da palavra imperfeição: ela significa que a uma coisa qualquer falta o que, entretanto, pertence à sua natureza. Por exemplo, a extensão não pode ser dita imperfeita a não ser relativamente à duração, à situação, à grandeza, porque se, quero dizer, ela tiver uma duração limitada, não conservará a situação ou terá uma grandeza limitada. Ela não pode ser dita imperfeita porque não pensa, porquanto sua natureza não exige tal coisa, consistindo na exclusiva extensão, isto é, em um gênero de ser. Visto que, portanto, a natureza de Deus não consiste em um certo gênero de Ser, mas em um Ser que é infinito absolutamente, sua natureza exige tudo o que o ser exprime de perfeição, sem o que ela seria limitada e deficiente. Sendo assim, não pode haver senão um só Ser, ou seja, Deus, que exista por sua própria força. Se, com efeito, concedermos, digamos, por exemplo, à extensão que ela envolve a existência, será mister que ela seja eterna e infinita, não exprima absolutamente nenhuma imperfeição, mas, ao contrário, a perfeição: a Extensão pertencerá, pois, a Deus ou, ainda, será uma coisa que exprime de uma certa maneira a natureza de Deus, visto que Deus é, em sua essência, infinito e onipotente, não em um certo aspecto somente, porém absolutamente. E o que acaba de ser dito (por escolha arbitrária) da extensão, poder-se-á afirmá-lo também acerca de toda coisa à qual se atribuir a existência necessária. Concluo, portanto, como em minha carta precedente, que, fora de Deus, nada subsiste por si, e que isso é verdade somente a respeito de Deus. Creio que esse desenvolvimento basta para explicitar o sentido desta carta e que vós podereis assim melhor julgá-lo.

Eu poderia me deter aí. Todavia, como tenho a intenção de mandar fabricar para mim novos moldes para polir o vidro, eu desejaria pedir vosso conselho a esse respeito. Não vejo que proveito teríamos em polir lentes convexo-côncavas. Ao contrário, parece-me que lentes plano-convexas seriam mais úteis se meu cálculo é justo. Suponhamos, com efeito, que o índice de refração seja ³⁄₂ e, conservando na figura em anexo a notação anotada por vós em vossa pequena *Dióptrica*, encontramos, aplicando a fórmula:

$$NI = z = \sqrt{\tfrac{9}{4} z^2 - x^2} - \sqrt{1 - x^2}$$

Se, portanto, $x=0$, ter-se-á $z=2$, que será o maior valor que z possa atingir. E se $x = {}^3\!/_5$ ter-se-á $z = {}^{43}\!/_{25}$ ou um pouco mais, se supusermos que o raio BI não se refratará uma segunda vez, quando sair da lente, e se dirigirá para o ponto I. Suponhamos agora que ele se refrate sobre a superfície plana BF e não se dirija mais ao ponto I, mas ao ponto R. Quando, portanto, os comprimentos BI e BR sustentarão entre si uma relação igual ao índice de refração, isto é ${}^3\!/_2$, segundo a nossa hipótese, e se aplicarmos a mesma fórmula, ter-se-á

$$NR = \sqrt{z^2-x^2} - \sqrt{1-x^2}$$

que, para $x=0$, dará $NR=1$, NR que, nesse caso, será, pois, igual à metade do diâmetro. Para $x = {}^3\!/_5$ teremos $NR = {}^{20}\!/_{25} + {}^1\!/_{50}$

Isso mostra que em semelhante caso a distância focal é menor, embora o comprimento do aparelho óptico seja menor do que um semidiâmetro.

Em consequência, se fabricarmos uma luneta com um comprimento DI, supondo-se que o semidiâmetro seja igual 1½ e a abertura BF permanecendo constante, a distância focal será muito menor. A razão, além disso,

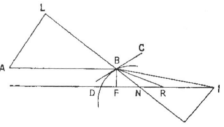

pela qual as lentes convexo-côncavas me agradam menos, sem falar do duplo custo e do trabalho que elas exigem, é que os raios, não sendo todos dirigidos para um mesmo ponto, jamais incidirão perpendicularmente sobre uma superfície côncava. Como, entretanto, não duvido de que já tenhais examinado tudo isso, feito mais exatamente esses cálculos e resolvido o problema, eu vos peço vosso parecer e vosso conselho etc.

Carta 37
Spinoza a Jean Bouwmeester
(*Voorburg, 10 de junho de 1666*)

Ilustríssimo senhor e amigo fiel entre todos,

Não pude responder mais cedo à vossa carta recebida há muito tempo; fui impedido de fazê-lo por diversas ocupações e preocupações de que tenho dificuldade de me livrar. Não quero, entretanto, desfrutando de um pouco de folga, faltar ao meu dever e, em primeiro lugar, faço questão de vos agradecer essa amizade e essa cortesia de que me dais amiúde prova por atos e da qual vossa carta é testemunho mais do que suficiente.

Passo, pois, à questão que colocais nesses termos: Há ou pode haver um método pelo qual possamos, com toda segurança e sem aborrecimento, progredir na reflexão sobre os temas mais elevados? Ou, assim como nossos corpos, nossas almas estão expostas aos acidentes e nossos pensamentos são dirigidos mais pelo acaso que pela arte?

Penso responder de maneira satisfatória mostrando que deve haver necessariamente um método pelo qual podemos dirigir e encadear nossas percepções claras e distintas e que o entendimento não é como o corpo exposto aos acidentes. Isso resulta somente do fato de que uma percepção clara e distinta ou várias percepções dessa espécie, ao mesmo tempo podem ser causa absolutamente de outra percepção igualmente clara e distinta. Bem mais, todas as percepções claras e distintas que formamos dependem de nossa exclusiva natureza que está em nós e não reconhece nenhuma causa exterior. Daí segue que as percepções claras e distintas que formamos dependem somente de nossa natureza e de suas leis firmes e invariáveis, isto é, de nosso próprio poder e não, de modo algum, do acaso, ou, o que redunda no mesmo, de causas que, embora atuem também segundo leis firmes e invariáveis, nos são desconhecidas e são estranhas à nossa natureza e ao nosso poder. Para as outras percepções reconheço que elas dependem ao mais alto ponto do acaso. Vê-se por aí claramente qual deve ser o método e no que ele consiste essencialmente, a saber, no conhecimento exclusivo do entendimento puro, de sua natureza e de suas leis. Para adquiri-lo é necessário antes de tudo distinguir entre a imaginação e o entendimento, isto é, entre as ideias verdadeiras e as outras, as que são forjadas, falsas, duvidosas e, em uma palavra, todas aquelas que dependem da exclusiva memória. Para compreender isso, ao menos na medida em que o exige o método, não é necessário conhecer a natureza da alma por sua causa primeira; pode-se contentar com um pequeno conhecimento descritivo das ideias como aquele que Bacon ensina. Penso haver dado, por essas poucas palavras, uma ideia e bastante exata do verdadeiro método e ter mostrado, ao mesmo tempo, por qual via chegamos aí. Cumpre-me, todavia, observar que para todo empreendimento dessa natureza uma meditação assídua e a máxima firmeza de desígnio são indispensáveis e que não se pode satisfazer essas condições senão instituindo certa regra de vida e prescrevendo a si mesmo um alvo bem determinado. Mas, a esse respeito, é o bastante para o momento. Passai bem e amai a quem vos ama de todo coração

B. de Spinoza

Carta 38
Spinoza a Van der Meer
(1º de outubro de 1666)

Senhor,

No campo solitário em que vivo, refleti sobre o problema que me colocastes um dia e encontrei para ele uma solução simples. A demonstração, que é geral, repousa nesse princípio: o jogo é equitativo quando as chances de ganho ou de perda, isto é, a esperança dos dois jogadores, são iguais. Essa igualdade deve consistir em uma relação entre as chances de ganho e o dinheiro que os dois adversários arriscam. Se, portanto, as chances são iguais dos dois lados, é preciso que as apostas, as somas arriscadas sejam também iguais. Se as chances são desiguais, um deverá dispor de tanto mais dinheiro quanto suas chances prevaleçam sobre as do outro e, desse modo, a esperança será a mesma dos dois lados. Se, com efeito, A, jogando com B, tem, suponhamos, duas chances de ganhar e uma só de perder, enquanto B tem apenas uma chance de ganhar e duas de perder, vê-se claramente que A deve arriscar para cada uma de suas chances de ganhar tanto quanto B para a sua chance única, assim a aposta de A deverá ser o dobro da de B.

Para mostrar isso mais claramente, suponhamos que três jogadores A, B, C jogam entre si com chances iguais e que todos os três expõem a mesma soma. É manifesto que, sendo as apostas iguais, cada um deles arrisca apenas o terço do dinheiro posto em jogo e pode ganhar os dois terços e que, visto que joga contra duas pessoas, não tem senão uma chance de ganhar e duas de perder. Se supusermos que um dos dois, digamos C, antes do começo da partida queira retirar-se do jogo, ele deverá recuperar sua aposta, isto é, o terço da massa total, e B, se ele quiser comprar a esperança de C e tomar seu lugar, deverá pôr em jogo tanto quanto C recebe. A não pode opor-se a essa substituição, pois tanto faz para ele ter contra si duas chances pertencentes a dois jogadores diferentes ou correr o mesmo risco com um só adversário. Assim sendo, se, enquanto um jogador estende a mão, o outro deve escolher entre dois números com a convicção de que, se acertar, ganhará certa soma de dinheiro e perderá outra igual se errar, é evidente que a esperança é a mesma dos dois lados, para aquele que põe em adivinhação e para aquele que deve adivinhar. Do mesmo modo, se um dos dois jogadores deve escolher entre três números e, caso acerte, deve ganhar certa soma ou perder a metade desta, caso aconteça o contrário. A esperança ainda será a mesma para os dois jogadores, se aquele que estende a mão dá ao outro a faculdade de fazer duas conjecturas sucessivas, convindo que, se uma delas for justa, ele ganhará uma determinada soma e, se nenhuma o for, ele perderá o dobro. Há ainda igualdade de chance e de esperança se é entre quatro números que se deve escolher e que se tem o direito de fazer três conjecturas, devendo ganhar uma determinada soma se uma delas é certa, e perderá o triplo se nenhuma delas o é. Ou ainda se houver cinco números e se for possível efetuar quatro tentativas com chance de ganhar uma e de perder quatro. Segue-se daí que aquele que estende a mão direita está nas mesmas condições de qualquer pessoa que, tantas vezes quanto queira, procura adivinhar um número entre vários e que em todas essas tentativas arrisca uma fração da soma total posta em jogo cujo numerador é o número de tentativas. Se, por exemplo, há cinco números entre os quais é preciso designar um e que se faça apenas uma tentativa nesse sentido, a aposta daquele que procura adivinhar deverá ser 1/5 daqueles outros 4/5; se há duas tentativas, essas apostas serão respectivamente 2/5 e 3/5; se há um de três, 3/5 e 2/5; se há quatro, 4/5 e 1/5; se houvesse cinco, 5/5 e 0/5. E, em consequência, vem dar no mesmo para aquele que convida a adivinhar com o risco de 1/6 do total posto em jogo a fim de ganhar 5/6, quer tenha de haver-se com o mesmo jogador efetuando cinco tentativas ou com cinco jogadores, cada um dos quais a fazer uma tentativa, como é o caso em vosso problema[51].

---

51. Essa explicação, dando ou não peso às possibilidades, remete ao ministro presbiteriano e matemático inglês Thomas Bayes (1701-1761), que desenvolveu o cálculo das probabilidades.

Carta 39
Spinoza a Jarig Jelles
(*Voorburg, 3 de março de 1667*)

Senhor,

Diversos obstáculos fizeram com que eu não pudesse vos responder mais cedo. Vi e li vossas observações sobre a *Dióptrica* de Descartes. Ele não considera outra causa que possa fazer com que as imagens formadas no fundo do olho sejam maiores ou menores senão o cruzamento dos raios provenientes de diversos pontos do objeto, os quais podem se cruzar às vezes mais perto, às vezes mais longe do olho. Portanto, ele não leva em conta a grandeza do ângulo que formam os raios quando eles se cruzam na superfície do olho. E ainda que esta última causa seja a mais importante a ser observada nas lunetas, ele quis passá-la em silêncio. Conforme minha conjectura, ele não percebeu qualquer meio de reunir os raios paralelos provenientes dos diversos pontos e, por essa razão, não pôde calcular matematicamente esse ângulo. Talvez ele tenha guardado silêncio para não colocar o círculo acima das outras figuras por ele introduzidas. Com efeito, não há dúvida de que o círculo não é maior do que todos os outros que se possa encontrar, pois sendo o círculo igual a si mesmo em todas as suas partes, possui em todas as partes as mesmas propriedades. Se, por exemplo, o círculo ABCD possui essa propriedade, de que todos os raios paralelos ao eixo

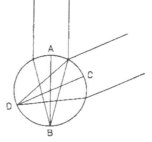

AB, vindo do lado A, se refratem de tal modo que convirjam em seguida para o ponto B, todos os raios paralelos ACD, vindos do lado C, se refratarão também na superfície de maneira a convergir para D. E essa propriedade não pertence a nenhuma outra figura, ainda que as hipérboles e as elipses tenham uma infinidade de diâmetros. Ele é bem, portanto, como vós o descreveis.

Se se consideram apenas as dimensões do olho e da luneta, seremos obrigados a fabricar aparelhos ópticos extremamente longos, antes que possamos perceber o que está na lua tão distintamente quanto o que está na Terra. Mas, como o disse, é preciso ter em conta o ângulo que formam os raios provenientes de diversos pontos quando se cruzam na superfície do olho, e esse ângulo é maior ou menor conforme a distância ao foco dos vidros contidos no aparelho difira mais ou menos. Se vós desejais ver a demonstração disso, estou pronto a vos comunicá-la quando vos aprouver.

Carta 40
Spinoza a Jarig Jelles
(*Voorburg, 25 de março de 1667*)

Ilustre amigo,

Vossa última carta, escrita em 14 deste mês, chegou-me sem atrasos, mas diversos obstáculos não me permitiram respondê-la mais cedo. Falei com o senhor Vossius[52] daquele assunto de Helvetius[53]. Ele riu muito (mas me dispenso de relatar toda a nossa conversa) e surpreendeu-se ao mesmo tempo com as questões que lhe fiz a respeito da transmutação dos metais, tida como inócua. Por mim, sem me preocupar com tal surpresa, fui encontrar o ourives que havia feito experimentos com o ouro e cujo nome é Brechtelt. Este aqui tem uma linguagem diferente daquela do senhor Vossius e afirmou que o peso do ouro cresceu entre os momentos da fusão e o da separação, e que havia aumentado na proporção do peso da prata intro-

52. Isaac Voss ou Vossius (1618-1689), *scholar* bíblico com trabalhos também nos campos da óptica, geografia africana, civilização chinesa e ciências naturais, sendo considerado em sua época um dos maiores estudiosos da natureza. Bibliotecário de ofício, colecionava e negociava livros raros.
53. Johannes Helvetius (1625-1709) era médico pessoal do príncipe de Orange e alquimista, autor de *Vitulos aureus* (O Bezerro de Ouro, 1667).

duzida no cadinho para efetuar a separação; de onde conclui que o ouro, aquele que provinha da transmutação da prata, tinha alguma propriedade particular. Não era o único; diversas pessoas então presentes fizeram a mesma experiência. Depois disso, dirigi-me a Helvetius que me mostrou o ouro e o cadinho interiormente revestido de ouro e me contou que ele havia misturado no cadinho, no chumbo fundido, cerca de um quarto de seu peso em cevada ou em grão de mostarda. Acrescentou que logo publicará um relato de todo o acontecido e disse, além do mais, que uma certa pessoa (pressupõe que a mesma que lhe veio ver) havia feito em Amsterdã a mesma experiência. Decerto, tereis ouvido falar dela. Eis o que pude aprender a respeito desse assunto.

O autor do pequeno livro de que fazeis menção (ele se vangloria de demonstrar que as provas da existência de Deus dadas por Descartes na terceira meditação e na quarta são falsas) certamente vai combater sua própria sombra e prejudicará mais a si mesmo do que aos outros. O axioma de Descartes, reconheço, é um pouco obscuro, como haveis observado; ele teria dado um enunciado mais claro e verdadeiro se houvesse dito: a potência de que o pensamento dispõe para pensar não é tão grande quanto a potência de que dispõe a natureza para existir e agir. Esse é um axioma claro e verdadeiro de onde se segue que a existência de Deus decorre muito claramente e de maneira irrefragável da ideia de Deus. A argumentação do autor acima mencionada, e que vós examinais, mostra bastante claramente que ele não entende do assunto. É verdade que por uma decomposição, em partes, como aquela a que ele se propõe, pode se ir ao infinito. Se, por exemplo, perguntamos por que causa um corpo limitado de uma maneira determinada é movido, podemos responder que ele é conduzido ao movimento do qual está animado por um outro corpo, este aqui por um terceiro e assim na sequência até o infinito. É-se livre de assim responder, pois trata-se apenas do movimento, e lhe atribuímos uma causa suficiente e eterna, estabelecendo que os corpos formam uma sequência contínua. Mas, se percebo um livro cheio de meditações sublimes e com uma bela escritura nas mãos de um homem do povo, e se lhe pergunto de onde ele o tem, e ele me responde que copiou de um outro livro pertencendo a um outro homem do povo, que também possuía uma bela escritura, e assim por diante, até o infinito, não me daria por satisfeito. Minha questão, com efeito, não se relaciona apenas à forma e à ordem das letras, único ponto sobre o qual ele responde; ela concerne também aos pensamentos e à maneira de ver que as palavras exprimem. Remontando ao infinito, ele não dá nenhuma resposta. O motivo pelo qual seu raciocínio não pode ser aplicado às ideias, vê-se facilmente pelo axioma 9, tal como o enunciei nos *Princípios da Filosofia Cartesiana*, demonstrados geometricamente.

Agora vou responder à vossa segunda carta, escrita em 9 de março, na qual me pedis para vos explicar mais completamente o que escrevia em minha última carta a respeito de uma figura singular. Vós podeis facilmente compreender-me, se considerais que todos os raios que se supõe cair paralelamente sobre a lente anterior da luneta não são realmente paralelos (pois saíram de um mesmo ponto), mas são assimilados a raios paralelos porque o objeto está situado a uma tal distância de nós que o diâmetro da luneta, relativamente a essa distância, se reduz a um ponto. É certo, além disso, que, para ver inteiramente um objeto, temos necessidade não apenas dos raios que provêm de um ponto único, mas também de todos os cones de raios provenientes de todos os demais pontos, e que, por isso mesmo, após terem atravessado a lente, convergem necessariamente para a mesma quantidade de pontos. Na verdade, a estrutura do olho não é tal que todos os raios provenientes de diversos pontos do objeto convirjam rigorosamente para tantos e diferentes pontos no fundo do olho, mas é certo que as figuras que possuem essa propriedade devem ser preferidas às demais. Ora, um segmento de círculo apresenta a característica de que todos os raios saídos de um mesmo ponto convergem necessariamente para um ponto situado sobre o mesmo diâmetro (eu o entendo no sentido mecânico), e que todos os raios provenientes de outros pontos do objeto se reúnem na mesma quantidade de pontos diferentes. Com efeito, de cada um desses pontos pode-se traçar uma linha que passa pelo centro do círculo; é preciso observar apenas que, caso não se tivesse necessidade senão de um único foco, a abertura da luneta poderia ser bem menor, como vereis sem dificuldade. O que digo aqui do círculo não pode ser dito da elipse nem da hipérbole, e menos ainda das outras figuras mais compostas, porque não se pode traçar a não ser uma linha, e de um só ponto do objeto que passe pelos dois pontos de uma figura dessa forma. Eis o que queria dizer na minha primeira carta. A figura aqui ao lado vos permitirá compreender como se demonstra que o ângulo formado na superfície do olho pelos raios provenientes de diversos pontos é maior ou menor conforme os focos estejam mais ou menos distantes.

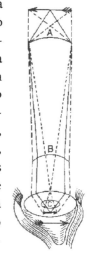

Nada mais me resta após vos ter enviado minhas melhores saudações.

Carta 41
Spinoza a Jarig Jelles
(*Voorburg, 5 de setembro de 1669*)

Senhor,

Eu vos relatarei em algumas palavras a experiência sobre a qual me haveis perguntado, primeiramente de viva voz, depois por carta. A essa explanação acrescentarei minha opinião atual sobre esse assunto.

Mandei fabricar um tubo de madeira de dez pés de comprimento, com largura interna de uma polegada e meia e adaptei três tubos perpendiculares, como o mostra a figura aqui ao lado. Para experimentar em primeiro lugar se a pressão da água era a mesma dos tubo B e E, tampei o tubo M em A 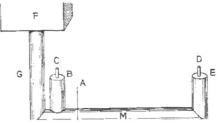 por meio de uma vara preparada para esse efeito. Em seguida, reduzi o orifício do tubo B de modo que deixasse passar com justeza um tubo de vidro C. Após ter enchido de água meu aparelho, com a ajuda do vaso F, observei a que altura o líquido se elevava no tubo C. Em seguida, fechei o tubo B e, retirando a vara A, deixei a água escorrer até que alcançasse o tubo E, disposto da mesma maneira que o tubo B. Enchendo então de água o aparelho, constatei que a água subia em D à mesma altura que precedentemente em C. Disso concluí que o comprimento do tubo não era um obstáculo ou o era minimamente. Para ver com mais precisão, quis experimentar se o tubo E podia encher um pé cúbico preparado para este efeito, em tão pouco tempo quanto no tubo B. Não tendo à mão um pêndulo para medir o tempo, servi-me de um tubo de vidro curvo, tal como H, cuja ramificação mais curta estava mergulhada na água, enquanto a mais longa abria-se para o ar livre. Após esses preparativos, fiz primeiramente escorrer água pelo tubo B, sendo o jato da grossura do próprio tubo, até que um pé cúbico fosse preenchido. Então, com uma balança precisa, medi qual o peso de água que havia escorrido no pequeno recipiente L durante o mesmo tempo, e achei que havia quatro onças. Fechando então o tubo B, fiz correr água de modo a encher um pé cúbico pelo tubo E, sendo o jato sempre da grossura do tubo. Pesei, como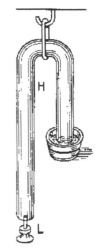

havia feito antes, a água que havia escorrido durante esse tempo no recipiente L, e constatei que o peso dessa água não ultrapassava nem mesmo em meia onça o peso recolhido anteriormente. Entretanto, como o jato não tinha tido a mesma constância de força em B e E, recomecei a operação após ter trazido, para tê-la à mão, tanta água quanto a primeira experiência me havia mostrado ser preciso. Éramos três a operar, tão atentamente quanto possível, para fazer com a máxima precisão a experiência relatada acima; mas não conseguimos fazê-lo com tanta precisão quanto desejava. Penso, entretanto, estar suficientemente informado para concluir, pois encontrei quase a mesma diferença de peso nos dois casos. Tudo bem examinado, estou obrigado a crer que o comprimento do tubo não tem efeito senão no início, quando a água começa a correr. Mas depois de pouco tempo, ela corre com a mesma força e recupera constantemente, por seu peso, todo o movimento que ela comunica. Ela sempre comunicará, pois, esse movimento à água contida no tubo, até que a água empurrada para diante tenha adquirido tanta velocidade que a água situada acima possa lhe atribuir força em virtude do peso. É certo que se a água contida no tubo G confere num primeiro instante à água do tubo M um grau de velocidade, num segundo instante, se ela conservar a mesma força, lhe comunicará quatro graus de velocidade, e assim por diante, até que a água contida no longo tubo M tenha exatamente a mesma força que, por seu peso, a água contida no tubo G lhe possa co-

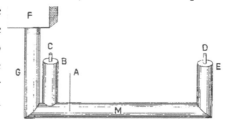

municar. De sorte que, num curto lapso de tempo, a água escorrendo por um tubo de quarenta mil pés adquirirá, apenas pela pressão da água situada acima, tanta velocidade como se o tubo M não tivesse senão um pé. Poderia determinar o tempo necessário para que a água contida em um tubo mais longo atingisse essa velocidade, se dispusesse de instrumentos mais aperfeiçoados. Isto, porém, não me parece também necessário, sendo que o mais importante já é conhecido etc.

Carta 42
Lambert van Velthuysen a Jacob Osten
(Utrecht, 24 de janeiro de 1671)

Ilustríssimo senhor,

Desfrutando de alguns lazeres quero, sem mais retardamento, deferir ao vosso desejo e fazer o que me pedis. Quereis que eu vos dê minha opinião e meu juízo sobre o livro intitulado *Tratado Teológico-Político*; estou decidido a fazê-lo tanto quanto me permitir o tempo de que disponho e na medida de meu poder. Não procederei, entretanto, a um exame ponto por ponto; resumirei a opinião do autor e suas disposições com respeito à religião.

Ignoro a que raça ele pertence e qual regra de vida observa, e me preocupa pouco sabê-lo. Seu livro mostra suficientemente que ele não tem o espírito obtuso e que não se limitou a um exame superficial das controvérsias religiosas que eclodiram na Europa entre cristãos, mas as estudou e as trata seriamente. O autor desse escrito está persuadido de que conseguiria examinar melhor as opiniões que levam os homens a se dividir em partidos e a tomar posições uns contra os outros, se rejeitar os preconceitos e deles se despojar. Por essa razão ele se esforçou, mais do que seria preciso, para liberar seu espírito de toda superstição e, para se preservar disso, caiu no excesso contrário: em seu temor da superstição ele se despojou de toda religião. Ao menos ele não se ergue acima da religião dos deístas, que se encontram por toda parte em número bastante grande (tais são os costumes deploráveis desse século) e particularmente na França. Mersenne[54]

---

54. Marin Mersenne (o *Père* Mersenne, 1588-1648), jesuíta e destacado teólogo, filósofo e matemático francês, é conhecido por sua teoria dos números primos e por sua "Academia", na verdade um círculo composto por alguns dos maiores filósofos e cientistas da época, os quais também eram, variavelmente, os anfitriões dos encontros.

publicou contra eles um tratado que me lembro de ter lido. Mas, dentre os deístas, dificilmente se encontraria, penso eu, um só que haja escrito em favor dessa causa detestável com um espírito tão mau, com tanta habilidade e astúcia quanto o autor dessa dissertação. Aliás, se não me engano, esse homem não permanece nos limites do deísmo e não permite que subsistam entre os homens as menores partes do culto.

Ele reconhece Deus e confessa que Ele é o arquiteto e o fundador do universo. Mas julga que a forma, a essência, a ordem do mundo são coisas absolutamente necessárias, do mesmo modo que a natureza de Deus e as verdades eternas que ele quer que estejam estabelecidas fora da livre vontade de Deus. Ele expõe, portanto, expressamente que tudo acontece por uma necessidade insuperável e um *fatum* inelutável. Ele julga também que, para aqueles que têm das coisas uma ideia justa, não há nem preceitos nem mandamentos que subsistam: é a ignorância dos homens que dá lugar a essas maneiras de dizer pelas quais sentimentos são atribuídos a Deus. Deus se põe, do mesmo modo, ao alcance do vulgo quando expõe aos homens, sob a forma de mandamentos, as verdades eternas e tudo o que ocorre necessariamente. O autor ensina que tudo o que ordenam as leis e que se julgava depender da vontade humana, está submetido em seu curso à mesma necessidade que a natureza do triângulo: os atos prescritos não dependem mais da vontade humana, a desobediência ou a obediência aos preceitos não podem causar seja o mal, seja o bem, tanto quanto a vontade de Deus não pode ser dobrada por preces e tanto quanto seus decretos eternos e imutáveis não podem ser mudados. Não há diferença real entre os preceitos e os decretos, são coisas que se confundem para a razão, e a imperícia e a ignorância dos homens são os motivos pelos quais Deus fez com que os preceitos fossem úteis àqueles que são incapazes de formar por si próprios pensamentos mais perfeitos e têm necessidade de meios miseráveis desse tipo para despertar em suas almas o amor à virtude e o ódio ao vício. Podemos ver também que o autor em sua obra não faz nenhuma menção a preces e ao seu uso, não mais que, na vida e na morte, a nenhuma recompensa concedida aos homens, a nenhuma punição a eles infligida pelo juízo supremo.

Isto é conforme a seus princípios; qualquer lugar poderia ser reservado a um juiz supremo, qual pena, qual recompensa poderiam ser esperadas, quando tudo está submetido ao *fatum*, quando ele afirma que tudo deriva de Deus com uma necessidade inelutável, ou mais exatamente que todo esse universo é Deus? Creio, com efeito, que nosso autor não está muito longe de pensar assim, ao menos não há grande diferença entre essas duas afirmações: tudo deriva necessariamente da natureza de Deus e o universo é o próprio Deus.

Ele coloca, entretanto, o prazer supremo do homem no culto da virtude, que é, diz ele, por si mesma sua recompensa e a eleva à mais alta das contemplações; segundo ele, pois, o homem que possui um conhecimento reto das coisas, deve aplicar-se à virtude; de modo algum por obediência aos preceitos e à lei de Deus, ou na esperança de uma recompensa ou pelo temor ao castigo, mas por causa da atração que a virtude tem por sua beleza e da alegria que ele percebe que a alma encontra em praticá-la.

Ele afirma, portanto, que se Deus, pela Revelação e pelos Profetas, parece exortar os homens à virtude fazendo-os esperar uma recompensa ou temer um castigo, sanções sempre ligadas a leis, isso é uma simples boa aparência para o vulgo cuja compleição de espírito é tal e tão mal informada, que apenas as leis, as penas, as recompensas, o medo e a esperança podem dirigi-lo para a virtude. Quanto àqueles que julgam as coisas segundo a verdade, eles sabem que argumentos desse tipo não possuem nem força nem verdade.

Pouco importa a seus olhos, malgrado aquilo que esse princípio tem de ruinoso por sua tese, que os Profetas e os mestres das coisas sagradas e também Deus mesmo, que falou aos homens por suas bocas, tenham recorrido a esses argumentos sem valor próprio quando se considera sua natureza. Ele professa abertamente, com efeito, e insinua, todas as vezes que a ocasião se apresenta, que a Sagrada Escritura não pôde ser composta para ensinar a verdade e a verdadeira natureza tanto das coisas das quais ela faz menção, como dos meios que utiliza a fim de formar os homens para a virtude; ele nega que os Profetas tenham tido, na busca das provas e dos argumentos destinados a incitar os homens à virtude, um conhecimento das coisas preservando-os dos erros do vulgo, embora eles fossem muito informados sobre a natureza das virtudes práticas e dos vícios.

Esse autor ensina também, em consequência, que os profetas, quando faziam advertências àqueles junto aos quais tinham uma missão, não estavam livres para errar em seus julgamentos, sem que sua santidade e sua autoridade fossem por isso diminuídas; se bem que, com efeito, sua linguagem e os argumentos que empregavam fossem conformes não à verdade, mas às opiniões preconcebidas das pessoas às quais eles se dirigiam, as virtudes que recomendavam não tinham nada de duvidosas e nenhuma discussão era possível a seu respeito entre os homens. O objetivo ao qual se refere a missão dos Profetas é, com efeito, o culto da virtude que é preciso difundir entre os homens, e não o ensino de alguma verdade. Os erros e a ignorância dos Profetas não puderam, portanto, prejudicar os ouvintes cujo zelo pela virtude eles aqueciam, pois pouco importa a seus olhos por quais argumentos nós somos incitados à virtude, desde que não destruam essa virtude que eles devem aquecer e a serviço da qual os Profetas os empregam: quanto ao resto, a percepção da verdade pelo espírito não é, segundo ele, de nenhuma importância para a piedade, não estando aí contida realmente a santidade dos costumes, e o conhecimento da verdade e também dos mistérios não é necessário a não ser na exata medida em que dispõem para a piedade.

Penso que o autor leva em conta a distinção admitida, salvo erro, por todos os teólogos, entre a linguagem que um Profeta usa quando ensina um dogma e aquela que ele usa quando se limita a fazer um relato, e imagina bem erradamente que sua própria maneira de ver concorda com essa doutrina.

Por esse motivo crê ele que todos aqueles que não desejam que a razão e a filosofia sejam intérpretes da Escritura, estarão de seu lado. Como é certo para todo mundo que a Escritura empresta a Deus uma infinidade de maneiras de ser que não lhe convém, mas são adaptadas à compreensão do vulgo e destinadas a comover os homens e a estimular seu zelo para a virtude, o autor pensa dever colocar esse princípio que o mestre sagrado quis, por esses argumentos desprovidos de verdade, formar os homens para a virtude, o que poderia significar que é deixado a todo leitor da Escritura Sagrada a liberdade de julgar, segundo os princípios de sua própria razão, a opinião que o mestre sagrado professa e o objetivo a que ele se propõe. Esta última opinião, nosso autor a condena e a rejeita inteiramente, confundindo-a com a de um teólogo paradoxal[55] que afirma que a razão é a intérprete da Escritura. Ele crê, com efeito, que a Escritura deve ser entendida segundo seu sentido literal e que os homens não têm o direito de interpretar à sua vontade e seguindo nisso sua própria razão as palavras dos Profetas, de decidir por consequência pelo raciocínio e se apoiando nos conhecimentos que adquiriram, quando os Profetas falaram no sentido próprio e quando usaram figuras. Mas eu terei ocasião de tratar, mais adiante, desse ponto.

Para retornar àquilo de que me afastei um pouco, o autor, fiel aos seus princípios sobre a necessidade fatal de todas as coisas, nega que se possa produzir milagres contrários às leis da natureza, porque afirma, como eu o disse mais acima, que a natureza de todas as coisas existentes e sua ordem são qualquer coisa de tão necessária quanto a natureza de Deus e as verdades eternas[56]; ele ensina, em consequência, que é impossível que uma coisa qualquer se afaste das leis da natureza, como é impossível que a soma dos ângulos de um triângulo difira de

---

55. Provável referência à Lodewijk Meyer. Cf. infra, p. 320, nota 18.

56. Nota atribuída a Spinoza que figura em algumas edições: Dizê-lo dessa forma é injusto, pois foi por mim claramente demonstrado que os milagres não nos provêm com o conhecimento de Deus, já que Deus é bem melhor compreendido por meio da ordenação inalterável da natureza.

dois retos. Deus não pode fazer com que um peso menor levante um peso maior, ou que um corpo que se move com uma velocidade igual a um para alcançar outro que se move com uma velocidade dupla. O autor afirma, por conseguinte, que os milagres estão submetidos às leis comuns da natureza que ele professa serem imutáveis como a natureza das coisas, visto que essa natureza está contida nessas leis; ele não admite, pois, em Deus outra potência senão aquela que se manifesta regularmente pelas leis da natureza e pensa que não se lhe pode atribuir por ficção nenhuma outra, porque ela destruiria a natureza das coisas e estaria em conflito com ela própria.

Um milagre constitui, pois, segundo ele, um acontecimento inopinado e cuja causa o vulgo ignora. Do mesmo modo quando, em sequência das preces conformes os ritos prescritos, o vulgo crê ter obtido o afastamento do mal que o mina, ou de um bem que lhe caiba, ele atribui isto à virtude das preces e a uma intervenção particular de Deus, porém, segundo o nosso autor, Deus decretou desde toda eternidade os eventos que o vulgo atribui à eficácia de uma intervenção particular, e assim não são as preces que constituem a causa dos decretos, mas os decretos é que são causa das preces.

Toda esta doutrina do *fatum* e da necessidade universal das coisas, tanto naquilo que toca à sua natureza quanto em relação aos acontecimentos quotidianos, ele a baseia na natureza de Deus, ou, para falar mais claramente, na natureza da vontade e do entendimento divinos, coisas diferentes quanto ao nome, mas que, em Deus, não são realmente senão uma só coisa. Ele afirma, por consequência, que Deus quis todo esse universo e toda a sucessão dos eventos no universo tão necessariamente quanto Ele o conhece. Mas se Deus conhece este universo e suas leis, como também as verdades eternas que aí estão contidas, Deus não podia fundar outro universo tanto quanto inverter a natureza das coisas e fazer com que duas vezes três deem sete. Do mesmo modo também nós não podemos conceber o que quer que seja que difira deste universo e das leis segundo as quais as coisas nascem e perecem, mas tudo o que forjamos desta maneira se destrói a si mesmo. Ele afirma, portanto, que a natureza do entendimento divino, a de todo universo, também daquelas que regulam a marcha das coisas, são constituídas de tal forma que é impossível que Deus, por seu entendimento, conheça o quer que seja que difira disso que existe presentemente, como é impossível que aquilo que existe presentemente difira de si mesmo. Daí esta conclusão: assim como Deus não pode fazer presentemente alguma coisa que se destruísse a si mesma, Ele não pode forjar nem conhecer naturezas diferentes daquelas que existem, porque há, para compreender e para conhecer tais naturezas (o que implica contradição, segundo o autor), a mesma impossibilidade que há para produzir coisas diferentes daquelas que existem em todas essas naturezas; com efeito, se quiséssemos concebê-las como diferentes daquelas que existem: presentemente, estariam necessariamente em contradição com aquelas que existem, visto que essa necessidade, que (segundo o autor) pertence às coisas compreendidas no universo dado, não pode provir delas mesmas, mas lhes vêm da natureza de Deus, de onde elas derivam necessariamente. Ele não admite, com efeito, como Descartes, cuja doutrina ele parece, entretanto, ter querido adotar, que, diferindo a natureza das coisas da natureza e da essência de Deus, Deus forma livremente em seu espírito as ideias a respeito delas.

Por essas afirmações, o autor abriu um caminho para chegar às teorias que ele sustenta no fim de seu livro e onde reúne tudo o que expôs nos capítulos anteriores. Ele quer fazer com que os magistrados e todos os homens aceitem esse princípio: é aos magistrados que cabe regular o culto divino que deve ser publicamente mantido no Estado. É em consequência uma obrigação para o magistrado autorizar seus concidadãos a pensar e a falar da religião, tal como lhes dita seu espírito e seu coração, e essa liberdade deve estender-se, para os súditos, ao culto exterior, com a condição de que o zelo pelas virtudes práticas ou pela piedade permaneçam fora de alcance. Como, com efeito, nenhum conhecimento e nenhuma prática, fora delas, têm valor moral, ele conclui daí que os homens não podem desagradar a Deus pelo culto, qualquer que possa sê-lo, que lhe rendam. Ele quer falar dos atos religiosos que não constituem a virtude prática e não lhe causam tampouco dano, não lhe são contrários nem estranhos, mas são para os homens, que deles se desobrigam em razão da fé que professam, sustentáculos das verdadeiras virtudes, e fazem assim com que possam agradar a Deus pelo zelo para com essas virtudes. Deus não pode ficar ofendido por manifestações que são indiferentes e sem relação necessária com as virtudes, mas lhes servem de auxiliar e de meio de proteção.

O autor, entretanto, para dispor os corações a aceitar esses paradoxos, afirma, em primeiro lugar, que todo culto instituído por Deus e comunicado aos judeus, isto é, aos cidadãos da República de Israel, não tinha outro fim senão o de permitir-lhes viver felizes em seu Estado, que, à parte disso, os judeus não foram mais amados por Deus, nem mais agradáveis a Deus, do que as outras nações: por intermédio dos Profetas. Deus teria atestado aos judeus em muitas passagens, quando lhes censurava a imperícia e o erro em que se cai quando se faz consistir a santidade e a piedade no culto instituído por Deus e a eles prescrito, quando elas consistem unicamente no zelo pelas virtudes práticas: amor de Deus e caridade para com o próximo.

E como Deus pôs na alma de todas as nações princípios e, pode-se dizer, sementes de virtudes a fim de que todos saibam por si próprios, e quase sem que nenhuma instrução seja necessária, distinguir o bem do mal, nosso autor conclui daí que Deus não poderia ter privado as outras nações de meios pelos quais se possa ganhar a beatitude, porém se mostra igualmente benfazejo para todos.

Mais ainda, para igualar todas as nações aos judeus em tudo o que pode ser de algum auxílio ou servir de alguma maneira para atingir a felicidade verdadeira, ele afirma que aos gentios não faltaram profetas verdadeiros e tenta mostrá-lo por exemplos. Ele insinua que Deus governou as outras nações por meio de bons anjos que, conforme os costumes em vigor no Antigo Testamento, ele denomina deuses. E, em consequência, a religião dos gentios não desagradava de modo algum a Deus enquanto não foi corrompida pela superstição a tal ponto que afastou os homens da verdadeira santidade e os impeliu a cometer sob a bandeira da religião atos contrários à virtude. Deus não proibiu os judeus, por razões particulares e próprias a esse povo, de honrar os deuses dos gentios; por instituição divina e mandato divino esses deuses eram honrados por seus fiéis com tão boa razão quanto os anjos constituídos em guardiões do Estado judeu, contados pelos judeus à sua maneira no número dos deuses e recebendo deles honras divinas.

Como, além disso, esse autor professa que o culto exterior nada tem que agrade a Deus, ele pensa que pouco importam as cerimônias das quais esse culto se compõe, contanto que se acorde com Deus naquilo em que tenda a inspirar o respeito de Deus e incite os homens a amar a virtude.

Como, ademais, ele crê que toda religião consiste no exclusivo culto da virtude, que todo o conhecimento dos mistérios, que não é de modo algum por si mesmo próprio para desenvolver a virtude, é supérfluo, e que é somente esta que deve ser considerada como mais importante e mais necessária, que tem mais eficácia para formar os homens para a virtude e reaquecer seu zelo, ele conclui daí que todas as opiniões sobre Deus e o culto divino, em cuja verdade acreditaram sinceramente os homens que as professaram, e que foram formados para fazer florescer a honestidade, devem ser aprovadas ou, ao menos, não serem rejeitadas. E, em apoio a essa tese, ele invoca a autoridade e o testemunho dos Profetas que sabem, diz ele, que pouco importa a Deus quaisquer crenças religiosas que os homens professem, sendo-lhe agradáveis todo culto e todas as opiniões que se inspirem no amor às virtudes e no respeito à divindade; e que não se tema, para incitar os homens à virtude, empregar argumentos que em si próprios não tinham nenhuma verdade, mas eram tomados como verdadeiros por seus ouvintes e atuavam sobre eles como uma espora para estimular sua coragem em perseguir a virtude.

Daí a opinião de que entre os mestres divinos uns usaram certos argumentos, outros, argumentos diferentes, amiúde inconciliáveis com os primeiros: Paulo ensinou que o homem não é justificado por suas obras, Tiago afirmou expressamente o contrário. Tiago, segundo o autor, via que a doutrina da justificação pela fé mal compreendida extraviava os cristãos e, em consequência, ele provou, por numerosos argumentos, que o homem é justificado pela fé e pelas obras. Ele reconhecia, com efeito, que não convinha inculcar nos cristãos de seu tempo esta doutrina da justificação pela fé e de ensiná-la à maneira de Paulo, porque ela conduz os homens a descansar molemente sobre a misericórdia divina e a negligenciar quase inteiramente as boas obras. Paulo, ele, não havia pensado senão nos judeus: colocando por erro sua justificação nas obras da lei a eles comunicada por Moisés, e que os punha acima das outras nações abrindo-lhes para alcançar à beatitude uma via reservada somente a eles. Os judeus rejeitaram a salvação pela fé, via que os reduzia ao nível dos gentios e os despojava de todos os seus privilégios. Como uma e outra doutrina, a de Paulo e a de Tiago, tinham, consoante o tempo, a condição das pessoas e as circunstâncias, uma eficácia notável para volver a alma humana para a piedade, o autor pensa que esse foi um rasgo de prudência apostólica ensinar ora uma, ora a outra. E é este, entre muitas outras, a razão pela qual o autor pensa que nos afastamos muito da verdade ao querer explicar o texto sagrado pela razão, fazer da razão o intérprete da Escritura ou interpretar um doutor sagrado por outro, pois todos possuem igual autoridade e que a linguagem que eles usaram deve se explicar pela forma do discurso e pelas particularidades próprias a cada um deles: cabe, pois, não se prender, na busca do verdadeiro sentido da Escritura, à natureza da coisa exposta, mas apenas ao sentido literal.

Dado que Cristo e os outros doutores encarregados de uma missão divina se adiantaram e mostraram, por seu exemplo e por seus preceitos, que apenas o amor à virtude pode conduzir o homem à felicidade, sendo o resto sem valor, o autor quer concluir daí que o único cuidado dos magistrados deve ser o de fazer reinar a justiça e a honestidade no Estado e que não lhes compete absolutamente examinar qual culto e quais doutrinas concordam melhor com a verdade. Eles devem apenas velar para que não se admita aquelas que formam obstáculo à virtude, pela opinião mesma dos que a professam. Os magistrados podem, portanto, sem ofender a divindade, tolerar no Estado religiões diferentes. Para convencer o leitor disso ele usa ainda o seguinte argumento: as virtudes práticas, na medida em que elas têm seu emprego na sociedade e se relacionam aos atos exteriores, são de tal sorte que não cabe a ninguém praticá-las em virtude de seu próprio julgamento e por uma decisão tomada voluntariamente; o culto dessas virtudes, sua prática e suas modalidades dependem da autoridade e do poder de mando do magistrado, pois, de uma parte, os atos exteriores de virtude diversificam sua natureza segundo as circunstâncias, de outra parte, a obrigação de executar tais atos deve ser apreciada conforme a vantagem ou a desvantagem que pode daí resultar, se bem que tais atos voluntários realizados intempestivamente perdem seu caráter de virtude, ao passo que aqueles que lhe são opostos devem ser colocados entre as virtudes. O autor pensa que há virtudes de outra espécie que são interiores à alma e que, como tais, conservam sempre sua natureza e não dependem de circunstâncias mutantes.

Nunca é permitido a ninguém ser inclinado à crueldade e à barbárie, não amar seu próximo e a verdade. Mas podem sobrevir tempos em que, sem que a alma seja liberada de suas obrigações, sem que o abandono dessas virtudes se torne lícito, se possa, nos atos exteriores, suspender sua prática, ou mesmo agir de uma maneira que, na aparência, lhes seja contrária. Pode acontecer que um homem honrado cesse de ser obrigado a dizer abertamente a verdade, de fazer participar dela seus concidadãos por suas palavras e seus escritos e de lhas comunicar, caso acredite que essa manifestação da verdade produzirá mais mal do que bem. E embora cada um tenha a obrigação de amar todos os homens e não lhe seja jamais permitido renunciar a esse sentimento, sucede com bastante frequência que possamos nos mostrar, sem estar em falta, duros para com certas pessoas, quando é manifesto que a clemência em relação a eles seria para nós causa de um grande mal. É assim que, como o confessam todos, não seria oportuno em todos os tempos proclamar todas as verdades, quer se refiram à religião, ou à vida civil. E quem ensina que não se deve oferecer rosas aos porcos quando se pode temer que eles maltratem aqueles mesmos que lhas oferecem, não crerá tampouco que seja dever de um homem honrado instruir a multidão acerca de certos artigos da religião, quando se receia que a sua publicação e a sua difusão entre a multidão acarrete no Estado ou na Igreja perturbações mais prejudiciais do que úteis aos santos e à cidade.

Como é um princípio estabelecido, entre outros, pelas sociedades civis às quais pertencem o mandato e o poder legislativo, que não se deve deixar às vontades individuais o cuidado de apreciar quais coisas são úteis ao corpo social, mas que cabe aos governantes julgá-lo, o autor conclui que o magistrado tem o direito de estatuir sobre a natureza das crenças que serão publicamente ensinadas no Estado, e que os súditos devem abster-se de ensinar e professar exteriormente crenças a respeito das quais o magistrado prescreveu o silêncio em público. Deus, com efeito, não quis abandonar isso ao julgamento dos particulares, como tampouco lhes permitiu agir contra a opinião e os decretos dos magistrados e dos juízes, de maneira a tornar vãs as leis e tirar dos magistrados sua razão de ser. O autor crê que em tudo o que concerne ao culto exterior, um pacto é possível entre os homens, e que se pode a esse respeito confiar ao juízo do magistrado com tanta segurança quanto se se tratasse de uma ofensa cometida contra a cidade, ofensa cuja avaliação e repressão pela força cabem por direito ao magistrado. Do mesmo modo, com efeito, que um particular não é obrigado a dobrar seu julgamento ao do magistrado quanto à ofensa feita à cidade e pode ter em caso semelhante sua opinião própria, mas deve, entretanto, eventualmente, prestar seu concurso à execução da sentença pronunciada pelo magistrado, do mesmo modo que, segundo nosso autor, cabe aos particulares julgar sobre a verdade ou a falsidade, assim como sobre a necessidade de uma crença, e ninguém pode ser coagido pelas leis a ter em religião a mesma maneira de pensar que um outro, mas, compete, entretanto, ao magistrado julgar quais crenças devem ser expostas publicamente, e os particulares têm a obrigação de guardar silêncio sobre suas opiniões religiosas quando elas estão em desacordo com as do magistrado, e de nada fazer que possa enfraquecer as leis estabelecidas por ele a respeito do culto.

Pode acontecer, contudo, que o magistrado, em desacordo com muitos homens provenientes da massa, sobre pontos da religião, queira que certas crenças estranhas ao pensamento do vulgo sejam ensinadas publicamente, e que ele considere como importante para a glória de Deus que elas sejam oficialmente professadas no Estado. Há, para o autor, uma dificuldade que pode, em razão do desacordo entre o magistrado e a massa, trazer grandes males. Isto porque às suas teses precedentes ele adiciona uma outra destinada a tranquilizar magistrados e pessoas e a proteger contra tudo que atenta à liberdade religiosa. O magistrado não tem por que temer a cólera de Deus mesmo quando deixa celebrar no Estado um culto que ele desaprova, desde que a religião assim tolerada não seja contrária às virtudes práticas e nem as destruam. Vós não podeis deixar de ver como ele fundamenta essa tese segundo a ampla exposição que vos dei acima acerca de sua doutrina. Ele julga, com efeito, que Deus é indiferente às opiniões religiosas, às quais os homens aderem e às quais permanecem ligados, que Ele não tem tampouco nenhuma preocupação com as cerimônias do culto, devendo essas coisas ser consideradas como sendo daquelas que não possuem nenhuma relação com a virtude e o vício, ainda que cada um tenha a obrigação de arranjar-se de maneira a ter a crença e o culto que podem facilitar melhor seu progresso para a virtude.

Eis, senhor, em resumo, a doutrina desse *Tratado Teológico-Político*: em minha opinião, ela demole e destrói inteiramente todo culto e toda religião, ela introduz um ateísmo dissimulado ou ainda forja um Deus cujo poder não pode inspirar aos homens nenhuma reverência, visto que Ele mesmo está submetido ao *fatum* e que não há mais nada que se assemelhe a um governo divino, a uma providência divina e que, enfim, não há mais a esperar, nem penas, nem recompensas. Ao menos se vê sem dificuldade em seu livro que, por seu método e por seus argumentos, toda autoridade da Escritura está arruinada, e que ele não lhe faz menção salvo pela forma. Do mesmo modo, segue das teses que ele sustenta, que o *Corão* deve ser posto no mesmo grau que a Palavra de Deus, pois não resta ao autor nenhum meio de provar que Maomé não era um verdadeiro profeta, porquanto os turcos, eles também, honram, em virtude das prescrições de seu profeta, virtudes práticas sobre as quais nenhum desacordo é possível entre os homens. E, em segundo lugar, conforme a doutrina do autor, não é raro que Deus, para conduzir as nações que não tiveram parte de modo algum nas luzes divinas comunicadas aos judeus e aos cristãos, lhes faça, na esfera da razão e da obediência, outras revelações.

Penso, portanto, não me haver enganado muito e ter feito de algum modo injustiça ao autor, denunciando-o como alguém que ensina sub-repticiamente o ateísmo puro e simples por um caminho desviado.

Lambert van Velthuysen

Carta 43
Spinoza a Jacob Osten
(provavelmente fevereiro de 1671)

Doutíssimo senhor,

Vós vos espantais, sem dúvida, que eu haja demorado tanto, mas tive dificuldade em me decidir a responder ao libelo que me fizestes o favor de me comunicar, e não me resolvi a isso senão para cumprir minha promessa. Ao menos, me concederei a satisfação de responder a ele o mais brevemente possível e me limitarei a mostrar que o meu acusador interpreta mui falsamente meus sentimentos. Por malícia ou por ignorância? Teria dificuldade de dizê-lo. Mas vamos ao fato.

Em primeiro lugar, diz ele, pouco lhe importa de que raça eu sou e qual regra de vida eu observo. Por certo, se ele o soubesse não teria acreditado tão facilmente que eu ensino o ateísmo. Os ateus, com efeito, têm o costume de buscar desmedidamente as honras e as riquezas, coisas que sempre desprezei, como o sabem todos aqueles que me conhecem. Além disso, para alcançar seu alvo, ele diz que eu não sou de um espírito obtuso; isto lhe dá mais facilidade para sustentar que, por artimanha e malícia, com um mau desígnio, eu advoguei a detestável causa dos deístas. Eis o que basta para mostrar que ele não entendeu meus raciocínios. Quem, com efeito, poderia ter o espírito tão cheio de arteirice e de astúcia que, por fingimento, desse tantos argumentos e tão sólidos em apoio de uma tese que ele julgaria falsa? E qual escritor meu acusador julga sincero se ele crê que se possa demonstrar ficções tão solidamente como verdades? Isto, aliás, não me surpreende. É assim que Descartes foi outrora interpretado por Voetius[57] e que os melhores são desfigurados.

---

57. Gijsbert Voet (1589-1676), teólogo calvinista holandês, foi professor de teologia e ciências orientais na Universidade de Utrecht, onde, enquanto reitor, obteve da instituição a condenação formal do cartesianismo e, consequentemente, de seu principal propugnador local, Henricus Regius. Descartes respondeu aos ataques de Voetius por

Ele continua, entretanto: para evitar cair na superstição, eu teria, segundo ele, demolido toda a religião. Não sei o que ele entende por superstição e por religião. Mas eu vos pergunto, é demolir toda a religião afirmar que é preciso reconhecer Deus como sendo o soberano bem, e amá-lo como tal com uma alma livre? Crer que nesse amor consiste nossa felicidade suprema e nossa maior liberdade? Que a recompensa da virtude é a própria virtude e que o castigo reservado à desrazão e ao abandono de si, é precisamente a desrazão? Tudo isso eu o disse não somente em termos expressos, eu o demonstrei, ademais, por razões das mais sólidas. Mas creio ver em que atoleiro esse homem afundou. Ele não encontra nada que lhe apraza na virtude mesma e no conhecimento, e gostaria mais de viver se abandonando às suas paixões, não temesse ele o castigo. Ele se abstém dos maus atos e observa os mandamentos divinos forçando-se a si mesmo e com uma alma hesitante, como um escravo, e espera que Deus pagará sua servidão com um preço que a seus olhos vale muito mais do que o amor de Deus: tanto mais caro quanto mais aversão ele tem ao bem e se coage mais. É por isso que ele crê que todos aqueles que o temor não retém vivam sem freio e rejeitem toda religião. Mas eu deixo isto e passo à acusação que ele faz contra mim, de ensinar sub-repticiamente o ateísmo por um caminho desviado.

O princípio de seu raciocínio é que ele crê que eu suprima a liberdade de Deus e a submeta ao *fatum*. Ora, isso é certamente falso. Eu afirmo que todas as coisas seguem com necessidade inelutável da natureza de Deus, da mesma maneira que todos afirmam que segue da natureza de Deus que Ele se conhece a si próprio. Ninguém por certo nega que isso segue, com efeito, da natureza de Deus e, no entanto, ninguém concebe que Deus se conhece a si mesmo em virtude de uma necessidade constrangente, mas com inteira liberdade embora necessariamente. Eu não encontro nada aqui que não possa ser percebido por todos

meio de uma carta aberta, em maio de 1643, intitulada *Epistola Renati Descartes ad celeberrimum virum d. Gisbertus Voetium*.

e, se meu acusador crê, não obstante, que isto é dito com um mau desígnio, o que pensa ele de seu Descartes que afirmava que nada pode ser feito por nós que não tenha sido preordenado por Deus, bem melhor, que nós somos criados de novo a todo instante por Deus e que, entretanto, nós agimos com a liberdade de nosso arbítrio; coisa que, confessa o próprio Descartes, ninguém pode conceber.

Essa necessidade inelutável das coisas não suprime, além disso, nem as leis divinas nem as dos homens. Pois os ensinamentos morais que eles recebem em nome de Deus, mesmo sob a forma de leis, não permanecem menos divinas e salutares. Que o bem, que é a consequência da virtude do amor de Deus, seja recebido por nós de Deus como nós o receberíamos de um juiz, ou que decorre da necessidade da natureza divina, nem por isso ele será nem menos nem mais desejável; e do mesmo modo, os males, que são a consequência das obras más, não serão menos a temer porque são sua sequência necessária; e enfim que ajamos livremente ou em virtude de uma necessidade, é sempre a esperança e o temor que nos conduzem. Meu detrator incorre, portanto, em erro ao afirmar que eu não deixo nenhum lugar aos preceitos e aos mandamentos ou, como ele o diz ainda, que não há mais espera de pena ou de recompensa, se tudo é relacionado a um *fatum* e se sustentamos que tudo deriva por uma necessidade inevitável.

Eu não pergunto aqui por que dá na mesma ou é pouco diferente julgar que tudo decorre necessariamente da natureza de Deus e identificar Deus ao universo; mas eu vos rogaria notar o que ele acrescenta com não menos malevolência: eu desejaria, segundo ele, que o homem se aplicasse à virtude não absolutamente para seguir os preceitos e a lei de Deus, ou na esperança de uma recompensa, mas etc. Por certo, não se pode encontrar essas palavras em nenhuma passagem do meu tratado; ao contrário, eu digo expressamente no capítulo IV que o essencial da lei divina (gravado em nossa alma como eu o mostrei no capítulo XII) e seu preceito capital é amar a Deus como o soberano bem e não à verdade por temor de algum suplício (pois o amor não pode nascer do medo), nem por amor a qualquer outro objeto que desejaríamos fruir (pois se assim fosse, não é a Deus mesmo que nós amaríamos, mas àquilo que desejamos); e mostrei, no mesmo capítulo, que Deus revelou essa lei aos Profetas. Que eu considere essa lei como tendo recebido de Deus mesmo uma forma jurídica ou que nós a concebamos como semelhante aos outros decretos de Deus a envolver uma verdade e uma necessidade eternas, nem por isso ela deixará de ser um decreto de Deus e um ensinamento salutar; que eu ame a Deus por uma livre decisão ou pela necessidade de um decreto divino, ainda assim eu amo a Deus e serei assim salvo.

Eu poderia, pois, desde logo, afirmar que esse homem é do gênero daqueles que tinha em vista no fim de meu prefácio, quando eu dizia: prefiro que eles ignorem inteiramente o meu livro e não que o distorçam por uma interpretação malévola, como é do hábito deles, e sem proveito para eles mesmos, prejudiquem outrem.

Embora eu julgue as observações precedentes suficientes para demonstrar o que eu queria estabelecer, pensei que valia a pena anotar ainda alguns pontos; e, para começar, meu detrator crê erradamente que eu tive em conta os princípios dos teólogos que distinguem entre a linguagem de um profeta conforme ele enuncie dogmas ou se limite a fazer um relato. Se, quando fala desse princípio, ele visa aquilo que no capítulo xv eu disse que havia sido professado por um certo R. Iehuda Alpakhar, como pretender que eu o subscrevo, quando, ao contrário, no mesmo capítulo eu o rejeito e o declaro falso. Se ele tem qualquer outro princípio em vista, declaro que não tenho dele nenhum conhecimento e que, por conseguinte, eu não pude tê-lo em conta.

Não vejo, além disso, por que ele diz que no meu julgamento todos aqueles que negam que a razão e a filosofia sejam as intérpretes da Escritura, esposarão minhas opiniões, quando eu refutei inteiramente sua tese, como a de Maimônides.

Seria demasiado longo passar em revista todas as passagens em que ele mostra que o juízo que faz de mim não é de um espírito calmo; eu passo, pois, à sua conclusão em que afirma que não me resta mais nenhum argumento para provar que Maomé não foi um verdadeiro profeta. Eis o que pretende extrair de minhas opiniões, quando se deduz daí claramente que Maomé foi um impostor, visto que suprime essa liberdade que a religião católica revelada reconheceu pela luz natural e pela dos Profetas, e que eu provei que era absolutamente necessário reconhecer. Ainda que, aliás, isso não fosse assim, sou eu obrigado, pergunto-vos, a demonstrar que um certo indivíduo é um falso profeta? São os Profetas, ao contrário, que são obrigados a demonstrar que são verdadeiros profetas. Objetará ele que Maomé também ensinou a lei divina e deu de sua missão signos certos? Então não há nenhum motivo para que ele recuse reconhecer em Maomé um verdadeiro profeta.

Pelo que toca aos turcos e a outras nações, se eles adoram Deus cultivando a justiça e a caridade para com o próximo, creio que o Espírito do Cristo está neles e que são salvos, qualquer que seja a crença que, por ignorância, eles professem sobre Maomé e seus oráculos.

Vedes agora o quanto esse homem se afastou da verdade; e, não obstante, convenho que não é a mim, porém a ele mesmo que faz agravo, quando não enrubesce ao pretender que ensino sub-repticiamente o ateísmo por um caminho desviado.

Não creio, acrescentaria eu, que encontraríeis nesta carta o que quer que seja que pudésseis julgar demasiado severo. Se, entretanto, topardes com uma palavra que vos pareça excessiva, rogo-vos apagá-la ou corrigi-la à vossa vontade. Não tenho a intenção de irritar quem quer que seja e trabalhar para me fazer inimigos. Ora, como são frequentes as discussões dessa espécie, não pude me decidir senão com dificuldades a responder e eu não teria podido coagir-me a isso, se não o houvesse prometido. Confio esta carta à vossa prudência e vos rogo crer que sou etc.

CORRESPONDÊNCIA COMPLETA

Carta 44
Spinoza a Jarig Jelles
(Haia, 17 de fevereiro de 1671)

Senhor,

Quando de uma visita recente, o professor N.N. contou-me, entre outras coisas, que ouvira falar de uma tradução holandesa do meu *Tratado Teológico-Político* e que uma pessoa, cujo nome ignorava, estava prestes a imprimi-lo. Por conseguinte, vos peço, com insistência, para pesquisar esse assunto e impedir a impressão se for possível. Não sou apenas eu que lhe peço; muitos de meus amigos e conhecidos juntam-se a mim. Veriam com tristeza se o livro fosse proibido, o que ocorrerá, sem dúvida, se publicado em holandês. Acredito que vós não recusareis vossos bons serviços à causa e a mim mesmo.

Um amigo enviou-me, há algum tempo, um pequeno livro intitulado *Homo Politicus*[58] do qual muito ouvi falar. Eu o li e o achei o mais perigoso que um homem poderia inventar e fabricar. Para esse autor, o Soberano Bem são as honras e as riquezas, e a isso se inclina sua doutrina, ensinando um meio de a elas chegar. Para isso, é preciso rejeitar toda religião interior e professar inteiramente aquela que mais contribui ao nosso avanço; é preciso manter esses compromissos com uma pessoa apenas quando deles tiramos proveito. Com exceção desse caso, faz grande elogio da hipocrisia, das promessas não cumpridas, das mentiras, do perjúrio e de outras práticas do mesmo gênero. Após essa leitura, veio-me a ideia de escrever, contra o autor indiretamente, uma pequena obra na qual tratarei do Soberano Bem, depois mostrarei a inquieta e miserável condição daqueles que são ávidos de honras e riquezas e estabelecerei, enfim, por meios das razões mais evidentes e de numerosos exemplos, que o desejo insaciável deve levar, e de fato conduz, à ruína dos Estados.

---

58. Obra anônima publicada em 1644.

Quão melhores e mais elevadas do que os pensamentos desse autor foram as meditações de Tales de Mileto[59]. Todas as coisas, dizia ele, são comuns aos amigos; os sábios são amigos dos deuses; todas as coisas pertencem aos deuses e, logo, todas pertencem aos sábios. Com uma só palavra, portanto, esse grande sábio se fazia rico por um desprezo generoso das riquezas, e não por sua sórdida procura. Mostrou, em outra oportunidade, que, se os sábios não são ricos, porém, é por vontade própria, não por necessidade. Aos amigos, com efeito, que lhe censuravam a pobreza, respondia: quereis que vos mostre que está em meu poder adquirir o que julgo que não vale a pena, e que é só por vós o objetivo de uma procura tão laboriosa? Sim, disseram eles, e então alugou todas as prensas da Grécia (como grande astrônomo que era, viu que haveria grande abundância de azeitonas, quando nos anos anteriores as colheiras tinham sido bastante magras) e sublocou ao preço que quis o que havia conseguido a baixo preço. Assim ganhou, em um só ano, grandes riquezas da qual dispôs em seguida com tanta liberalidade quanto havia utilizado de engenho em adquiri-las.

Carta 45
Leibniz a Spinoza
(*Frankfurt, 5 de outubro de 1671*)

Ilustríssimo senhor,

Entre outros méritos que o renome vos atribui, fui informado que tendes um notável conhecimento da óptica. Daí por que eu quis vos endereçar certo ensaio meu: eu teria dificuldade em encontrar melhor juiz na matéria.

A dissertação que eu vos envio e que intitulei *Notitia opticae promotae* (Notícia Sobre Óptica Superior) foi por mim

---

59. Considerado por Nietzsche o primeiro filósofo, Tales de Mileto foi também grande astrônomo e notório por seu desprezo à riqueza. O episódio narrado por Spinoza encontra-se em Diógenes Laércio, *Vidas e Doutrinas dos Filósofos Ilustres*.

publicada para que fosse mais fácil comunicá-la aos amigos e às pessoas a quem ela possa interessar. Ouvi dizer que o senhor Hudde é também um mestre nessa matéria e não duvido que vós o conheceis muito bem. Se, pois, puderdes conseguir que ele também se dispusesse a proferir um juízo sobre meu trabalho, eu vos seria infinitamente grato.

A dissertação dá a conhecer suficientemente por ela mesma seu objeto. Penso que possuis a Introdução de Francisco Lana, da Companhia de Jesus, escrita em italiano, que contém igualmente algumas importantes proposições de dióptrica. Há também um suíço de nome Johan Oltius[60], um jovem muito versado nessas matérias, que publicou pensamentos físico-mecânicos sobre a visão, nas quais ele promete, de um lado, uma máquina muito simples e de um uso completamente geral para polir todo gênero de vidro e, de outro lado, diz que encontrou um meio de reunir todos os raios provenientes de todos os pontos de um objeto em outros tantos pontos correspondentes. Mas esse método não é aplicado senão a um objeto situado a certa distância e [dotado] de certa figura. O que eu me propus, aliás, reduz-se ao seguinte: não se trata de obter que todos os raios saídos de todos os pontos convirjam exatamente, qualquer que seja a distância do objeto, pois isso é impossível na medida em que se pode saber até aqui. Trata-se de fazer com que raios saídos de pontos não situados sobre o eixo óptico se reúnam como aqueles que partem de pontos situados sobre o eixo, e que se possa em consequência dar à abertura das lentes a grandeza que se queira, permanecendo a visão, não obstante, distinta. Mas deixo o julgamento a ser feito sobre esse ponto à vossa penetração. Passai bem e dignai-vos a acolher favoravelmente, senhor, os meus afetuosos cumprimentos etc.

Gottfried Wilhelm Leibniz
Doutor em Direito e Conselheiro em Mainz

60. Personagem desconhecida.

P.S.: Se quiserdes me honrar com vossa resposta, espero que o senhor Diemerbroeck[61] se encarregue de bom grado de me fazer chegar vossa carta. Penso que conheceis minha nova hipótese física, no caso contrário eu vo-la enviarei.

Carta 46
Spinoza a Leibniz
(Haia, 9 de novembro de 1671)

Ilustríssimo senhor,

Li a dissertação que vós vos dignastes a me enviar e vos sou muito grato por essa comunicação. Lamento não ter podido, tanto quanto eu teria desejado, compreender vosso pensamento que, entretanto, expusestes assaz claramente, creio. Peço-vos, portanto, o favor de me responder em algumas palavras sobre o seguinte: há, segundo vós, para limitar a abertura das lentes, outra razão além daquela que se tira do fato de que os raios saídos de um mesmo ponto convergem rigorosamente em um ponto, mas em um espaço que nos acostumamos a chamar "ponto mecânico" e cuja grandeza varia em proporção da abertura? Eu vos perguntaria também se as lentes, que denominais pandoas (curvas) corrigem esse defeito, isto é, se o ponto mecânico, esse pequeno espaço em que se reúnem após a refração os raios saídos de um mesmo ponto, guarda uma grandeza constante qualquer que seja a abertura. Se, com efeito, elas possuem essa propriedade, poder-se-á aumentar à vontade a abertura e, consequentemente, essa forma de lente prevalecerá e muito sobre todas aquelas que eu conheço. De outro modo, não vejo por que recomendais tanto que sejam preferidas em vez das lentes comuns. As lentes circulares têm, com efeito, sempre o mesmo eixo e, quando as empregamos, todos os pontos do objeto devem ser

---

61. Advogado de Utrecht.

considerados como situados sobre um eixo óptico e, embora não estejam todos à mesma distância, a diferença que resulta dessa desigualdade não pode ser sensível quando se trata de objetos muito afastados, porque então os raios saídos de um mesmo ponto são considerados como compreendendo um grande número de objetos em um mesmo campo (é o que acontece quando empregamos lentes oculares muito grandes); creio que vossas lentes podem nos ser muito úteis para termos de todos os objetos uma imagem mais distinta. Mas prefiro suspender meu julgamento sobre todos esses pontos até que me tenhais explicado mais claramente vosso pensamento, assim como eu vos rogo encarecidamente que o faça. Eu vos enviei, como vós o desejastes, o segundo exemplar de vossa demonstração ao senhor Hudde; ele me respondeu que nesse momento lhe faltava o tempo para examiná-lo. Ele espera, todavia, fazê-lo em uma semana ou duas.

Não tenho ainda o livro de Francisco Lana, tampouco os *Pensamentos Físico-Mecânicos*, de Jean Holtius e, o que lastimo sobretudo, não pude ainda ler vossa hipótese física, pois, ao menos em Haia, essa memória ainda não está à venda. Eu vos seria, portanto, muito grato se me enviasse e se de alguma maneira posso vos servir, eu me mostrarei vosso mui devotado

B. de Spinoza

P.S.: O senhor Diemerbroeck não reside aqui. Eu sou obrigado a remeter esta carta ao correio comum. Sem dúvida que vós conheceis em Haia alguém que se encarregue de fazer chegar nossas cartas e eu ficaria feliz em conhecê-lo também, de maneira que nossa correspondência fique melhor assegurada. No caso de que o *Tratado Teológico-Político* não esteja ainda em vossa possessão, eu vo-lo enviarei, se isso vos for agradável. Adeus.

Carta 47
Jean-Louis Fabritius a Spinoza
(Heidelberg, 16 de fevereiro de 1673)

Senhor,

O Sereníssimo Eleitor Palatino[62], meu graciosíssimo senhor, encarrega-me de vos pedir, a vós que ainda não conheço, mas que sois muito recomendado ao Príncipe, se vós estaríeis disposto a aceitar uma cátedra ordinária de filosofia em sua ilustre Academia. Vós receberíeis a retribuição anual a que têm direito os professores ordinários. Em nenhum lugar encontrareis um Príncipe tão favorável aos gênios superiores, entre os quais ele vos situa. Tereis a maior latitude de filosofar, liberdade da qual o Príncipe acredita que não abusareis para não perturbar a religião oficialmente estabelecida.

Só poderia cumprir a missão que me foi confiada por este sábio Príncipe. Peço-vos, por conseguinte, e com insistência, responder-me o mais breve possível, e endereçar vossa resposta seja ao Dr. Grotius, encarregado dos assuntos do Sereníssimo Eleitor em Haia, seja ao Dr. Gilles van der Heck[63], para que ela me seja transmitida pelo correio destinado à corte, a menos que prefirais usar outro meio de vossa conveniência. Acrescentarei apenas que, se vós aqui vierdes, tereis, a menos que haja eventos inesperadamente contrários, uma vida agradável e digna de um filósofo. Recebei, senhor, as saudações de vosso devotado

Jean-Louis Fabritius
Professor da Academia de Heidelberg
e conselheiro do Eleitor Palatino.

---

62. Carlos I Luís (1617-1680), eleitor palatino após a Paz de Vestfália, era irmão de Sofia de Hanover, e esta era mãe de Jorge I da Inglaterra, que veio a ser o primeiro monarca da atual casa reinante britânica, a de Hanover.

63. Nome que aparece também na correspondência de Leibniz, por exemplo, em cartas por ele recebidas de Jean de Rhobeton e do próprio Van der Heck, em junho e outubro de 1690, respectivamente.

Carta 48
Spinoza a Fabritius
(Haia, 30 de março de 1673)

Senhor,

Se tivesse tido o desejo de me ocupar de uma cátedra professoral, não teria desejado outra a não ser a que o Sereníssimo Eleitor me oferece por vosso intermédio, e isso sobretudo porque o mui gracioso Príncipe quer me conceder a liberdade de filosofar, para não mencionar o desejo que há muito tenho de viver em um país onde reina um Príncipe cuja sabedoria todos admiram. Mas como jamais fui tentado pelo ensino público, não pude me decidir, embora tenha longamente refletido, por esta magnífica ocasião. Penso, em primeiro lugar, que deveria renunciar a seguir com meus trabalhos filosóficos se me entregasse ao ensino da juventude. De outro lado, ignoro dentro de que limites minha liberdade filosófica deveria estar contida para que eu não parecesse querer conturbar a religião oficialmente estabelecida: o cisma, com efeito, provém mais de um zelo religioso ardente que de paixões diversas ou do amor pela contradição que desvia de seus sentidos e condena todas as palavras, mesmo quando elas são expressões de um pensamento correto. Já o experimentei em minha vida solitária de simples particular e isso seria mais sério de se temer se me elevasse a esse grau de dignidade. Vede, pois, senhor, que o que me detém não é a esperança de uma fortuna mais alta, mas o amor pela tranquilidade que creio poder preservar, de alguma maneira, abstendo-me de lições públicas. Peço-vos, por conseguinte, de rogar ao Eleitor Sereníssimo deixar-me ainda deliberar e conservar sua benevolência para com seu devotado servidor. Mais obrigareis, senhor, vosso inteiramente devotado

B. de Spinoza

Carta 49
Spinoza a Johann Graevius
(Haia, 14 de dezembro de 1673)

Ilustríssimo senhor,

Peço-vos enviar-me o mais breve possível esta carta a respeito da morte de Descartes[64], a qual penso haverdes copiado há muito tempo, pois M. de V. pediu-me várias vezes. Não vos apressaria se ela me pertencesse.

Queira, senhor, não esquecer vosso inteiramente devotado

B. de Spinoza

Carta 50
Spinoza a Jarig Jelles
(Haia, 2 de junho de 1674)

Ilustríssimo senhor,

Vós me pedis para dizer que diferença existe entre mim e Hobbes quanto à política: tal diferença consiste em que sempre mantenho o direito natural e que não reconheço direito do soberano sobre os súditos, em qualquer cidade, a não ser na medida em que, pelo poder, aquele prevaleça sobre estes; é a continuação do direito de natureza.

No que concerne à demonstração pela qual, no Apêndice dos *Princípios* de Descartes demonstrados geometricamente, estabeleço que Deus não pode ser chamado só e único, a não ser muito impropriamente; respondo que uma coisa não pode ser dita só e única com relação à essência, mas somente com relação à existência. Com efeito, nós não concebemos as coisas

---

64. Trata-se da carta escrita pelo médico da rainha Cristina, da Suécia, ao senhor Pison, médico de Maurício de Nassau.

como existentes em um certo número de exemplares senão após reconduzi-las a um gênero comum. Quem tiver em mãos, por exemplo, um *sou*[65] e um escudo, só pensará no número dois se dispuser o *sou* e o escudo sob uma mesma denominação, a de peças de moeda. Somente então poderá dizer que possui duas peças de moeda, estando o *sou* e o escudo denotados por este termo.

Disto se segue, manifestamente, que uma coisa não pode ser dita só e única antes que uma outra seja concebida, tendo a mesma definição (como se diz) da primeira. Mas sendo a existência de Deus sua própria essência, não há dúvida que dizer que Deus é só e único mostra ou que dele não se tem uma ideia verdadeira, ou que dele se fala impropriamente.

No que diz respeito à ideia de que a forma é uma negação, mas não qualquer coisa de positiva, é evidente que a pura matéria, considerada como indefinida, não pode ter forma, só havendo forma em corpos finitos e limitados. Quem diz que percebe uma forma, mostra por isso que concebe uma coisa limitada, e de que maneira ela é. Essa determinação não pertence à coisa enquanto ela é, mas, ao contrário, indica a partir de onde a coisa não é. A forma, portanto, não é outra coisa senão uma limitação, e toda limitação, sendo uma negação, a forma não pode ser, como disse, outra coisa que uma negação.

Vi na vitrina de um livreiro o livro que um professor de Utrecht[66] escreveu contra o meu e que apareceu no dia seguinte à morte do autor: o pouco que li anteriormente fez-me julgar que esse livro não merece sua leitura, e menos ainda uma refutação. Deixei ali mesmo o livro e seu autor. Os mais ignorantes, dizia-me, não sem um sorriso, são frequentemente os mais audaciosos e os mais dispostos a escrever. Tais pessoas parecem-me expor suas mercadorias para vendê-las como brechós, que mostram em primeiro lugar o que possuem de pior. Diz-se que

---

65. Gíria para "centavo".
66. Referência à obra de Regner van Mansvelt (1639-1671), *Adversus anonymum Theologo-politicum liber singularis...*, de 1674.

ninguém é mais astuto do que o diabo; para mim, acho que a compleição de espírito desse tipo de gente o supera em muito em astúcia. Saudações.

Carta 51
Hugo Boxel a Spinoza
(14 de setembro de 1674)

Ilustríssimo senhor,

Eu vos escrevo por desejo de conhecer vossa opinião sobre as aparições, os espectros ou os espíritos. Acreditais em sua existência? Quanto tempo vos parece que ela dura? Uns creem, com efeito, que eles são imortais; outros, mortais. Ser-me-ia penoso continuar a não saber o que pensais disso. Uma coisa é certa: os antigos acreditavam neles. Os filósofos e os teólogos modernos admitem até o presente a existência de criaturas dessa espécie, embora não se entendam sobre sua essência. Uns os compõem de matéria muito tênue e outros pretendem que são seres espirituais. Mas pode ser (como comecei a dizê-lo) que nós estejamos em grande desacordo a esse respeito, pois não sei se admitis a existência desses seres. Vós não ignorais, entretanto, que se encontram em toda a Antiguidade tantos exemplos, tantas histórias que seria verdadeiramente difícil negá-los ou pô-los em dúvida. Certamente se admitis a existência dos fantasmas, vós não credes, entretanto, como os defensores da religião romana, que são almas de pessoas defuntas. Detenho-me aí e aguardo vossa resposta. Nada direi da guerra nem dos rumores que correm, pois é de nosso destino viver em tempo tal… Saudações.

Carta 52
Spinoza a Hugo Boxel
[*Haia, sem data, provavelmente setembro de 1674*]

Ilustríssimo senhor,

Vossa carta, que recebi ontem, me foi mui agradável: eu desejava ter algumas notícias de vós e vejo que não me esquecestes completamente. Outros talvez julgassem ser de um lamentável augúrio que me escrevais a respeito de espíritos. A meus olhos, ao contrário, há algo aí que merece consideração: não somente as coisas verdadeiras, mas também as baboseiras e as fantasias me podem ser úteis.

Deixemos, todavia, de lado no momento a questão de saber se os espectros são fantasmas da imaginação, visto que vos parece estranho negar sua existência ou somente pô-la em dúvida, quando tantas histórias antigas e modernas falam dela. A grande estima que sempre tive e continuo a ter por vós, o respeito que vos devo, não me permitem que eu vos contradiga e menos ainda que eu vos adule. Usarei um meio termo e pedir-vos-ei o favor de, entre todas as histórias de espectros que lestes, escolher uma qualquer, aquela que deixa menos lugar à dúvida e mostra mais claramente que os espectros existem. Devo vos confessar que jamais vi um autor digno de fé que mostrasse claramente sua existência. E até esta hora ignoro o que eles são e ninguém nunca me pôde esclarecer a esse respeito. É, entretanto, certo que devamos saber o que é uma coisa que a experiência nos mostra tão claramente. Se não for assim, parece bem difícil que a existência dos espectros resulte de alguma história. O que resulta é a existência de uma coisa que ninguém sabe o que ela é. Se os filósofos querem chamar de espectros aquilo que ignoramos, eu não negarei sua existência, pois há uma infinidade de coisas que ignoro.

Eu vos rogaria, senhor, antes de eu me explicar mais amplamente sobre esse assunto, que me dissesse o que são esses espectros ou espíritos. São eles crianças, simples ou insensatos? Tudo o que me relataram sobre eles convém antes a seres privados de razão do que a sábios, e são puerilidades, eu diria pondo indulgência nisso, e lembra os jogos com os quais se comprazem os simples. Antes de terminar eu vos farei esta única observação: o desejo que os homens têm de contar as coisas não como são, mas como eles quereriam que elas fossem, é particularmente reconhecível nos relatos sobre os fantasmas e os espectros; a razão principal disso está, creio, na ausência de outras testemunhas além dos próprios narradores, que podem inventar à vontade, ajuntar ou suprimir circunstâncias ao bel-prazer, sem ter medo de contraditor. Mui especialmente forjam-se aquelas que possam justificar o temor que se tem dos sonhos ou das visões ou ainda valorizar a coragem do narrador e engrandecê-lo na opinião. Outras razões ainda me fazem duvidar, se não das histórias mesmas, ao menos das circunstâncias relatadas, e são elas que se deve considerar para tentar concluir qualquer coisa acerca dessas histórias. Eu me manterei nisso até que se saiba quais foram as histórias que determinaram em vós uma convicção tal que a dúvida vos parece absurda.

Carta 53
Hugo Boxel a Spinoza
(21 de setembro de 1674)

Ilustríssimo senhor,

Eu não esperava outra resposta senão aquela que me enviastes: é a resposta de um amigo que difere de opinião. Não estou inquieto quanto ao futuro; sempre foi permitido que, em matérias diferentes, amigos estivessem em desacordo de opinião, sem dano para a amizade.

Quereis saber, antes de dar vosso parecer, e que eu vos diga o que são esses espectros ou esses espíritos, crianças, simples

CORRESPONDÊNCIA COMPLETA

ou insensatos, e acrescentais que tudo o que fostes informado a respeito deles parece provir de seres privados de razão, mais do que de seres sensatos. Mas há um provérbio que diz que uma opinião preconcebida impede a busca da verdade.

Eis, portanto, a causa pela qual eu creio que há espectros. Primeiro, porque importa à beleza e à perfeição do universo que haja. Em segundo lugar, porque é verossímil que o criador tenha criado esses seres que se lhe assemelham mais que os seres corporais. Em terceiro lugar, porque assim como um corpo sem alma, existe uma alma sem corpo. Em quarto lugar, enfim, porque creio que nas mais altas regiões da atmosfera, no lugar ou no espaço mais elevado, não há corpo oculto que não tenha seus habitantes e, consequentemente, que o espaço imenso compreendido entre nós e os astros não é vazio, porém cheio de habitantes espirituais. Talvez aqueles que estão mais alto e mais longe sejam os verdadeiros espíritos, os que estão mais baixo, na região inferior do ar, criaturas de uma matéria muito sutil e muito tênue e, além disso, invisível. Penso, portanto, que há espíritos de todo gênero, salvo talvez do sexo feminino.

Esse raciocínio não convencerá aqueles que creem ligeiramente que o mundo foi criado ao acaso. A experiência cotidiana mostra, em suas razões precedentes, que há espectros sobre os quais possuímos muitas histórias, tanto modernas quanto antigas. Podem-se ver histórias de espectros em Plutarco, em seu livro [Das Vidas Paralelas dos] Homens Ilustres e em suas outras obras, nas Vidas dos [Doze] Césares de Suetônio e também em Wiérus[67], em Lavater e em seus livros dos espectros[68] em que

67. Johannes Wier (ou Weyer, 1515-1588), médico holandês. Foi um dos primeiros demonógrafos, com trabalhos publicados, a abordar o fenômeno da bruxaria de uma perspectiva racional e cética e a empregar a expressão "doença mental". Sua obra mais conhecida é De praestigiis daemonum et incantationibus ac venificiis (Sobre a Ilusão de Demônios e Incantações e Venenos, 1563).

68. Ludwig Lavater (1527-1586), foi um teólogo e ministro protestante suíço. A referência aqui é à sua obra De spectris, lemuribus et magnis at que insolitis fragoribus, variisque praefagitionibus, quae plerunque obitum hominum, magnas clades, nutationesque imperiorum praecedunt...

trataram abundantemente desse tema, abeberando-se em escritores de todo gênero. Cardan, tão célebre por sua erudição, fala dos espectros em seus livros *A Sutileza, A Variedade*, e naquele em que ele escreve sobre sua própria vida, e relata aparições que o favoreceram, a ele próprio, ou que seus parentes e amigos tiveram[69]. Melanchton[70], um homem prudente e amante da verdade e muitos outros prestam testemunho de experiências tidas por eles mesmos. Um burgomestre, homem erudito e sábio, que vive ainda, me contou um dia que ouvira dizer que na cervejaria de sua mãe se fazia tanto trabalho de noite quanto de dia, quando se produzia a cerveja: ele atestava que isso se reproduzira muitas vezes. Esse relato me foi feito diversas vezes, de modo que, por causa dessas experiências e das razões que eu declarei mais acima, sou obrigado a crer nos espectros.

Quanto aos maus espíritos que atormentam os homens infelizes nesta vida e depois dela, e quanto à magia, penso que as histórias que se contam a seu respeito são fábulas. Vós encontrareis nos tratados sobre os espíritos uma multidão de relatos circunstanciados. Além desses que citei, podeis consultar,

---

69. Referência às obras *De subtilitate rerum* (1550), *De varietate rerum* (1559) e *De vita propria* (1576) de Girolamo Cardano (c. 1501- c. 1576), médico, astrólogo, ocultista, e matemático lombardo. Excêntrico de ofício (publicou o horóscopo de Jesus, o que lhe valeu uma acusação de heresia e certo tempo de cadeia) e jogador inveterado (o jogo chegou a ser sua única fonte de renda), ele era filho ilegítimo de Fazio Cardano, um advogado muito talentoso em matemática que fora amigo de Leonardo da Vinci. Girolamo estudou medicina em Pávia, mas se formou em Pádua, tendo se tornado um médico renomado e bem quisto. Foi um dos primeiros a defender que os surdos não tinham suas capacidades mentais prejudicadas, como era comum pensar-se à época. Suas outras realizações abarcam um amplo espectro dos campos de conhecimento, mas ele se destacou com duas das principais obras na história da matemática: o *Liber de ludo aleae* (Livro dos Jogos de Azar, 1526), pelo qual é tido como um dos criadores da teoria das probabilidades; e o *Ars magna* (1545), que foi o primeiro livro de álgebra a ultrapassar os conhecimentos da Antiguidade e dos árabes, avançando principalmente nos métodos de resoluções de equações de terceiro e quarto graus, e também o primeiro em que aparecem os números complexos. Como criptografista, criou um método conhecido como "grade (ou grelha) de Cardano".

70. Philipp Schwarzerd, cognomeado Melanchton (1497-1560), foi aluno e discípulo de Lutero, autor da Confissão de Augsburgo, e sistematizador da Reforma, com obras não apenas de teologia, mas também do que hoje chamaríamos de psicologia, física e filosofia. Como pedagogo (o *praeceptor Germaniae*, professor da Alemanha), suas ideias exerceram enorme influência nos séculos vindouros.

CORRESPONDÊNCIA COMPLETA

se isso vos convém, Plínio, o Jovem, livro VII, Carta a Sura[71]; Suetônio, *Vida de Júlio Cesar*, capítulo 32; Valério Máximo, capítulo 8 do primeiro livro, parágrafos 7 e 8[72]; Alexandre de Alexandre em sua obra sobre os *Dies Geniales*[73]. Não falo dos monges e dos clérigos que referem tantas aparições de pessoas desaforadas e de maus espíritos que importam com isso o leitor. Um jesuíta, Thyraeus, em seu livro sobre as aparições de espíritos, trata também dessas coisas[74]. Mas essas pessoas são movidas por um desejo de lucro. Relatam essas histórias para fazer acreditar no purgatório que é para eles uma mina de ouro de onde tiram grande quantidade de ouro e de prata. Tal não é o caso dos autores citados mais acima e de outros escritores modernos que são imparciais e merecem assim mais confiança.

Como resposta à vossa carta em que falais de simples e insensatos, coloco aqui a conclusão do erudito Lavater que termina assim seu primeiro livro sobre os Espectros ou os Espíritos: "Quem ouse desmentir tantas testemunhas unânimes quer antigas quer modernas, é tido por mim como indigno de ser acreditado; se, com efeito, é um sinal de leviandade conceder crédito a todos aqueles que pretendem ter visto alguns espectros, seria uma imprudência insigne negar leviana e imprudentemente o que afirmaram tantos historiadores dignos de fé, Padres da Igreja e outras grandes autoridades etc."

---

71. Nessa carta, Plínio, o Jovem (c. 61-114), relata o episódio supostamente ocorrido a Atenedoro de Tarso (Athenodorus Cananites, 74 a.C-7 d.C.), que teria alugado uma casa assombrada em Atenas, na qual lhe apareceu um fantasma que ele seguiu até o pátio. Ao escavar o lugar, descobriu-se ali o cadáver de um homem idoso acorrentado.

72. Referência à compilação, em nove tomos, *Factorum dictorum memorabilium* (Fatos e Ditos Memoráveis), de Valérius Máximus (século I).

73. Referência à miscelânea de conhecimentos filológicos e de antiguidades romanas *Dies Geniales* (1522), de Alessandri Alessandro (ou Alexander ab Alexandre), supostamente um advogado napolitano. O livro, corrigido em edições posteriores pelo advogado e erudito André Tiraqueau, o patrono de Rabelais, alcançaria certa fama nos séculos seguintes.

74. Peter Thyraeus (1546-1601) foi um jesuíta alemão e professor de teologia em Würzburg. Sua obra, como, por exemplo, *De apparitionibus spirituum* (1622), pode ser definida como uma pesquisa sistemática sobre visões, aparições e possessões demoníacas.

Carta 54
Spinoza a Hugo Boxel
[*sem data, provavelmente setembro de 1674*]

Ilustríssimo senhor,

Fortalecido com o que dizeis em vossa carta de 21 de maio do mês passado a propósito dos desacordos de opinião que, quando versam sobre um ponto indiferente, não poderiam causar dano à amizade, eu vos direi sem rodeios meu sentimento sobre as razões e os relatos de onde tirastes esta conclusão: existem espíritos de todo gênero salvo talvez do sexo feminino. Se eu não vos respondi mais cedo, é que não tenho à mão os livros que citais e que, afora Plínio e Suetônio, não pude consegui-los. Esses dois autores, todavia, me dispensaram de outras buscas, porque estou convencido de que todos eles tresvariam da mesma maneira e amam as histórias extraordinárias que assombram os homens e arrebatam em admiração. Confesso meu estupor não tanto ante as histórias relatadas como ante os narradores. Admira-me que homens dotados de inteligência e de julgamento empreguem seu talento de escrever para nos persuadir acerca de tolices dessa espécie.

Mas deixemos de lado os autores a fim de considerar o próprio assunto: em primeiro lugar, vou raciocinar um pouco sobre vossa conclusão. Sou eu que, negando que haja espectros e espíritos, compreendo mal os autores ou sois vós que, admitindo suas historietas, fazeis mais caos desses autores do que eles merecem? Que, de uma parte, não coloqueis em dúvida a existência de espíritos do sexo masculino e, de outra, duvideis que haja espíritos do sexo feminino, isso me parece assemelhar-se mais à fantasia do que a uma dúvida raciocinada. Se tal fosse, com efeito, vossa opinião, ela concordaria com a do vulgo que decide que Deus é do sexo masculino e não do feminino. Espanta-me que aqueles que viram espectros nus não tenham dirigido os olhos para suas partes genitais: será por medo ou porque ignoravam a diferença? Isso é um gracejo, replicareis vós, e não um raciocínio; por onde eu vejo que vossas razões vos aprecem tão fortes e tão bem fundamentadas que ninguém (segundo vós, ao menos) pode contradizê-las, a não ser alguém que acreditasse, contrariamente ao bom senso, que o mundo é produto do acaso. Isso me obriga, antes mesmo que eu examine vossas razões, a expor brevemente minha maneira de ver a respeito desse tema: o mundo foi criado ao acaso. Eu respondo que se, como é certo, o fortuito e o necessário são coisas contrárias uma à outra, é manifesto igualmente que alguém que afirma que o mundo é um efeito necessário da natureza de Deus deve negar que ela resulta do acaso. Se julga, em compensação, que Deus podia não criar o mundo, ele convém, embora em outros termos, que o mundo foi fundado por acaso, uma vez que provém de uma vontade que podia inexistir. Mas, como essa opinião e seu enunciado são fundamentalmente absurdos, admite-se em geral, por unanimidade, que a vontade de Deus é eterna e jamais foi indiferente. Em consequência, deve-se também reconhecer (notai bem isso) que o mundo é um efeito necessário da natureza de Deus. Que a chamem vontade, entendimento, ou pelos nomes que se quiser, volta-se sempre a exprimir a mesma ideia com palavras diferentes. Se perguntardes agora se a vontade divina difere da humana, responder-vos-ão que a primeira não tem senão o nome em comum com a segunda: além do fato de que a maioria concorda que vontade, entendimento, essência, natureza de Deus é tudo uma só coisa, do mesmo modo eu, para não criar confusão entre a natureza divina e a humana, não afirmo acerca de Deus os atributos humanos, como vontade, entendimento, atenção, ouvido etc. Repito, portanto, que o mundo é um efeito necessário da natureza de Deus e que ele não foi feito ao acaso.

Isso basta, penso, para vos convencer de que na opinião daqueles que falam de um mundo obra do acaso (se é possível encontrar algum) é em tudo contrária à minha. Baseando-me nesse princípio, supostamente admitido, passo agora ao exame das razões de onde concluís que há espectros de todo gênero. O que posso dizer de uma maneira geral desses argumentos é que eles parecem ser conjecturas mais do que razões e me é difícil crer que vós os tenhais por raciocínios demonstrativos. Mas vejamos se, conjecturas ou razões, pode-se considerá-los fundamentados.

Vossa primeira razão é que a existência dos espectros importa à beleza e à perfeição do universo. A beleza, senhor, não é tanto uma qualidade do objeto considerado quanto um efeito a produzir-se naquele que o considera. Se nossos olhos fossem mais fortes ou mais fracos, se a compleição de nosso corpo fosse outra, as coisas que nos parecem belas nos pareceriam feias e as que nos parecem feias se tornariam belas. A mais bela mão vista ao microscópio parecerá horrível. Certos objetos, que vistos de longe são belos, são feios quando vistos de perto, de modo que as coisas consideradas em si mesmas ou em sua relação com Deus não são belas nem feias. Quem, portanto, pretende que Deus criou o mundo para que ele fosse belo, deve necessariamente admitir ou que Deus fez o mundo para o apetite e os olhos do homem, ou então que ele fez o apetite e os olhos do homem para o mundo. Mas que se admita um ou outro partido, não vejo por que Deus teria de criar espectros e espíritos a fim de atingir, seja um, seja o outro desses dois alvos. A perfeição e a imperfeição são denominações que não diferem muito da beleza e da feiúra. Para não ser demasiado prolixo, perguntarei, pois, somente, o que contribui mais ao ornamento e à perfeição do mundo; que existam espectros ou que existam monstros tais como centauros, hidras, harpias, sátiros, grifos e outras loucuras? Por certo o mundo seria mais acabado se Deus o tivesse disposto ao sabor de nossa fantasia e ornado com tudo o que inventa sem dificuldade uma imaginação em delírio, mas que o entendimento não pode conceber!

Vossa segunda razão é que como os espíritos, mais que as outras criaturas corporais, exprimem uma imagem de Deus, é verossímil que Deus os haja criado. Em primeiro lugar confesso ignorar no que os espíritos exprimem Deus mais do que as outras criaturas. O que sei é que entre o finito e o infinito não há nenhuma proporção, de tal sorte que a diferença entre a maior e a mais eminente criatura e Deus não é outra senão a diferença entre Deus e a menor criatura. O argumento não tem, pois, valor. Se eu tivesse dos espectros uma ideia tão clara como do triângulo ou do círculo, eu não duvidaria de maneira alguma que Deus criou espectros. Mas como, muito ao contrário, a ideia que tenho deles é da mesma natureza que aquelas que eu tenho das harpias, dos grifos, das hidras etc., que tem sua origem em minha imaginação, não posso considerar os espectros senão como sonhos que diferem de Deus tanto quanto o ser e o não-ser.

Vossa terceira razão (que deve haver uma alma sem corpo como há um corpo sem alma) não me parece menos absurda. Dizei-me, eu vos rogo, se não é igualmente verossímil que haja uma memória, um ouvido e uma visão sem corpo, uma vez que se encontram corpos sem memória, sem ouvido e sem visão? Ou mesmo uma esfera sem círculo, visto que há um círculo sem esfera?

Vossa quarta e última razão é a mesma que a primeira e eu me refiro à resposta que eu dei a isso. Notarei apenas aqui que não sei quais podem ser esses seres superiores e inferiores que concebeis no espaço infinito, a menos que pensais que a Terra é o centro do universo. Se, com efeito, o Sol ou Saturno fossem o centro, é o Sol ou é Saturno, e não a Terra, que estariam embaixo. Passando por cima, portanto, concluo que essas razões e todas aquelas que se lhes assemelhem não convencerão ninguém que haja espectros ou espíritos de todo gênero. Ponho à parte aqueles que não dão audiência ao entendimento e se deixam extraviar pela superstição, tão inimiga da reta razão que prefere ter fé nas velhas mulheres se for um meio de depreciar os filósofos.

Quanto às histórias, eu já disse em minha primeira carta que não são os próprios fatos que eu nego inteiramente, mas as conclusões que deles se tira. Acrescento que não considero esses relatos como dignos de fé ao ponto de que duvido de muitas das circunstâncias adicionadas amiúde mais à maneira de ornamento do que por zelo pela verdade histórica ou para estabelecer mais solidamente aquilo que eles querem concluir de suas narrações. Eu esperava que dentre tantas histórias vós me citásseis ao menos alguma da qual eu não pudesse duvidar e que mostrasse mui claramente a existência dos espectros e dos espíritos. O que conta o burgomestre que citais, que na cervejaria de sua mãe ele ouviu espíritos trabalharem à noite, como costumava ouvir trabalhar de dia, e a conclusão que ele tira daí, isso me parece merecer que se ria disso. De modo semelhante, seria longo demais, a meu ver, examinar aqui todas as histórias ineptas, que foram contadas. Para encurtar, reporto-me a Júlio César que, segundo o testemunho de Suetônio, ria de tudo isso, o que não o impedia de ser feliz, conforme contou Suetônio no capítulo 59 da biografia desse príncipe. Do mesmo modo, todos aqueles que examinam os efeitos das imaginações e das paixões devem rir dessas coisas, não importa o que possam contar Lavater e os outros que sonharam com ele.

Carta 55
Hugo Boxel a Spinoza
[*sem data, provavelmente setembro de 1674*]

Ilustríssimo senhor,

Respondo um tanto tardiamente à exposição de vossas opiniões porque uma leve enfermidade me privou do prazer de estudar e de meditar e me impediu de vos escrever. Agora, mercê de Deus, estou restabelecido. Em minha resposta, eu vos seguirei passo a passo sem me deter nas durezas que tendes para com aqueles que escreveram sobre os espectros.

Eu digo, pois, que a meu ver não existem espectros do sexo feminino porque não admito que eles sejam engendrados. Quanto à sua forma exterior e à sua composição, nada digo a respeito, isso não me importa. Diz-se que uma coisa é feita ao acaso quando ela se produz sem que aquele que é seu autor a tenha tido como alvo.

Quando se remove a terra para aí plantar uma vinha ou para aí cavar um túmulo e quando se encontra um tesouro no qual não se havia pensado, diz-se que é um acaso. De qualquer um que, por uma livre decisão, faz qualquer coisa, quando podia igualmente não fazê-la, jamais se dirá que ele age por acaso, pois, se assim se dissesse, todas as ações humanas teriam um caráter fortuito, o que seria absurdo. É o necessário e o livre, e não o necessário e o fortuito, que se opõem um ao outro. Embora a vontade de Deus seja eterna, não segue daí que o mundo seja eterno, pois Deus podia decidir desde toda eternidade que Ele criaria o mundo em um determinado momento.

Vós negais que a vontade de Deus jamais foi indiferente. Eu também, e não é necessário, como vós o julgais, considerar esse ponto com tanta atenção. Não é verdade que todos atribuem à vontade de Deus um caráter de necessidade: essa, com efeito, envolve a necessidade. Ora, atribuir a um ser uma vontade é reconhecer que ele pode, segundo sua vontade, agir ou não agir. Se nós lhe inserimos a necessidade, Ele deverá agir necessariamente.

Vós dizeis, enfim, que não afirmais acerca de Deus nenhum dos atributos pertencentes ao homem a fim de não criar confusão entre a natureza divina e a humana. Até aí eu aprovo essa linguagem: nós não podemos perceber de que maneira Deus age, de que maneira Ele quer, conhece, examina, vê, entende etc. Mas vós lhe negais todo poder de efetuar essas operações e declarais falsas as ideias mais elevadas que possamos formar a respeito Dele; se pretendeis que essas operações não estão eminente e metafisicamente em Deus, então não concebo mais vosso Deus e não sei mais o que entendeis pela palavra Deus.

O que não se percebe não deve por isso ser negado. A alma é uma coisa imaterial e não pode agir senão por meio de corpos muito sutis que são os humores. E que relação há entre a alma e o corpo? De qual maneira a alma age com a ajuda dos corpos? Sem eles, ela é inerte, e se eles são perturbados, a alma faz o contrário do que deveria. Mostrai como isso se produz. Vós não podeis, e eu não posso tampouco. Nós vemos, entretanto, e nós sentimos que a alma age, e isso permanece como verdade, embora não percebamos de que maneira se produz essa ação. Da mesma maneira, embora não compreendamos como Deus age e que não queiramos lhe atribuir um modo de ação humana, não é preciso, entretanto, negar a seu respeito que Ele possui modos de ação que concordam eminentemente e de forma incompreensível com os nossos, tais como o querer, o conhecer, o ver, o ouvir, não pelos olhos ou pelas orelhas, mas pelo entendimento. Do mesmo modo, o vento e o ar podem, sem mãos nem instrumentos, destruir, transtornar regiões terrestres e montanhas, o que é impossível para o homem sem o auxílio das mãos e das máquinas. Se vós inseris em Deus a necessidade, se vós o privais da vontade e do livre-arbítrio, cabe perguntar-se se não pintais e não representais o Ser infinitamente perfeito como um monstro. Se quereis atingir vosso alvo, cumpre-vos fundamentar vossa demonstração de maneira totalmente diversa, pois, nas razões que dais, eu não encontro nada de sólido. E se conseguísseis isso, há outras razões que talvez tenham um peso igual às vossas. Isso posto, continuemos.

Vós exigis, para estabelecer a existência dos espíritos no mundo, provas demonstrativas. Há pouco no mundo e, fora das matemáticas, não encontramos quase nenhuma delas tão certas quanto o desejamos. Temos de nos contentar com conjecturas prováveis e com a verossimilhança. Se as razões pelas quais se faz a prova das coisas fossem demonstrações, somente os simples e os obtusos poderiam contradizê-las. Mas, caro amigo, nós não somos tão felizes. Nós não somos tão exigentes: nós usamos, em certa medida, a conjectura e, na falta de demonstração, contentamo-nos com nossos raciocínios do provável. Isso é manifesto segundo todas as ciências, tanto divinas quanto humanas, que estão cheias de controvérsias e de discussões, daí essa consequência de que se encontre tanta diversidade nas opiniões. Por essa razão, houve outrora, vós o sabeis, filósofos denominados céticos, que duvidavam de tudo. Eles agitavam, em suas discussões, o pró e contra a fim de chegar ao provável somente, na falta de razões verdadeiras, e cada um deles acreditava naquilo que lhe parecia o mais provável. A Lua é situada abaixo do Sol e, por conseguinte, o Sol será eclipsado em certo lugar da Terra e se o Sol não for eclipsado, durante o dia, a Lua não estará situada diretamente debaixo do Sol. Eis um argumento demonstrativo que vai da causa ao efeito, e do efeito à causa. Há algumas demonstrações desse gênero às quais ninguém pode contradizer, se somente ele as compreende, mas elas são em número muito pequeno.

No que toca à beleza, há coisas cujas partes são proporcionais umas às outras e que estão melhor compostas do que algumas outras. E Deus concedeu ao entendimento e ao julgamento do homem um acordo, uma harmonia com o que é bem proporcionado e não com as coisas em que não há proporções. O mesmo acontece em relação aos sons que se acordam ou não se acordam: o ouvido sabe distinguir bem as consonâncias e as dissonâncias, porque umas proporcionam prazer e as outras, incômodo. Uma coisa perfeita é também uma coisa bela, na medida em que nada lhe falta. Há numerosos exemplos a dar, e eu os omito para não ser prolixo. Consideremos somente o mundo que denominamos o Todo ou o Universo. Se é verdade que ele o é, como ele o é realmente, ele não é estragado nem diminuído por coisas incorporais. O que vós dizeis dos centauros, das hidras, das harpias etc., não tem aplicação aqui: falamos de gêneros supremos e de seus primeiros graus que compreendem espécies diversas e inumeráveis, a saber, do eterno e do temporal, da causa e do efeito, do finito e do infinito, do animado e do inanimado, da substância e do acidente, ou ainda do corporal e do espiritual etc. Eu digo que os espíritos se assemelham a Deus porque Ele próprio é espírito. Vós desejais uma ideia tão clara dos espíritos como a do triângulo e exigis o impossível. Dizei--me, peço-vos, por favor, que ideia tendes de Deus e se ela é para o vosso entendimento tão clara quanto a do triângulo. Eu sei que não tendes essa ideia clara de Deus e, eu o disse, nós não somos tão felizes que percebamos as coisas por raciocínio demonstrativo; o provável possui um lugar bem maior no mundo. Eu não afirmo por nada neste mundo que, se há um corpo sem memória etc., há uma memória sem corpo etc., e que se há um círculo sem esfera há também uma esfera sem círculo. Mas isso é descer dos gêneros universais às espécies particulares e nós não raciocinamos acerca dessas coisas. Eu digo que o Sol é o centro do mundo, e que as estrelas estão mais distantes da Terra do que Saturno, Saturno mais distante do que Júpiter, e Júpiter mais distante do que Marte; de modo que no ar indefinido há coisas mais próximas de nós, outras mais afastadas e é isso que nós queremos dizer quando falamos de coisas mais altas ou mais baixas.

Não são aqueles que sustentam a existência dos espíritos que recusam toda crença nos filósofos, mas antes aqueles que a negam, pois todos os filósofos, tanto antigos como modernos, estavam convencidos de que havia espíritos. Plutarco o atesta em seu *Tratado das Opiniões dos Filósofos* e no seu tratado *Sobre o Demônio de Sócrates*; do mesmo modo, todos os estoicos, os pitagóricos, os platônicos, os peripatéticos, Empédocles, Máximo de Tiro, Apuleio e outros ainda. Entre os modernos, ninguém nega os espectros. Rejeitais, pois, tanto sábios testemunhos oculares e auriculares, quanto filósofos, historiadores, que fizeram relatos a respeito deles, afirmais que todos esses homens são simples e insensatos ao nível da massa. Isso não faz com que vossas respostas tenham o poder de persuadir, isso não impede que elas sejam absurdas e não toquem o objeto próprio de nossa discussão, que vós não deis nenhuma prova em apoio à vossa opinião. César, assim como Cícero e Catão, não ri dos espectros, mas dos presságios e dos intersignos e, no entanto, se ele não tivesse exposto Espurina à derrisão, seus inimigos não o teriam transpassado com tantos ferimentos[75]. Mas basta por essa vez etc.

Carta 56
Spinoza a Hugo Boxel
[sem data, provavelmente setembro de 1674]

Ilustríssimo senhor,

Apresso-me a responder à vossa carta que me foi remetida ontem porque, se esperasse mais, seria obrigado a adiar por mais tempo minha resposta. Vossa saúde me teria entristecido se não houvesse sabido que ides melhor e espero que, agora, estejais completamente bem.

Que dificuldade têm duas pessoas, quando partem de princípios diferentes, de se fazerem entender sobre um assunto que muito depende de outros e conciliar suas opiniões; isso é evidente pelo exemplo desta simples questão, mesmo se não pudéssemos demonstrá-lo pelo raciocínio. Dizei-me se já haveis visto ou lido filósofos que pensam que o mundo foi feito ao acaso; entendo no mesmo sentido que vós, quer dizer, que Deus, ao criar, se teria proposto um fim e não teria produzido o que decretou. Não sei se algo assim já se tenha passado na cabeça de algum homem e, da mesma forma, não vejo por que razão quereis me persuadir de que o fortuito e o necessário não se opõem um ao outro. Tão logo percebo que os três ângulos de um triângulo são necessariamente iguais a dois retos, nego que isso assim o seja por acaso. De modo semelhante, tão logo percebo que o calor é um efeito necessário do fogo, nego que isso ocorra por acaso. Que o necessário e o livre se oponham um ao

---

75. Suetônio, "César", cap. 81, *A Vida dos Doze Césares*.

outro não é menos absurdo e me parece contrário à razão: com efeito, ninguém pode negar que Deus se conhece a si mesmo e conhece todas as coisas livremente e, no entanto, de modo unânime, todos concordam que Deus se conhece necessariamente. Parece-me que vós não fazeis diferença entre o constrangimento, ou a violência, e a necessidade. Que um homem queira viver, amar etc. não é efeito de um constrangimento e, no entanto, é necessário, mais ainda do que Deus queira ser, conhecer e agir. Se, além do que precede, vós considerais que a indiferença não é outra coisa senão ignorância ou dúvida e que uma vontade sempre constante e determinada em todos os pontos é uma virtude e uma propriedade necessária do entendimento, vereis que minha linguagem concorda inteiramente com a verdade. Se afirmamos que Deus pôde não querer uma coisa, mas que, no entanto, não pôde conhecê-la, atribuímos a Deus liberdades diferentes em natureza, sendo uma a necessidade e outra a indiferença; consequentemente, concebemos a vontade de Deus como diferente de sua essência e de seu entendimento e assim cairemos em outro absurdo.

A atenção que havia reclamado em minha carta anterior não vos pareceu necessária, e é a razão pela qual não haveis fixado vossos pensamentos ao ponto principal, negligenciando o que mais importava.

Dizeis em seguida que se eu recuso admitir que as ações de ver, de ouvir, de estar atento, de querer etc. estão eminentemente em Deus, não sabeis mais o que é o meu Deus; isso me leva a suspeitar que, para vós, não há maior perfeição do que a manifesta por atributos de tal natureza. Isso não me espanta, pois creio que o triângulo, se estivesse dotado de linguagem, diria, da mesma maneira, que Deus é triangular eminentemente, e o círculo, que Deus é circular eminentemente. Não importa que se afirme de Deus seus próprios atributos; ele se faria semelhante a Deus e toda outra maneira de ser lhe pareceria feia.

Não posso, em minha breve carta e no pouco tempo de que disponho, explicar a fundo minha opinião sobre a natureza

CORRESPONDÊNCIA COMPLETA

divina, não mais do que sobre questões postas por vós; além do que, quando opomos dificuldades não damos com isso as razões de esclarecimento. É bem verdade que no mundo agimos frequentemente por conjectura. Na vida comum somos obrigados a seguir o partido da verossimilhança; em nossas especulações, é à verdade que nos prendemos. O homem morreria de fome e de sede se não quisesse beber e comer senão após ter conseguido demonstrar perfeitamente que o alimento e a bebida lhe são úteis. Assim não ocorre na contemplação. Ao contrário, é preciso precaver-se de nada admitir como verdadeiro que seja apenas verossímil, pois de uma só proposição falsa admitida, uma infinidade se seguirá.

Do fato de que as ciências divinas e humanas estejam plenas de litígios e de controvérsias não se pode concluir que todos os pontos que tratamos sejam incertos. Não houve tanta gente tomada pela paixão de contradizer que até mesmo riu das demonstrações geométricas? Sexto Empírico e os demais céticos citados por vós dizem que é falso que o todo seja maior do que a parte e fazem o mesmo juízo sobre outros axiomas.

Admitamos, porém, e concordemos que, na falta de demonstrações, devamos nos contentar com verossimilhanças; digo que uma demonstração verossímil deve ser tal que, podendo-se dela duvidar, não a podemos contradizer: o que pode ser contradito é semelhante não ao verdadeiro, mas ao falso. Se digo, por exemplo, que Pedro encontra-se entre os vivos, pois o vi ontem em boa saúde, o que afirmo é certamente verossímil, na medida em que ninguém me pode contradizer. Mas se alguém disse que na véspera viu Pedro em estado de síncope e acredita ter morrido, ele faz com que minha afirmação pareça falsa. Mostrei tão claramente que vossa conjectura relativa aos espectros e aos espíritos era falsa, não tendo mesmo qualquer credibilidade, que, em vossa exposição, nada encontrei que merecesse consideração.

Vós me haveis pedido se tenho de Deus uma ideia tão clara como a do triângulo. A essa pergunta respondo afirmativamente.

Mas perguntar, ao contrário, se tenho de Deus uma imagem tão clara quanto a do triângulo, responderia negativamente: podemos, com efeito, conceber Deus pelo entendimento, não imaginá-lo. Notar ainda que não digo conhecer Deus inteiramente, mas que conheço alguns de seus atributos, não todos nem a maior parte. E é certo que essa ignorância da maior parte não me impede de conhecer alguns. Quando estudava os *Elementos* de Euclides, soube, em primeiro lugar, que a soma dos três ângulos de um triângulo era igual a dois retos e percebia claramente essa propriedade do triângulo, embora ignorasse muitas outras.

No que diz respeito a espectros e espíritos, até agora não ouvi falar de qualquer propriedade inteligível que lhes pertença, mas apenas de características que lhes são atribuídas pela imaginação e que ninguém pode compreender. Quando vós dizeis que os espectros e os espíritos se compõem aqui, nas regiões baixas (uso vossa linguagem, embora ignore que a matéria tenha um valor menor embaixo do que no alto), da matéria a mais tênue, a mais rara e mais sutil, vós me parecereis falar de teias de aranha, do ar e de vapores. Dizer que são invisíveis é, para mim, como se não quisestes indicar que eles se tornam, à vontade, às vezes invisíveis, às vezes visíveis e que nisso, como em todas as impossibilidades, a imaginação não encontra qualquer dificuldade.

A autoridade de Platão, de Aristóteles etc. não tem grande peso para mim: ficaria surpreso se vós alegásseis Epicuro, Demócrito, Lucrécio ou qualquer um dos atomistas e partidários dos átomos[76]. Não há nada de espantoso em que homens que acreditaram em qualidades ocultas, em espécies intencionais, em formas substanciais e mil outras bagatelas tenham imaginado espectros e espíritos e dado crédito a velhas matronas para enfraquecer a autoridade de Demócrito. Invejavam tanto

---

76. Demócrito de Abdera (c.460-c.370 a.C.), assim como Leucipo (século v a.C.), que fora seu predecessor e mestre, Epicuro de Samos (c.341-c.270 a.C.) e Tito Lucrécio Caro (99-55 a.C.) eram atomistas e postulavam que tudo o que existe é formado por átomos, entendidos por eles como partículas indivisíveis, ainda que variáveis em forma. Além da Grécia, na mesma época também entre os antigos hindus essa ideia era difundida.

CORRESPONDÊNCIA COMPLETA

seu renome que queimaram todos os livros gloriosamente por ele publicados[77]. Se estivéssemos dispostos a lhes dar fé, por que razões haveríamos de negar os milagres da Virgem Santa e de todos os santos, relatados por filósofos, teólogos e historiadores os mais ilustres, assim como vos poderia mostrar com mil exemplos, contra apenas um em favor dos espectros?

Desculpo-me, honradíssimo senhor, de ter sido mais demorado do que gostaria e não quero vos importunar mais com essas coisas que (bem sei) vós comigo não concordais, partindo de princípios muito diferentes dos meus.

Carta 57
Ehrenfried Walther von Tschirnhaus a Spinoza
(*8 de outubro de 1674*)

Senhor,

Parece-me espantoso que os filósofos, raciocinando da mesma maneira, demonstrem um a falsidade de uma proposição, o outro, a sua verdade. Descartes, no início do *Método*, crê efetivamente que a certeza do entendimento é igual para todos e o demonstra em suas *Meditações*. Estão de acordo com ele sobre esse ponto aqueles que pensam poder demonstrar qualquer coisa de certa maneira a que todos os homens a tenham por indubitável.

Mas deixemos isso; apelo à experiência e vos peço respeitosamente considerar com atenção o que se segue, pois pode-se ver que se de duas pessoas uma afirma o que a outra nega, uma e outra, tendo plena consciência do que dizem, a despeito da oposição que existe entre as palavras, ambas, quando examinamos suas concepções, dizem a verdade, cada uma delas segundo sua própria concepção. Considero essa observação

---

77. Episódio relatado em *Vidas e Doutrinas dos Filósofos Ilustres*, de Diógenes Laércio.

como sendo de grande utilidade na vida comum, pois pode servir ao apaziguamento de inumeráveis controvérsias e conflitos que lhes seguem, ainda que a verdade contida em uma concepção não seja sempre absoluta, mas apenas quando se mantêm por estabelecidas as premissas que aquele que as formula tem no entendimento. Tal regra possui tal universalidade que a encontramos em todos os homens, sem excluir os dementes e os que dormem: as coisas que dizem, que veem ou que viram, quaisquer que sejam (embora não as vejamos da mesma forma) são, certamente, como as viram. Isso é bastante perceptível no caso de que aqui se trata, quer dizer, em relação ao livre-arbítrio. Ambos os adversários, tanto o que lhe toma a defesa quanto o que a rejeita, parecem-me dizer a verdade, de acordo com a maneira de conceber a liberdade. É livre, diz Descartes, o que não está constrangido por nenhuma causa. Reconheço com vós que em toda ação nós estamos determinados a agir por uma certa causa e, nesse sentido, não possuímos o livre-arbítrio. Ao contrário, penso como Descartes que, em certos casos (logo me explicarei a respeito) não estamos de modo algum coagidos e, assim, possuímos o livre-arbítrio. Vos dou um exemplo. Há três questões a serem distinguidas: 1. Temos algum poder absoluto sobre as coisas exteriores? Nego. Por exemplo, não está absolutamente em meu poder escrever esta carta, pois a teria escrito anteriormente se não houvesse sido impedido seja pela ausência, seja pela presença de pessoas amigas; 2. Temos um poder absoluto sobre nosso corpo para que se porte como a vontade determinou? Respondo que isso só é verdadeiro dentro de certos limites, a saber, se possuirmos um corpo sadio. Quando estou em boa saúde, posso, com efeito, sempre aplicar-me ou não a escrever; 3. Quando me é possível servir-me de minha razão, uso-a livremente, quer dizer, absolutamente? A esta última questão respondo afirmativamente. Quem poderia dizer, a não ser indo contra o testemunho de sua própria consciência, que não posso ter em mim mesmo este pensamento: quero escrever ou não quero escrever? E no que concerne à própria ação, pois que as causas exteriores a permitem (isso se aplica à segunda questão), é claro que tenho o poder tanto de escrever quanto o de não escrever. Reconheço convosco haver causas que nesse momento me determinam; em primeiro lugar, vós me haveis escrito e me haveis ao mesmo tempo pedido para que vos respondesse na primeira oportunidade e ela, oferecendo-se presentemente, não a queria perder. Também afirmo, com Descartes, como coisa certa sobre o testemunho da consciência, que causas dessa natureza não são coativas e que, não obstante essas razões, posso realmente (isso parece impossível negar) abster-me de escrever. Se estivéssemos constrangidos por coisas exteriores, quem poderia alcançar o estado de virtude? Nessa hipótese, não há ação má que não se torne desculpável. Mas não acontece, e de tantas maneiras, que, empurrados por coisas exteriores a qualquer determinação, resistamos no entanto com um coração firme e constante?

Para dar à regra acima uma explicação mais clara, diria: Descartes e vós dizeis a verdade, um e outro, de acordo com as próprias concepções, mas se se considera a verdade absoluta, ela não pertence senão à opinião de Descartes. Vós, com efeito, tendes por certo que a essência da liberdade consiste em não ser de nenhuma forma determinada. Isso posto, as duas teses são verdadeiras. Mas como a essência de uma coisa qualquer consiste naquilo que sem o que ela não pode mesmo ser concebida, é certamente possível também conceber a liberdade claramente, ainda que, em nossos atos, sejamos determinados em certa medida por causas exteriores, embora em outros termos haja sempre causas exteriores que nos incitam a conduzir nossas ações desta ou daquela maneira, não tendo o poder de produzir esse efeito e sem que se deva admitir que sejamos coagidos. Ver ainda Descartes, tomo i, cartas 3 e 9, e tomo ii, página 4. Mas é o bastante.

Peço-vos responder a essas objeções e vereis que sou não apenas reconhecido, mas também vosso inteiramente devotado.

N.N.

Carta 58
Spinoza a G.H. Schuller
[*Haia, sem data, provavelmente outubro de 1674*]

Sapientíssimo senhor,

Nosso amigo J.R. enviou-me a carta que quisestes escrever-me, ao mesmo tempo que o juízo de vosso amigo sobre a minha maneira de ver e a de Descartes no que toca ao livre-arbítrio. O que me foi muito agradável. Embora nesse momento minha saúde seja pouco sólida e tenhas outras ocupações, vossa singular amabilidade e ainda – o que considero antes de tudo – vosso zelo pela verdade obrigam-me a responder ao vosso desejo, na medida de minhas forças. Confesso, com efeito, que não sei o que nosso amigo quer dizer, antes de fazer apelo à experiência, advertindo-me para ser mais atento. O que acrescenta em seguida, se de duas pessoas uma afirma o que a outra nega etc., será verdadeiro se ele entender que essas duas pessoas, ainda que usando as mesmas palavras, pensam coisas diferentes. Em outros tempos dei alguns exemplos de desacordos desse gênero ao nosso amigo J.R., a quem escrevi para vo-los comunicar.

Passo agora a esta definição de liberdade que nosso amigo diz ser a minha. Não sei de onde ele a tirou. Quanto a mim, chamo de livre uma coisa que é e age pela exclusiva necessidade de sua natureza; coagida, aquela que está determinada por uma outra a existir e a agir de uma certa maneira determinada. Deus, por exemplo, existe livremente, ainda que necessariamente, porque existe pela exclusiva necessidade de sua natureza. Da mesma maneira, Deus conhece a si mesmo livremente porque existe pela exclusiva necessidade de sua natureza. Do mesmo modo, Deus conhece a si mesmo e conhece todas as coisas livremente, pois que se segue da exclusiva necessidade de sua natureza que Deus conheça todas as coisas. Vós bem o vedes, não faço consistir a liberdade em um decreto, mas numa livre necessidade.

Mas desçamos às coisas criadas, que são todas determinadas a existir por causas exteriores e a agir de um modo determinado. Para tornar isso claro e inteligível, concebamos uma coisa muito simples: uma pedra, por exemplo, recebe de uma causa exterior, que a empurra, uma certa quantidade de movimento e, tendo cessado o impulso da causa exterior, ela continuará a se mover necessariamente. Essa persistência da pedra no movimento é uma coação, não porque seja necessária, mas porque se define pelo impulso de uma causa externa. E o que é verdadeiro para a pedra, é preciso que se entenda de toda coisa singular, qualquer que seja a complexidade que vos agrade lhe atribuir, tão numerosas quanto possam ser suas atitudes, pois toda coisa singular é, necessariamente, determinada por uma causa exterior a existir e a agir de uma certa maneira determinada.

Concebei agora, se bem quiserdes, que a pedra, enquanto continua a se mover, pense e saiba que faz esforço, tanto quanto possa, para se movimentar. Seguramente, essa pedra, pois que tem consciência de seu esforço e não é de modo algum indiferente a ele, acreditará que é bastante livre e apenas persevera em seu movimento porque quer. Assim é esta liberdade humana que todos se vangloriam de possuir e que consiste apenas no fato de que os homens têm consciência de seus apetites e ignoram as causas que lhes determinam. Deste modo, uma criança acredita livremente sentir apetite e suga o leite, um jovem rapaz irritado quer se vingar ou, sendo um poltrão, quer fugir. Um bêbado acredita dizer por livre decreto de sua alma aquilo que, em seguida, voltando à sobriedade, teria desejado calar. Do mesmo modo, um falastrão e muitos outros da mesma farinha creem agir por livre vontade da alma e não se deixar coagir. Sendo esse preconceito julgado natural, congenial entre todos os homens, dele não se livram tão facilmente. Ainda que a experiência ensine mais do que suficientemente que uma coisa da qual os homens são bem pouco capazes é a de regrar seus apetites, e embora constatem que, divididos entre duas afecções contrárias, com frequência veem o melhor e fazem o pior, ainda assim acreditam ser livres, e isso porque há certas coisas que, estimulando apenas um apetite ligeiro, facilmente é dominado pela lembrança de qualquer outra coisa.

Eis o que, se não me engano, explica com suficiência minha maneira de ver a necessidade livre e aquela que é coagida, assim como sobre a pretensa liberdade humana, e isso permite responder facilmente às objeções de vosso amigo. Ele diz com Descartes: é livre quem não está constrangido por qualquer causa exterior. Se por "estar constrangido" ele entende "agir contra a sua vontade", concordo que em certas ações nós não somos em nada coagidos e que, nesse sentido, temos um livre-arbítrio. Mas se por "estar constrangido" ele entende agir em virtude de uma necessidade (tal como expliquei), e ainda que não aja contra sua própria vontade, nego que sejamos livres em qualquer ação.

Vosso amigo objeta que nós não podemos usar nossa razão muito livremente, quer dizer, absolutamente, e persiste nessa ideia com bastante, para não dizer exagerada, confiança. Quem, afirma ele, poderia dizer, a não ser indo contra o testemunho de sua própria consciência, que não posso ter em mim mesmo este pensamento: quero escrever ou não quero escrever. Queria saber de que consciência ele quer falar, além daquela da qual supus a pedra dotada em meu exemplo de há pouco. Para mim, certamente, se não quiser ver-me em contradição com minha experiência, se não quiser conservar os preconceitos e a ignorância, nego que possa deter em mim mesmo este pensamento: quero escrever e não quero escrever. Mas invoco a consciência de vosso amigo que, sem qualquer dúvida, experimentou ter em seus sonhos o poder de pensar que queria escrever ou não queria: quando ele sonha que não quer escrever, ele não tem o poder de sonhar que ele quer escrever; e quando sonha que ele quer escrever, não tem o poder de sonhar que não quer escrever. E não menos constatou, pelo que creio, que a alma não está sempre igualmente apta para pensar em certo objeto, mas assim como o corpo está mais apto a evocar a imagem de tal ou qual objeto, a alma também está mais apta a contemplar este ou aquele objeto.

Quando diz, além do mais, que as causas pelas quais foi levado a escrever o conduziram a fazê-lo, mas sem coagi-lo, ele não quer dizer nada (se quereis bem examinar a coisa, sem tomar partido), senão que, na disposição de espírito em que se encontra, causas que em outro momento não teriam tido o poder de levá-lo a escrever, encontrando-se em conflito com uma forte afecção, tiveram poder suficiente quando se pôs a escrever. Isso significa que causas que em outro momento não eram constrigentes, o coagiram num dado momento, não a escrever contra sua vontade, mas a ter, necessariamente, o desejo de escrever. Pelo que ainda diz, que se estivéssemos coagidos por causas exteriores, ninguém poderia alcançar o estado de virtude; não sei de quem ele sustenta que não possamos ter firmeza e constância não por uma necessidade de nosso destino, mas apenas por uma vontade livre.

E enfim, pois que declaro que na hipótese da necessidade toda ação má seria desculpável, pergunto por que então? Os homens maus não são menos temíveis nem menos perniciosos quando são necessariamente maus. Mas sobre este ponto, vede, por favor, a parte II, capítulo 8, de meu Apêndice aos livros I e II dos *Princípios* de Descartes, expostos geometricamente.

Gostaria ainda de dizer que vosso amigo, que me faz objeções, me faça conhecer de que maneira ele concilia esta virtude humana nascida de um livre decreto da alma com o pré-ordenamento divino. Se ele se reconhece em Descartes, não sabendo operar com essa conciliação, então ele próprio contém esse traço que quis dirigir contra mim. Empresa vã, pois se quereis examinar minha maneira de pensar, com espírito atento, vereis que ela é perfeitamente coerente.

Carta 59
Ehrenfried Walther von Tschirnhaus a Spinoza
(5 de janeiro de 1675)

Senhor,

Quando teremos vosso Método para dirigir a razão na procura das verdades desconhecidas, assim como vossa exposição do conjunto da física? Isso já chegou ao meu conhecimento anteriormente e emana dos lemas introduzidos na segunda parte da *Ética*, com a ajuda dos quais muitas dificuldades são levantadas em física. Se tiverdes a liberdade e a ocasião se apresentar, peço-vos respeitosamente a verdadeira definição do movimento e também como ele se explica e de que maneira podemos, pois que a extensão concebida em si mesma é invisível, imutável etc., deduzir *a priori* o nascimento de uma tão grande variedade de objetos e, consequentemente, a existência da forma própria às partículas de um corpo determinado, as quais diferem em um corpo qualquer das partes constituintes de outro corpo. Quando estava ao vosso lado, me havíeis indicado o método que segui na pesquisa das verdades ainda desconhecidas. Sinto que esse método é excelente e, no entanto, muito cômodo, tanto quanto pude fazer dele uma ideia, e posso afirmar que pela simples observação desse método faço grandes progressos nas matemáticas. Desejo, por conseguinte, que me comuniqueis as definições das ideias adequadas, da verdadeira, da falsa, da forjada e da duvidosa. Busquei saber que diferença há entre uma ideia verdadeira e uma ideia adequada, e até aqui não consegui nada encontrar, a não ser que, após me ter feito uma questão e tê-la respondido com a ajuda de um certo conceito ou ideia, foi-me preciso (para ir mais longe e saber se esta ideia verdadeira era também adequada entre as que procurava) dedicar-me a descobrir em mim mesmo qual era a causa dessa ideia ou conceito. Uma vez a causa conhecida, perguntei-me de onde provinha esse novo conceito, e assim, retroagindo de causa em causa, continuei até ter chegado à causa na qual não posso encontrar qualquer outra, a não ser que, entre todas as ideias que encontro, que estão em meu poder formar por mim mesmo, aquela está compreendida. Se, por exemplo, procuramos qual a origem verdadeira de todos os nossos erros, Descartes diz que damos nosso assentimento a coisas que ainda não são claramente percebidas. Embora seja uma ideia verdadeira do erro, ela não o é bastante para determinar tudo o que é necessário saber nessa matéria se não houver uma ideia adequada dessa causa do erro, e para ali chegar procuro qual é a causa desse conceito precedentemente formado; dito de outra maneira, por que damos o nosso assentimento a coisas ainda não claramente percebidas, e respondo que é por um simples defeito de conhecimento. Observo então que não posso remontar mais longe e procurar a causa que faz com que ignoremos certas coisas e, na sequência, vejo que encontrei uma ideia adequada do erro. Eis, no entanto, o que vos pergunto: como é certo que a muitas coisas que se se exprimem por uma infinidade de maneiras diferentes correspondem ideias adequadas e que, de uma dessas ideias qualquer, pode-se tirar tudo o que é possível saber sobre tais coisas, há algum meio para se reconhecer qual delas deve ser preferida? Por exemplo, forma-se uma ideia adequada do círculo ao se defini-lo pela igualdade dos raios e também pela equivalência de todos os retângulos formados com os dois segmentos de uma reta passando por um ponto dado – e temos ainda uma infinidade de outros modos para exprimir adequadamente a natureza do círculo. Embora possamos deduzir todas as outra expressões daquelas ali e tudo o que se pode saber de um círculo, essa dedução é, porém, muito mais fácil em se partindo de uma do que de outra. Da mesma maneira, quem considere as ordenadas de uma curva, dela deduzirá muitas relações vinculadas às suas dimensões, mas o fará mais facilmente se considerar as tangentes.

Quis mostrar com isso aonde cheguei com minhas pesquisas e gostaria que fosse completada ou, se cometi algum erro, que fosse ele corrigido. Espero também as definições que vos pedi. Saudações.

Carta 60
Spinoza a Tschirnhaus
[Haia, sem data, provavelmente janeiro de 1675]

Senhor,

Não reconheço qualquer diferença entre a ideia verdadeira e a ideia adequada, senão que a palavra verdade relaciona-se apenas à concordância da ideia com seu objeto, enquanto que a palavra adequada relaciona-se com a natureza da ideia em si mesma. Não há, portanto, qualquer diferença entre uma ideia verdadeira e uma adequada, além dessa relação extrínseca. Quanto a saber de que ideia de uma coisa, entre muitas outras, podem ser deduzidas todas as propriedades de um objeto considerado, só observo uma regra: é preciso que a ideia ou a definição faça conhecer a causa eficiente da coisa. Para procurar as propriedades do círculo, por exemplo, pergunto-me se posso, definindo-o pela equivalência de todos os retângulos formados com os segmentos de uma reta que passe por um ponto dado, dessa ideia deduzir todas as suas propriedades, ou diria, se ela envolve a causa eficiente do círculo. Como assim não é, considero uma outra, a saber, que o círculo é uma figura descrita por uma linha reta, da qual uma extremidade é fixa e a outra é móvel. Como aí tenho uma definição que exprime uma causa eficiente, sei que posso deduzir todas as propriedades do círculo etc. Da mesma maneira, quando defino Deus: o Ser soberanamente perfeito; como essa definição não exprime uma causa eficiente (entendo causa eficiente tanto interna quanto externamente), não poderei dela deduzir todas as propriedades de Deus. Ao contrário, quando defino Deus: um Ser etc. (ver *Ética*, parte i, definição 6).

Acerca do movimento e do método, falarei em outra ocasião, não tendo posto por escrito a ordem conveniente do que com eles se relaciona.

Passo ao que dizeis sobre as ordenadas de uma curva, da qual se poderia deduzir muitas proposições relativas às suas dimensões, mas com menos facilidade do que pela consideração das tangentes etc. Creio, ao contrário, que muitas proposições se deduzem mais dificilmente quando se consideram as tangentes do que a consideração metódica das ordenadas, e estabeleço em princípio que, partindo de certas propriedades de uma coisa (sendo dada uma definição qualquer), certas proposições são mais fáceis de se encontrar e outras, mais difíceis (todas se relacionando à natureza dessa coisa). Mas a única regra a ser observada, é que é preciso buscar uma definição da qual se possa tudo deduzir, assim como disse antes. Propondo-me a tirar do conceito de uma coisa tudo o que é possível dela deduzir, é preciso que o que venha por último seja mais difícil do que o que vem antes etc.

Carta 61
Henry Oldenburg a Spinoza
(*Londres, 8 de junho de 1675*)

Com cordiais saudações,

Não quero deixar escapar a boa ocasião que me oferece a partida para a Holanda do mui sábio sr. Bourgeois, doutor em medicina de Caen, que pertence à religião reformada, para fazer saber que vos escrevi há algumas semanas para agradecer o envio de vosso Tratado, mas duvido que minhas cartas vos sejam regularmente entregues. Eu vos expunha meu sentimento sobre vossa obra; tendo-a depois retomado e examinado de mais perto, considero que meu julgamento foi prematuro. Certas coisas ali me pareciam dirigidas contra a religião porque as media com o padrão que a massa dos teólogos e dos formuladores confessionais (muito inspirados pelo espírito partidário) me forneciam. Um estudo mais aprofundado deu-me várias razões para me persuadir de que, longe de querer causar prejuízo à verdadeira religião ou a uma filosofia sólida, vós vos aplicáveis, ao contrário, a trazer à luz de um bom dia e a fixar o verdadeiro fim da religião cristã, também da sublimidade divina e a excelência de uma filosofia abundante em frutos. Como penso agora que esse propósito é permanente em vossa alma, vos pediria insistentemente comunicar em cartas frequentes a um velho e sincero amigo, que aspira de todo coração um feliz sucesso a esse projeto divino, o que vós preparais e pensais fazer para alcançar vosso objetivo. Eu vos prometo solenemente nada divulgar, a quem quer que seja, se me intimardes ao silêncio. Esforçar-me-ei somente em dispor pouco a pouco os espíritos de homens inteligentes e honestos a abraçar as verdades que vossas publicações trarão à luz completamente um dia, e afastar os preconceitos concebidos contra vossa filosofia. Desde agora, e salvo erro, vós me pareceis lançar um olhar penentrante sobre a natureza da alma humana, sobre suas forças e sua união com o corpo. Peço-vos com insistência consentir ensinar-me quais são vossas ideias sobre o assunto. Mantende-vos com saúde, Senhor, e queirais conservar vossa benevolência para com o fervoroso admirador de vossa ciência e de vossa virtude.

Carta 62
Oldenburg a Spinoza
(Londres, 22 de julho de 1675)

Não quero, Senhor, que um comércio epistolar felizmente restabelecido entre nós sofra uma interrupção por minha negligência em cumprir um dever amigável. Vossa resposta de 5 de julho me fez conhecer que teríeis no espírito a publicação de vosso tratado em cinco partes[78]. Permiti-me, pois, vos apelar, com a sinceridade de minha afeição, para nada ali misturar que possa comprometer a prática da virtude religiosa, tendo em conta sobretudo que este século, em sua degenerescência e corrupção, nada mais persegue, tão ardentemente, senão proposições cujas consequências parecem fornecer um abrigo aos vícios reinantes.

Não recusarei, aliás, receber alguns exemplares deste Tratado; vos pediria apenas, quando chegar o momento, endereçá-los a um negociante holandês que mora em Londres, que mos reenviará. Não será necessário dizer que esses livros me serão enviados. Tão logo eles me tenham chegado, ser-me-á sem dúvida fácil distribuí-los entre meus amigos e deles receber o preço justo. Conservai-vos com saúde e, quando puderdes, escrevei ainda a este vosso totalmente devotado

Henry Oldenburg

Carta 63
Schuller a Spinoza
(Amsterdã, 25 de julho de 1675)

Senhor,

Ficaria envergonhado pelo longo silêncio que mantive até hoje e poderia me acusar de responder com ingratidão à benevolência imerecida com a qual me favorecestes, se não pensasse que vossa generosa humanidade vos inclina a desculpar, antes de vos fazer acusador, e se não soubesse que essa mesma humanidade vos compromete, para o bem comum de vossos amigos, em meditações tão profundas que seria culpável e condenável importuná-las sem uma causa suficente. É a razão de meu

---

78. Trata-se da *Ética*.

silêncio; era-me bastante saber por amigos, no entretempo, que vossa saúde mantinha-se boa. Mas quero, ao vos escrever essa carta, vos dar a saber que nosso amigo sr. Von Tschirnhaus, que se encontra bem na Inglaterra, encarregou-me já por três vezes (em cartas a mim enviadas) de vos apresentar suas respeitosas saudações e vos dizer que está à vossa disposição, e que reiteradas vezes me pediu para vos perguntar a solução de certas dificuldades e, ao mesmo tempo, responder à seguinte questão: vos agradaria estabelecer, por uma demonstração convincente, mas que não fosse um raciocínio por absurdo, que não podemos conhecer outros atributos de Deus senão o Pensamento e a Extensão; e segue-se disso que criaturas compostas de outros atributos não possam, ao contrário, conceber a extensão, de onde pareceria se dever concluir que existam tantos mundos quanto os atributos de Deus? Por exemplo, à existência de nosso mundo de extensão deveria corresponder aquela de mundos que, formados por outros atributos, teriam precisamente tanta amplitude quanto o nosso, e da mesma forma que, além da extensão, nada percebemos senão o pensamento, as criaturas desses outros mundos deveriam perceber somente o atributo do qual o seu mundo é formado e o pensamento.

Em segundo lugar, porque o entendimento de Deus difere do nosso tanto pela essência quanto pela existência, não haverá nada em comum com nosso entendimento e, por consequência (pela proposição 3 do livro I), não pode ser causa do nosso.

Em terceiro lugar, dizeis no escólio da proposição 10 que, se há qualquer coisa de claro na natureza, é que todo ser deve ser concebido sob algum atributo (isso percebo muito bem) e que, quanto mais houver realidade ou ser, mais numerosos serão os atributos que lhe pertencem. Pareceria que se deva concluir disso haver seres contendo três, quatro ou mais atributos, enquanto ressalta de vossas demonstrações que todo ser se compõe de dois atributos apenas, a saber, um certo atributo de Deus e a ideia desse atributo.

Em quarto lugar, gostaria de ter exemplos das coisas que são imediatamente produzidas por Deus, e daquelas que o são por uma modificação infinita. Do primeiro gênero me parecem ser o pensamento e a extensão, do segundo, o entendimento no pensamento e o movimento na extensão etc.

Tais são os pontos sobre os quais nosso amigo Tschirnhaus deseja obter alguns esclarecimentos de vossa elevada ciência, se, porém, tenhais o tempo livre necessário para dá-los. Ele acrescenta que os senhores Boyle e Oldenburg têm por vós a maior consideração e que ele mesmo procura não diminuí-la, mas dar razões de engrandecê-la. Não é apenas de vossa pessoa que têm opinião favorável, mas é também o caso de vosso *Tratado Teológico-Político*. Não vos ousei falar disso em respeito à regra de vida que haveis adotado, mas desejo que estejais seguro do inteiro devotamento de vosso servidor.

G.H. Schuller

P.S.: O senhor De Gent o saúda respeitosamente, assim como o senhor J. Rieuw[79].

Carta 64
Spinoza a Schuller
(Haia, 29 de julho de 1675)

Senhor,

Estou feliz que a ocasião se vos tenha apresentado para me endereçar uma dessas cartas que me são sempre agradáveis, e vos peço que, com frequência, me forneça esse prazer.

---

79. É provável que se trate, no primeiro caso, de Pieter van Gent, amigo de toda a vida de Von Tschirnhaus e, no segundo, de Jan Rieuwertsz (1617-c.1685), editor e livreiro de Amsterdã, menonita, muito influente, conhecido e criticado por publicar obras dos "espíritos ilustrados" da época, inclusive de Descartes.

Passo às dificuldades e vos direi, quanto à primeira, que a alma humana não pode ter conhecimento a não ser daquilo que envolve a ideia de um corpo existente em ato, ou daquilo que dele se pode deduzir. Pois a potência de uma coisa qualquer se define unicamente por sua essência (*Ética*, parte II, proposição 7) e a essência da alma (parte II, proposição 13) consiste apenas em que ela é a ideia de um corpo existente em ato. O poder de conhecer pertencente à alma não se estende, portanto, a não ser àquilo que essa ideia do corpo contém nela mesma ou que dela decorre. Ora, essa ideia do corpo não envolve e não exprime outros atributos de Deus, senão o pensamento e a extensão. Pois o objeto ao qual ela se vincula, a saber, o corpo (parte II, proposição 6), tem por causa Deus, enquanto ele é considerado sob o atributo da extensão, e não sob qualquer outro, e, por conseguinte (parte I, axioma 6), essa parte do corpo envolve o conhecimento de Deus somente enquanto considerado sob o atributo da extensão. Além do mais, essa ideia, enquanto é um modo do pensamento, tem também Deus por causa (mesma proposição), enquanto é coisa pensante, e não considerado sob um outro atributo; e, por consequência (mesmo axioma), a ideia dessa ideia envolve o conhecimento de Deus enquanto ele é considerado sob o atributo do Pensamento, e não sob outro.

Vê-se assim que a alma humana não envolve e não exprime outros atributos de Deus, à parte esses dois. Desses dois atributos, aliás, ou de suas afecções, nenhum outro atributo de Deus (parte I, proposição 10) pode ser concluído, e não podemos, por tais atributos, conceber qualquer outro. De onde esta conclusão: a de que a alma humana não pode alcançar nenhum conhecimento de nenhum atributo de Deus, salvo aqueles dois, assim como enunciei. Quanto àquilo que ajuntais: existem tantos mundos quanto atributos?

Eu vos reenvio ao escólio da proposição 7, parte II. Esta proposição poderia ser facilmente demonstrada por uma redução ao absurdo, e me acostumei a escolher esse modo de demonstração quando se trata de uma proposição negativa, porque está de acordo com a natureza das coisas. Mas como vós não aceitais senão uma demonstração positiva, passo à segunda dificuldade: é possível que uma coisa seja produzida por outra da qual difere tanto em essência quanto em existência? E, com efeito, coisas que assim diferem uma da outra nada parecem ter em comum. Mas como todas as coisas singulares, à parte aquelas que são produzidas por seus semelhantes, diferem em sua causa tanto pela essência quanto pela existência e aqui não vejo dificuldade.

Em que sentido entendo que Deus é causa eficiente das coisas, tanto em sua essência quanto em sua existência, creio ter suficientemente expresso no escólio e no corolário da proposição 25, parte I, da *Ética*. O axioma invocado no escólio origina-se na ideia que nós temos de um Ser absolutamente infinito e não naquela de seres que tenham três, quatro ou mais atributos.

Para os exemplos que vós pedis, os do primeiro gênero são, para o Pensamento, o entendimento absolutamente infinito; para a Extensão, o movimento e o repouso; os do segundo gênero, a forma do universo inteiro, que permanece sempre a mesma, embora mude em uma infinidade de maneiras. Vede sobre esse ponto o escólio do lema 7, que vem antes da proposição 14, parte II.

Creio assim, Senhor, ter respondido a vossas objeções e àquelas de nosso amigo. Se ainda tiverdes alguma dúvida, vos peço fazer-me conhecê-las para que as dirima, se puder. Portai-vos bem.

Carta 65
Tschirnhaus a Spinoza
(*Londres, 12 de agosto de 1675*)

Senhor,

Peço-vos uma demonstração daquilo que dizeis: que a alma não pode perceber outros atributos de Deus a não ser a Extensão e o Pensamento. Embora veja claramente, o contrário me parece poder ser deduzido do escólio da proposição 7, parte II da *Ética*, talvez pela única razão de que eu não entenda bem o sentido desse escólio. Decidi, pois, vos expor meu raciocínio, solicitando com insistência, Senhor, vir em meu auxílio, com sua costumeira benevolência, ali onde vos tenha mal compreendido. Eis o assunto.

Embora resulte dos princípios expostos que o mundo é único, não é menos claro, em virtude desse mesmo princípio, que ele se exprime em uma infinidade de maneiras e, por consequência, que cada coisa singular se exprime também em uma infinidade de maneiras. De onde parece seguir-se que a essa modificação que constitui minha alma e a essa modificação que constitui meu corpo, que são apenas duas expressões diferentes de uma só e mesma modificação, deve se juntar uma infinidade de outros modos, uma só e mesma modificação devendo exprimir-se inicialmente pelo Pensamento, depois pela Extensão; em terceiro lugar, por um atributo de Deus que conheço e assim por diante ao infinito, pois que há uma infinidade de atributos de Deus, e que a ordem e a conexão dos modos são os mesmos em todos. Então se põe uma questão: por que a alma que representa uma certa modificação, a qual se exprime ao mesmo tempo e não somente na Extensão, mas de uma infinidade de maneiras, por que, digo, só percebe a expressão da extensão que é o corpo humano, ignorando todas as outras expressões e seus atributos? O tempo me impede de prosseguir. Talvez todas as minhas dúvidas sejam retiradas por meditações repetidas.

Carta 66
Spinoza a Tschirnhaus
(*Haia, 18 de agosto de 1675*)

Nobilíssimo senhor,

Para responder à vossa objeção, vos diria que em verdade toda coisa se exprime em uma infinidade de maneiras no entendimento infinito de Deus, mas que essa infinidade de ideias ou de expressões não pode, entretanto, entrar na composição de uma mesma e única alma. Essa infinidade de ideias forma uma infinidade de almas diferentes porque essas ideias, referindo-se a uma infinidade de atributos diferentes, não possuem qualquer conexão entre elas, assim como expliquei no mesmo escólio da proposição 7, parte II da *Ética*, e que é evidente pela proposição 10, parte I. Querei considerar esse ponto com alguma atenção; vereis que não subsiste nenhuma dificuldade.

Carta 67
Albert Burgh a Spinoza
(*Florença, 3 de setembro de 1675*)

Saudações.

Quando deixei minha pátria, vos prometi escrever, caso me acontecesse algo que valesse a pena no transcurso da viagem. Uma ocasião se me oferece, e como ela é da maior importância, quero cumprir minha dívida, trazendo ao vosso conhecimento que, pela misericórdia infinita de Deus, retornei à Igreja Católica e dela me tornei membro. Os detalhes dessa conversão, vós os conhecereis pela carta que enderecei ao mui sábio senhor Craenen, professor em Leiden. Mas aduzirei aqui algumas palavras, tendo-vos em consideração.

Tanto mais vos admirei no passado pela sutileza e a penetração de vosso espírito, mais agora lastimo e deploro vosso infeliz estado: com efeito, vejo em vós um homem que recebeu de Deus os mais belos dons do espírito, que ama a virtude, que dela é ávido e, no entanto, se deixa enganar, desviado pelo Príncipe dos espíritos malvados com sua soberba criminosa. Toda vossa filosofia, o que é ela senão uma pura ilusão e quimera? E no entanto, vós a ela entregais não apenas a tranquilidade de vossa alma nesta vida, mas a salvação eterna. Vede pois sobre que fundamento miserável fazeis repousar toda a vossa confiança. Vós vos envaideceis de ter encontrado a verdadeira filosofia. Como sabeis que essa doutrina é a melhor entre todas as que foram propostas no mundo ou que podem ser no futuro? Haveis examinado todas as filosofias ensinadas, seja aqui, seja na Índia ou no mundo inteiro, sem falar daquelas que ainda estão por vir? E supondo que as haveis imaginado, como sabeis ter escolhido a melhor? Minha filosofia, dizeis, concilia-se com a reta razão, enquanto as outras lhe são contrárias, mas todos os filósofos, à parte vossos discípulos, têm uma maneira de ver oposta à vossa e todos dizem com o mesmo direito pessoal e de suas doutrinas o que dizeis da vossa, e vos acusam de erro e falsidade, assim como vós os acusais. É evidente, portanto, que para pôr à luz a verdade de vossa filosofia vos seria preciso criar razões que não fossem comuns a todas as doutrinas, mas próprias apenas à vossa, ou então confessar que a vossa é tão incerta e fútil quanto as demais. Mas quero me restingir ao livro ao qual haveis dado este título ímpio[80], confundindo vossa filosofia com vossa teologia, pois realmente fazeis essa confusão, embora pretendêsseis, com uma astúcia diabólica, estabelecer que diferenças há entre uma e outra, tendo princípios diferentes. Continuo, pois.

Talvez digais: "Os outros não leram a Sagrada Escritura tantas vezes como a li; provo minhas afirmações por essa mesma Escritura, cuja autoridade, reconhecida pelos cristãos, os põe à parte de todas as outras nações. E como? Uso, para explicar a Sagrada Escritura em suas partes obscuras, textos claros e componho, com a ajuda desta interpretação, teses que anteriormente haviam tomado forma em meu cérebro". Mas vos peço, pensai seriamente no que dizeis: como sabeis que esse uso que fazeis de textos claros é justo e, na sequência, que ele é suficiente para a interpretação da Sagrada Escritura e que

---

80. Trata-se do *Tratado Teológico-Político*.

assim a interpretais corretamente? Considerando sobretudo o que dizem os católicos, o que é bem verdade, que toda a palavra de Deus não nos foi comunicada por escrito, e que assim tentar explicar a Sagrada Escritura apenas pela Sagrada Escritura não é possível, e não o digo apenas de um homem, mas mesmo da Igreja, a única intérprete legítima da Escritura. É preciso inspirar-se nas tradições apostólicas como o prova o testemunho da própria Escritura Sagrada, segundo os Pais, e como o querem a razão e a experiência. Nada mais falso, pois, e de mais pernicioso que vosso príncipe. O que se tornará toda a vossa doutrina, que repousa e se eleva sobre um fundamento sem valor? Se tiverdes, portanto, fé no Cristo crucificado, reconhecei vossa detestável heresia, reparai a perversão de vossa natureza e reconciliai-vos com a Igreja.

Que mais podereis fazer para provar vossas afirmações, como o fizeram, fazem e farão todos os heréticos, todos os que saíram da Igreja de Deus ou sairão no futuro? Todos, como vós, apoiaram-se sobre esse mesmo princípio para estabelecer suas teses, quero dizer, sobre a Sagrada Escritura.

E não vos feliciteis porque talvez os calvinistas, ou como se diz, os reformados, não mais do que os luteranos, os menonitas, os socinianos não possam refutar vossa doutrina; todos, já o disse antes, são tão dignos de piedade como vós e, tanto quanto vós, (encontram-se) no império onde a morte estende a sua sombra.

Se, ao contrário, não tendes fé em Cristo, sois mais de se lamentar do que possa dizer. E, no entanto, o remédio é fácil: arrependei-vos de vossos pecados, considerando a ignorância perniciosa de vossos pobres e desregrados argumentos. Não tendes fé em Cristo? Por quê? "A doutrina de Cristo e sua vida", respondeis vós, "assim como a doutrina dos cristãos, não estão de acordo com meus princípios." Mas, repito-o, ousais vos considerar superior a todos os que se estabeleceram na Cidade de Deus, quer dizer, em sua Igreja, os patriarcas, os profetas, os apóstolos, os mártires, os doutores, os confessores, a Virgem e os santos inumeráveis? Ousais, em vossa impiedade blasfematória, vos crer superior ao nosso próprio Senhor Jesus Cristo? Os ultrapassais a todos, vós apenas, pela doutrina, pela maneira de viver e em todas as coisas? Miserável homúnculo, verme vil da terra – que digo –, pó, pasto de vermes, pretendeis por uma blasfêmia inqualificável estar acima da Sabedoria encarnada, infinita, do Pai Eterno? Apenas vós vos acreditais mais sábio e maior do que todos aqueles que, depois do começo do mundo, pertenceram à Igreja de Deus e creram na vinda futura do Cristo ou tiveram fé em um Cristo já vindo. Sobre que fundamentos fazeis vós repousar essa arrogância temerária, insensata, deplorável, detestável?

Negais que o Cristo, filho do Deus vivo, Verbo da Sabedoria eterna do Pai, se tenha manifestado em carne, tenha sofrido e sido crucificado pelo gênero humano. Por quê? Porque tudo isso não responde aos vossos princípios. Mas além do que já mostrei – que não tendes princípios verdadeiros, mas falsos, temerários, absurdos –, digo agora que, mesmo que vos apoiásseis sobre princípios verdadeiros, não estaríeis por isso menos incapacitado para explicar toda a série de eventos que aconteceram e acontecem no mundo, e não teríeis o direito de proclamar audaciosamente que tudo o que parece contrário aos vossos princípios é, em verdade, impossível ou falso. Numerosas, com efeito, inumeráveis são as coisas que sois incapaz de explicar, supondo-se haver algo de conhecível com certeza na natureza. Não podeis nem mesmo levantar a contradição que aparece entre esses fenômenos não explicáveis e as explicações tidas por certas que dais dos outros. Sois completamente incapaz de explicar por vossos princípios o que se produz nos sortilégios e nos encantamentos, quando apenas se pronunciam certas palavras, ou mesmo quando se levam consigo escritos sobre uma matéria qualquer, e não explicaríeis além disso as manifestações estupefacientes do poder dos demônios sobre os que estão possuídos. De tudo isso, porém, vi variados exemplos e recolhi, sobre uma infinidade de outros, o testemunho concordante e inatacável de uma quantidade de pessoas mui dignas de fé. Quais juízos podeis trazer sobre as essências de todas as coisas, admitindo que algumas das ideias que tendes no espírito concordam inteiramente com as essências das coisas das quais elas são as ideias? Ainda que nunca possais decidir com segurança se as ideias de todas as coisas criadas se formam naturalmente na alma humana, ou se muitas, senão todas, podem ser produzidas e o são realmente por objetos exteriores, ou ainda pela sugestão de bons espíritos e de espíritos malignos, ou por uma revelação manifesta de Deus. Como, sem apelar para o testemunho dos outros homens e à experiência (nada direi da submissão ao juízo da onipotência divina), podereis definir com precisão e estabelecer com certeza, por vossos princípios, a existência ou a não existência, a possibilidade ou a impossibilidade da existência das coisas, tais como a varinha divinatória, que serve para descobrir os metais enfiados e as fontes subterrâneas, tais como a pedra buscada pelos alquimistas, o poder das palavras e dos caracteres da escrita, as aparições de diversos espíritos bons e maus, o reaparecimento das plantas e das flores em um frasco de vidro após sua combustão, as sereias, os *kobolds* que aparecem nas minas, como se conta, as inumeráveis antipatias e simpatias que se observam no mundo, a impenetrabilidade do corpo humano etc., como, digo, mostraríeis que tudo isso existe realmente ou não, pode ser ou não? Se vós tivésseis, filósofo, o espírito mil vezes mais sutil e penetrante do que tendes, não poderíeis nada dizer sobre todas essas coisas. Se não confiais senão em vosso entendimento para julgá-las e às coisas que a elas se assemelham, certamente tereis por impossível tudo o que é desconhecido e não foi por vós experimentado, enquanto isso vos deveria parecer apenas incerto até o momento em que o testemunho de um grande número de pessoas dignas de fé vos tiver convencido. É assim que Júlio César, pelo que imagino, teria julgado se alguém lhe houvesse dito que uma certa pólvora pudesse ser fabricada e se tornasse de uso corrente alguns séculos mais tarde, e cujo poder provocaria a explosão de fortalezas, de cidades inteiras ou mesmo de montanhas, e que, contida em um espaço qualquer, teria em seguida uma força de expansão tão maravilhosa que destruiria qualquer obstáculo. Nisso Júlio César jamais teria acreditado e iria rir desbragadamente daquele que lhe teria dito, como se quisesse persuadi-lo de algo contrário ao seu juízo, à sua experiência, a toda a ciência militar.

Mas voltemos ao nosso objeto. Se vós não conhecêsseis o que acabo de dizer e não o pudesse julgar, como ousaríeis, homem infeliz e inflado de uma diabólica soberba, fazer um julgamento temerário sobre os mistérios terríveis da paixão e da vida do Cristo, declarados incompreensíveis pelos próprios doutores católicos? Que significa, insensato, essa conversa vã e fútil sobre os inúmeros milagres, sobre os signos, sobre os testemunhos notáveis pelos quais, após o Cristo, seus apóstolos, seus discípulos e, mais tarde, milhares de santos confirmaram, pela virtude todo-poderosa de Deus, a verdade da fé católica e que a misericórdia e a bondade todo-poderosa de Deus querem que ainda se repitam em nossos dias, no mundo inteiro? E se nada tivésseis para lhes opor, como é seguramente o caso, por que vos obstinais? Estendei a mão, arrependei-vos de vossos erros e pecados, revesti-vos de humildade e regenerai-vos.

É preciso, enfim, vir à verdade de fato, que é realmente o fundamento da religião cristã. Como ousaríeis, por pouco que dais atenção, negar a força de persuasão que ela extrai do consentimento de tantas miríades de homens, entre os quais se encontram milhares que, pela doutrina, pelo saber, pela sutileza verdadeira e solidez de espírito, pela perfeição de vida, vos ultrapassam e dominam de modo superior e que unanimemente, de uma só voz, afirmam que o Cristo, filho do Deus vivo, se fez carne, sofreu e foi posto na cruz, morreu pelos pecados do gênero humano, ressuscitou, transfigurou-se e, em sua qualidade de Deus, reina nos céus com o Pai Eterno, unido ao Espírito Santo, tanto quanto os outros dogmas que se relacionam aos mesmos pontos? Inúmeros milagres que não ultrapassam somente a compreensão humana, mas são contrários à razão comum, não foram feitos e não continuam a sê-lo agora, ainda na Igreja de Deus, pelo mesmo Senhor Jesus Cristo e em seu nome, mais tarde, pelos apóstolos e os santos, graças a uma virtude divina todo-poderosa, e desses milagres de indícios inumeráveis não são eles até hoje difundidos e visíveis em todo o orbe das terras? Bem poderia ainda, em minha opinião, negar que tenha havido romanos no mundo antigo e que Júlio César, imperador, tenha substituído entre eles, por um governo monárquico, a liberdade republicana que asfixiou; sem me preocupar com tantos monumentos acessíveis a todos, que ainda atestam em nossos dias o poder dos romanos, e sem dar atenção ao testemunho dos mais graves historiadores, que relataram em seus escritos as histórias da república e da monarquia, em particular os atos de Júlio César, não mais que aos juízos de tantos milhares de homens que viram por si tais monumentos ou lhes atribuíram crédito (numerosos autores afirmam sua existência), da mesma maneira que deram ou dão crédito às histórias aqui visadas. Não poderia, apoiando-me sobre o princípio que sonhei a noite passada, crer que os monumentos que nos restam dos romanos não são coisas reais, mas puras ilusões? E paralelamente, que todos os relatos que se fizeram dos romanos não têm mais valor do que as puerilidades contidas nos livros chamados romanos, sobre Amadis de Gaula[81] e outros heróis semelhantes? Que jamais houve Júlio César no mundo ou que, se existiu, foi um maníaco que, realmente, não pisoteou a liberdade dos romanos, não se sentou num trono imperial, mas foi levado a crer que fez essas grandes coisas, seja por sua imaginação delirante, seja pelas adulações de seus amigos? Não poderia também negar radicalmente que a China esteja ocupada pelos tártaros, que Constantinopla sofra o assédio do imperador dos turcos, e uma infinidade de coisas

---

81. *Amadis de Gaula* (ou *Los Cuatro Libros del Virtuoso Caballero Amadís de Gaula*) é um romance de cavalaria medieval do escritor espanhol Garci Rodríguez de Montalvo, que narra as aventuras da personagem-título. Sua primeira edição em espanhol (versão modificada da história de origem portuguesa, do ciclo arturiano, que já era conhecida em inícios do século xv), de grande sucesso, é de 1508.

semelhantes? Mas quem poderia crer que estivesse de posse de meu bom senso se negasse tudo isso, quem me desculparia por tão lamentável desrazão? Todas essas crenças repousam, com efeito, sobre o consentimento comum de muitos milhares de homens e, por esse motivo, a certeza se manifesta no mais alto ponto, pois é impossível que todos aqueles que afirmaram tais verdades, entre muitos outros, se tenham enganado ou tenham querido enganar seus semelhantes, isso durante séculos e, na maior parte dos casos, mesmo após a origem do mundo até este dia.

Considerai, em segundo lugar, que a Igreja de Deus propagou-se, subsistiu imóvel e inquebrantável desde o começo do mundo até hoje, numa sequência ininterrupta, enquanto as demais religiões, pagãs e heréticas, no mínimo começaram sua existência mais tarde, supondo-se que já não tenham acabado, e que o mesmo é preciso dizer dos reinos fundados e das opiniões de todos os filósofos.

Considerai, em terceiro lugar, que, pela chegada do Cristo encarnado, a Igreja de Deus passou do culto prescrito pelo Antigo Testamento ao culto estabelecido pelo Novo, que foi fundada pelo próprio Cristo, filho do Deus vivo, que em seguida se propagou com os apóstolos, seus discípulos e sucessores, homens ignorantes, segundo o mundo, e que apesar disso confundiram todos os filósofos ao ensinarem a doutrina cristã, que é contrária ao senso comum, assim passando e ultrapassando todo o raciocínio humano. Homens de condição desprezível, baixa e vil, segundo o mundo, que não auxiliaram o poder dos reis e dos príncipes da terra, mas que, ao contrário, foram de todas as maneiras perseguidos por eles e experimentaram as adversidades do mundo, mas cuja obra tanto cresceu que os todo-poderosos imperadores mais se aplicaram a impedi-la ou mesmo a oprimi-la, fazendo perecer pela morte de mártires tantos cristãos quanto puderam. E assim , em um curto espaço de tempo, a Igreja de Cristo espalhou-se por todo o mundo e, enfim, quando o próprio imperador romano, os reis

e os príncipes da Europa se converteram à fé, a hieraquia ecle-
siástica elevou-se a essa enorme potência, com a qual ainda a
vemos com admiração. Tudo isso se fez com caridade, man-
suetude, paciência e confiança em Deus, com as outras virtudes cristãs (não pelo ruído das armas, pela forças de exércitos
numerosos ou pela devastação das terras, meios pelos quais os
príncipes deste mundo estendem suas possessões), nada podendo as portas do inferno contra sua Igreja, conforme a promessa do Cristo. Pensai também na punição terrível e de uma
severidade inexprimível que reduziu os judeus ao último grau
da miséria e da infelicidade, porque foram os autores da cruxi-
ficação. Percorrei, desdobrai e meditai sobre a história universal – não encontrareis qualquer sociedade que tenha tido um
destino parecido, mesmo em sonho.

Considerai, em quarto lugar, as propriedades que estão in-
clusas essencialmente na Igreja do Cristo e dela são insepará-
veis: tais a antiguidade, pela qual, sucedendo a religião judaica
que até então era a verdadeira, teve, desde seu começo com a
vinda do Cristo, uma duração de dezesseis séculos e uma série
ininterrupta de pastores, sucedendo-se um ao outro, o que faz
com que só ela possua, ao mesmo tempo que os livros sagrados
e divinos, puros e sem corrupção, uma tradição não escrita da
palavra de Deus, igualmente certa e sem mácula; a imutabili-
dade – sua doutrina e a administração dos sacramentos, assim
como o próprio Cristo e os apóstolos as constituíram, permanecem invioladas e têm, como convém, conservado todo o seu
vigor; a infalibilidade – ela determina e decide tudo o que se relaciona à fé com autoridade, segurança e verdade soberanas, em
virtude de um poder que lhe foi conferido para esse fim pelo
Cristo, seguindo a direção do Espírito Santo, do qual a Igreja é a
noiva; a irreformabilidade – pois que é incorruptível e infalível,
incapaz de falácia, é certo que nenhuma reforma é nela possível; a unidade – todos os seus membros têm a mesma crença
e dão os mesmos ensinamentos em tudo o que toca a fé, os sacramentos sendo-lhes comuns e, por uma obediência mútua,

todos conspiram para um mesmo fim; a impossibilidade para cada alma de separar-se dela, sob um pretexto qualquer, sem incorrer, pelo fato dessa separação, na condenação eterna, a menos que, antes da morte, nela não entre a penitência, pois é manifesto que todos os heréticos dela saíram, enquanto ela, sempre conforme a si mesma, firme e estável, permanece tal como edificada, sobre rocha; a imensidão da extensão: ela se difunde sobre o mundo inteiro e isso de modo visível, ao passo que de qualquer outra sociedade, cismática, herética ou pagã, de nenhuma potência política, de nenhuma doutrina filosófica uma coisa semelhante pode ser afirmada, da mesma forma que de nenhuma delas convêm nem pode convir qualquer das propriedades acima enumeradas da Igreja Católica; e, enfim, a perpetuidade até o fim do mundo, cujo caminho, a verdade, e a vida[82], deram-lhe segurança, demonstrando também, de modo manifesto, a experiência de todas as propriedades a ela igualmente prometidas e dadas pelo próprio Cristo agindo com o Espírito Santo.

Observai, em quinto lugar, que a ordem admirável segundo a qual se dirije e se governa a Igreja, este corpo de tão grande massa, manifesta claramente sua dependência particular da Providência Divina e a ação do Espírito Santo, pela maneira maravilhosa com a qual ela está disposta, protegida e dirigida, assim como a harmonia perceptível em todas as parte do universo revela a onipotência, a sabedoria e a Providência infinita que criou e conservou todas as coisas. Em nenhuma outra sociedade se observa uma ordem parecida, tão bela, tão exata e sem interrupção.

Pensai nisso, em sexto lugar: além de inumeráveis católicos de ambos os sexos (muitos dos quais ainda vivem, eu os vi e conheço alguns) terem tido uma vida admirável e santa e, pela virtude todo-poderosa de Deus, terem feito muitos milagres, adorando o nome de Jesus Cristo; além de que a cada dia, por

---

82. Cf. *Jo* 14, 6.

uma conversão instantânea, numerosas pessoas passem de uma vida ruim a uma vida melhor, verdadeiramente cristã e santa, todos os católicos, em geral, são mais humildes e se julgam eles mesmos mais indignos, abandonando a outros o mérito da santidade, que assim mais se aproximam entre si e da perfeição. Quanto aos pecadores, mesmo os maiores, guardam ainda o respeito devido à religião, confessam sua própria malignidade, acusam seus vícios e imperfeições, querem ser deles liberados e assim se corrigir. Mas, pode-se dizer que o herético ou o filósofo, o mais elevado em valor moral, sofrem com dificuldade a comparação com os católicos mais imperfeitos. De onde claramente aparece que a doutrina católica é sábia e de uma profundidade admirável; em uma palavra, que ela supera todas as outras doutrinas desse mundo, pois produz homens melhores do que todos os outros pertencentes a não importa que outra sociedade, que ela lhes ensina e lhes transmite uma via segura para alcançar a tranquilidade da alma nesta vida e, em seguida, a salvação eterna.

Em sétimo lugar, refleti seriamente sobre a confissão pública de muitos heréticos resistentes e dos mais graves filósofos. Após terem acolhido a fé católica, viram e conheceram efetivamente que eram antes miseráveis, cegos, ignorantes e insensatos, porque, inchados de orgulho, inflados com o vento da arrogância, estavam falsamente persuadidos que suplantariam em muito os demais pela perfeição de suas doutrinas, de suas ciências e de suas vidas. Alguns dentre eles atravessaram em seguida a vida muito santamente, e deixaram após a lembrança de milagres sem número; alguns marcharam para o suplício alegremente, com o mais alto júbilo, outros, entre eles, Santo Agostinho, converteram-se em doutores da Igreja, muitos sutis, profundos sábios e, em consequência, muito úteis: as colunas da igreja.

Refleti, enfim, sobre a vida miserável e inquieta dos ateus, ainda que eles afetem, às vezes, uma grande alegria e queiram atravessar a vida agradavelmente em uma paz interior perfeita; vede, sobretudo, sua morte infeliz e horripilante. Eu mesmo tive exemplos, e conheço um grande número, uma infinidade, pelo relato de outras pessoas e pela história. Por esses exemplos, aprendei a ser sábio em tempo útil.

Vede, assim, ao menos espero que vós vejais, quão temerária é vossa confiança nas opiniões que vossa mente elabora, quão poucas razões tendes de julgar o mundo risível, vossos infelizes aduladores postos de parte; que orgulho insensato vos inflama quando pensais na excelência de vosso gênio, quando admirais vossa doutrina tão vã – que digo –, tão falsa e tão ímpia; quão feiamente vós vos tornais mais miserável do que os animais, suprimindo em vós mesmo a liberdade da vontade, da qual vos foi preciso no entanto tomar consciência, e que vos foi preciso reconhecer para poder vos vangloriar do pensamento de que vossas obras eram dignas dos maiores elogios e mesmo da mais exata imitação.

Se vós não quereis (e afasto este pensamento) que Deus ou o vosso próximo tenha piedade de vós, tende ao menos piedade dessa miséria que está em vós, e pela qual vos dedicais a vos tornar mais miserável ainda do que não sois, ou menos miserável do que seríeis, se assim continuar.

Arrependei-vos, filósofo, reconhecei vossa sábia desrazão e vossa desregrada sabedoria de orgulhoso, tornai-vos humilde e sereis curado. Adorai o Cristo na Santa Trindade a fim de que ele se digne de ter piedade de vossa miséria, e ele vos acolherá. Lede os Pais e os Doutores da Igreja, e eles vos instruirão sobre o que deveis fazer para não perecer, mas ter a vida eterna. Consultai católicos bem instruídos em suas crenças e de vida correta, e eles vos dirão muitas coisas que vós jamais soubestes e que vos serão admiráveis.

Por mim, vos escrevi esta carta com uma intenção verdadeiramente cristã, primeiro para que sabeis da amizade que vos tenho, embora sejais um pagão, e, em seguida, para vos pedir que não continueis ainda a perverter outras pessoas.

Concluirei assim: Deus quer arrancar vossa alma da danação eterna, desde que vós o desejeis. Não hesitai em obedecer a Deus que, frequentemente, vos chamou por intermédio de outros, que renovou seu apelo, e talvez pela última vez vos chame por mim; por mim, quem, pela misericórdia inefável de Deus, alcancei o estado de graça e rogo com toda minha alma para que a mesma graça vos seja feita. Não vos obstineis, pois, se não entendeis o apelo de Deus, sua infinita misericórdia vos abandonará e vós sereis entregue, miserável vítima, à justiça divina, que, em sua cólera, consome todas as coisas. Possa Deus todo-poderoso vos preservar para a maior glória de seu nome, para a salvação de vossa alma e como um exemplo salutar e digno de ser imitado por vossos numerosos e muito infelizes adoradores. Em nome de nosso Salvador e Senhor Jesus Cristo, que vive e reina na qualidade de Deus, com o Pai eterno por todos os séculos dos séculos. Amém.

Carta 68
Spinoza a Oldenburg
[*sem data, provavelmente setembro de 1675*]

Ilustríssimo senhor,

No momento em que recebi vossa carta de 22 de julho, parti para Amsterdã para mandar imprimir o livro de que vos falei em minha carta anterior[83]. Enquanto eu me ocupava desse encargo, espalhou-se por toda parte um rumor que estava no prelo um livro meu em que eu me esforçava por demonstrar que não havia Deus, e muita gente deu fé a esse rumor. Alguns teólogos (quiçá os primeiros autores desse rumor) aproveitaram a ocasião para apresentar abertamente uma queixa contra mim junto ao príncipe[84] e aos magistrados; além disso, tolos

---

83. Isto é, a *Ética*.

84. Guilherme III da Inglaterra, príncipe de Nassau, governou os Países Baixos de 1672 a 1702. Sua participação no linchamento dos irmãos De Witt sempre foi especulada: primeiro, por ter retirado a guarda que poderia proteger os irmãos, o que propiciou que a malta, insuflada pelo clero calvinista conservador (o mesmo a que Spinoza se refere) e guiada pela milícia cívica da cidade, os atacasse; segundo, porque os principais

cartesianos, para afastar a suspeita de que me eram favoráveis, não cessavam e continuam a destacar o horror de minhas opiniões e de meus escritos. Tendo me inteirado disso por algumas pessoas dignas de fé que afirmavam, ao mesmo tempo, que os teólogos me espreitavam por todas as partes, resolvi adiar a publicação até o momento em que eu visse como as coisas iriam se passar, e me propus a vos comunicar então a decisão à qual eu chegasse. Mas a situação parece agravar-se todos os dias e não sei bem o que fazer. Não quis, entretanto, diferir por mais tempo a resposta à vossa carta e, em primeiro lugar, eu vos agradeço vossa advertência amistosa. Desejaria saber quais são as opiniões que vós credes que sejam de natureza a pôr em perigo a prática da virtude religiosa e peço-vos a esse respeito um complemento de explicação. Creio, com efeito, quanto a mim, que opiniões conformes à razão são da maior utilidade para a virtude. Eu desejaria também que vós me désseis a conhecer, se isso não vos for desagradável, as passagens do *Tratado Teológico-Político* que podem deter em dúvida os doutos, pois tenho a intenção de esclarecer esse tratado por meio de algumas notas e desfazer, se é possível, algumas prevenções que possa haver contra ele. Adeus.

Carta 69
Spinoza a Velthuysen
[*Haia, sem data, provavelmente outono de 1675*]

Ilustríssimo senhor,

Estou surpreso com o fato de que o nosso amigo Nieuwstad[85] me tenha atribuído a intenção de compor uma refutação aos

conspiradores e líderes do ataque contra os De Witt eram aliados seus (Johan Kievit, *sir* Cornelis Maartenszoon Tromp, Johan van Banchem, Hendrik Verhoeff e Willem Tichelaar) e foram recompensados.

85. Trata-se, provavelmente, de Joachim Nieuwstadt, membro do *Vroedschap* (espécie de conselho municipal) de Utrecht.

escritos publicados há algum tempo contra o meu tratado e também refutar vossa obra ainda manuscrita. Eu sei, com efeito, que a ideia de refutar qualquer um de meus adversários nunca me veio ao espírito: nenhum, com efeito, me pareceu merecer uma resposta e não me recordo de ter dito ao senhor Nieuwstad outra coisa senão que eu me propunha a esclarecer, por meio de notas, certas passagens um pouco obscuras de meu tratado e de juntar a essas notas vosso trabalho ainda manuscrito com minha resposta, se isto se pudesse efetuar com vossa aprovação. Eu lhe roguei que vos perguntasse, acrescentando que, se talvez vós não a concedê-la por causa de algumas asperezas contidas em minha resposta, vós teríeis toda faculdade de corrigir ou suprimir as passagens julgadas por vós descorteses. Mas deixemos aí o senhor Nieuwstad a quem não quero aborrecer. Julguei que devia vos pôr ao par, a fim de que, se eu não obtiver a permissão que vos peço, vós soubésseis ao menos que jamais quis publicar vosso manuscrito contra a vossa vontade. E embora essa publicação não faça, a meu ver, correr nenhum perigo ao vosso bom renome, contanto que vosso nome não figure aí, eu me absterei, a menos que vós me concedêsseis licença de fazê-lo. A bem dizer, entretanto, vós me faríeis um favor bem maior se consentísseis em expor, por escrito, os argumentos pelos quais credes poder combater meu tratado e se vós lhes juntásseis vosso manuscrito. É isso que eu peço no momento. Não há ninguém, de fato, de quem eu examinaria com mais boa vontade as razões, pois sei só vos move o amor pela verdade e conheço vossa excepcional lealdade à qual eu me dirijo para vos rogar ainda uma vez que vos digneis a empreender esse trabalho e a crer que sou vosso mui devotado

B. de Spinoza

Carta 70
Schuller a Spinoza
(14 de novembro de 1675)

Senhor e sapientíssimo Mestre,

Quero crer que minha última carta vos chegou devidamente com o *Processus anonymi*[86] e que vossa saúde esteja tão boa quanto a minha o está. Durante três meses nada recebi de nosso amigo Tschirnhaus e essa falta de notícias me levou a temer que, indo da Inglaterra para a França, lhe houvesse acontecido alguma desgraça. Mas acabo de ter a alegria de receber dele uma carta e, segundo seu desejo, devo vos comunicar seu conteúdo, ao mesmo tempo em que vos transmito, com suas melhores saudações, a notícia de que ele chegou a bom porto em Paris, que aí se encontrou com o senhor Huygens, como nós o havíamos incitado, e que ele em tudo lhe agradou, tanto que conquistou sua estima completamente. Nosso amigo disse ao senhor Huygens que vós lhe havíeis recomendado que procurasse vê-lo e que tendes grande apreço por sua pessoa, o que foi muito agradável ao senhor Huygens e o levou a responder que, de seu lado, nutria grande estima por vós e que recebera recentemente de vós o *Tratado Teológico-Político* muito apreciado por numerosas pessoas em França. O senhor Huygens perguntou com o mesmo interesse se outras obras do mesmo autor não haviam sido publicadas, ao que Tschirnhaus respondeu que conhecia apenas a exposição dos *Princípios da Filosofia Cartesiana* (1ª e 2ª partes). Ele nada mais referiu a vosso respeito e espero que isso também não vos seja desagradável. Bem recentemente, Huygens mandou chamar Tschirnhaus e lhe disse que o senhor Colbert[87] procurava alguém que pudesse instruir seu filho nas matemáticas e que, se semelhante função conviesse ao

---

86. Trata-se de um livro de alquimia escrito provavelmente por um parente de Schuller.

87. Jean Baptiste Colbert (1619-1683), o influente ministro das finanças de Luís xiv.

nosso amigo, ele lhe arranjaria. A essa oferta, Tschirnhaus respondeu primeiro pedindo um prazo e, depois, declarando-se pronto a aceitar. Huygens lhe relatou, em troca, que o senhor Colbert o aprovava com tanto mais boa vontade quanto, ignorando o francês, ele teria de falar latim com seu aluno.

Quanto à objeção feita em último lugar, Tschirnhaus responde que as poucas palavras que, à vossa instigação, eu lhe escrevi, fizeram-no compreender bem melhor o que queríeis dizer, e que ele já havia, por seu lado, formado os mesmos pensamentos (a saber, que a explicação pode ser admitida particularmente para esses dois modos), mas duas razões o haviam incitado a seguir o pensamento contido em sua objeção: em primeiro lugar, a proposição 5 e a proposição 7 do livro II lhe parecem contradizer-se, pois na proposição 5 é afirmado que os objetos aos quais as ideias se referem são com respeito às ideias mesmas causas eficientes e essa relação de causalidade parece excluída na demonstração do lema por uma referência ao axioma 4 da parte I. A não ser (no que eu acreditaria de muito bom grado) que eu esteja fazendo desse axioma uma aplicação contrária à intenção do autor, e isto, eu ficaria muito feliz se o próprio autor me quisesse mostrar, se as suas ocupações lhe permitam. O segundo motivo que me impediu de aceitar a explicação proposta é que, entendido como é pelo autor, o atributo do pensamento tem uma extensão bem maior que os outros atributos. Ora, visto que cada um desses atributos faz parte da essência de Deus, como admiti-lo sem contradição? Devo acrescentar que, ao menos a julgar os outros espíritos pelo meu, as proposições 7 e 8 do livro II serão mui dificilmente compreendidas, e isso pela simples razão de que o autor julga bom (pois essas proposições lhe pareceram, não duvido, muito simples) resumir em tão poucas palavras e sem explicações as demonstrações que juntou.

Tschirnhaus relata também que encontrou em Paris um homem notavelmente instruído, versado nas diversas ciências e livre dos preconceitos comuns da teologia. Chama-se Leibniz e Tschirnhaus ligou-se a ele intimamente, sendo a razão dessa amizade o fato de que trabalham juntos para aperfeiçoar seu entendimento e pensam que nada pode ser melhor e mais útil. Leibniz é, parece, particularmente apurado no estudo das questões morais e fala delas sem sofrer a pressão de nenhum sentimento, sob o exclusivo ditado da razão. Possui também muitos conhecimentos em física e estudou muito aquela parte da metafísica em que Deus e a alma são tratados. Enfim, conclui Tschirnhaus, esse Leibniz merece, ao mais alto ponto, que vossos escritos lhe sejam, com vossa permissão, comunicados, e essa comunicação parece ao nosso amigo ser vantajosa para vós, como ele promete mostrá-lo amplamente, se for de vosso agrado. Em caso contrário, não tende nenhuma inquietude, ele manterá sua promessa de guardar inteiramente consigo mesmo vossos escritos, aos quais não fez até agora a menor menção. Esse mesmo Leibniz tem em grande apreço o *Tratado Teológico-Político* e vos escreveu a seu respeito uma carta, se vós vos recordais. Eu vos pediria, portanto, o favor, salvo um motivo contrário e imperioso, de autorizar essa comunicação e também de me dar a conhecer o mais cedo possível vossa decisão a fim de que possa, tendo recebido vossa resposta, escrever ao nosso amigo Tschirnhaus. Eu o farei de bom grado na terça-feira, a menos que graves impedimentos vos obriguem a diferir vossa resposta.

O senhor Bresser, de regresso de Clèves, enviou uma grande quantidade de cerveja de seu país; eu o exortei a remeter meio tonel a vós, o que ele me prometeu fazer, encarregando-me de vos transmitir suas mais amistosas saudações. Rogo-vos, enfim, de me escusar a rudeza do estilo e a precipitação da escritura, e de me considerar como estando totalmente às vossas ordens e desejoso de ter uma ocasião para vos provar que sou, senhor, vosso servidor todo devotado.

G.H. Schuller

Carta 71
Oldenburg a Spinoza
(*15 de novembro de 1675*)

Tanto quanto posso julgar por vossa última carta, a edição do livro que destinais ao público está em perigo. Não posso senão aprovar vossa decisão de esclarecer e abrandar as passagens do *Tratado Teológico-Político* que parecem poder chocar os leitores. São, em primeiro lugar, ao que penso, aquelas nas quais se fala de Deus e da natureza em termos ambíguos que vos expõem à censura que muitos vos endereçam. Além disso, parece que tirais toda autoridade e todo valor aos milagres e, no entanto, segundo a convicção de quase todos os cristãos, é somente sobre eles que pode repousar a certeza da revelação divina. Diz-se ainda que escondeis vossa opinião sobre Jesus Cristo Redentor do mundo, único Mediador entre Deus e os homens, sobre sua Encarnação e seu Holocausto, e pede-se que declareis abertamente vosso pensamento acerca desses três pontos. Se o fizerdes e derdes satisfação aos cristãos sensatos e de espírito racional, creio que vossos assuntos estarão ao abrigo do perigo. Eu quis, por esta breve carta, fazer-vos saber disso, eu que vos sou inteiramente devotado. Adeus.

P. S.: Fazei, eu vos rogo, com que eu saiba que essas linhas chegaram realmente às vossas mãos.

Carta 72
Spinoza a Schuller
(*Haia, 18 de novembro de 1675*)

Mui honrado amigo,

Foi para mim muito agradável saber por vossa carta, recebida hoje, que estais bem de saúde e que nosso amigo Tschirnhaus efetuou felizmente sua viagem à França. Ele teve, em suas conversações com o senhor Huygens a meu respeito, uma conduta prudente, a meu juízo, e fico muito feliz que ele tenha encontrado tão boa ocasião de atingir o alvo ao qual se propunha. Quanto à contradição que ele encontrou entre o axioma 4 da parte i e a proposição 5 da parte ii, eu não a percebo. Na proposição, com efeito, é afirmado que a ideia de toda essência tem como causa Deus na medida em que Ele é considerado como coisa pensante, no axioma, que o conhecimento ou a ideia do efeito depende do conhecimento ou da ideia da causa. Mas, para dizer a verdade, eu não compreendo muito bem o que quereis dizer e penso que há uma inadvertência de pena seja em vossa carta, seja no exemplar que Tschirnhaus possui. Vós escreveis, com efeito, que, segundo a proposição 5, os objetos aos quais se referem as ideias são causa eficiente das próprias ideias, quando isso precisamente é negado nessa proposição. É daí, penso, que vem toda a confusão, e julgo inútil, em consequência, escrever mais longamente a respeito para o momento. E esperarei até que tiverdes me explicado mais claramente o pensamento de Tschirnhaus, e me cumpre saber também se ele possui um exemplar corrigido.

Creio conhecer por correspondência esse Leibniz de que ele vos fala em sua carta, mas ignoro que motivo ele teve para ir à França, sendo conselheiro em Frankfurt. Tanto quanto posso conjecturar por suas cartas, pareceu-me um homem de espírito liberal e versado em todas as ciências. Eu julgaria inconsiderado, entretanto, comunicar-lhe tão depressa meus escritos. Eu desejaria saber, primeiro, o que ele faz em França e conhecer o juízo que faz sobre ele nosso amigo Tschirnhaus, depois que ele o haja frequentado por mais tempo e tiver de seu caráter um conhecimento mais íntimo. Eu vos rogo, além disso, saudar em meu nome nosso amigo, e me ponho inteiramente à sua disposição para todo serviço que tiver a me pedir.

Eu vos felicito pela chegada ou pelo regresso do senhor Bresser, nosso amigo muito honrado, eu lhe agradeço pela cerveja prometida e lhe testemunharei minha gratidão por todos os meios em meu poder. Eu não tentei colocar à prova o procedimento de vosso parente e não creio que me venha o desejo de fazê-lo. Quanto mais, com efeito, eu penso nisso, mais me persuado de que vós não haveis fabricado ouro, mas apartado um pouco de ouro que se dissimulara misturado ao antimônio. Retornarei a esse ponto para vos falar dele mais longamente, pois estou nesse momento com falta de tempo. Se até então eu posso vos ser de alguma ajuda, encontrareis sempre em mim um amigo e todo devotado.

B. de Spinoza

Carta 73
Spinoza a Oldenburg
[*sem data, provavelmente fins de 1675*]

Ilustríssimo senhor,

Recebi somente sábado passado vossa breve carta de 15 de novembro. Vós vos contentais em indicar as passagens do *Tratado Teológico-Político* que chocaram os leitores. Eu esperava, entretanto, que me fosse dado a conhecer quais são as opiniões que lhes parecem, assim como vós me havíeis advertido, arruinar a prática da piedade. Mas para vos exprimir abertamente o meu pensamento sobre os três pontos principais que notais, eu vos direi que, sobre Deus e a natureza, mantenho em meu íntimo uma opinião muito distante daquela que os cristãos-novos se acostumaram a defender. Creio que Deus é, de todas as coisas, causa imanente como se diz, e não causa transitiva. Afirmo, digo eu, com Paulo, e talvez com todos os filósofos antigos, ainda que de outra maneira, que todas as coisas estão e se movem em Deus, ouso mesmo acrescentar que tal foi o pensamento de todos os antigos hebreus, na medida em que se pode conjecturá-lo segundo algumas tradições, malgrado as alterações que sofreram. Todavia, crer, como fazem alguns, que o *Tratado Teológico--Político* se fundamenta nesse princípio de que Deus e a natureza (pela qual se entende certa massa ou matéria corporal) são uma e mesma coisa, é enganar-se completamente. Quanto aos milagres, estou convencido de que se pode fundamentar a certeza da revelação na exclusiva sabedoria de seus ensinamentos e não em milagres, isto é, na ignorância, tese que desenvolvi de maneira assaz abundante no capítulo VI. Acrescentarei aqui de bom grado que, entre a religião e a superstição, reconheço, como diferença principal, que esta se baseia na ignorância e aquela na sabedoria. É por essa razão que os cristãos, a meu ver, se distinguem dos outros homens, não pela fé nem pela caridade, nem tampouco pelos outros frutos do Espírito Santo, mas somente pela opinião: como todos os outros, com efeito, eles não opõem a seus adversários senão milagres, isto é, a ignorância que é a fonte de toda malícia; e convertem em superstição sua fé mesma verdadeira. Mas duvido muito que os reis jamais consintam em aplicar um remédio a esse mal. Enfim, para vos dizer francamente qual é o meu pensamento sobre o terceiro ponto, não creio que seja absolutamente necessário para a salvação conhecer o Cristo segundo a carne. Mas é totalmente diferente com respeito ao filho eterno de Deus, isto é, à sabedoria eterna que se manifestou em todas as coisas, principalmente na alma humana e, mais do que em nenhuma outra parte alhures, em Jesus Cristo. Ninguém, com efeito, sem essa sabedoria, pode chegar ao estado de beatitude, pois que somente ela ensina o que é verdadeiro e o que é falso, o que é bem e o que é mal. E porque, como eu o disse, essa sabedoria se manifestou no mais alto ponto em Jesus Cristo, seus discípulos a pregaram, na medida em que ela lhe foi por ele revelada e eles mostraram que podiam se glorificar, mais do que os outros homens, de possuir esse espírito do Cristo. Quanto ao que ajuntam certas Igrejas, a saber, que Deus assumiu uma natureza humana, adverti expressamente que ignoro o que elas querem dizer; bem mais, para falar francamente, sua linguagem não me parece menos absurda do que se se dissesse que um círculo se revestiu da forma de um quadrado. E isso basta, penso, para explicar meu pensamento sobre esses três pontos. Cabe a vós ver se essas explicações poderão convir aos cristãos que conheceis. Adeus.

Carta 74
Oldenburg a Spinoza
(16 de dezembro de 1675)

Saudações.

Visto que me censurais por minha brevidade excessiva, vou reparar desta vez minha falta sendo demasiado longo. Pelo que vejo por vossa carta, vós esperáveis que eu desse a conhecer por uma carta aquelas de vossas opiniões que parecem arruinar a prática da piedade entre vossos leitores. Eu vos direi o que mais os choca. Vós pareceis introduzir uma necessidade fatal em todas as coisas e em todas as ações, e as pessoas se dizem que, uma vez colocado isto, tudo o que faz a força das leis, das virtudes e da religião, cai, que as recompensas e as penas se tornam coisas vãs. Elas julgam que, se há coerção ou necessidade, tudo se torna desculpável e que, em consequência, ninguém ficaria sem escusa perante Deus. Pois, se nós somos conduzidos pelo destino, se a marcha das coisas é inteiramente determinada, inelutável, como se a pressão de uma inflexível mão se exercesse sobre nós, que lugar conceder à culpa e ao castigo? Elas não conseguem compreendê-lo. Se vós conheceis algum meio de sair desse embaraço e se quiserdes no-lo comunicar, vós preencheríeis meu desejo.

Quanto a esta opinião, que vós vos dignastes a me dar a conhecer sobre os três pontos assinalados por mim, ela suscita as seguintes questões: 1º Em que sentido tendes por sinônimas e equivalentes as palavras milagre e ignorância como pareceis dizer em vossa última carta? A ressurreição de Lázaro e a de

Jesus Cristo são coisas que parecem estar acima das coisas da natureza criada e não podem ser atribuídas senão ao exclusivo poder de Deus, e aquilo que ultrapassa os limites de uma inteligência finita, encerrada em certas barreiras, é necessariamente indício de uma ignorância culpável? Não credes que convém a um espírito criado, a um saber criado, reconhecer em um espírito incriado, em uma divindade suprema, uma ciência e um saber capazes de penetrar lá onde eles não penetram e de fazer coisas que nós, míseros seres humanos, não podemos compreender, por meios para nós inexplicáveis? Nós somos homens e nada do que é humano, queremos crer, deve nos parecer estranho. Em segundo lugar, visto que confessais não poder compreender que Deus haja realmente tomado uma forma humana, que me seja permitido vos perguntar: como entendeis as passagens de nosso Evangelho e da *Epístola aos Hebreus*, das quais uma afirma que o Verbo se fez carne, e a outra que o Filho de Deus assumiu a forma não dos anjos, mas da posteridade de Abraão?[88] E todo o texto do Evangelho tende, a meu ver, a estabelecer que esse filho único de Deus, enquanto λόγοϛ (logos, ao mesmo tempo Deus e em Deus), se manifestou sob uma forma humana e pagou por nós pecadores o αυτίλμτρου, preço da remissão por sua paixão e sua morte[89]. Eu desejaria realmente saber de vós o que se deve dizer dessas doutrinas e de outras semelhantes, se quisermos que o Evangelho e a religião cristã, à qual vós sois favorável, creio eu, conservem sua verdade.

Eu havia resolvido vos escrever mais, porém visitantes amigos vêm me interromper e seria impolidez de minha parte não cumprir para com eles os deveres da hospitalidade. Todavia, as observações que reuni nesta carta são suficientes, e parecerão mesmo fastidiosas a um filósofo tal como vós. Adeus, pois. Crede-me admirador perseverante de vossa erudição e de vossa ciência.

---

88. As passagens encontram-se em *Jo* 1, 14 e *Hb* 2, 16, embora a tradução desse último versículo seja controvertida.

89. Cf. *Mt* 20, 28.

CORRESPONDÊNCIA COMPLETA

Carta 75
Spinoza a Oldenburg
[*sem data, provavelmente dezembro de 1675*]

Ilustríssimo senhor,

Vejo enfim qual é essa tese que vós me pedis que eu não divulgue, mas como ela é o fundamento principal de todas as teorias contidas no *Tratado* que eu tinha de publicar, quero explicar de qual maneira afirmo a necessidade fatal de todas as coisas e de todas as ações. Eu não submeto Deus a nenhum *fatum*, mas concebo que todas as coisas se seguem, com uma necessidade inelutável, da natureza de Deus, como todos concebem que se segue da natureza de Deus que ele se conheça a si mesmo. Ninguém nega que isso seja uma consequência necessária da natureza de Deus e, entretanto, ninguém crê que Deus se conhece a si mesmo em virtude de uma coação que um *fatum* exerceria sobre ele, mas com uma liberdade inteira, embora necessariamente.

De outra parte, essa necessidade inevitável das coisas não suprime nem a lei divina nem as leis humanas. Os ensinamentos morais, quer eles recebam ou não de Deus uma forma jurídica, são sempre divinos e salutares, e o bem que a virtude e o amor de Deus engendram, quer ele venha de Deus concebido como um juiz, ou decorra da necessidade da natureza divina, não será nem por isso mais ou menos desejável, assim como, em troca, os males das más ações e das paixões não são menos temíveis porque delas decorrem necessariamente e, enfim, que nossas ações sejam necessárias ou que haja nelas contingência, é sempre a esperança ou o medo que nos conduzem.

Os homens não são, acrescentarei eu, inescusáveis perante Deus a não ser por essa razão de que estão em seu poder como a terra está em poder do oleiro que, da mesma matéria, tira vasos dos quais uns são feitos para a honra e outros para a desonra[90]. Se quiserdes conceder alguma atenção a esses breves enunciados, não duvido que possais responder a todos os argumentos que se costuma opor a mim; eu fiz a experiência com mais de um.

Tenho, por coisas equivalentes, os milagres e a ignorância porque aqueles que se propõem a fundamentar a existência de Deus e da religião sobre os milagres, querem demonstrar o obscuro pelo mais obscuro e introduzem uma nova maneira de raciocinar: não é mais a redução ao impossível, como se diz, mas à ignorância. Eu expliquei, aliás, se não me engano, suficientemente meu modo de pensar sobre os milagres no *Tratado Teológico-Político*. Acrescentarei apenas esta observação: o Cristo não apareceu nem ao Senado, nem a Pilatos, nem a nenhum infiel, mas somente aos santos; se quereis prestar bem atenção a isso, se considerais que Deus não tem nem direita nem esquerda, e que Ele não está de modo algum em um só lugar, mas em toda parte, por essência, que a natureza é em toda parte idêntica a si própria, que Deus não se manifesta fora do mundo no espaço imaginário que forjamos, que enfim o conjunto do corpo humano é adstringido, pelo exclusivo peso do ar, a mover-se em limites determinados, vereis sem dificuldade que essa aparição do Cristo não difere da aparição de Deus a Abraão, quando este último vê três homens e os convida para jantar[91]. Mas, direis vós, todos os Apóstolos acreditavam sem reserva que o Cristo ressuscitou dentre os mortos e subiu realmente ao céu. Eu não o nego: Abraão também acreditou que Deus tomou uma refeição em sua casa e todos os israelitas acreditaram que Deus, envolvendo-se em fogo, descera do céu sobre o monte Sinai e lhes falara diretamente, ao passo que, em todos esses casos e em muitos outros não se tratava senão de aparições, ou de revelações adaptadas à compreensão e às opiniões dos homens e por onde Deus quis lhes revelar seu pensamento. Concluo, portanto, que a revelação de Cristo dentre

90. Cf. *Rm* 9, 20.
91. Cf. *Gn* 18, 3s.

os mortos foi na realidade toda espiritual, e não foi revelada senão unicamente aos fiéis por um meio ao seu alcance; entendo por aí que Cristo entrou na posse da eternidade e que ele se levantou dentre os mortos (tomo essas palavras no sentido que Cristo a tomou quando disse: "deixai os mortos enterrarem os mortos"[92]), do próprio fato de que, por sua vida e por sua morte, ele deu o exemplo de uma santidade única; entendo também que ele tira seus discípulos dentre os mortos na medida em que eles seguem seu exemplo. Não seria difícil explicar por esse princípio todos os ensinamentos do Evangelho. Bem mais, o capítulo 15 da *Primeira Epístola aos Coríntios* não admite outra interpretação, e os argumentos de Paulo não podem ser compreendidos senão à luz desse princípio, visto que parecem sem força quando se segue algum outro e são então facilmente refutados, e eu poderia acrescentar que os cristãos interpretam em um sentido espiritual o que os judeus tomam em sentido material. Eu reconheço convosco a fraqueza humana. Mas às vossas questões, que me seja permitido responder perguntando-vos se nós temos, nós, míseros seres humanos, um conhecimento da natureza, tal que possamos determinar até onde se estendem sua força e seu poder e o que está acima dela. Ninguém pode, sem arrogância, emitir um julgamento a esse respeito. Não é, pois, um excesso de presunção querer, tanto quanto possível, explicar os milagres por causas naturais; para aqueles que não podemos explicar e cujo absurdo tampouco se pode demonstrar, o melhor alvitre será suspender o julgamento e apoiar a religião, como eu o disse, sobre a exclusiva sabedoria da doutrina ensinada. Credes que as passagens do *Evangelho de João* e da *Epístola aos Hebreus* que alegais estão em oposição com a linguagem que eu tenho, porque medis com um metro tomado de empréstimo às línguas da Europa frases totalmente orientais. Conquanto João tenha escrito seu Evangelho em grego, ele hebraíza, no entanto. Seja como for,

---

92. Cf. *Mt* 8, 22.

acreditais, quando a Escritura diz que Deus se manifestou em uma nuvem ou que Ele habitava o tabernáculo e o templo, que Deus mesmo haja tomado em si a natureza de uma nuvem, a do tabernáculo e a do templo? O que Cristo diz de maior sobre si próprio, é que ele é o templo de Deus, e isto porque Deus, como eu mostrei no que precede, manifestou-se principalmente no Cristo. É isso que João quis dizer servindo-se de expressões mais fortes: o Verbo se fez carne. Mas basta sobre esse assunto.

Carta 76
Spinoza a Albert Burgh
[*sem data, provavelmente dezembro de 1675*]

Aquilo que, relatado por outros, me pareceu apenas crível, vossa carta me deu a conhecer; não só vos tornastes membro da Igreja Romana, mas estais na primeira fileira daqueles que militam por ela, e já aprendestes a insultar os adversários, a invectivar insolentemente contra eles. Eu tinha a intenção de não vos responder, certo como eu estava de que, para vos reconduzir a vós mesmo e aos vossos, o tempo sozinho, não o raciocínio, teria bastante força; deixo de lado outros motivos que vós mesmo aprováveis quando conversamos acerca de Stensen, cujas pegadas seguis agora. Alguns amigos, entretanto, daqueles que comigo depositavam grandes esperanças sobre vossos notáveis dons de natureza, rogaram-me insistentemente que preenchesse o meu papel de amigo, que pensasse mais no que fostes do que no que vos tornastes; esses discursos e outros semelhantes me decidiram a vos escrever algumas linhas que vos peço ler com paciência.

Eu não vos falarei aqui, para vos desviar dos Padres e dos Pontífices, dos vícios que costumam lhes censurar os inimigos da Igreja Romana. É um mau sentimento muito comum que inspira essa espécie de ataques, e ele é mais próprio para gerar a irritação do que a persuasão. Eu irei mais longe: concordo que encontramos na Igreja Romana mais homens de alta cultura e de vida irrepreensível do que em qualquer outra igreja cristã: mais numerosos são, com efeito, os membros dessa Igreja, daí esta consequência, de que encontramos aí mais homens de todas as condições. Mas não podereis negar, a menos que com a razão tenhais perdido a memória, que há em toda Igreja homens mui dignos de estima, honrando Deus pela justiça e pela caridade; vós os encontrais entre o luteranos, os reformados, os menonitas, os entusiastas e, para não nomear outros, vós tendes, vós não o ignorais, parentes que, no tempo do duque de Alba, sofreram por sua fé todos os gêneros de suplícios com igual [força] de alma e guardando sua liberdade de espírito[93]. Deveis, portanto, reconhecer que a santidade da vida não pertence em particular à Igreja Romana, mas é comum a todos. E visto que (para falar como o apóstolo João, *Epístola 1*, 4, 13) é devido a isto que nós conhecemos que Deus mora em nós, e que nós moramos em Deus, daí resulta que tudo aquilo pelo qual a Igreja Romana se distingue é inteiramente supérfluo e, em consequência, repousa apenas sobre a superstição. O único e certíssimo signo da verdadeira fé católica e da verdadeira posse do Espírito Santo é, como digo com João, a justiça e a caridade: onde elas se encontram, Cristo está realmente, onde elas faltam, Cristo está ausente. Pois não podemos ser conduzidos ao amor à justiça e à caridade senão pelo Espírito de Cristo. Se vós vos tivésseis dado ao trabalho de examinar retamente essas verdades, vós não vos teríeis perdido e não teríeis mergulhado na tristeza com que vossos pais agora deploram vosso destino.

93. Trata-se de Fernando Álvarez de Toledo y Pimentel (1507-1582), o terceiro duque de Alba, renomado gênio militar espanhol, enviado por Filipe II para pôr fim às sublevações nos Países Baixos. No governo holandês, de 1566 a 1573, o duque de Alba implementou uma política tirânica e persecutória contra os "hereges" – não somente protestantes e judeus, como todos aqueles que se opunham ao rei da Espanha, os quais mandou aprisionar em Arnhem, por exemplo – que lhe valeu a alcunha de "duque de Ferro". Derrotou o exército português, em 1580, o que fez da unificação das coroas um fato que lhe valeu o título de vice-rei de Portugal. Severo, leal a seu rei e à Igreja Católica, corajoso e implacável, o duque de Alba era, antes de tudo, um soldado, sendo-lhe atribuída a seguinte frase: "Los *reyes usan a los hombres* como si fuesen naranjas, primero exprimen el jugo y luego tiran la cáscara".

Para voltar à vossa carta, vós deplorais no começo que eu me haja deixado enredar pelo Príncipe dos Espíritos Malignos. Não vos atormenteis, eu vos rogo, e recomponde-vos. Quando estáveis de posse de vossa razão, admitíeis, salvo erro, um Deus infinito, em virtude do qual todas as coisas existem e se conservam. E eis agora que sonhais com um Príncipe inimigo de Deus, eis que esse Príncipe, contra a vontade de Deus, enreda e engana a maior parte dos homens (os bons são raros, com efeito), que Deus, por essa razão, entrega a esse mestre de crimes para que ele lhes inflija os tormentos eternos. A justiça divina aceita, portanto, que o Diabo engane os homens impunemente; mas ela se opõe a que permaneçam impunes os infelizes enganados pelo Diabo.

Ainda assim esses absurdos seriam suportáveis se vós adorásseis um Deus infinito e eterno e não aquele que Châtillon, na cidade denominada Tienen, em flamengo, deu impunemente a comer a seus cavalos[94]. E vós me lastimais, infeliz que sois! E vós chamais de quimera uma filosofia que vós nem sequer conheceis! Ó jovem insensato, quem pôde vos extraviar a tal ponto que credes engolir e ter nas entranhas o ser soberano e eterno?

Quereis raciocinar, entretanto, e me perguntais como eu sei que minha filosofia é melhor entre todas aquelas que jamais foram, são e serão ensinadas no mundo. Caberia antes a mim vos propor a questão. Eu não pretendo ter encontrado a melhor filosofia, mas sei que tenho conhecimento da verdadeira. Vós me perguntareis como eu o sei. Eu responderei: da mesma maneira que vós sabeis que os três ângulos de um triângulo são iguais a dois retos, e ninguém dirá que isto não basta, por pouco que seu cérebro esteja são e que ele não sonhe

---

94. Gaspard III de Coligny (1584-1646), huguenote, marechal da França e senhor de Châtillon, foi um dos comandantes do cerco franco-holandês a Tienen (ou Tirlemont, atual Bélgica) em 1635. Não obstante ter se rendido, o burgo foi saqueado e uma série de atrocidades, como torturas, estupros e assassinatos, foi praticada contra civis e religiosos, inclusive crianças e idosos; o hospital foi queimado com os pacientes dentro; e as igrejas católicas foram profanadas, atribuindo-se a Châtillon o episódio referido por Spinoza de atirar as hóstias aos cavalos. A cidade acabou por ser incendiada.

com espíritos impuros a nos inspirar ideias falsas semelhantes a ideias verdadeiras; pois o verdadeiro é sua [própria] marca e é também a do falso.

Mas vós que pretendeis haver encontrado a melhor religião ou antes os melhores homens e vos ter abandonado absolutamente a eles, como sabeis que eles são os melhores entre todos aqueles que professam, professaram ou professarão outras religiões? Examinastes todas as religiões, tanto antigas quanto novas, que são professadas aqui, na Índia ou no mundo inteiro? E supondo mesmo que as tenhais examinado como se deve, como sabeis vós que escolhestes a melhor? Uma vez que não podeis dar acerca de vossa fé uma justificação racional, direis que vos baseais no testemunho interior do Espírito de Deus e que as outras são enredadas e enganadas pelo Príncipe dos Espíritos Malignos? Mas todos aqueles que não pertencem à Igreja Romana dizem de sua religião com outros tantos direitos o que vós mesmo dizeis da vossa!

O que vós acrescentais sobre o consentimento unânime de miríades de homens e a sucessão ininterrupta da Igreja é o refrão mesmo dos Fariseus. Com uma confiança que não perde em nada à dos partidários de Roma, invocam miríades de testemunhas as quais, não menos obstinadamente do que os de Roma, eles referem como fatos de experiência aquilo que ouviram dizer. E fazem remontar sua linhagem até Adão. Exaltam com a mesma arrogância sua Igreja que se manteve até esse dia, imutável em sua solidez, apesar da hostilidade dos gentios e dos cristãos. É a antiguidade sobretudo desta Igreja que faz sua força. Clamam de uma só voz que eles têm tradições recebidas de Deus mesmo, e que eles guardam a Palavra de Deus falada e não escrita. Ninguém pode negar que todos os heréticos provieram deles e que os Fariseus permaneceram fiéis a si próprios durante milhares de anos, não em absoluto por uma coação exercida pelo Estado, mas pelo exclusivo efeito da superstição. Porém, o que mais os orgulha é que contam com mais mártires do que não importa qual raça, e que todos os dias cresce o número daqueles dentre eles que padecem com uma constância extraordinária pela fé que confessam; entre muitos outros, há um que eu mesmo conheci: Judá, dito o confessor, que, quando já o julgavam morto, começou a cantar o salmo: "Ó Deus, deposito minha alma em vossas mãos", e expirou cantando[95].

Reconheço todas as vantagens políticas da disciplina tão celebrada por vós que a Igreja Romana instituiu, e também o proveito material que muito tiram disso. Nenhuma me parece melhor feita para enganar o povo inculto e exercer uma dominação sobre as almas, se não existisse a disciplina da Igreja muçulmana que, a esse respeito, sobrepuja-a muito: desde sua origem, com efeito, essa superstição não conheceu cisma.

A bem calcular, só tem alguma força vosso terceiro argumento em favor dos cristãos: homens ignorantes e de condição miserável puderam converter quase o mundo inteiro à fé do Cristo. Todavia, esse argumento milita em favor não da Igreja Romana, mas de todos aqueles que confessam o nome de Cristo.

Admitamos, entretanto, que todas as razões que aduzis não sejam válidas a não ser em relação à Igreja Romana somente. Podeis por aí estabelecer matematicamente a autoridade dessa Igreja? Como falta muito para que vossas razões tenham essa força, por que desejais, pois, que eu creia que minhas demonstrações foram inspiradas pelo Príncipe dos Espíritos Malignos e as vossas, por Deus? Quando eu vejo, sobretudo (e vossa carta o mostra claramente), que, se vós sois escravo dessa Igreja, não é tanto o amor de Deus que vos impele, mas o medo do inferno, única causa da superstição. Vossa humildade é, portanto, tão grande que, desprovido de toda confiança em vós mesmo,

---

95. Lope de Vera y Alarcón (1619-1644), dito Judá, el Creyente, foi um nobre espanhol, de família cripto-judaica. Aficionado dos Salmos, que lia em hebraico, foi acusado de heresia pela Inquisição por negar que o Messias já tivesse vindo. Passou seis anos preso antes de ser martirizado, sendo essas as suas últimas palavras, extraídas dos *Sl* 31,6, e segundo *Lc* 23, 46, também as de Jesus. Seu destemor frente à morte impressionou os contemporâneos, até mesmo o inquisidor Cardeal Moscoso (Baltasar Moscoso y Sandoval, 1589-1665).

vós vos apoiais inteiramente em outros? Mas esses outros, eles também, têm adversários que os condenam. Acusar-me-eis de arrogância e orgulho porque uso a razão e me esteio nesse verdadeiro Verbo de Deus que está na alma e não pode jamais ser alterado nem corrompido?

Deixai, pois, essa superstição funesta, e reconhecei a razão que Deus vos deu; cultivai-a se não quereis vos alinhar entre os brutos. Cessai, repito-o, de chamar mistérios a erros absurdos, e de confundir lastimavelmente o desconhecido, o não conhecido ainda, com crenças cujo absurdo está demonstrado, tais como os terríveis segredos dessa Igreja que credes superar tanto mais o entendimento quanto mais chocam a reta razão.

O princípio do *Tratado Teológico-Político*, a saber, que a Escritura deve explicar-se pela Escritura somente, esse princípio que, tão ruidosamente e sem razão, vós pretendeis ser falso, não é apenas suposto, sua verdade é estabelecida de forma apodítica, principalmente no capítulo VII, em que são refutadas também as opiniões adversas. Ajuntai-lhe as demonstrações dadas no fim do capítulo XV. Se quiserdes realmente lê-los com atenção e também examinar a história da Igreja (em relação à qual pareceis ser mui ignorante), de maneira a ver quantas contra-verdades estão contidas nos livros pontificais, e por qual destino, quais artifícios, o pontífice romano, seiscentos anos após o nascimento de Cristo, conquistou o comando da Igreja, não duvido que viríeis à resipiscência. De coração eu desejaria que assim fosse. Adeus.

Carta 77
Oldenburg a Spinoza
(*Londres, 14 de janeiro de 1676*)

εὖ πράττειν (*eu práttein*, plenitude do "bem-agir")

Vós acertastes no alvo: a razão pela qual eu não desejaria que esta necessidade fatal de todas as coisas fosse admitida pelo vulgo é o meu temor de que a virtude não venha a sofrer com isso e que as recompensas e as penas percam todo valor. As explicações contidas a esse respeito em vossa última carta não me parecem ainda concludentes e não dão apaziguamento ao espírito. Se, em todas as nossas ações, naquelas que são morais assim como naquelas que comandam a natureza, nós estamos, nós homens, no poder de Deus como a argila na mão do oleiro, com que direito pode um de nós ser acusado de agir de uma determinada maneira ou de outra, quando lhe era de todo impossível agir diferentemente? Não é a Deus só que podemos acusar: Teu destino inflexível, teu poder irresistível nos obrigou a agir dessa maneira e nós não pudemos proceder de outro modo. Por que, pois, e com que direito Tu nos cumulas de penas das mais severas? Nós não podemos subtrair-nos a elas, visto que Tu és o único obreiro, Tu que diriges tudo segundo tua vontade e a teu bel-prazer com uma suprema necessidade. Vós dizeis que os homens são inescusáveis perante Deus por esta única razão de que estão em poder de Deus. De minha parte, eu inverteria inteiramente o argumento e diria, com mais razão ao que parece: os homens são inteiramente escusáveis porque estão em poder de Deus. É fácil a todos dizer, com efeito: inelutável é Tua potência, ó Deus: eu devo, portanto, ser escusado por não ter agido de outro modo.

Ademais, mantendo que os milagres e a ignorância são coisas equivalentes, pareceis encerrar nos mesmos limites o poder de Deus e a ciência tão limitada dos homens, mesmo dos mais penetrantes, como se Deus nada pudesse fazer, nada produzir que os homens não pudessem dar-se conta por um esforço de seu espírito. Acrescentai que esta história da paixão, da morte, do sepultamento e da ressurreição de Cristo parece contada com cores tão vivas que eu não temeria fazer apelo à vossa consciência: credes que essa história deva ser tomada por uma alegoria ou ao pé da letra, desde que se esteja persuadido de sua verdade? As circunstâncias relatadas tão claramente pelos evangelistas a esse respeito parecem antes nos obrigar a crer que essa história deve ser tomada ao pé da letra. Eis algumas observações que eu queria fazer sobre esse ponto, e rogo-vos insistentemente o favor de escusá-las e de responder a isso amigavelmente com toda franqueza. O senhor Boyle renova suas atenciosas saudações a vós. Eu vos exporei em outra ocasião o que a Real Sociedade está fazendo. Adeus, continuai querendo-me bem.

Henry Oldenburg

Carta 78
Spinoza a Oldenburg
(Haia, 7 de fevereiro de 1676)

Nobilíssimo senhor,

O que disse na carta precedente, que somos inescusáveis perante Deus porque estamos sob o poder de Deus, como a argila em mãos do oleiro, deve ser entendido no sentido de que ninguém pode dirigir censuras a Deus porque Deus lhe deu uma natureza fraca ou uma alma sem vigor. Como seria absurdo, com efeito, se o círculo se lamentasse porque Deus não lhe deu as propriedades da esfera, ou uma criança que sofre de litíase porque Deus não lhe deu um corpo sadio, assim como um homem sem vigor na alma não pode lamuriar-se porque Deus lhe recusou a força moral, o conhecimento verdadeiro e o amor do próprio Deus, dando-lhe uma natureza tão fraca que não pode conter e regrar seus desejos. Nada mais, com efeito, pertence à natureza de alguma coisa senão o que se segue necessariamente de sua causa, tal como é dada. Além disso, não pertence à natureza de todo homem ter uma alma forte e não está mais em nosso poder possuir a saúde do corpo do que a da alma, ninguém o pode negar, a menos que caia em erro e vá contra a experiência e contra a razão. Mas, insistis, se os homens pecam por uma necessidade da natureza, eles são, portanto, desculpáveis. Vós não explicais o que quereis concluir disso. Quereis dizer que Deus não pode irritar-se com eles ou que eles são dignos da beatitude, quer dizer, dignos de ter o conhecimento e o amor de Deus? Se for no primeiro sentido, concordo inteiramente: Deus não se irrita, e tudo ocorre conforme seu decreto. Mas não vejo aí que seja uma razão para que todos cheguem à beatitude: os homens, efetivamente, podem ser escusáveis e, no entanto, privados de beatitude e sofrer tormentos de toda sorte. Um cavalo é escusável de ser cavalo e não homem. Quem se torna raivoso pela mordida de um cão, deve ser, em verdade, escusado, mas temos o direito de estrangulá-lo. E quem, enfim, não pode governar seus desejos, nem contê-los pelo medo das leis, embora possa ser desculpado, em razão de sua fraqueza, não pode, entretanto, gozar da paz da alma, do conhecimento e do amor de Deus, mas, [deve] necessariamente, perecer. Não é necessário aqui, penso, fazer observar que a Escritura, quando diz que Deus se irrita contra os pecadores, que ele é o juiz que conhece as ações humanas, toma decisões e permite detenções, fala de uma maneira totalmente humana e segundo as opiniões vindas do vulgo, porque seu objetivo não é o de ensinar a filosofia nem fazer os homens sábios, mas torná-los obedientes.

Também não vejo como, tomando o milagre e a ignorância como equivalentes, confino a potência de Deus e a ciência dos homens nos mesmos limites. Como vós, aliás, entendo a paixão de Cristo, sua morte e sua inumação, segundo a letra; sua ressurreição, ao contrário, em um sentido alegórico. Reconheço que essa ressurreição é contada pelos evangelistas com circunstâncias tais que não podemos duvidar que nem mesmo eles haviam acreditado que o corpo de Cristo havia se reerguido da morte e subido aos céus para sentar-se ao lado direito de Deus, e que isso poderia ter sido visto mesmo pelos infiéis se se encontrassem nos locais onde o Cristo apareceu a seus discípulos. Em tudo isso, porém, os evangelistas poderiam enganar-se, assim como aconteceu a outros profetas, sem que a doutrina do Evangelho fosse atingida por seus erros. Paulo, ao contrário, a quem Cristo apareceu mais tarde, se felicita por conhecer Cristo segundo o espírito, não segundo a carne.

Muito vos agradeço pelo catálogo dos livros do senhor Boyle. Conto saber de vós notícias sobre a Real Sociedade. Adeus, crede em toda a minha afeição e meu devotamento.

Carta 79
Oldenburg a Spinoza
(Londres, 11 de fevereiro de 1676)

Saudações,

Em vossa última carta datada de 7 de fevereiro, há certas passagens ainda que me parecem merecer um exame mais severo. Dizeis-me que um homem não pode lamentar-se por Deus lhe ter recusado o verdadeiro conhecimento de Deus e forças suficientes para evitar o pecado, pois nada pertence à natureza de cada coisa a não ser o que se segue necessariamente de sua causa. Respondo: já que Deus, criador dos homens, formou-lhes à sua imagem, a qual parece conter em sua definição a sabedoria, a bondade e o poder, parece seguir-se daí que está mais em poder do homem ter uma alma sadia do que um corpo são, estando a saúde do corpo dependente de princípios mecânicos e aquela da alma da *proairesis*[96] e da deliberação. Acrescentais que os homens podem se justificar e, no entanto, ser atormentados de diversas maneiras. Isso parece duro à primeira vista, e o que dizeis em apoio, que um cachorro tornado louco o foi por ter sido mordido, é justificável na verdade, mas abatido por bom motivo, não parece ser concludente: a morte de um cachorro louco será taxada de crueldade se ela não for necessária para preservar os demais cães ou os outros animais e homens da mordida do raivoso. Ao contrário, se Deus desse uma alma sadia, como o pode,

---

96. Em grego, no original: desejo consciente ou norma escolhida de vida.

nenhum contágio de vícios seria de se temer. E parece realmente cruel que Deus consagre os homens a tormentos eternos, ou ao menos a tormentos terríveis que duram um certo tempo para pecados que lhes eram impossíveis evitar. Acrescentai que todo o texto da Sagrada Escritura parece supor e implicar que está no poder dos homens abster-se dos pecados; ela está repleta de aná-temas e de promessas de anúncios de recompensas e de castigos. Se também isso se rejeita, dever-se-ia dizer da alma humana que ela age tão mecanicamente quanto o corpo humano.

Por esta assimilação dos milagres à ignorância, que vós persis-tis em admitir, ela me parece apoiar-se sobre o princípio de que a criatura pode e deve ter uma visão clara da potência infinita e da sabedoria do criador; tenho a mais firme convicção que se possa ter de que não é assim. Enfim, quando afirmais que a paixão de Cristo, sua morte e seu sepultamento devem ser entendidos ao pé da letra, mas sua ressurreição em um sentido alegórico, não dais nenhuma prova em apoio de vossa tese. A ressurreição de Cristo parece estar afirmada pelos Evangelhos tão literalmente quanto o resto. Sobre esse dogma da ressurreição repousa toda a religião cristã e, se vós o suprimis, a missão de Cristo e sua doutrina ce-leste desmoronam. Não podeis ignorar que esforço teve Cristo, ressuscitado de entre os mortos, para convencer seus discípulos da verdade de sua ressurreição propriamente dita. Querer mudar isso em alegoria é como se quiséssemos retirar toda a verdade da história que relata o Evangelho. Quis reproduzir essas objeções no interesse da minha liberdade de filosofar, e peço-vos com in-sistência que não as leve a mal.

p.s.: Falarei longamente dos trabalhos e das ocupações atuais da Real Sociedade se Deus me quiser dar vida e saúde.

Carta 80
Tschirnhaus a Spinoza
(2 de maio de 1676)

Senhor,

Em primeiro lugar, me é extremamente difícil conceber como se pode demonstrar *a priori* a existência de corpos que têm movimentos e formas, uma vez que nada disso se encontra na extensão quando a consideramos absolutamente. Em segundo lugar, gostaria de aprender convosco como é preciso entender o que enunciais na Carta sobre o Infinito, nesses termos: não se conclui, porém, que tais grandezas ultrapassem toda quantidade pela multidão de suas partes. Todos os matemáticos, com efeito, parecem demonstrar, a respeito de coisas infinitas, de tal modo que o número das partes ultrapassa toda quantidade assinalável e, no exemplo dos dois círculos que dais naquele lugar, não me parece que estabeleceis o que havíeis anunciado estabelecer. Com efeito, mostrais somente que eles não tiram essa conclusão da grandeza excessiva do espaço compreendido e que não temos máximo e mínimo nesse caso. Mas não demonstrais, como queríeis, que eles não resultam da multidão das partes.

Soube pelo senhor Leibniz que o preceptor do delfim de França, chamado Huet, um homem de extenso saber, deverá escrever sobre a verdade da religião e refutar vosso *Tratado Teológico-Político*[97]. Adeus.

---

97. Pierre Daniel Huet (1630-1721), francês, foi clérigo e bispo de Avranches, além de grande erudito, editor de textos clássicos (numa coleção denominada *ad usum delphini*, para o delfim, na qual os textos apareciam censurados) e opositor do cartesianismo. Tomou parte na Querela dos Antigos e Modernos, ao lado dos antigos, e também se interessou por matemática, astronomia e anatomia. Acredita-se ter sido ele o primeiro autor a escrever uma história do romance "moderno" no seu "Traitté de l'origine des romans", publicado como prefácio à obra de Madame de La Fayette, *Zayde*. A obra de Huet a que Tschirnhaus se refere é *Demonstratio evangelica* (1679).

Carta 81
Spinoza a Tschirnhaus
(*Haia, 5 de maio de 1676*)

Ilustríssimo senhor,

O que eu disse em minha carta sobre o infinito, a saber, que não se conclui da multidão das partes que haja uma infinidade, resulta manifestamente de que, se a infinidade se concluísse da multidão das partes, nós não poderíamos conceber uma multidão maior, devendo sua multidão ser maior que toda multidão dada. Ora, isso é falso, pois, no espaço total compreendido entre dois círculos tendo centros diferentes, nós concebemos uma multidão de partes duas vezes maior do que na metade desse espaço e, no entanto, o número das partes, tanto da metade quanto do espaço total, é maior do que todo número consignável.

Agora, da extensão tal como a concebe Descartes, isto é, como uma massa em repouso, não é somente difícil, como dizeis, mas completamente impossível tirar por demonstração a existência dos corpos. A matéria em repouso, com efeito, perseverará em seu repouso tanto quanto nele estiver, e não será posta em movimento senão por uma causa externa mais poderosa. Por essa razão, não tive medo de afirmar outrora que os princípios das coisas da natureza admitidos por Descartes são inúteis, para não dizer absurdos.

Carta 82
Tschirnhaus a Spinoza
(*Paris, 23 de junho de 1676*)

Ilustríssimo senhor,

Eu vos ficaria obrigado dando-me a conhecer como a variedade das coisas pode ser deduzida *a priori* da extensão concebida em conformidade com vossas meditações, pois vós me lembrais que, segundo Descartes, esse efeito não pode produzir-se na extensão, a não ser supondo-se um movimento criado por Deus. Ele não deduz, portanto, segundo a minha opinião, a existência dos corpos de uma matéria em repouso, a menos que não queirais ter em nenhuma conta a suposição de um Deus motor. Vós mesmo não haveis mostrado como a existência dos corpos devia seguir necessariamente *a priori* da essência de Deus, dedução que Descartes julgava estar acima da compreensão humana. Daí por que eu vos coloco esta questão, sabendo bem que tendes outros pensamentos, a menos que haja alguma outra razão pela qual não quisestes até agora explicar-nos claramente, e, julgando como não hesito a crê-lo, que não era necessário dá-la a conhecer. Vós vos limitastes a oferecer algumas indicações obscuras. Mas ficai bem certo de que em todos os casos meus sentimentos a vosso respeito restarão sempre os mesmos, quer vós expliqueis abertamente ou quer julgueis dever me ocultar vossa opinião.

As razões pelas quais eu desejaria particularmente me certificar sobre esse ponto são que, eu o observei amiúde na matemática, de uma coisa qualquer considerada em si mesma, isto é, da definição de uma coisa, nós não podemos jamais deduzir senão uma só propriedade; se queremos conhecer várias, é necessário que confrontemos a coisa definida com outros objetos; então desse confronto de definições podem resultar novas propriedades. Se, por exemplo, considero unicamente a circunferência do círculo, eu nada poderia concluir daí senão que ela é em toda parte semelhante a si própria ou uniforme, propriedade pela qual ela difere essencialmente de todas as outras curvas. Mas eu não poderia dessa consideração só deduzir outras propriedades. Ao contrário, se confronto minha definição com outros objetos, tais como os raios traçados a partir do centro, ou ainda se tenho em conta duas linhas que se cortam, ou um maior número de linhas, estarei em condição de deduzir daí um grande número de propriedades. Ora, isso parece de alguma maneira contradizer a proposição 16 da *Ética*, talvez a mais importante do primeiro livro de vosso *Tratado*. Nessa proposição vós considerais como coisa conhecida que, de uma proposição dada, pode-se deduzir várias propriedades da coisa definida, qualquer que ela seja. Isso me parece impossível se não se confronta a coisa definida com outros objetos. Daí por que não consigo ver de que maneira, de um atributo considerado com a exclusão de algum outro e, por exemplo, da extensão infinita, pode sair a variedade dos corpos. Porque se vós credes, com efeito, que essa variedade não pode ser concluída da consideração de um único atributo, mas antes da de todos os atributos tomados em conjunto, eu desejaria ouvi-lo de vós e ao mesmo tempo saber como essa dedução deve ser concebida. Adeus etc.

Carta 83
Spinoza a Tschirnhaus
(*Haia, 15 de julho de 1676*)

Ilustríssimo senhor,

Em relação ao que perguntais, a saber, se a variedade das coisas pode ser estabelecida *a priori*, partindo-se da exclusiva ideia da extensão, creio já haver demonstrado assaz claramente que é impossível. Eis por que eu penso que a definição dada por Descartes da matéria, que ele reduz à extensão, é má, e que a explicação deve ser necessariamente procurada em um atributo que exprima uma essência eterna e infinita. Mas eu vos falarei disso mais claramente, talvez, um dia, se bastante vida me for concedida, pois até agora me foi impossível dispor com ordem este assunto.

Quanto ao que dizeis que da definição de uma coisa considerada em si própria não se pode deduzir senão uma só propriedade, isso talvez se aplique às coisas mais simples ou aos

CORRESPONDÊNCIA COMPLETA

seres de razão (aos quais eu reduzo as figuras), mas isso não se aplica às coisas reais. Do único fato, com efeito, que eu defino Deus como um Ser à cuja essência pertence a existência, concluo várias propriedades de Deus: que Ele existe necessariamente, que Ele é imutável, infinito etc., e eu poderia dar vários outros exemplos da mesma espécie que deixo de lado para o momento. Eu vos rogo, enfim, que se informe se o tratado do senhor Huet (contra o *Tratado Teológico-Político*) veio à luz e se podeis me enviar um exemplar. Eu vos perguntaria ainda se vós sabeis qual é essa descoberta feita recentemente relativa à refração[98]. Adeus, senhor, continuai a ter amizade por mim. Vosso

B. de Spinoza

Carta 84
Spinoza a um amigo[99]
[*Haia, sem data, provavelmente 1676*]

Querido amigo,

Ontem tive o prazer de receber vossa carta. Eu vos agradeço de coração pelo zelo que dais prova em relação a mim. Eu não deixaria escapar esta ocasião, se não estivesse ocupado com uma tarefa que julgo mais útil e que, creio eu, também vos agradará mais: trata-se da composição do *Tratado Político*, empreendida há algum tempo por vossa instigação. Desse *Tratado*,

98. Duas pesquisas da época se destacaram no estudo da refração: desde 1666, Isaac Newton usava prismas para estudar a luz (e as cores) e publicou suas descobertas em 1672. Rasmus Bartholin (ou Erasmus Bartholinus, 1625-1698), dinamarquês, médico, físico e matemático, observou o efeito da birrefração (ou dupla refração) da luz por meio do cristal-da-islândia (espato da islândia ou calcita), tornando públicas suas descobertas na obra *Experimenta crystalli Islandici disdiaclastici, quibus mira et insolita refractio detegitur*, de 1669.

99. O destinatário desta carta é desconhecido. Trata-se, talvez, segundo Charles Appuhn, de Jarig Jelles. Esta carta foi utilizada pelos editores da *Opera Posthuma* à guisa de prefácio ao *Tratado Político*.

seis capítulos estão agora terminados. O primeiro contém de certa maneira uma introdução à obra, o segundo trata do direito natural, o terceiro, do direito do soberano, o quarto expõe quais negócios políticos dependem do governo do soberano. No quinto é investigado qual é o fim último que a sociedade pode ter em vista, no sexto, de que maneira o Estado monárquico deve ser instituído para não cair na tirania. Agora redijo o sétimo capítulo no qual demonstro metodicamente tudo o que se acha contido no tocante à monarquia no capítulo precedente. Em seguida passarei à aristocracia e ao Estado popular, enfim, às leis e às outras questões particulares concernentes à política. Adeus.

B. de Spinoza

CORRESPONDÊNCIA COMPLEMENTAR[1]

Spinoza a Lodewijk Meyer[2]
[*Voorburg, 26 de julho de 1663*]

Meu caro amigo,

Ontem, recebi sua mui bem-vinda carta, na qual vós primeiro perguntais se no capítulo 2 da parte I do Apêndice[3] haveis indicado corretamente todas as proposições etc., as quais estão citadas ali na Parte I do *Principia*; segundo, se minha asserção na Parte II, a de que o Filho de Deus é o Pai em pessoa, não deveria ser eliminada; e finalmente, se minha declaração de que eu não conheço o que os teólogos entendem pelo termo *personalitas* não devia ser alterada. A isso eu respondo:

1. Que tudo que vós haveis indicado no Capítulo 1 do Apêndice foi corretamente indicado. Mas no Capítulo 1 do Apêndice,

---

1. As cartas, ou trechos de cartas, a seguir não figuravam nas várias publicações das obras completas de Spinoza até o século XX, daí sua inserção à parte da numeração já estabelecida pela edição de J. van Vloten e J.P.N. Land, *Opera* (1882).
2. Carta descoberta por A.K. Offenberg e publicada em 1975.
3. Referência aos *Pensamentos Metafísicos*.

página 1, indicastes o escólio para a Proposição 4, ao passo que eu preferiria que vós o houvésseis indicado para a Proposição 15, onde meu propósito declarado é discutir todos os modos de pensamento. Novamente, na página 2 do mesmo capítulo, vós escrevestes estas palavras na margem, "Por que negações não são *ideae*", onde a palavra "negações" deveria ser substituída por *entia rationis*, pois eu estou falando de *ens rationis* em geral, e dizendo que isso não é uma *idea*.

2. Quanto à minha afirmação de que o Filho de Deus é o Pai em pessoa, eu penso que isso se segue claramente deste axioma, quer dizer, que coisas que concordam com uma terceira concordam entre si. Apesar disso, dado que isto é uma questão sem importância para mim, se vós pensais que isso possa ofender alguns teólogos, fazei como lhe parecer melhor.

3. Finalmente, o que teólogos querem dizer com a palavra *personalitas* está além de minhas possibilidades, embora eu conheça o que filólogos querem dizer com isso. De qualquer modo, visto que o manuscrito está em vossas mãos, podeis melhor decidir essas coisas por conta própria. Se vós pensais que eles devam ser mudados, fazei como lhe aprouver.

Adeus, meu querido amigo,

Seu muito dedicado,
B. de Spinoza

Para Henry Oldenburg de B. d. S.[4]

[...] Eu vi o *Mundus subterraneus* de Kircher com o sr. Huygens, o qual tem mais estima pela piedade de Kircher do que por suas habilidades. Isso talvez seja porque Kircher discorre

---

4. Trecho da carta de Oldenburg para Boyle (ver carta 30), que por sua vez trazia trechos de uma correspondência enviada deste para Robert Moray (em 7 de outubro de 1665), descoberta por Abraham Wolf em 1935, com citações de uma carta em latim de Spinoza para Oldenburg, provavelmente do outono de 1665, em resposta à carta 29. O livro de Kircher mencionado é desse mesmo ano.

CORRESPONDÊNCIA COMPLETA

sobre pêndulos e conclui que eles não podem ter uso para determinar longitudes, opinião oposta à de Huygens. Vós quereis saber o que pensam aqui sobre os pêndulos de Huygens. Não tenho como vos dar uma informação definitiva a esse respeito, mas de uma coisa sei: o único artesão que possui o direito de fabricá-los parou completamente de trabalhar porque não pode vendê-los. Não sei se isso decorre da interrupção do comércio ou devido ao preço excessivamente alto que ele demanda, já que cobra 300 florins cada. Quando perguntei a Huygens sobre o seu *Dioptrica* e sobre outro tratado lidando com o parélio[Parhelia], ele respondeu que ainda estava buscando uma resposta para um problema em *Dioptrica* e que, assim que encontrasse a solução publicaria tanto o livro quanto o tratado sobre o parélio. No entanto, de minha parte, acredito que ele esteja mais preocupado com sua viagem à França (ele está se preparando para se mudar para a França assim que seu pai retornar) do que com qualquer outra coisa. O problema que ele está tentando resolver em *Dioptrica* é como se segue: é possível posicionar as lentes em telescópios de tal maneira que a deficiência de uma corrija a deficiência de outra e, portanto, fazer com que todos os raios paralelos que passem através da lente objetiva convirjam num ponto matemático? Parece-me impossível. Além disso, através de sua *Dioptrica*, como pude ver e dele recolher (a não ser que me engane) ele trata somente de figuras esféricas. Com relação ao *Tratado Sobre o Movimento*[5], sobre o qual vós também me perguntais, penso que deveis procurá-lo em vão. Já faz um longo tempo desde que ele começou a se vangloriar que seus cálculos tinham mostrado que as leis de movimento e da natureza são muito diferentes daquelas apresentadas por Descartes, e que essas estão quase todas incorretas. No entanto, ele não produziu evidência alguma a respeito dessa afirmação. Sei que, há cerca de um ano atrás, ele me disse que todas suas descobertas feitas por cálculos a respeito do

5. *De motu corporum ex percussione*, escrito por Huygens em 1656, mas publicado apenas postumamente, em 1703.

movimento tinham sido verificadas através de experimentos na Inglaterra. Nisso, só dificilmente acreditaria; e creio que em relação à sexta lei do movimento em Descartes, ambos, ele e Descartes, estão bem errados [...]

Confissão da Fé Universal e da Fé Cristã,
contida em uma carta para N.N. de Jarig Jelles
[Amsterdã, 1673][6]

Honorável amigo,

Tenho considerado vosso sincero pedido desejoso de que vos informe por carta meus sentimentos a respeito de minha fé ou religião, e ainda mais prontamente, uma vez que vós declarastes que o motivo de tal solicitação é que algumas pessoas têm tentado vos persuadir de que os filósofos cartesianos (entre os quais estais satisfeito em me incluir) admitem uma opinião estranha, de que caem no paganismo antigo, e de que suas proposições e princípios básicos se opõem aos princípios básicos da religião cristã e da devoção etc. Em minha própria defesa, então, devo dizer, antes de tudo, que a filosofia cartesiana concerne tão pouco à religião que as proposições de Descartes encontram seguidores não só entre várias convicções religiosas como também entre católicos romanos, de forma que o que eu direi sobre religião deve ser entendido como minha visão particular, não a dos cartesianos. E embora eu não procure me envolver em controvérsias com outros nem silenciar caluniadores, eu terei, entretanto, o prazer de vos satisfazer e a outros como vós. E embora não seja minha intenção prescrever um credo universal, ou ainda determinar princípios doutrinais que sejam essenciais, fundamentais e necessários, mas apenas familiarizar-vos com minhas visões, esforçar-me-ei ao máximo para

---

6. Publicada por Jan Rieuwertsz.

CORRESPONDÊNCIA COMPLETA

cumprir com os termos que, segundo Jacobus Acontius, são necessários para uma Confissão universal aceitável a todos os cristãos, a saber, que deva conter apenas o que necessariamente precisa ser sabido, que seja muito verdadeiro e certo, que seja atestado e confirmado por testemunhos e, finalmente, que seja expresso, tanto quanto possível, nas mesmas palavras e frases que foram usadas pelo Espírito Santo. Eis, portanto, uma Confissão que penso ser desse tipo. Lê atentamente, não a julgues apressadamente e estai seguro de que, como tomei uma posição sobre a verdade, procurarei vos comunicá-la nesta carta.

[*Em seguida ao texto da* Confissão, *Jelles conclui:*]

Acredito que, com isso, eu deva ter realizado mais ainda do que vós mesmo esperáveis e que, portanto, considerareis que cumpri com aquilo que me solicitastes.

Em troca peço-vos apenas, por favor, que considereis cuidadosa e prudentemente o que eu disse, e então julgueis o relato que recebestes a respeito de minha opinião religiosa.

Se encontrardes aqui qualquer coisa que possa parecer falso ou que se oponha à Santa Escritura, imploro-vos que me informeis, e também a razão pela qual tal coisa assim vos parece, de modo que eu possa investigá-la. Aqueles que se opõem à Sagrada Escritura e tornam falso o que quer que discorde de suas Formulações ou Confissões de fé irão indubitavelmente julgar que muito do que está contido em minha carta é dessa maneira. Mas estou confiante em que aqueles que a contrastarem com a verdade (que eu mostrei anteriormente ser a única medida indefectível e critério de verdade ou falsidade, de honestidade e desonestidade etc.) vão julgar diferentemente, que é o que também espero de vós.

Eis aqui minha visão sobre o que concerne à religião Cristã, e também as provas e raciocínios sobre os quais essa visão se apoia. Agora cabe a vós julgar se aqueles que constroem sobre tais alicerces e tentam viver de acordo com tais entendimentos são cristãos ou não, e se há qualquer verdade nos relatos a respeito de minhas opiniões que certas pessoas têm feito a vós.

Finalmente, de minha parte peço-vos que examineis tudo isso cuidadosa e desapaixonadamente. Desejo-vos clareza de entendimento e concluais pelo testemunho de que sou etc.,

Vosso devotado amigo,
Jarig Jelles

De B. de Spinoza para Jarig Jelles[7]
[Haia, 19 de abril de 1673]

Senhor e mui ilustre amigo,

[...] É com prazer que li os escritos que vós me enviastes, e descobri-os tão completos que não há como fazer sugestões a eles.

[...] está aberta a alguma crítica. Na página cinco do manuscrito vós asseverais que o homem é inclinado por natureza ao mal, mas pela graça de Deus e o espírito de Cristo ele se torna indiferente ao bem e ao mal. Isso, contudo, é contraditório, porque aquele que possui o espírito de Cristo é necessariamente compelido somente ao bem.

[...] Enviarei a vós *A Crença Conhecida* assim que o senhor Vallon devolver o meu exemplar. Caso ele se demore, farei preparativos pelo senhor Bronckhorst para que vós obtenhais minha cópia.

Seu devotado servidor,
B. de Spinoza

---

7. Publicada por Jan Rieuwertsz.

CORRESPONDÊNCIA COMPLETA

Uma carta de Nicholas Steno para o Reformador da Nova Filosofia, com relação à Verdadeira Filosofia[8]
[Florença, setembro de 1675]

Observo que em vosso livro (cujo autor outras pessoas me disseram ser vós, e isso eu também suspeito por várias razões) vossa preocupação principal é com a segurança pública, ou melhor, com vossa própria segurança, que, de acordo com vós, é o alvo da segurança pública; e, apesar disso, vós advogastes medidas que são opostas a esta almejada segurança, no momento em que negligenciais completamente aquela parte de vosso próprio ser cuja segurança deveria ser vosso objetivo primeiro. Que vós tenhais escolhido medidas opostas à segurança procurada por vós, aparece claramente nisso: que enquanto a paz pública é o que vós procurais, vós criais uma confusão completa e enquanto almejais vos libertar de todo perigo, vos expondes de modo totalmente desnecessário ao mais grave perigo. Que vós tenhais desprezado inteiramente aquela parte de vosso ser a qual deveria ter sido sua preocupação principal advém claramente disto, que vós concedeis a todos os homens o direito de pensar e dizer sobre Deus quaisquer coisas que lhes agradem, e assim considerado, de acordo com vós, isso não destrói a obediência devida tanto a Deus quanto ao homem. É o mesmo que confinar toda a bondade do homem dentro das fronteiras dos bens do governo civil, isto é, os bens do corpo. E dizer que vós reservais o cuidado da alma à filosofia não permite em nada avançar em vosso caso, por duas razões; vossa filosofia trata da alma através de um sistema constituído por suposições e, além disso, vós abandonais aqueles que não se encaixam em sua filosofia em um modo de vida exatamente igual a de autômatos destituídos de alma, nascidos apenas com o corpo.

Quando eu vejo envolvido em tamanha obscuridade um homem que fora uma vez meu bom amigo e, mesmo agora, eu

8. Não há dúvidas de que é a Spinoza que ele assim se refere. O livro mencionado é manifestamente o *Tratado Teológico-Político*.

espero, não inamistoso para comigo (visto estar persuadido de que a memória de nossa estreita amizade ainda preserva uma afeição mútua), quando me lembro de como eu também estava enredado, se não exatamente nos mesmos erros, ainda erros de um tipo muito sério, quanto mais a gravidade dos perigos dos quais eu escapei torna evidente o perdão de Deus sobre mim, mais me consterno por vós, pedindo a mesma graça divina que me foi concedida para vós, não através de meu próprio deserto, mas unicamente através da bondade de Cristo. E, para acrescentar atos a orações, eu me ofereço como o mais preparado para convosco examinar todos esses argumentos que vós vos contentaríeis em examinar como se pode descobrir e rapidamente compreender o verdadeiro caminho para a verdadeira segurança. E apesar disso, vossos escritos mostram que vos encontrais longe, afastado da verdade, embora a afeição pela paz e pela verdade que uma vez em vós percebi, e que ainda não foi extinta em sua obscuridade, proporciona-me alguma esperança de que dareis atenção imediata à nossa Igreja, contanto que recebais uma explicação satisfatória quanto ao que ela promete a todos e o que provê para aqueles que estão desejosos de ir ao seu encontro.

Em primeiro lugar, a Igreja promete a verdadeira segurança para todos, uma segurança eterna ou a paz duradoura, a qual é o complemento da verdade infalível e, ao mesmo tempo, oferece os meios necessários para a consecução de um tão grande bem – primeiro, claro, perdão seguro para as más ações; segundo, o mais perfeito modelo para a ação correta; terceiro, uma verdadeira perfeição prática para todas as ocupações em concordância com este modelo. E isto, ela oferece não apenas ao instruído ou àqueles dotados de intelecto astuto e a quem está livre das distrações dos negócios, mas para todos sem distinção, de todas as idades, sexos e condições. Com receio de que isto vos surpreenda, saiba que enquanto houver de fato necessidade da cooperação ativa dos convertidos assim como de não resistência, estas coisas ainda vão passar pelo trabalho

CORRESPONDÊNCIA COMPLETA

interno daquele que pronuncia a palavra externamente, através de membros visíveis da Igreja. E embora ele diga ao convertido que ele deve se preocupar com seus pecados perante os olhos de Deus e mostrar diante dos olhos dos homens trabalhos que sublinhem suficientemente este arrependimento, acreditando em algumas coisas sobre Deus, corpo e alma, etc, o significado pretendido não é o de que o penitente tenha apenas sua própria força ao experimentar essas tarefas. Visto que nada mais é requerido do penitente, senão que ele não deveria recusar seu assentimento e cooperação ao fazer e acreditar nessas coisas, que sozinhas estão em seu poder, pois para desejar essas coisas, e tendo desejado fazê-las, depende do Espírito de Cristo que antecipa, acompanha e aperfeiçoa sua cooperação. Se vós ainda não tiverdes entendido isso, não ficarei surpreso, e isto não é meu objetivo presente – de fato, não é minha competência – vos fazer compreender estas coisas. Entretanto, com receio de que estas coisas devam vos parecer completamente separadas da razão, vos fornecerei um breve esboço da forma do governo de Cristo, até onde isto pode ser feito por um habitante novo desse estado, ou melhor, por um estrangeiro que ainda permanece nos mais baixos assentos.

O objetivo desse governo é que o homem deve dirigir não apenas suas ações externas, mas também seus pensamentos mais secretos de acordo com a ordem estabelecida pelo criador de nosso universo; ou, o que resulta na mesma coisa, que a alma em cada uma de suas ações volte-se para Deus como seu autor e juiz. Neste sentido, a vida de cada homem que está manchado pelo pecado pode ser dividida em quatro estágios. O primeiro estágio é aquele no qual um homem desenvolve todas as suas ações de modo que os seus pensamentos não sejam assunto para nenhum juiz, e esta é a condição dos homens que ou não foram ainda purificados pelo batismo ou tiveram o coração endurecido pelo pecado, após o batismo. Este estágio é às vezes chamado cegueira, porque a alma não toma conhecimento de Deus, que a sustenta, como é dito em *Sabedorias* 2, "sua maldade os cega"; às vezes, isso é chamado morte, porque a alma jaz escondida como se estivesse enterrada nos prazeres que matam e é neste sentido que Cristo diz "deixa que os mortos enterrem seus mortos" e várias outras coisas do tipo. Nem é incompatível com esta condição o discurso demorado, frequentemente verdadeiro, sobre Deus e a alma; mas quando ele trata desses assuntos como se fossem coisas remotas ou externas a ele, isto resulta em dúvidas perpétuas que dizem respeito a eles, várias ideias contraditórias, e frequentemente havendo lapsos se não em trabalhos externos, em qualquer proporção no pensamento; e isto por que sua alma, privada do espírito que empresta vida à ação, é deslocada como uma coisa morta por qualquer sopro de desejo. O segundo estágio é quando um homem, cessando de resistir à palavra de Deus, seja externa, seja interna, começa a prestar atenção em seu chamado. Reconhecendo por essa luz sobrenatural que em suas opiniões existe muito de falso, em suas ações muito de errado, ele se entrega totalmente a Deus que, administrando nele seus Sacramentos através de seus servidores, concede-lhe sob sinais visíveis uma graça invisível. O estágio daqueles que nasceram novamente é chamado menoridade e infância, e a palavra de Deus, a eles pregada, é comparada ao leite. O terceiro nível é quando, através do exercício contínuo da virtude através do controle de seus desejos, a mente é preparada para uma compreensão própria dos mistérios concebidos nas letras sagradas. Estas não foram assimiladas pela alma até que, com um coração já limpo, ela alcance o quarto estágio, quando começa a ver a Deus e atém-se à sabedoria do perfeito. E aqui há a união perpétua do desejo, às vezes de um tipo místico, do qual existem vários exemplos entre nós ainda hoje.

Assim, toda a ordem estabelecida do cristianismo é dirigida para este fim, o de que a alma pode ser conduzida de um estado de morte para um estado de vida, isto é, que a alma que previamente teve os olhos de sua mente afastados de Deus e fixados em erros deviam agora afastar seus olhos de todo erro e fixá-los resolutamente em Deus, em todas as suas ações de corpo e mente, desejando e não desejando qualquer coisa que seu autor, o criador da ordem inteira, desejar e não desejar. Deste modo, se vós ide fazer uma investigação minuciosa de todos os fatos, ireis descobrir unicamente no cristianismo uma verdadeira filosofia, ensinando sobre Deus o valor de Deus, e sobre o homem o que é próprio ao homem, e guiando seus adeptos para a verdadeira percepção em todas as suas ações.

Quanto ao segundo ponto, apenas a Igreja Católica preenche todas as promessas para aqueles que não a combatem, visto que apenas a Igreja Católica produziu exemplos perfeitos de virtude em cada era, e ainda hoje, em pessoas de todas as idades, sexo e condições, prepara o que a posteridade deve venerar. E não se duvide de sua boa fé em prometer segurança eterna, vendo que ela fornece meios ancilares para este fim, de um modo miraculoso, tudo com a máxima fidelidade. Eu ainda não completei meu quarto ano na Igreja, e apesar disso já vi tamanhos exemplos de santidade que devo verdadeiramente exclamar com David, "Teus testemunhos são firmes de fato". Não digo nada sobre bispos, não digo nada sobre padres, cujas palavras ouvidas por mim em amigável interlocução, como testemunhava com meu próprio sangue, foram símbolos humanos do espírito divino, tamanha vida sem culpa evidenciam, tamanha eloquência enérgica. Também não devo nomear aqueles tantos que abraçaram o caminho da vida sob regras estritas, dos quais o mesmo pode ser dito. Aduzirei meramente exemplos de dois tipos, um de pessoas convertidas de um modo de vida maléfico para um mais sagrado, o outro de gente simples, como vós a chamaríeis, que não obstante, sem nenhum estudo, assimilaram as mais elevadas concepções de Deus aos pés do crucificado. Deste tipo estou familiarizado com alguns, cuja ocupação é das artes mecânicas, compelidos a tarefas servis, homens e mulheres, que através da prática de virtudes divinas foram elevadas a uma compreensão da natureza prodigiosa de Deus e da alma, cuja vida é sagrada, suas palavras divinas e seus atos não raro milagrosos, tais como adivinhar o futuro e outras coisas que omito para o bem da brevidade.

Sei que objeções podeis levantar em discussão sobre os milagres, e tampouco depositamos nossa confiança exclusivamente nos milagres; mas quando vemos o resultado de um milagre ser a perfeita conversão de uma alma do vício para a virtude, prontamente atribuímos isso ao autor de todas as virtudes. Pois vejo como o maior de todos os milagres aqueles que despenderam trinta, quarenta anos ou mais na gratificação total de seus desejos afastarem-se em algum momento de toda perversidade e transformarem-se nos mais sagrados exemplos de virtude, tais como eu tenho visto com meus próprios olhos e abraçado com minhas próprias mãos enquanto eles geralmente levavam a mim e a outros a lágrimas de alegria. Não há Deus como o nosso Deus. Sem dúvida, se estudardes o passado histórico, se examinardes o estado presente da Igreja, não nos livros de nossos adversários nem daqueles que estão ou mortos entre nós ou, de algum modo, ainda não amadurecidos, mas, como faríeis ao estudar qualquer outra doutrina, vereis que a Igreja sempre conservou suas promessas e continua a fazê-lo até os dias de hoje, e aí ireis descobrir tal prova de credibilidade que vos satisfará, especialmente desde que vossos sentimentos referentes ao Papa de Roma sejam muito mais suaves do que aqueles de nossos outros adversários, admitis a necessidade de bons trabalhos. Mas, por favor, examinai vosso caso a partir de nossos próprios escritos, visto que vossos próprios ensinamentos, que dizem respeito à força do preconceito, irão prontamente vos persuadir imediatamente a fazê-lo.

Eu teria prazerosamente exemplificado as passagens da Escritura que atribuem autoridade ao Papa, o que negais sem nenhum outro motivo exceto que não as encontrais tão estabelecidas nas Escrituras, nem admitis que a comunidade cristã seja parecida com a dos judeus. Mas como vosso ponto de vista sobre a interpretação da Escritura difere de nosso ensinamento, que atribui isto exclusivamente à Igreja, deixo este argumento

CORRESPONDÊNCIA COMPLETA 313

de lado agora e digo, em segundo lugar, que o governo cristão, cujo alvo é a unidade da fé, dos Sacramentos e da caridade, admite apenas um comando, cuja autoridade consiste não em fazer inovações arbitrárias – as quais nossos adversários alegam falsamente – mas em assegurar que questões pertencentes ao direito divino, ou questões necessárias, permaneçam sempre inalteradas, enquanto que questões pertencentes ao direito humano, ou questões indiferentes, podem ser alteradas se a Igreja julgar como boa causa de utilidade – por exemplo, caso se constate que o perverso está usando erradamente coisas diferentes para a subversão do necessário. Por isso, ao interpretar a Escritura Sagrada e determinar os dogmas da Fé, seu objetivo é a preservação de dogmas e interpretações transmitidas por Deus através dos Apóstolos e a recusa de dogmas meramente humanos. Eu não falarei de outros assuntos sujeitos à vossa autoridade, visto que a uniformidade da crença e da ação tão frequentemente ensinadas por Cristo é suficiente para vos mostrar o ponto da regra monárquica.

Assim, se fordes guiado pelo verdadeiro amor da virtude, se vos regozijais na perfeição das ações, fazei uma busca minuciosa em todas as sociedades que existem no mundo e em nenhum lugar encontrareis que a busca da perfeição é empreendida com semelhante zelo, coroada com tamanho sucesso, como entre nós; e este argumento por si próprio pode vos servir como uma demonstração de que verdadeiramente "Isto é o dedo de Deus!".

Mas para reconhecer isto mais facilmente, investigueis dentro de vós mesmo e escrutineis vossa alma; uma investigação minuciosa vos mostrará o que está morto. Vós vos interessais pessoalmente pelo problema em andamento como se a causa instigadora estivesse ausente ou não-existente. Como é uma religião de corpos e não de almas que vós advogais, no amor ao próximo vós discernis ações necessárias para a preservação individual e a propagação das espécies, ao passo que dais pouca ou nenhuma atenção para aquelas ações pelas quais adquirimos conhecimento e amor do nosso autor. Vós acreditais que todos os outros também estão mortos como vós, vós que negais a todos a luz da graça porque vós mesmo não a experimentastes, e pensais que não há certeza, exceto de um tipo demonstrável, desconhecedor como sois da certeza na fé, que supera todas as demonstrações. Quanto àquela vossa certeza demonstrativa, em que limites estreitos ela está incluída! Escrutineis, eu rogo, todas essas vossas demonstrações e trazei-me apenas uma que mostre como a coisa do pensamento e a coisa extensa estão unidas, como o princípio instigante está unido com o corpo que é instigado. Mas por que vos peço demonstrações desses problemas, a vós que não podeis nem mesmo me fornecer uma explicação plausível para a sensação de prazer ou de dor, nem a emoção do amor e do ódio. Toda a filosofia de Descartes, apesar de diligentemente examinada e reformada por vós, não pode explicar-me, numa forma demonstrativa, mesmo este fenômeno simples: como o impacto da matéria na matéria é percebido por uma alma unida à matéria. Mas com relação à própria matéria, pergunto, que conhecimento nos dais exceto uma estimativa matemática de quantidade a respeito de figuras que não foram ainda provadas consistir de algum tipo de partículas, exceto hipoteticamente? O que está mais divorciado da razão do que negar as palavras divinas de alguém cujos trabalhos divinos são óbvios para os sentidos, pelo fato de serem inconsistentes com as provas humanas meramente fundamentadas em hipóteses? E de novo, embora nem ao menos entendais a estrutura física do corpo que possibilita a mente perceber objetos corpóreos, além de pronunciar uma opinião sobre esta estrutura física a qual, quando glorificada pela mudança do corruptível para o incorruptível, deve estar mais uma vez unida à alma?

Estou de fato convencido que inventar novos princípios para explicar a natureza de Deus, da alma e do corpo, é apenas o mesmo que inventar princípios fictícios. Mesmo a razão nos diz que é inconsistente com a divina providência que, enquanto o mais sagrado homem falhou em descobrir os verdadeiros princípios dessas coisas durante milhares de anos, em nossa época estariam por ser revelados pela primeira vez por homens que nem sequer alcançaram a perfeição das virtudes morais. De fato, eu estou inclinado a acreditar como verdadeiros somente aqueles princípios que se referem a Deus, à alma e ao corpo, e que foram preservados desde o começo da criação das coisas até o dia de hoje, constantemente, em uma e mesma sociedade, a Cidade de Deus. Entre os primeiros ensinadores destes princípios, aquele velho, responsável pela mudança da filosofia mundana de São Justino para a filosofia cristã, disse: "Houve filósofos em épocas antigas, apenas abençoados e devotados a Deus, que falaram com a inspiração do Espírito Santo e profetizaram que essas coisas seriam as que estão agora vindo passar." São princípios propostos por semelhantes filósofos e transmitidos para nós através de sucessores como eles numa cadeia ininterrupta e mesmo hoje, por meio de filósofos do mesmo tipo tornados disponíveis para ele que os persegue no espírito da razão correta – são tais princípios exclusivamente que eu gostaria de acreditar serem verdadeiros, quando a santidade da vida prova a verdade da doutrina. Examinai minuciosamente ambos os princípios e as doutrinas desta filosofia, não nos escritos de seus inimigos ou daqueles de seus parasitas, que por sua perversidade são considerados como mortos, ou crianças, por sua ignorância; mas nos escritos de seus mestres, aperfeiçoados em toda sua sabedoria, devotados a Deus e provavelmente mesmo agora compartilhando a vida eterna, e ireis reconhecer que o cristão perfeito é o filósofo perfeito, mesmo que tenha sido apenas uma velha senhora ou uma criada ocupada com tarefas subalternas, ou alguém procurando um sustento com lavagem de panos velhos, no julgamento do mundo uma pessoa ignorante. E então exclamareis com São Justino, "Eu considero esta a verdadeira filosofia, segura e boa."

Se desejardes, irei de boa vontade levar comigo a tarefa de vos mostrar como vossa doutrina é inferior à nossa, às vezes por sua contradição, às vezes por sua imprecisão. E ainda, eu preferiria que, reconhecendo em vossa doutrina alguns erros quando comparados com a segura credibilidade, que é uma característica da nossa, vós vos tornaríeis um discípulo dos mencionados mestres e, como primeiros frutos de vosso arrependimento, oferecer a Deus uma refutação de vossos erros, aqueles que vós mesmo reconhecerdes através da iluminação da luz divina, de tal modo que, se vossos primeiros escritos desviaram milhares de mentes do verdadeiro conhecimento de Deus, vossa abjuração, corroborada por vosso próprio exemplo, pode trazê-los de volta, sendo vós como um segundo Agostinho. Esta é graça que vos rogo com todo meu coração. Adeus.

A VIDA DE BARUKH DE SPINOZA,
ALGUMAS OPINIÕES E DEPOIMENTOS

A VIDA DE BARUKH DE SPINOZA

Tirada dos Escritos Desse Famoso Filósofo e do Testemunho de Várias Pessoas Dignas de Fé Que o Conheceram em Particular, por Johannes Colerus, Ministro da Igreja Luterana de Haia (1705).

Spinoza, esse filósofo cujo nome faz tanto barulho no mundo, era judeu de origem. Seus pais, pouco tempo depois de seu nascimento, o chamaram Barukh. Mas tendo ele abandonado o judaísmo, mudou seu nome e se deu o de Bento, nos escritos e nas cartas que assinou. Nasceu em Amsterdã, em 24 de novembro de 1632. O que se diz comumente, e mesmo se escreveu – que era pobre e de baixa extração –, não é verdade. Seus pais, judeus portugueses, gente honesta e sem dificuldades, eram comerciantes em Amsterdã, onde moravam no bairro de Burgwal, em uma bela casa, perto da velha sinagoga portuguesa. Aliás, suas maneiras civis e honestas, seus próximos e conhecidos, pessoas de renda, e os bens deixados por seus pais, fizeram com que sua raça e sua educação estivessem acima do comum. Samuel Carceris, judeu português, casou-se com a mais jovem de suas duas irmãs. A mais velha se chamava Rebecca, e a mais jovem Miriam de Spinoza, cujo filho, Daniel Carceris, sobrinho de Spinoza, tornou-se um de seus herdeiros, conforme um ato perante o notário Libertus Loef, de 30 de março de 1677, em forma de procuração dirigida a

Henri van der Spyck, em casa de quem Spinoza estava alojado quando de sua morte.

Spinoza fez ver desde a sua infância, e melhor ainda em sua juventude, que a natureza não lhe havia sido ingrata. Facilmente se verificou que tinha imaginação viva e o espírito extremamente pronto e penetrante.

Como tinha muito desejo de estudar a língua latina, primeiramente deu-se-lhe por mestre um alemão. Para se aperfeiçoar em seguida na língua, serviu-se do famoso Van den Ende, que ainda a ensinava em Amsterdã e ali exercia, ao mesmo tempo, a profissão de médico. Esse homem ensinava com muito sucesso e reputação, de modo que os comerciantes mais ricos da cidade lhe confiavam a instrução de seus filhos, antes que se tenha verificado que ele ensinava a seus discípulos outra coisa além do latim. Pois descobriu-se que ele difundia no espírito dos jovens as primeiras sementes do ateísmo. É um fato que eu poderia provar, se fosse necessário, pelo testemunho de muitas pessoas honradas que ainda vivem, das quais algumas preencheram o cargo de conselheiro em nossa igreja de Amsterdã, cumprindo suas funções de maneira edificante. Essas boas almas não cessam de bendizer a memória de seus pais, que as arrancaram ainda a tempo da escola de Satã, tirando-as das mãos de um mestre tão pernicioso e ímpio.

Van den Ende tinha uma filha única que sabia ela própria perfeitamente a língua latina, tanto quanto música, sendo capaz de instruir os colegiais de seu pai em sua ausência e lhes dar lições. Como Spinoza tinha oportunidade de vê-la e de lhe falar muito frequentemente, enamorou-se dela; e muitas vezes confessou que tinha o desejo de esposá-la. Não que fosse das mais belas e bem feitas, mas tinha muito espírito, capacidade e bom humor. O que tocou o coração de Spinoza também o fez com um outro discípulo de Van den Ende, chamado Kerkering, nativo de Hamburgo. Este logo percebeu que tinha um rival e não deixou de ficar enciumado; o que o obrigou a redobrar seus cuidados e assiduidades ao lado da amada. E obteve sucesso, pois o presente de um colar de pérolas que havia feito antes à jovem, no valor de duzentas ou trezentas pistolas, contribuiu sem dúvida para cair em suas boas graças. Ela prometeu esposá-lo, o que cumpriu fielmente após o senhor Kerkering ter abjurado a religião luterana, da qual fazia profissão de fé, e ter abraçado a católica. Pode-se consultar a respeito o *Dicionário* de Bayle, tomo III, artigo Spinoza, à página 2770, tanto quanto o tratado do doutor Kortholt, *De tribus impostoribus*, no prefácio.

Após ter aprendido bem a língua latina, Spinoza se propôs a estudar teologia e a ela se dedicou durante alguns anos. No entanto, embora já tivesse muita confiança e discernimento, uma e outro se fortificavam dia após dia, de maneira que, encontrando mais disposição para investigar as produções e as causas naturais, abandonou a teologia para se apegar inteiramente à física. Deliberou durante muito tempo sobre a escolha que devia fazer de um mestre, cujos escritos lhe pudessem servir de guia em seu propósito. Enfim, as obras de Descartes lhe caíram em mãos e as leu com avidez. Depois, declarou com frequência que dali houvera extraído o que possuía de conhecimento em filosofia. Estava muito atraído por esta máxima de Descartes, a qual estabelece que jamais se deve aceitar por verdade o que não tenha sido antes provado por boas e sólidas razões. Chegou à conclusão de que a doutrina e os princípios ridículos dos rabinos judeus não podiam ser admitidos por um homem de bom senso, pois aqueles princípios são estabelecidos unicamente pela autoridade dos próprios rabinos, sem que o ensinado venha de Deus, como na verdade pretendem, mas sem fundamento e sem a menor aparência de razão. Desde então, foi bastante reservado com os doutores judeus, com os quais evitava o comércio, tanto quanto lhe era possível; raramente era visto nas sinagogas, onde só ia como se fosse por desencargo de consciência, o que os irritava, pois não duvidavam que logo os iria abandonar e se fazer cristão. No entanto, para dizer a verdade, jamais abraçou o cristianismo nem recebeu o batismo. E embora, após sua deserção do judaísmo, tenha tido conversações frequentes com alguns sábios menonitas, e com as mais esclarecidas pessoas de outras seitas cristãs, jamais se declarou por qualquer delas e nunca fez profissão.

O senhor François Halma[1], na *Vida de Spinoza*, que traduziu em flamengo, relata, nas páginas 6, 7 e 8, que os judeus, pouco depois de sua deserção, lhe ofereceram uma pensão a fim de incitá-lo a permanecer entre eles, sem deixar de se fazer ver, de tempos em tempos, em suas sinagogas. É o que o próprio Spinoza frequentemente afirmou ao senhor Van der Spyck, seu senhorio, assim como a outros, acrescentando que os rabinos haviam fixado a pensão que lhe seria destinada em 1.000 florins; mas ele protestava em seguida, dizendo que por semelhante motivo não tinha aceito suas ofertas, mesmo se lhe oferecessem dez vezes mais, pois não era hipócrita e só buscava a verdade. O senhor Bayle relata, além do mais, que lhe aconteceu um dia ser atacado por um judeu ao sair do teatro, recebendo dele um golpe de faca no rosto. E embora a ferida não fosse perigosa, Spinoza via, porém, que a intenção do judeu tinha sido a de matá-lo. Mas o senhorio de Spinoza, assim como sua mulher, ambos ainda em vida, me relataram esse fato de outra maneira. Eles ouviram da boca do próprio Spinoza, que lhes contou mais de uma vez, que numa tarde, saindo da velha sinagoga portuguesa, viu alguém ao seu lado com um punhal na mão, obrigando-o a se manter precavido e a se afastar; assim evitou o golpe, que atingiu apenas suas vestes. Ele guardava ainda seu colete, furado pelo golpe, em memória do acontecimento. Assim, não mais se achando seguro em Amsterdã, só pensava em se retirar para qualquer outro lugar na primeira ocasião, pois queria, além disso, prosseguir em seus estudos e em suas meditações sobre física, em algum pacato retiro, afastado da confusão.

---

1. François Halma (1653-1722), editor e tradutor holandês, estabeleceu negócios em Utrecht (1674), depois mudou-se para Amsterdã (1699), instalando-se finalmente em Leeuwarden (1710). Traduziu o verbete do *Dictionnaire historique et critique* sobre Spinoza e publicou-o autonomamente, com o título *Het Leven van B. de Spinoza*, em 1698.

Apenas havia se separado dos judeus e de sua comunhão, eles o perseguiram juridicamente, segundo suas leis eclesiásticas, e o excomungaram. Ele confessou várias vezes que a coisa assim se passou, e declarou haver rompido, depois, toda ligação e comércio com eles. É também com o que está de acordo o senhor Bayle, tanto quanto o doutor Musaeus. Judeus de Amsterdã que conheceram bem Spinoza me ratificaram a verdade desse fato, acrescentando que havia sido o velho Haham Abuabh[2], então rabino de grande reputação entre eles, que pronunciara publicamente a sentença de excomunhão. Solicitei inutilmente aos filhos desse velho rabino que me comunicassem a sentença, mas eles se desculparam dizendo não tê-la encontrado entre os papéis de seu pai, embora tenha sido fácil ver que não era seu desejo cedê-la nem de comunicá-la a ninguém.

Aconteceu-me aqui em Haia de um dia perguntar a um instruído judeu qual era a fórmula da qual se serviam para interdizer ou excomungar um apóstata. Tive como resposta que se podia lê-la nos escritos de Maimônides, no Tratado *Hileoth Thalmud Thorah* (leis do estudo da *Torá*), capítulo VII, v. 2[3], e que ela era concebida com poucas palavras. No entanto, é uma opinião comum dos intérpretes da Escritura que havia três

---

2. Isaac Aboab da Fonseca (1605-1693). Primeiro rabino praticante a viver na América, cabalista e escritor. Nasceu na Beira Alta, em Portugal, e com cerca de sete anos mudou-se com a família para Amsterdã, fugindo da Inquisição. Foi discípulo de Isaac Uziel de Fez e colega de Menassé ben Israel, que viria a ser professor de Spinoza e uma das personalidades mais ilustres da comunidade judaica holandesa. Aos 21 anos foi nomeado *hakham* (lit. "sábio", designação dos rabinos entre os sefarditas) da comunidade Beth Israel (Casa de Israel, 1626). Com a invasão holandesa no Brasil, em 1642, veio para Pernambuco, tendo sido rabino da primeira sinagoga das Américas, a Kahal Kadosch Zur Israel (Comunidade Rochedo Sagrado de Israel, que fora criada em 1636), em Recife, até 1654, quando os holandeses foram expulsos. Retornou, então, a Amsterdã, onde dirigiu uma *ieschivá* e atuou no tribunal rabínico, tendo integrado a corte que excomungou Spinoza. Posteriormente, a partir de 1666, deixou-se seduzir pelo sabataísmo. Publicou, entre outras obras, *Schaar ha-Schamaim* (Portal do Céu, Amsterdã: Emanuel Benveniste, 1655; tradução para o hebraico da obra cabalística *Casa de Dios y Puerta del Cielo*, escrita em espanhol por Abraham Cohen Herrera), a primeira obra em hebraico a citar o Brasil; e *Parafrasis Comentada sobre el Pentateuco* (Amsterdã: Jacob de Cordova, 5441 [1681]).

3. *Hilkhot Talmud Torá*, lit. "Regras para o Estudo da Torá", parte da obra *Mischné Torá* (Repetição da Torá), de Maimônides.

modos de excomunhão entre os antigos judeus, embora esse ponto de vista não seja seguido pelo erudito Jean Seldenus[4], que estabelece apenas dois modos em seu Tratado (latino) do *Sanhédrin des anciens hebreux*, livro I, capítulo VII, página 64. Eles chamavam de *Niddui*[5] a primeira espécie de excomunhão, que dividiam em duas: primeiramente, separava-se o culpado e se lhe fechava a entrada da sinagoga por uma semana, após lhe ter sido feita antes uma severa repreensão, ter sido exortado fortemente a se arrepender e a se colocar em uma situação que pudesse obter o perdão de sua falta. Não tendo isso sido satisfeito, davam-se-lhe ainda trinta dias para voltar a si mesmo.

Durante esse tempo, era-lhe proibido de se aproximar a menos de oito ou dez passos de uma pessoa, e ninguém também ousava ter com ele qualquer comércio, exceto aqueles que lhe acompanhavam no comer e beber. Essa excomunhão era chamada de "menor". Sr. Hofmann[6], em seu *Lexicon*, tomo II, página 231, acresce que era proibido a qualquer um comer e beber com tal homem, ou lavar-se no mesmo banho, mas que poderia, se quisesse, ir às assembleias apenas para ouvir e instruir-se. Mas se durante o correr do mês lhe nascesse um filho, era-lhe recusada a circuncisão; e se essa criança viesse a morrer, não era permitido chorar por ela nem testemunhar luto. Ao contrário, como sinal de uma infâmia eterna, cobriam com um monte de pedra o lugar onde fora inumada, ou punham um só bloco extremamente grande de pedra sobre o lugar em que estivesse coberta.

---

4. Johannes Seldenus ou John Seldon (1584-1654). Jurista inglês, *scholar* de direito, conhecido por sua erudição profunda e amplitude intelectual, publicou teorizações sobre o direito natural e desenvolveu uma teoria do direito internacional, com base nas "Leis de Noé", entre outros trabalhos. Em 1650, começou a imprimir a trilogia que planejava sobre o Sinédrio.

5. Maimônides afirma que *nidui* é um tipo de excomunhão que muda de significado e intensidade conforme a presença ou não do indivíduo. Outros termos equivalentes seriam *schamta, arur, alá* e *schvuá*.

6. O *Lexicon universale*, de Johann Jacob Hofmann (1635-1706), foi publicado em 1677/1698, e serviu de inspiração para as obras do mesmo tipo que se seguiram, como a de Bayle.

Sr. Goerée[7], em seu livro intitulado *Antiquités judaiques*, tomo I, página 641, sustenta que entre os hebreus ninguém jamais foi punido com tal interdição ou particularmente excomungado, e nunca algo de semelhante esteve em uso, mas quase todos os intérpretes das Escrituras Sagradas ensinam o contrário, e encontrar-se-ão poucos, judeus ou cristãos, que aprovem seu ponto de vista.

A segunda espécie de interdição ou excomunhão era chamada *Herem*. Era um banimento da sinagoga, acompanhado por maldições, tomadas na maioria do *Deuteronômio*, capítulo 28. Esse é o sentimento do doutor Dilherr[8], que o explica ao longo do tomo II do *Disp. Re et Philolog.*, página 319. O erudito Lightfoot[9] (*Sur la première Épître aux Corinthiens*, volume 5, tomo II de suas obras, página 890) ensina que essa interdição ou banimento era usado em outros tempos, expirado o prazo de trinta dias e não tendo o culpado se apresentado para reconhecer sua falta. É esse, em sua opinião, o segundo modo de interdição ou excomunhão. As maldições inseridas eram retiradas da Lei de Moisés e eram pronunciadas solenemente contra o culpado em presença dos judeus, em uma de suas assembleias públicas. Acendiam-se então velas ou tochas que brilhavam durante todo o tempo da leitura e da sentença de excomunhão. Estando ela terminada, o rabino apagava as velas para marcar com isso que o infeliz estava abandonado a seus sentidos e inteiramente privado da luz divina. Após a interdição, não era permitido ao culpado encontrar-se nas assembleias, mesmo que só para ouvir e instruir-se. No entanto, dava-se-lhe ainda

---

7. Guillaume Goerée (1635-1715). Editor de livros em Amsterdã, nascido em Middelburg, possuía conhecimentos sobre todas as artes, além de vasta erudição. Suas obras versam sobre a pintura, a arquitetura e a história dos judeus, e foram escritas em flamengo, idioma para o qual também traduziu alguns tratados.

8. Johann Michael Dilherr (1604-1669) foi um teólogo protestante, educador, poeta e filólogo, tendo vivido em Iena e Nuremberg.

9. Referência à obra *Horae hebraicae et talmudicae*, de John Lightfoot (1602-1675), na qual pode ser encontrado o texto referido "The First Epistle to the Corinthians", (1664). Lightfoot era um religioso inglês puritano, *scholar* bíblico e hebraísta, vice-chanceler da Universidade de Cambridge e mestre da faculdade de St. Catharine, Cambridge. Foi um dos primeiros estudiosos cristãos a atentar para o *Talmud*.

um mês, que se estendia em seguida por dois ou três anos, na esperança que pudesse voltar a si mesmo e pedir perdão de suas faltas. Mas quando não queria fazer nada, era fulminado pela terceira e última excomunhão.

É essa terceira espécie de excomunhão que chamavam *Schammatha*[10]. Era uma interdição ou banimento de suas assembleias e sinagogas, sem esperança de jamais poder voltar. Era também o que eles chamavam com o nome particular de *grande anátema* ou banimento. Quando os rabinos o publicavam nas assembleias, tinham, nos primeiros tempos, o costume de soar a corneta, para assim difundir um maior terror no espírito dos assistentes. Por essa excomunhão, o criminoso estava privado de toda ajuda e assistência dos homens, assim como do socorro e da misericórdia de Deus, abandonado aos seus julgamentos mais severos e entregue para sempre à ruína e à condenação inevitáveis. Muitos estimam que essa excomunhão é a mesma que se faz menção na *Primeira Epístola aos Coríntios*, 16, 22, onde o apóstolo a chama *Maranatha*. Eis a passagem: "Se há alguém que não ama o senhor Jesus, que ele seja anátema, *maharam motha* ou *maranatha*"[11]. Quer dizer, que seja anátema ou excomungado para sempre. Ou, seguindo a explicação de alguns outros, que o Senhor vem para julgar tal excomungado e puni-lo. Os judeus adiantam que o bem-aventurado Enoch

---

10. *Schamta*, termo de origem incerta. Embora o vocábulo empregado no caso de Spinoza seja *herem*, o informante de Colerus estava, na prática, correto em seu detalhamento e hierarquização da terminologia hebraica aplicada a esses procedimentos, ainda que os sábios talmúdicos e Maimônides, entre outros, não concordem entre si: *nidui* é a punição mais branda, porquanto temporária, *herem* a mais severa, uma forma de expulsão propriamente dita, pois se dá por um prazo indefinido, mas ainda passível de ser reconsiderada se aquele que for assim punido demonstrar arrependimento, ou, ao contrário, de se tornar permanente quando é designada *schamta*, a excomunhão em si, sem volta. Essa hierarquização é patente no termo que os judeus religiosos ainda hoje utilizam para a excomunhão, *nahasch*, "serpente", e que é formado pela primeira letra de cada um dos termos acima, por ordem crescente de severidade, e faz evidente referência à serpente amaldiçoada e expulsa do Jardim do Éden.

11. A *Bíblia de Jerusalém* explica, em nota, p. 2016, que as palavras aramaicas "Maran atha" provavelmente haviam passado para a linguagem litúrgica; elas exprimiam a esperança da Parusia (a segunda vinda de Cristo) e significam: "O Senhor vem". Outra leitura possível seria "Marana tha!": "Senhor vem!".

é o autor dessa excomunhão e é dele que a possuem e lhes foi passada por uma tradição certa, incontestável.

Com respeito às razões pelas quais alguém podia ser excomungado, os doutores judeus referem-se a duas principais, segundo o testemunho de Lightfoot, no mesmo trecho que citamos, a saber, por dívidas ou por causa de uma vida libertina e epicurista.

Era-se excomungado por dívidas quando o devedor, condenado por um juiz a pagar, se recusava a fazê-lo a seus credores. Era-se da mesma maneira por levar uma vida licenciosa e epicurista quando se estava convencido de ser blafesmador, idólatra, violador do sabá ou desertor da religião e do serviço a Deus. No tratado *Talmud Sanhédrin*, folha 99[12], um epicurista é definido como um homem que só tem desprezo pela palavra de Deus e pelo ensinamento dos sábios, que os ridiculariza, e que apenas se serve de sua língua para proferir coisas más contra a majestade divina.

Eles não lhe davam nenhum tempo a mais. Incorria na excomunhão, imediatamente aplicada contra ele. De início, era nomeado e citado no primeiro dia da semana pelo porteiro da sinagoga. E como se recusava habitualmente a comparecer, aquele que o havia citado fazia publicamente sua exposição nestes termos: "Eu, por ordem do Diretor da Escola, citei *N.N.*, que não quis responder à citação nem comparecer". Procedia-se então por escrito à sentença de excomunhão, que depois passava a significar criminoso, e servia de ato de interdição ou de banimento, do qual qualquer um podia tirar cópia, contra pagamento. Mas se acontecesse de comparecer, e no entanto perseverasse em suas ideias com obstinação, sua excomunhão lhe era proferida apenas de boca, à qual os assistentes ajuntavam ainda a afronta do vilipêndio.

Tendo Spinoza se separado abertamente dos judeus, e havendo antes irritado os doutores ao contradizê-los e descobrir

---

12. Referência ao tratado Sanedrin, do *Talmud da Babilônia*.

seus erros ridículos, não se deve admirar que o fizessem passar por um blasfemador, um inimigo da lei de Deus e um apóstata, tendo saído de seu meio apenas para se lançar nos braços dos infiéis. E não é de se duvidar que tenham fulminado contra ele a mais terrível das excomunhões. É também o que me foi confirmado por um judeu erudito, que me assegurou que em caso de ter sido ele excomungado, o foi certamente pelo anátema *Schammath* que contra ele havia sido pronunciado. Mas não estando Spinoza certamente presente a essa cerimônia, fez-se por escrito a sentença de excomunhão, cuja cópia lhe foi dada a conhecer. Ele protestou contra esse ato de excomunhão e fez uma resposta em espanhol, endereçada aos rabinos, e que eles receberam como o faremos notar na sequência.

A Lei e os antigos doutores judeus assinalam expressamente que não é o bastante ser sapiente, mas que, além disso, deve-se exercer uma arte mecânica ou profissão para poder se ajudar e com ela ganhar a subsistência. É o que diz positivamente Raban Gamaliel no tratado *Talmud Pirke Avrot*[13], capítulo II, no qual ensina que o estudo da Lei é qualquer coisa de bem desejável quando a ele se ajunta uma profissão ou arte mecânica; pois, diz ele, a aplicação continuada desses dois exercícios faz com que não se pratique o mal e o esqueçamos. E todo homem instruído que não se preocupou em aprender alguma profissão devém um homem dissipado e desregrado em seus hábitos. E o rabino Jehuda acrescenta que todo homem que não ensina um ofício a seus filhos faz o mesmo se os ensinasse a ser ladrões de caminhos.

Spinoza, conhecedor da Lei e de seus costumes, não ignorava essas máximas, e não as esquecia, mesmo separado dos judeus e banido. Como são bastante sábias e razoáveis, soube tirar-lhes proveito e aprendeu uma arte mecânica antes de abraçar uma vida tranquila e retirada como aquela a que estava decidido. Aprendeu, pois, a fazer vidros para lunetas de aproximação e

---

13. Referência ao tratado Pirkei Avot (Ética dos Pais), do *Talmud da Babilônia*.

para outros usos, o que lhe forneceu suficientemente do que viver e manter-se. Encontrou-se em seu gabinete um bom número delas que havia polido, como se pode verificar pelo registro do proclamador público que assistiu a seu inventário e à venda de seus móveis.

Após ter se aperfeiçoado nessa arte, apegou-se ao desenho, que aprendeu por si mesmo, e conseguia traçar bem um retrato com tinta ou carvão. Tenho nas mãos um livreto inteiro desses retratos, em que se encontram várias pessoas distinguidas que eram de seu conhecimento ou que tiveram a oportunidade de visitá-lo. Entre esses retratos, encontro na quarta folha um pescador desenhado em camisa, com uma rede sobre os ombros, muito parecido, pela atitude, com o famoso chefe dos rebeldes de Nápoles, Mazaniello, como é representado na história, em talho doce. Por ocasião desse retrato, não devo omitir que o senhor Van de Spyck, na casa de quem Spinoza se alojava quando morreu, assegurou-me que se assemelhava perfeitamente bem a Spinoza, e que foi seguramente de si mesmo que havia tirado.

Dessa maneira, ele podia preencher suas necessidades de trabalho com suas mãos e dedicar-se ao estudo como havia resolvido. Assim, nada mais o detendo em Amsterdã, partiu e foi alojar-se na casa de um homem de seu conhecimento que morava na estrada que leva de Amsterdã para Ouwerkerke. Ali passava o tempo a estudar e a trabalhar com seus vidros; quando estavam polidos, seus amigos cuidavam de buscá-los em sua casa, de vendê-los e fazê-lo receber o dinheiro.

Em 1664, Spinoza partiu desse lugar e retirou-se para Rijnsburg, próximo de Leiden, onde passou o inverno. Mas logo partiu para morar em Voorburg, a uma légua de Haia, como ele mesmo testemunha em carta escrita a Pieter Balling. Ali passou, como fui informado, três ou quatro anos durante os quais fez um grande número de amigos em Haia, todas pessoas distinguidas por sua condição ou por ofícios que exerciam no governo ou no exército. Ele se encontrava à vontade em suas companhias e tinha muito prazer em ouvi-las discorrer. Foi a seus pedidos que enfim se estabeleceu e se fixou em Haia, onde permaneceu pensionista em Veerkaay, em casa da viúva Van Velden, na mesma casa em que estou alojado presentemente. O quarto que verifico, na extremidade da casa, no segundo andar, é o mesmo onde dormia e se ocupava de seus estudos e trabalho. Ele pedia frequentemente sua refeição e passava dois ou três dias sem ver ninguém. Mas percebendo que gastava um pouco demais em sua pensão, alugou sobre o *Pavilioen-gragt*, atrás de minha casa, um quarto em casa do senhor Van der Spyck, a quem muitas vezes mencionamos, e onde cuidou de fornecer a si mesmo o que lhe era necessário para comer e beber, e onde viveu conforme suas preferências, de um modo bastante retirado.

É quase inacreditável o quanto foi sóbrio durante esse tempo e parcimonioso. Não é que tenha sido reduzido a uma grande pobreza, que não pudesse mais ter gastos se o quisesse; muitas pessoas ofereciam-lhe a bolsa e toda sorte de assistência. Mas ele era naturalmente muito sóbrio e fácil de contentar. E não queria ter a reputação de ter vivido, mesmo que uma só vez, às expensas de outrem. O que adianto de sua sobriedade e economia pode ser comprovado por várias pequenas contas que se encontraram entre os seus papéis. Por eles se sabe que viveu um dia inteiro de uma sopa com leite e cozida em manteiga, o que lhe custou três *sous*, e uma caneca de cerveja, de um *sou* e meio. Outro dia, só comeu grãos preparados com uvas e manteiga, e esse prato custou-lhe quatro *sous* e meio. Nessas mesmas contas, só faz menção a dois meio litros de vinho por mês. E embora o convidassem com frequência para comer, ele preferia viver do que possuía em casa, por pouco que fosse, do que encontrar-se em uma boa mesa, às expensas de outra pessoa.

Foi assim que passou o que lhe restou de vida na casa de seu último senhorio, durante um pouco mais de cinco anos e meio. Tinha grande cuidado em ajustar suas contas todos os trimestres, o que fazia para não despender nem mais nem menos do que tinha para gastar a cada ano. E aconteceu-lhe dizer algumas vezes aos do lugar que ele era como serpente, que forma um círculo com a cauda na boca, para assinalar que nada lhe sobrava do que pôde ganhar durante o ano. Acrescentava que não era sua intenção juntar nada que não lhe fosse necessário, a fim de ser enterrado com certa conveniência; e como seus pais nada lhe haviam deixado, seus próximos e herdeiros também não deveriam esperar aproveitar-se de sua sucessão.

No que diz respeito à sua pessoa, seu talhe e semblante, existem ainda muitas pessoas em Haia que o viram e conheceram em particular. Era de porte mediano, tinha os traços do rosto bem proporcionados, a pele um pouco escura, os cabelos frisados e negros e as sobrancelhas longas e da mesma cor, de maneira que por sua feição se lhe reconhecia facilmente ser descendente de judeus portugueses. Quanto às suas vestimentas, tomava poucos cuidados e não eram melhores do que as de um simples burguês. Um conselheiro de Estado, tendo ido vê-lo, encontrou-o com um roupão sujo, o que deu oportunidade ao conselheiro de fazer-lhe alguns reproches e oferecer-lhe um outro *robe*. Spinoza respondeu-lhe que um homem não valia mais por ter belas roupas. "É contra o bom senso", acrescentou, "colocar um envelope precioso em coisas que são nada ou de pouco valor."

Quanto ao resto, se sua maneira de viver era bastante regrada, sua conversação era doce e tranquila. Sabia ser admiravelmente o mestre de suas paixões. Jamais foi visto nem muito triste nem muito alegre. Sabia conter-se em sua cólera e dos desprazeres que lhe advinham nada deixava transparecer; se lhe acontecia testemunhar seu desgosto por algum gesto ou palavra, não deixava de logo se retirar para nada fazer que contrariasse a conveniência. Era, além do mais, bastante afável e de uma relação fácil, falava frequentemente com sua locatária, particularmente nos momentos de descanso, e com as pessoas da casa quando lhes acontecia alguma aflição ou doença. Não deixava de consolá-los, de exortá-los a suportar com paciência seus males, que seriam como uma partilha que Deus lhes indicava. Aconselhava as crianças a assistir com frequência na igreja os serviços divinos, e lhes ensinava o quanto deveriam ser obedientes a seus pais. Quando as pessoas da casa retornavam do sermão, perguntava-lhes que proveito tiveram e o que haviam retido para sua edificação. Possuía grande estima por meu predecessor, o doutor Cordes, que era um homem sábio, de bondade natural e vida exemplar, o que dava ocasião a Spinoza de muitas vezes elogiá-lo. Ia até mesmo vê-lo pregar, e mencionava a maneira sapiente com que explicava a Escritura e as aplicações sólidas que dela fazia. Aconselhava seus locatários e os da casa a jamais faltar a alguma prédica de homem tão hábil.

Aconteceu um dia de sua locatária perguntar-lhe se era sua opinião de que ela pudesse ser salva na religião que professava, ao que ele respondeu: "Vossa religião é boa, não deveis procurar outra, nem duvidar que encontreis vossa salvação, desde que, vos apegando à piedade, leveis uma vida ao mesmo tempo pacífica e tranquila".

Enquanto estava na casa, não incomodava ninguém, e passava a maior parte do tempo tranquilamente em seu quarto. Quando lhe acontecia de se achar cansado pela muita dedicação às suas meditações filosóficas, descia para se relaxar e falava com todos do alojamento sobre coisas que pudessem servir de conversação ordinária, mesmo de bagatelas. Divertia-se também a fumar um cachimbo ou ainda, quando queria por mais tempo relaxar o espírito, procurava por aranhas, fazendo-as brigar, ou por moscas, as quais jogava na teia da aranha, e observava em seguida essas batalhas com tanto prazer que por vezes gargalhava. Também observava no microscópio as diferentes partes dos menores insetos, de onde tirava conclusões que lhe pareciam melhor convir às suas descobertas.

De resto, não amava o dinheiro, como dissemos, e ficava muito contente de ter durante o dia o que lhe era necessário para sua refeição e cuidados. Simon de Vries, de Amsterdã, que lhe demonstra muito apego em carta, e que lhe chama ao mesmo tempo de fidelíssimo amigo (*amice integerrime*), fez-lhe um dia um presente de dois mil florins, para colocá-lo em condições de viver um pouco mais confortavelmente; mas Spinoza, em presença de sua locatária, escusou-se polidamente de receber a quantia, sob o pretexto de que não tinha necessidade de nada e que tanto dinheiro, se o recebesse, o desviaria infalivelmente de seus estudos e ocupações.

O mesmo Simon de Vries, aproximando-se do fim e se vendo sem mulher e filhos, quis fazer seu testamento e instituí-lo como herdeiro de todos os seus bens, mas Spinoza jamais consentiu e mostrou ao seu amigo que não devia pensar em deixar seus bens a outras pessoas que não a seu irmão, que morava em Schiedam, pois era o mais próximo de seus parentes e devia ser naturalmente seu herdeiro. Isso foi cumprido como proposto, mas o foi sob a condição de que o irmão e herdeiro de Simon de Vries desse a Spinoza uma pensão por toda sua vida que fosse suficiente para sua subsistência e tal cláusula foi fielmente executada. Mas o que há de particular é que se ofereceu uma pensão de 500 florins que ele não aceitou por achá-la muito considerável, de sorte que foi reduzida para 300. Essa pensão lhe foi paga regularmente em vida. E após sua morte, o mesmo Vries de Schiedam teve o cuidado de pagar ao senhor Van der Spick o que lhe poderia ser devido por Spinoza, como aparece na carta de Jan Rieuwertz, impressor da cidade de Amsterdã, utilizado nessa comissão. Ela está datada de 6 de março de 1678, e endereçada ao próprio Van der Spick.

Pode-se ainda julgar o desinteresse de Spinoza pelo que se passou após a morte de seu pai. Tratava-se de dividir sua herança entre ele e suas irmãs, às quais fez condenar pela justiça, embora elas tenham feito tudo para excluí-lo. No entanto, quando se tratou de fazer a partilha, abandonou-lhes tudo e reservou para seu uso apenas uma cama, muito boa, e o dossel que lhe pertencia.

Spinoza não tinha ainda publicado senão algumas de suas obras quando se fez um grande nome no mundo entre as pessoas mais distinguidas, que o olhavam como um belo gênio e grande filósofo. *Monsieur* Stoupe[14], tenente-coronel de um regimento suíço a serviço do rei da França, comandava em Utrecht em 1673. Tinha sido antes ministro da Savoia em Londres, durante as agitações na Inglaterra ao tempo de Cromwell. Em seguida, tornou-se brigadeiro e exercia essa função quando morreu na batalha de Steenkerke. Durante o tempo em que esteve em Utrecht, escreveu um livro que intitulou *A Religião dos Holandeses*, no qual censura os teólogos reformados, entre outras coisas, por terem visto imprimir, sob seus olhos, em 1670, o livro que traz por título *Tractatus theologico-politicus*, do qual Spinoza se declara autor em uma carta, sem, entretanto, se darem ao trabalho de refutá-lo ou responder. É o que o senhor Stoupe dizia. Mas o célebre Braunius[15], professor na Universidade de Groningen, fez ver o contrário em um livro que fez imprimir para refutar o do senhor Stoupe. E, com efeito, tantos livros publicados contra esse Tratado abominável mostram, evidentemente, que o senhor Stoupe estava enganado. Foi nesse tempo que escreveu várias cartas a Spinoza, das quais recebeu as respostas, e lhe pedia para vir a Utrecht em uma determinada época que assinalava. O senhor Stoupe tinha tanta vontade de

---

14. Jean-Baptiste Stoupe (1620-1700), publicou o seu *La Rél*igion des Hollandois em 1673. Seu livro, configurado como uma série de cartas a um professor protestante suíço, visava justificar a invasão por meio de um ataque às práticas religiosas holandesas de então. Ele retratou Spinoza como "um homem ilustrado e sábio, é o que me foi assegurado por grande número de sectários inteiramente ligados à sua sensibilidade. Nascido judeu, com o nome de Spinoza, não abjurou sua religião e nem abraçou a religião cristã; mau judeu e não melhor cristão, escreveu há alguns anos um livro em latim, cujo título é *Tractatus theologico-politicus*, o qual parece ter como objetivo principal destruir todas as religiões, particularmente a judaica e a crisã, introduzir o ateísmo, a libertinagem [na acepção da época] e a libertação [de todos] das religiões". Spinoza, na síntese de Stoupe, consideraria que as religiões haviam sido inventadas ou criadas com propósitos políticos e sociais. Cf. apud Richard H. Popkin, The First Published Discussion of a Central Theme in Spinoza's Tractatus, *Philosophia: Philosophical Quarterly of Israel*, New York / Heidelberg, v. 17, n. 2, mar. 1987, p. 101-102.

15. Johannes Braun era professor de teologia e hebraico em Groningen e adepto do cartesianismo em questões filosóficas (assim como Ludwig Mayer, amigo de Spinoza, Velthuysen e outros), o que, pensava, lhe propiciava meios para uma abordagem racionalista de tópicos religiosos. Polemista, publicou também escritos didáticos e eruditos e se correspondia com Leibniz. Cf. Piet Steenbakkers, "Johannes Braun (1628-1708), Cartesiaan in Groningen", *Nederlands Archief voor Kerkgeschiedenis*, v. 77, n. 2, 1997, p. 196s.

atraí-lo, que o príncipe de Condé[16], que então tomava posse do governo de Utrecht, quis ardentemente conversar com Spinoza. E foi com essa perspectiva que se assegurava que Sua Alteza estava disposta a servir-lhe junto ao rei, e que esperava obter uma pensão para Spinoza, na condição de que resolvesse dedicar qualquer de suas obras a Sua Majestade. Ele recebeu esse despacho, acompanhado de um passaporte, e partiu pouco depois de tê-lo recebido. O senhor Halma, na vida de nosso filósofo, que traduziu e extraiu do *Dicionário* de Bayle, relata, na página 11, que é certo ele ter visitado o príncipe de Condé, com quem teve várias conversações durante muitos dias, como também com outras pessoas de distinção, particularmente com o tenente-coronel Stoupe. Mas Van der Spyck e sua mulher, em casa dos quais estava hospedado, e que ainda vivem, asseguram-me que em sua volta lhes disse positivamente que não pudera ver o príncipe de Condé, que havia partido de Utrecht alguns dias antes de quando chegou; mas que nas conversas que teve com Stoupe, esse oficial lhe havia assegurado que ele interferiria de bom grado a seu favor e que não duvidasse de obter, por sua recomendação, uma pensão oferecida pela liberalidade do rei; mas que ele, Spinoza, não tinha o propósito de dedicar o que quer que fosse ao rei da França, tendo recusado a oferta que se lhe fazia, com toda a civilidade de que era capaz.

Após seu retorno, a populaça de Haia agitou-se extraordinariamente; era olhado como um espião e murmurava entre si que era preciso desfazer-se de um homem tão perigoso, que sem dúvida tratava de negócios de Estado em um comércio público com o inimigo. O senhorio de Spinoza ficou alarmado e temeu com razão que a canalha o arrancasse de casa, após tê-lo forçado e, talvez, pilhado. Mas Spinoza o acalmou e o consolou da melhor maneira possível. "Não tenhais medo", disse-lhe,

---

16. Luís II de Bourbon-Condé (1621-1686), dito o Grande Condé, foi o principal comandante dos exércitos franceses na Guerra da Holanda.

a meu respeito, pois é fácil justificar-me; muitas pessoas, e entre elas os principais do país, bem sabem o que me levou a fazer a viagem. Mas como quer que seja, tão logo a população faça o menor barulho à vossa porta, sairei e irei diretamente a ela, mesmo que devesse me dar o mesmo tratamento feito aos pobres senhores de Witt. Sou um bom republicano e jamais tive em vista senão a glória e as vantagens do Estado.

Foi nesse mesmo ano que o Eleitor Palatino, Karl Ludwig[17], de gloriosa memória, informado da capacidade desse grande filósofo, quis atraí-lo a Heidelberg para ali ensinar filosofia, não tendo, sem dúvida, nenhum conhecimento ainda do veneno que tinha escondido no próprio seio, e que na sequência manifestou-se mais abertamente. Sua Alteza Eleitora deu ordem ao célebre doutor Fabritius, professor de teologia, bom filósofo e um de seus conselheiros, de fazer a proposição a Spinoza. Em nome do Príncipe, ofereceu-lhe, juntamente com a cátedra de filosofia, uma liberdade bastante larga de pensar conforme seus princípios e como julgasse melhor, *cum amplissima philosophandi libertate*. Mas a essa oferta se havia juntado uma condição que não convinha em nada a Spinoza, pois qualquer que fosse a extensão da liberdade acordada, não devia de modo algum dela se servir em prejuízo da religião estabelecida pelas leis. E é o que parece pela carta do doutor Fabritius, datada de 16 de fevereiro. Vê-se nessa carta que ele foi presenteado com o título de filósofo muito célebre e de gênio transcendente: *philosophe acutissime et celeberrime*.

Foi uma saída que descobriu com facilidade, se me é permitido usar essa expressão; ele viu a dificuldade ou, antes, a impossibilidade de pensar segundo seus princípios e em nada avançar, ao mesmo tempo, que fosse contrário à religião estabelecida. Ele respondeu ao senhor Fabritius em 30 de março de

---

17. O Condado Palatino do Reno era um dos sete imemoriais eleitorados do Sacro Império Romano-Germânico, tendo o estatuto dos príncipes-eleitores palatinos sido definido em 1356 e o último deles, o Palatinato de Hesse, deixado de existir em 1886, quando de sua anexação ao Reino da Prússia. Carlos I Luís (1618-1680) foi eleitor palatino de 1648 até sua morte.

1673 e cordialmente recusou a cadeira de filosofia que lhe foi oferecida. Comunicou-lhe que a instrução da juventude seria um obstáculo aos seus próprios estudos e que jamais tinha pensado abraçar uma semelhante profissão. Mas isso não foi senão um pretexto e ele descobriu o que havia no fundo pelas seguintes palavras: "De outro lado, ignoro dentro de que limites minha liberdade filosófica deveria estar contida para que eu não parecesse querer conturbar a religião oficialmente estabelecida".

Em relação a suas obras, há as que se lhe atribuem, não sendo seguro que seja o autor; algumas se perderam ou, ao menos, não são encontradas. Outras foram impressas e estão expostas aos olhos de qualquer um.

O senhor Bayle adiantou que Spinoza compôs em espanhol uma apologia de sua saída da sinagoga e, no entanto, esse escrito jamais foi impresso. Ele acrescenta que Spinoza havia ali inserido diversas coisas que depois foram encontradas no livro publicado por ele sob o título de *Tractatus theologico-politicus*; mas não me foi possível saber qualquer notícia dessa apologia, embora em minhas buscas tenha perguntado a pessoas que com ele viviam familiarmente e que ainda estão cheias de vida.

No ano de 1664, imprimiu os *Princípios da Filosofia* do senhor Descartes, demonstrados geometricamente, primeira e segunda partes (*Renati Descartes principiorum philosophiae pars prima et secunda more geometrico demonstratae*), que logo foram seguidos por suas *Meditações Metafísicas* (*Cogitata metaphysica*). E se aí tivesse ficado, esse homem infeliz ainda teria hoje a reputação que mereceu de filósofo sábio e esclarecido.

No ano de 1665, apareceu um pequeno livro *in-12* que tinha por título *Do Direito dos Eclesiásticos* (*De jure ecclesiasticorum*), por Lucius Antistus Constans, impresso em Alethopolis, na casa de Caius Valerius Pennatus[18]. O autor se esforça em pro-

---

18. Publicado sob pseudônimo, na fictícia Alethopolis, que significa "Estado-Verdade". Suspeitou-se que a obra fosse de autoria de alguém do círculo de amigos de Spinoza e Jan de Witt, envolvidos na polêmica da liberdade religiosa: os irmãos Pieter e Johann de la Court já haviam escrito *Intereest van Holland*, Van Velthuysen, o *Munus*

var, nessa obra, que o direito espiritual e político que o clérigo se atribui, e que lhe é atribuído por outros, não lhe pertence de modo algum; que as pessoas da Igreja dele abusam de uma maneira profana e que toda sua autoridade depende inteiramente da dos magistrados ou soberanos, que tomam o lugar de Deus nas cidades e repúblicas onde o clero se estabeleceu. Que, assim, não é a própria religião que os pastores devem buscar ensinar, mas aquela que o magistrado lhe ordena pregar. Tudo isso, de resto, é estabelecido sobre os mesmos princípios que Hobbes se serviu em seu *Leviatã*.

O senhor Bayle nos informa que o estilo, os princípios e o propósito do livro de Antistus eram similares àquele de Spinoza que tem por título *Tractatus theologico-politicus*. Mas isso não é dizer nada de positivo. Que esse tratado tenha aparecido justamente no mesmo tempo em que Spinoza começou a escrever o seu, e que o *Tractatus* tenha se seguido pouco tempo depois do outro também não é uma prova que um tenha sido o antecessor de outro. É bem possível que duas pessoas comecem a escrever e alegar as mesmas impiedades; e o fato de que seus escritos venham mais ou menos no mesmo tempo, disso não se infere que seriam de um só e mesmo autor. Spinoza, ele mesmo, interrogado por uma pessoa de grande consideração se era o autor do primeiro tratado, o negou peremptoriamente, o que mantenho de pessoas dignas de fé. O latim dos dois livros, o estilo e as maneiras de falar não são também semelhantes, como se pretende. O primeiro se exprime com um profundo respeito ao falar de Deus; ele frequentemente denomina Deus boníssimo e grandíssimo (*Deum ter optimum maximum*). Mas não encontro expressões semelhantes em nenhum lugar dos escritos de Spinoza.

Várias pessoas eruditas me asseguraram que o livro ímpio que tem por título *A Escritura Santa Interpretada pela Filosofia* (*Philosophiae sacrae scripturae interpres*) e o tratado a que fizemos menção vinham ambos do mesmo autor, a saber, L.M.

---

pastorale, Lodewijk Meyer, o *Philosophia sacrae scripturae interpres*, anônima e supostamente publicado em Eleutheropolis, "Estado-Livre".

A VIDA DE BARUKH DE SPINOZA 339

E ainda que a coisa me pareça bastante verossímil, eu a deixo, no entanto, ao juízo daqueles que dela podem ter um conhecimento particular.

Foi no ano de 1670 que Spinoza publicou seu *Tractatus theologico-politicus*. Aquele que o traduziu em flamengo julgou conveniente intitulá-lo *De Regtzinnge Theologant of Godgeleerde Staattkunde* (O Teólogo Judicioso e Político). Spinoza diz claramente que ele é o autor em carta endereçada a Oldenburg. Ele lhe pede na mesma carta para propor as objeções que as pessoas eruditas formulavam contra seu livro, pois tinha a intenção de fazê-lo reimprimir, acrescentando as observações. Abaixo do título do livro, achou-se por bem indicar que o livro havia sido feito em Hamburgo, em casa de Heinrich Conrad. No entanto, é certo que nem o magistrado nem os veneráveis ministros de Hamburgo jamais teriam suportado que tantas impiedades fossem impressas e pronunciadas publicamente em sua cidade.

Não há dúvida de que esse livro foi impresso em Amsterdã, em casa de Christophe Conrad, impressor, sobre o canal de Eglantir. Em 1679, tendo sido chamado àquela cidade para alguns negócios, o mesmo Conrad me trouxe alguns exemplares desse tratado, dando-os a mim de presente, sem saber o quanto essa obra é perniciosa.

O tradutor holandês julgou de modo semelhante honrar a cidade de Bremen com tão digna produção, como se sua tradução fosse sair da imprensa de Hans Jurgen van der Weyl no ano de 1694. Mas o que se diz das impressões de Bremen e de Hamburgo é igualmente falso, e não teriam faltado dificuldades em uma e outra cidade se ali se houvesse tentado imprimir obras semelhantes. Philopater, a quem já fizemos menção, diz abertamente na sequência de sua *Vida*, página 231, que o velho Jan Hendrikzen Glasemaker, que conheci muito bem, foi o tradutor dessa obra e ele nos assegura, ao mesmo tempo, que também havia traduzido para o holandês as *Obras Póstumas* de Spinoza, publicadas em 1677. De resto, ele faz tão grande caso desse tratado de Spinoza, e o eleva a tal altura, que parece que o mundo jamais viu algo similar. O autor, ou ao menos o impressor da sequência da *Vida de Philopater*, Aard Wolsgryck, livreiro em Amsterdã, no canto de Rosmaryn-Steeg, foi punido por essa insolência como o merecia, e confinado na casa de correção onde foi condenado por alguns anos. Desejo de todo o meu coração que ele tenha pedido a Deus tocá-lo em seu coração durante a estada que fez naquele lugar e que tenha dali saído com os melhores sentimentos. É a disposição em que espero que esteja desde que o vi aqui em Haia, no verão passado, onde veio para pedir aos livreiros o pagamento de alguns livros que antes havia impresso e entregue.

Para voltar a Spinoza e ao seu *Tractatus theologico-politicus*, direi o que penso, após ter antes recolhido o julgamento que dele fizeram dois célebres autores, um dos quais é da confissão de Augsburgo e outro reformado. O primeiro é Spitzelius, que assim fala em seu tratado que tem por título *Infelix literatus*[19], página 364:

> Esse autor ímpio, por uma presunção prodigiosa que o cegava, levou a impudência e a impiedade até o ponto de sustentar que as profecias não estão fundamentadas senão na imaginação dos profetas, que estavam sujeitos à ilusão tanto quanto os apóstolos, e que uns e outros haviam escrito seguindo naturalmente suas próprias luzes, sem qualquer revelação nem ordem de Deus; que, de resto, haviam adaptado a religião, tanto quanto puderam, ao gênio dos homens que então viviam e a tinham estabelecido sobre princípios conhecidos naqueles tempos e recebidos favoravelmente por eles.

É esse mesmo método que Spinoza, em seu *Tractatus theologico-politicus*, pretende que se possa e se deva mesmo seguir ainda hoje na explicação da Sagrada Escritura, pois sustenta, entre outras coisas, que "como se está calcado em opiniões estabelecidas, e ao alcance do povo, quando primeiramente se produziu a

---

19. Theophil Gottlieb Spizel (Spitzelius ou Spizelius, 1639-1991), clérigo luterano, teólogo pietista e polímata, escreveu, entre outras, as obras *Felix literatus* [...] (1676); *Infelix literatus* [...] (1680); e *Literatus felicissimus* [...] (1685).

Escritura, da mesma forma está ao alcance de cada um explicá-la segundo suas luzes, e de ajustá-la aos seus próprios sentimentos".

Se fosse verdade, bom Deus, onde estaríamos nós? Como poder manter que a Escritura é inspirada divinamente, que é uma profecia firme e estável, que seus santos personagens, que são seus autores, não falaram e escreveram sob as ordens de Deus e pela inspiração do Espírito Santo, que essa mesma Escritura é certamente verdadeira, e que é, enfim, um juiz cujas decisões devem ser a regra firme e inquebrantável de nossas opiniões, de nossos sentimentos e de nossa vida? É como se pudesse dizer que a santa *Bíblia* não passa de um nariz de cera[20] que viramos e formamos como quisermos; uma luneta ou uma lente por meio da qual cada um pode ver justamente o que agrada à sua imaginação; um verdadeiro chapéu de louco que se ajusta à sua fantasia de cem maneiras diferentes após se ter penteado. Que o Senhor te confunda, Satã, e te feche a boca!

Spitzelius não se contenta em dizer o que ele pensa desse livro pernicioso; ele junta ao julgamento que fez aquele do senhor Manseveld, ex-professor em Utrecht, que, em um livro que fez imprimir em Amsterdã, em 1674, fala nesses termos: "Consideramos que esse tratado deva ser para sempre inumado nas trevas do mais profundo esquecimento". O que é bem judicioso, pois esse infeliz tratado vira de cabeça para baixo a religião cristã, retirando toda a autoridade dos Livros Sagrados, sobre os quais ela é unicamente fundada e estabelecida.

O segundo testemunho que quero aqui reproduzir é o do senhor Willem van Blyenbergh, de Dordrecht, que manteve um longo comércio de cartas com Spinoza e que, em uma delas, inserida na *Opera posthuma* de Spinoza, página 476, diz, falando de si mesmo, que ele não abraçou qualquer partido ou vocação, e que ele subsiste por um negócio honesto que exerce. Esse mercador, homem sapiente, no prefácio de uma obra que traz

---

20. A expressão "nariz de cera" era empregada por Lutero para criticar a hermenêutica medieval, fazendo da Escritura uma matéria dúctil ou maleável.

por título *A Verdade da Religião Cristã*, impressa em Leiden em 1674, assim expressa o juízo que faz do tratado de Spinoza:

> É um livro cheio de descobertas curiosas, mas abomináveis, cuja ciência e pesquisas não podem ter sido extraídas senão do inferno. Não há cristão nem mesmo homem de bom senso que não deva ter por esse livro senão horror. O autor procura arruinar a religião cristã e todas as nossas esperanças que dela dependem; em seu lugar introduz o ateísmo ou quando muito uma religião natural forjada segundo o capricho ou o interesse dos soberanos. O mal é ali reprimido apenas por medo dos castigos; mas quando não se teme nem carrasco nem justiça, um homem sem consciência tudo pode atentar para se satisfazer etc.

Devo acrescentar que li aplicadamente esse livro de Spinoza, do começo ao fim. Mas posso ao mesmo tempo protestar perante Deus nada ter encontrado de sólido nem que fosse capaz de me inquietar com a profissão que fiz de acreditar nas verdades evangélicas. Em lugar de provas sólidas, se encontram suposições e o que se chamam nas escolas *petitiones principii*. As coisas que são alegadas e passam por provas, sendo negadas e rejeitadas, não resta a esse autor senão mentiras e blasfêmias. Sem ser obrigado a dar razão ou prova do que alega, queria ele, de seu lado, obrigar o mundo a crer cegamente em sua palavra?

Enfim, diversos escritos que Spinoza deixou foram impressos em 1677, ano também de sua morte. É o que se chama *Opera posthuma*. As três letras capitais B.D.S., se encontram à frente do livro, que contém cinco tratados. O primeiro é um de moral demonstrada geometricamente (*Ethica more geometrico demonstrata*); o segundo é uma obra política; o terceiro trata do entendimento e dos meios de retificá-lo (*De emendatione intellectus*); o quarto volume é uma coletânea de cartas e respostas (*Epistolae et responsiones*); o quinto, um compêndio de gramática hebraica (*Compendium grammatices linguae hebreae*). Ele não fez menção do nome do impressor nem do lugar em que a obra foi impressa, o que demonstra com suficiência que aquele que forneceu a impressão não tinha o propósito de se fazer conhecer. No entanto, o locatário de Spinoza, o senhor Van der Spyck, que ainda vive, me testemunhou que Spinoza havia ordenado que, imediatamente após sua morte, se enviasse a Amsterdã, para Jan Rieuwertzen, sua escrivaninha, na qual suas cartas e papéis estavam guardados, o que Van der Spyck não deixou de executar, conforme a vontade de Spinoza. E Rieuwertzen, por sua resposta a Van der Spyck, datada de 25 de março de 1677, reconhece ter recebido a escrivaninha em questão. Ele acrescenta ao final dessa carta:

> Os parentes de Spinoza queriam saber a quem tinha sido endereçada, porque imaginavam que estivesse cheia de dinheiro, e que não deixariam de se informar com os barqueiros a quem tinha sido confiada. Mas, diz ele, se não se mantém em Haia um registro das encomendas que se enviam por barco, não vejo como eles poderiam ter conhecimento, e mais vale a pena, com efeito, que não saibam de nada.

E por essas palavras encerra sua carta, pela qual se vê claramente de quem é a responsabilidade de uma produção tão abominável.

Pessoas eruditas já descobriram com suficiência as impiedades contidas nas *Obras Póstumas* e, ao mesmo tempo, advertiram a todo o mundo para tomar cuidado. Não ajuntarei senão pouca coisa ao que eles escreveram. O tratado de moral começa por definições ou descrições da Divindade. Quem não acreditaria em princípio, com tão belo começo, que é um filósofo cristão quem fala? Todas essas definições são belas, sobretudo a sexta, em que Spinoza diz que: "Deus é um ser infinito, quer dizer, uma substância que envolve em si mesma uma infinidade de atributos, dos quais cada um representa e exprime uma essência eterna e infinita". Mas quando se examina mais de perto suas opiniões, vê-se que o Deus de Spinoza é apenas um fantasma, um Deus imaginário, menos do que um Deus. É assim que a esse filósofo se pode bem aplicar o que o Apóstolo diz dos ímpios (*Tito* 1, 16): "Afirmam conhecer a Deus, mas negam-no com os seus atos..." O que Davi diz dos ímpios, Salmo XIV, 1, ainda lhe cabe muito bem: "Diz o insensato em seu coração: 'Deus não existe'!" O que quer que tenha dito Spinoza, é o que verdadeiramente ele pensa. Ele se dá a liberdade de empregar o nome de Deus e de tomá-lo num sentido desconhecido de tudo o que já houve entre os cristãos. É o que ele mesmo confessa em sua carta a Oldenburg: "Reconheço que tenho de Deus e da Natureza uma ideia bem diferente daquela que os cristãos modernos querem estabelecer. Considero que Deus é o princípio e a causa de todas as coisas, imanente e não passageira". E para apoiar sua ideia, serve-se dessas palavras de São Paulo, que ele desnatura em seu sentido: "Pois nele vivemos, nos movemos e existimos" (*At* 17, 28).

Para compreender seu pensamento é preciso considerar que uma causa *passageira* é aquela cujas produções são exteriores ou fora de si mesma, como alguém que joga uma pedra no ar, ou um carpinteiro que constrói uma casa. Ao passo que uma causa *imanente* age interiormente e se detém em si mesma, sem sair de modo algum. Assim, quando nossa alma pensa ou deseja alguma coisa, ela é ou se detém nesse pensamento ou desejo sem dele sair, sendo sua causa imanente. É dessa maneira que o Deus de Spinoza é a causa deste Universo, onde está, e não além. Mas como o Universo tem limites, seguir-se-ia que Deus é um ser limitado e finito. E embora diga de Deus que ele é infinito e que recobre uma infinidade de propriedades, é preciso que ele intervenha com os termos Eterno e Infinito, pois com essas palavras ele não pode entender um ser que subsistiu por si mesmo antes de todos os tempos, e antes que qualquer outro ser tenha sido criado; mas ele chama de infinito aquilo que o entendimento não pode encontrar fim nem limites, pois as produções de Deus, segundo ele, são em tão grande número que o homem, com toda a força de seu espírito, não poderia conceber. Elas são, além do mais, tão bem consolidadas, tão sólidas e tão interligadas entre si que durarão eternamente.

No entanto, ele assegura em uma carta que estavam errados aqueles que lhe imputavam dizer que Deus e a matéria na qual Deus age são uma só e mesma coisa. Mas, enfim, ele não pode impedir-se de confessar que a matéria é qualquer coisa de essencial à Divindade, que é e age na matéria, quer dizer, no Universo. O Deus de Spinoza não é, pois, outra coisa senão a Natureza, infinita na verdade, mas corporal e material, tomada no geral e com todas as suas modificações. Pois ele supõe haver em Deus duas propriedades eternas, *cogitatio et extensio*, o pensamento e a extensão. Pela primeira dessas propriedades, Deus está contido no Universo; pela segunda, ele é o próprio Universo; ambas, em conjunto, fazem o que chama Deus.

Tanto quanto pude compreender as ideias de Spinoza, eis sobre o que gira a disputa que há entre nós, que somos cristãos, e ele, a saber: se o Deus verdadeiro é uma substância eterna, diferente e distinta do Universo e de toda a Natureza, e se, por um ato de vontade inteiramente livre, tirou do nada o mundo e todas as criaturas; ou se o Universo e todos os seres que ele comporta pertencem essencialmente à natureza de Deus, considerado como uma substância cujo pensamento e extensão são infinitos. É esta última proposição que Spinoza sustenta. Pode-se consultar o *Anti-Spinoza* de L. Vittichus[21], página 18 e seguintes. Assim, ele admite que Deus é a causa geral de todas as coisas; mas ele pretende que Deus as produziu necessariamente, sem liberdade, sem escolha e sem consultar seu bel-prazer. De maneira semelhante, tudo o que acontece no mundo, bem ou mal, virtude ou crime, pecado ou boas obras, parte dele necessariamente; e, por consequência, não deve haver nem julgamento nem punição, nem ressurreição, salvação ou danação. Pois de outro modo, esse Deus imaginário puniria e recompensaria sua própria obra, como uma criança faz com sua boneca. Não é isso o mais pernicioso ateísmo que jamais surgiu no mundo? É também o que deu ocasião ao senhor Burmannus, ministro dos reformados de Enkhuise, de denominar Spinoza o mais ímpio ateu que já viu o dia.

---

21. Christoph Wittich, *Anti-Spinoza, sive Examen ethices Benedicti de Spinoza, et commentarius de Deo et eius attributi*, Amsterdã, 1690.

Não é meu intento examinar aqui todas as impiedades e os absurdos de Spinoza; relatei alguns e me apeguei àquilo que é capital, apenas tendo em vista inspirar no leitor cristão a aversão e o horror que se deve ter de uma doutrina tão perniciosa. Porém, não devo esquecer de dizer que é visível que, na segunda parte de seu tratado de moral, ele faz um só e mesmo ser do corpo e da alma, cujas propriedades são, como ele as exprime, a de pensar e a de ser extenso, pois é assim que ele se explica na página 40: "Quando falo de corpo, não entendo outra coisa senão uma modalidade que exprime a essência de Deus de uma maneira certa e precisa, enquanto ele é considerado como algo de extenso". Mas a respeito da alma, que está e age no corpo, é um outro modo ou maneira de ser que a natureza produz, ou que se manifesta a si mesma pelo pensamento; não é um espírito ou uma substância particular, não mais do que o corpo, mas uma modalidade que exprime a essência de Deus, enquanto ele se manifesta, age e opera pelo pensamento. Jamais se ouviram abominações parecidas entre os cristãos! Dessa maneira, Deus não poderia punir a alma nem o corpo, a menos que se queira punir e destruir-se a si mesmo. No final de sua vigésima primeira carta, ele revira o grande mistério da piedade, como está assinalado na *Primeira Epístola a Timóteo*, 3, 16, sustentando que a encarnação do Filho de Deus não é outra coisa que a Sabedoria eterna, a qual, mostrando-se geralmente em todas as coisas, e particularmente em nossos corações e almas, manifestou-se, enfim, de uma maneira totalmente extraordinária, em Jesus Cristo. Ele diz, um pouco mais abaixo, que é verdade que algumas igrejas acrescentam que Deus se fez homem; "mas" – diz ele – "assinalei positivamente que ignoro o que querem dizer... E isso me parece tão estranho quanto alguém afirmar que um círculo tomou a natureza de um triângulo ou de um quadrado". É o que lhe dá a oportunidade, no final de sua vigésima terceira carta, de explicar a célebre passagem de São João, *o verbo se fez carne*, como a maneira dos orientais se expressarem familiarmente e de mudá-lo assim: "Deus manifestou-se em Jesus Cristo de uma maneira toda particular".

Em meu sermão expliquei simplesmente, e em poucas palavras, como em suas cartas 23 e 24 ele procura aniquilar o mistério da ressurreição de Jesus Cristo, que é uma doutrina capital entre nós e o fundamento de nossas esperanças e de nossa consolação. Não devo me deter aqui mais longamente a relatar as demais impiedades que ele ensina.

Aquele que teve o cuidado de publicar as *Obras Póstumas* de Spinoza conta entre os escritos do autor que não foram impressos um *Tratado do Arco-Íris*. Conheço aqui em Haia pessoas distinguidas que viram essa obra, mas não aconselharam Spinoza dá-lo a público; o que talvez o tenha entristecido e o fez resolver-se por jogar o escrito ao fogo seis meses antes de sua morte, como as pessoas do alojamento onde morava me informaram. Ele havia também começado uma tradução do *Antigo Testamento* para o flamengo, sobre a qual conferenciava frequentemente com pessoas eruditas em línguas, e informou-se sobre as explicações que os cristãos oferecem a diversas passagens. Havia muito tempo que tinha acabado os cinco livros de Moisés quando, poucos dias antes de sua morte, jogou toda a obra na lareira do seu quarto.

Já se fizeram tantos relatos diferentes e pouco verdadeiros sobre a morte de Spinoza que é surpreendente que pessoas esclarecidas se tenham posto em uma situação difícil ao informar o público sobre boatos, sem antes se terem instruído sobre o que relatavam. Encontra-se uma amostra das falsidades que se dizem sobre o assunto em *Menagiana*, impressa em Amsterdã em 1695[22], na qual o autor ainda se exprime:

22. A *Menagiana ou les bons mots et remarques critiques, historiques, morales & d'érudition: De monsieur Ménage, recueillies par ses amis* (Menagiana ou as Boas Palavras e Observações Críticas, Históricas, Morais e de Erudição: Do Senhor Ménage, Compiladas Por Seus Amigos), do grande polemista Gilles Ménage (1613-1692), foi publicada pela primeira vez, postumamente, em Paris, em 1693, sob a organização de Antoine Gallande. Nesse mesmo ano, Jean Bernier, médico de Blois, publicou sua réplica satírica, a *Anti-Menagiana ou l'on cherche ces bons mots, cette morale, ces pensées judicieuses* (Anti-Menagiana ou Onde se Busca Essas Boas Palavras, Essa Moral, Esses

Ouvi dizer que Spinoza morreu devido ao medo que tinha de ser posto na Bastilha. Ele veio à França atraído por duas pessoas de qualidade que tinham desejo de vê-lo. O senhor de Pompone foi avisado disso e como é um ministro de muitíssimo zelo com a religião, não julgava conveniente aturar Spinoza na França, onde seria capaz de provocar muita desordem, e, para impedi-lo, resolveu metê-lo na Bastilha. Spinoza, que foi avisado, salvou-se em hábitos de franciscano; mas não garanto essa última circunstância. Certo é que muitas pessoas que o viram me asseguraram que era pequeno, amarelento, que tinha alguma coisa de negro na fisionomia e que punha em seu rosto um caráter de reprovação.

Tudo isso não passa de um tecido de fábulas e de mentiras, pois é certo que Spinoza jamais esteve na França. E embora pessoas de distinção tenham procurado atraí-lo, como declarou a seus senhorios, assegurou-lhes ao mesmo tempo que jamais teria o menor juízo em fazer tal loucura. Também se verificará facilmente, pelo que direi adiante, não ser de modo nenhum verdadeiro que tenha morrido de medo. Para esse fim, relatarei as circunstâncias de sua morte, sem parcialidade, e nada direi sem prova. O que estou apto a executar, tanto mais facilmente porque foi aqui em Haia que ele morreu e foi enterrado.

Spinoza era de uma constituição bastante débil, malsão, magro e atacado pela tísica há mais de vinte anos, o que o obrigava a viver de regime, a ser extremamente sóbrio no comer e no beber. No entanto, nem seu senhorio nem aqueles da casa acreditavam que seu fim estivesse tão próximo, mesmo antes que a morte o supreendesse, e sobre isso não tinham a menor suspeita. Pois em 20 de fevereiro, que foi o sábado antes dos dias carnavalescos, o locatário e sua mulher foram ouvir as prédicas que se fazem em nossa igreja, para que cada um se prepare para receber a comunhão que se administra na véspera, segundo um costume por nós estabelecido. O senhorio retornou à casa após o sermão, às quatro horas aproximadamente, e Spinoza desceu

Pensamentos Judiciosos). Em 1650, Ménage, também gramático e historiador, havia publicado *Origines de la langue française*, um dos primeiros dicionários etimológicos do francês. Molière baseou nele a personagem de Vadius, de *Les Femmes savantes* (As Sabichonas).

A VIDA DE BARUKH DE SPINOZA 349

de seu quarto, de meias, e teve com ele uma longa conversa que girou particularmente sobre o que o ministro havia pregado; e após ter fumado um cachimbo, retirou-se para o seu quarto e foi dormir cedo. No domingo pela manhã, antes da hora de ir à igreja, ainda desceu de seu quarto e falou com o senhorio e sua mulher. Ele havia feito vir de Amsterdã um certo médico, que só posso designar por duas letras, L.M.; este encarregou as pessoas da casa de comprar um galo velho e logo fazê-lo cozinhar, a fim de que por volta do meio-dia Spinoza pudesse tomar o caldo, o que ele também fez, comendo com bom apetite, após seu locatário e a mulher terem voltado da igreja. Durante a tarde, o médico permaneceu junto a Spinoza e as pessoas da casa retornaram juntas às suas devoções. Mas ao saírem do sermão, souberam com surpresa que por volta das três horas Spinoza havia expirado, na presença de seu médico, que voltou a Amsterdã no barco da noite, sem oferecer o menor cuidado ao defunto. Ele se dispensou desse dever mais cedo pois após a morte de Spinoza ele se apropriou de algum dinheiro que o defunto havia deixado sobre a mesa, assim como de uma faca com cabo de prata, retirando-se com o que havia tomado como butim.

Relatou-se bastante diferentemente as particularidades de sua doença e de sua morte, e isso forneceu matéria a muitas contestações. Conta-se: 1. que no tempo de sua doença havia tomado precauções necessárias para não ser surpreendido por visitas de pessoas cuja visão só lhe podia importunar; 2. que suas próprias palavras saíram-lhe da boca, uma e mesmo várias vezes – "Ó Deus, tenha piedade de mim, miserável pecador!"; 3. que se o ouviu frequentemente murmurar, pronunciando o nome de Deus. O que, dando oportunidade àqueles que estavam presentes de lhe perguntar se acreditava então na existência de um Deus do qual tinha motivos de temer os julgamentos após a morte, havia respondido que a palavra lhe escapou e só saíra de sua boca por costume ou hábito; 4. diz-se ainda que mantinha perto de si suco de mandrágora, e que dele usou quando sentiu a morte aproximar-se; que tendo em seguida puxado o cortinado de sua cama, perdeu a consciência, caindo num sono profundo, e foi assim que passou desta vida à eternidade; 5. que havia proibido expressamente de entrar seja quem fosse em seu quarto quando se aproximava de seu fim; como também que, vendo-se *in extremis*, havia chamado sua locatária e lhe pedido que impedisse qualquer ministro de vê-lo, pois queria, assim dizia, morrer pacificamente e sem disputas.

Procurei cuidadosamente a verdade de todos esses fatos e perguntei várias vezes ao senhorio e à sua mulher o que sabiam; mas eles me responderam que não tinham o menor conhecimento e estavam persuadidos de que todas essas particularidades eram mentiras, pois jamais lhes proibiu admitir não importa quem quisesse vê-lo. Além disso, quando seu fim se aproximava, só havia em seu quarto o médico de Amsterdã; ninguém ouviu as palavras que se pretende tenha proferido – "Ó Deus, tenha piedade de mim, miserável pecador". E também não parece que tenham saído de sua boca, pois não acreditava estar tão perto de seu fim. E não guardava o leito durante sua doença, pois na manhã do mesmo dia em que expirou havia descido de seu quarto, como observamos; seu quarto era o da frente, onde ele dormia em uma cama construída à moda do país, e que se chama *bedstede*[23]. Que ele tinha encarregado sua senhoria de despachar os ministros que poderiam se apresentar, ou que tenha invocado o nome de Deus durante sua doença, é o que nem ela nem as pessoas da casa ouviram e não tinham qualquer conhecimento. O que os convence do contrário é que, depois de ter caído em prostração, havia sempre mostrado, pelos males que sofria, uma firmeza verdadeiramente estoica, até repreender os demais quando lhes acontecia de chorar e de testemunhar em suas enfermidades pouca coragem ou muita sensibilidade.

Enfim, quanto ao suco de mandrágora, de que se diz ter usado estando no fim, e que o fez perder toda a consciência, é também uma particularidade inteiramente desconhecida

---

23. Tipo de cama embutida na parede ou num vão do quarto, como um armário.

àqueles do alojamento. E, no entanto, eram eles que lhe preparavam tudo de que tinha necessidade para comer e beber, assim como dos remédios que tomava de tempos em tempos. Também não fez menção dessa droga o boticário, que no entanto foi o mesmo na oficina de quem o médico de Amsterdã mandou pegar os remédios dos quais Spinoza teve precisão nos últimos dias de sua vida.

Após a morte de Spinoza, seu senhorio tomou as medidas para fazê-lo enterrar. Jan Rieuwertz, impressor na cidade de Amsterdã, lhe havia pedido e, ao mesmo tempo, prometido reembolsar de toda despesa, para a qual dava caução. A carta que lhe escreveu a esse respeito, bastante distanciada, é datada de 6 de março de 1678. Ele não esquece de mencionar o amigo de Schiedam, do qual falamos acima, que, para mostrar o quanto a memória de Spinoza lhe era cara e preciosa, pagava exatamente tudo o que Van der Spyck ainda podia *pretender de seu hóspede defunto*.

Como se dispunham a colocar o corpo de Spinoza na terra, um boticário chamado Schroder se opôs, pois pretendia antes ser pago por alguns medicamentos que havia fornecido ao defunto durante sua enfermidade. A título de lembrança, a despesa subia a dezesseis florins e dois *sous*, e acho que nela se conta a tintura de açafrão, de bálsamo, pós etc., mas não se faz menção nem a ópio nem a mandrágora. A oposição logo terminou e a conta foi paga pelo senhor Van der Spyck.

O corpo foi levado à terra em 25 de fevereiro, acompanhado de várias pessoas ilustres e de seis carroças. Na volta do enterro, que se fez na nova igreja sobre o Spuy, os amigos particulares e os vizinhos foram presenteados com algumas garrafas de vinho, segundo o costume do país, na casa do senhorio.

Observarei, de passagem, que o barbeiro de Spinoza, após sua morte, fez um memorando nestes termos: "senhor Spinoza, de *bem-aventurada memória*, deve a Abraham Kervel, cirurgião, por tê-lo barbeado durante o último trimestre, a soma de um florim e dezoito *sous*". O apregoador do enterro e dois cuteleiros fizeram ao defunto um cumprimento parecido em suas lembranças, assim como o retroseiro que forneceu luvas para o luto do enterro.

Se essas boas pessoas tivessem sabido quais eram os princípios de Spinoza em matéria de religião, parece que não iriam se utilizar do termo bem-aventurado que empregaram; ou será que dele se serviram segundo a maneira ordinária, que por vezes sofre o abuso que se faz de expressões semelhantes, a respeito de pessoas mortas em desespero ou na impenitência final?

Enterrado Spinoza, seu senhorio fez o inventário dos bens móveis que havia deixado. O notário que empregou fez uma conta de seus honorários nesta forma: "Willem van den Hove, notário, por ter trabalhado no inventário dos móveis e rendimentos do defunto senhor Bento de Spinoza". Seus salários sobem a dezessete florins e oito *sous*; abaixo, reconhecia ter sido pago em 14 de novembro de 1677.

Rebecca de Spinoza, irmã do defunto, foi sua herdeira e fez sua declaração na casa onde ele morreu. No entanto, como se recusava a pagar previamente as despesas do enterro e algumas dívidas que a sucessão importava, o senhor Van der Spyck fez--lhe dirigir-se e falar em Amsterdã, e exigiu pagá-las, por meio de Robert Schmeding, portador de sua procuração. Libertus Loef foi o notário que redigiu esse ato e o assinou. Mas antes de pagar, ela queria ver com clareza e saber se, tendo sido pagas as dívidas e encargos, lhe viria alguma coisa da sucessão de seu irmão. Enquanto ela deliberava, Van der Spyck se fez autorizado pela justiça a vender publicamente os bens e móveis em questão, o que foi executado. E as somas provenientes da venda, tendo sido consignadas no lugar ordinário, a irmã de Spinoza as reteve. Mas vendo que após o pagamento das despesas e encargos não restava senão pouca coisa, ou absolutamente nada, desistiu de sua oposição e de todas as pretensões. O procurador Jan Lukkas, que serviu a Van der Spyck nesse assunto, trouxe--lhe a soma de trinta e três florins e dezesseis *sous*, da qual deu quitação datada de três de junho de 1678. A venda dos móveis foi feita aqui em Haia, desde 4 de novembro de 1677, por Rykus van Stralen, apregoador juramentado, como aparece pela conta que entregou, datada do mesmo dia.

Basta deitar os olhos sobre as contas para logo julgar que era o inventário de um verdadeiro filósofo; encontram-se apenas alguns livros, alguns talhos doces e estampas, alguns pedaços de vidro polido e os instrumentos para os polir.

Pelo conjunto das vestes que lhe serviam de uso, vê-se como era econômico e moderado. Um casaco e uma calça foram vendidos por vinte e um florins e catorze *sous*; um outro mantô cinza, doze florins e catorze *sous*; quatro lençóis, seis florins e oito *sous*; sete camisas, nove florins e seis *sous*; uma cama e um travesseiro, quinze florins; dezenove colarinhos, um florim e onze *sous*... Todo o inventário e venda dos móveis subiu apenas a quatrocentos florins e treze *sous*; das despesas da venda e dos encargos deduzidos, restaram trezentos e noventa florins e catorze *sous*.

Eis o que pude saber de mais particular no que respeita à vida e à morte de Spinoza. Tinha a idade de quarenta e quatro anos, dois meses e vinte e sete dias. Morreu em 21 de fevereiro de 1677 e foi enterrado no dia 25 do mesmo mês.

ALGUMAS OPINIÕES E DEPOIMENTOS

Spinoza (Bento de), judeu de nascimento, depois desertor do judaísmo e, por fim, ateu, nasceu em Amsterdã. Foi um ateu por seu sistema e por um método todo novo, embora o fundo de sua doutrina tenha sido comum a muitos outros filósofos antigos e modernos, europeus e orientais. Creio que é o primeiro a haver reduzido em sistema o ateísmo e ter feito um corpo de doutrina ligado e tecido segundo os geômetras; mas seu sentimento não é novo. Há muito tempo que se acreditou que o Universo é apenas uma Substância, e que Deus e o Mundo não fazem senão um só ser. Pietro della Valle fez menção a certos maometanos que se chamam *Ebl Eltabkik*, ou *homens de verdade e pessoas de convicção*, que creem que há para tudo quatro elementos que fazem Deus, o homem e todas as coisas. Ele fala também dos *Zindikites*, outra seita maometana. Eles se aproximam dos *Saduceus* e deles tomaram o nome. Não creem haver providência nem ressurreição dos mortos, como explica Giggoïus sobre a palavra *Zindik*. Uma de suas opiniões é que tudo o que se vê, que tudo o que está no mundo, que tudo o que foi criado é Deus. Houve heréticos semelhantes entre os cristãos, pois encontramos, no início do século XIII, um certo David de Dinant que não estipulava nenhuma diferença entre Deus e a matéria-prima. E nos enganamos ao afirmar que antes dele ninguém havia enunciado essa ilusão. Alberto, o Grande, não fala de um filósofo que o havia dito? *Alexandre Epicuro disse que Deus era matéria, ou não mais do que ela mesma, e tudo essencialmente o que é Deus e as formas são acidentes imaginados...* Alguns acreditam que esse Alexandre viveu no tempo de Plutarco; outros assinalam em termos próprios que precedeu a David de Dinant. *Foi posterior a Alexandre que escreveu um livro sobre o assunto em que tenta provar que todas as coisas são uma só na matéria.* É o que se lê à margem do Tratado em que Tomás de Aquino refuta essa extravagante e monstruosa opinião... Não ousaria dizer que Estratão, filósofo peripatético, tenha tido a mesma opinião, pois não sei se entendia que o Universo ou a Natureza fosse um ser simples e uma substância única; sei apenas que a fazia inanimada e não reconhecia outro Deus senão a Natureza. Como ridicularizava os átomos e o vazio de Epicuro, poder-se-ia imaginar que ele não admitia distinção entre as partes do Universo, mas esta consequência não é necessária. Pode-se apenas concluir que sua opinião se aproxima infinitamente mais do spinozismo do que do sistema dos átomos... Tem-se mesmo a possibilidade de acreditar que ele não ensinava, como fazem os atomistas, que o mundo fosse uma obra nova e produzida pelo acaso, mas que ensinava, como o fazem os spinozistas, que a Natureza o produziu necessariamente, desde a eternidade... A mais monstruosa hipótese, a mais diametralmente oposta às noções mais evidentes de nosso espírito. Ele supõe não haver senão uma única substância na natureza, e que essa substância única é dotada de uma infinidade de atributos e, entre outros, os da extensão e do pensamento. Na sequência do que, assegura que todos os corpos que se encontram no universo são modificações dessa substância, na qualidade de extensão e que, por exemplo, as almas dos homens são modificações dessa substância, na qualidade de pensamento. De sorte que Deus, ser necessário e infinitamente perfeito, é causa de todas as coisas existentes, mas delas não difere. Não há senão um ser, uma natureza, e esta natureza produz em si própria, por uma ação imanente, tudo aquilo que se chama criatura... Eis aqui um filósofo que acha bom que Deus seja, ele mesmo, o paciente e o agente de todos os crimes e de todas as misérias dos homens... No sistema de Spinoza, todos aqueles que dizem que os alemães mataram dez mil turcos falam mal e falsamente, a menos que entendam por isso que Deus, modificado em alemães, matou Deus modificado nos dez mil turcos; e assim, toda frase que exprima aquilo que os homens fazem uns contra os outros não terá outro sentido verdadeiro a não ser este: Deus odeia a si mesmo, rende graças a si mesmo e as recusa; persegue-se, mata-se, devora-se, calunia-se e se manda à forca.

PIERRE BAYLE
Dicionário Histórico e Crítico, artigo Spinoza.
Disponível em <artfl-project.uchicago.edu/node/74>.

Tu reconheces a mais alta realidade, que é o fundamento de todo o spinozismo, em que tudo o mais descansa e do qual tudo o mais decorre. Ele [Spinoza] não demonstra a existência de Deus; a existência, o Ser, é Deus. E se por isso outros o consideram ateu, eu lhe quero agora chamar e honrar-lhe como *theissimus et christianissimus.*

J.W. VON GOETHE
em carta a Friedrich Jacobi, datada de 9.4.1785,
Werke, Hamburg: Christian Wegner, v. x.

Também Spinoza, seguindo as pegadas de seu mestre [Descartes], partiu daquele conceito de substância, como se ele fosse um dado. Considerou todavia ambas as espécies de substâncias, a pensante e a extensa, como uma e mesma, com o que as dificuldades acima mencionadas ficaram menores. Desse modo, porém, sua filosofia tornou-se, acima de tudo, negativa, levando somente a negar as duas grandes oposições cartesianas, já que ele estendeu sua identificação à outra oposição, estabelecida por Descartes, entre o mundo e Deus. Isso, porém, era apenas um método didático ou uma forma de exposição. Teria sido de fato muito chocante dizer diretamente: "não é verdadeiro que um Deus tenha feito este mundo; ele existe por sua própria potência perfeita". Por isso escolheu uma expressão indireta e disse: "o próprio mundo é Deus", o que nunca lhe teria ocorrido afirmar se tivesse podido partir imparcialmente da natureza e não do judaísmo... Portanto, ele deixa o mundo propriamente sem explicação, já que sua doutrina leva à afirmação: "o mundo existe, porque existe; e existe como é, porque é assim" (com essa frase, Fichte costumava mistificar seus estudantes). A deificação do mundo que surge a partir do caminho acima mencionado não permite nenhuma ética verdadeira e estava, além disso, em gritante contradição com o mal físico e a perversidade moral deste mundo... Se Spinoza tivesse investigado a origem daquele conceito de substância, então teria por fim de descobrir que essa origem é tão-somente a *matéria* e que, por isso, o verdadeiro conteúdo do conceito não é outra coisa senão as propriedades essenciais e *a priori* que são atribuídas a ela. De fato, tudo o que Spinoza diz em louvor de sua substância encontra confirmação na matéria: ela é não originada e, portanto, sem causa, eterna, única e suas modificações são a extensão e o conhecimento. Sendo este uma propriedade do cérebro, que é material. Spinoza é, de acordo com isso, um materialista inconsciente... Spinoza seria um mero renovador dos eleatas, do mesmo modo que Gassendi o era de Epicuro. Assim, averiguamos mais uma vez como o verdadeiramente novo e totalmente original é extremamente raro em todos os ramos do pensamento e do saber.

ARTHUR SCHOPENHAUER
Fragmentos Para uma História da Filosofia.
São Paulo: Iluminuras, 2003.

Em 1670, Spinoza deu à luz o seu *Tratado Teológico-Político – Tractatus theologico-politicus*. É este tratado que, para o bem e para o mal, fez o seu renome. Embora não tenha posto ali seu nome e o tenha feito aparecer em Hamburgo, bem longe de todos os lugares conhecidos das discussões filosóficas, a obra fez um imenso sucesso de um lado e de outro do mundo erudito, e levantou em todas as partes essa tempestade de aplausos e de reprovações que atualmente a glória evoca. O *Tratado* se divide em duas partes: uma política e outra teológica. A política de Spinoza se aproxima da de Hobbes. Se ele recusa com razão o princípio segundo o qual entrando na sociedade o homem aliena seus direitos naturais, e se ele estabelece que há direitos que não podem ser perdidos (*ostenditur neminen omnia in summam potestatem transferre posse, nec esse necesse*), por uma estranha contradição ele confere ao Estado, com Hobbes, o direito de tratar como inimigos todos aqueles que não tenham as opiniões que o Estado professe, sobretudo em matéria de culto e religião… triste inconsequência que lembra o filho de uma raça oprimida, ainda tão atemorizada pelas perseguições que suportou de todos os lados, da parte dos muçulmanos e da parte dos católicos, que procurou um abrigo contra a inquisição religiosa sob um poder civil, tão absoluto quanto possa ser, desde que seja distinto e independente do poder religioso; e isso na esperança de que todo poder civil que não é dominado pelo fanatismo está, ele mesmo, interessado em tratar bem todos os súditos e em manter a liberdade e a paz. Spinoza já é, pois, na parte política, judeu, e mais ainda na parte teológica. Ela é um código regular do mais absoluto racionalismo, que retoma e engrandece a tradição judaica heterodoxa, avança e ultrapassa as ousadias da crítica moderna na França e na Alemanha. Spinoza aborda ali todas as questões depois tão controversas: a verdadeira data das diversas obras de que se compõe a *Bíblia*; quais os autores do *Pentateuco*, que não se pode, segundo ele, atribuir a Moisés; que autoridade se deve atribuir aos profetas; se, enfim, não há uma maneira legítima de interpretar filosoficamente o que, nas santas Escrituras destinadas ao povo, é dado sob a forma de metáforas, símbolos e alegorias. Lendo esta parte do *Tratado*, cremos reler a primeira parte do *Guia dos Perplexos*, com a diferença de que Maimônides, professando o racionalismo, afeta ortodoxia, e Spinoza não o pretende.

VICTOR COUSIN
História Geral da Filosofia (Desde os Tempos Mais Antigos
ao Século xix), 12. ed., 1884.
Disponível em *gallica.bnf.*

O texto em que Spinoza analisou minuciosamente o Velho e o Novo Testamentos contém, ao mesmo tempo, suas investigações sobre o conceito de religião relacionado ao de Estado. O título da obra resume ambas as problemáticas: *Tratado Teológico-Político*. No entanto, falta-lhe referência à filosofia, aquela que deveria vincular-se à teologia, assim como à política.

Antes, no entanto, de pormos à prova, com maior precisão, o propósito lógico desse título, devemos incorporar uma orientação sobre o significado histórico-cultural da obra. Ela é dupla: promover o esclarecimento tanto do aspecto religioso quanto do político. Mas seu valor literário talvez ainda predomine sobre o filosófico-científico. Pois como escrito sobre o Estado, ele examina a relação entre Igreja e Estado do ponto de vista das relações entre Religião e Estado. E como escrito teológico, atribui-se-lhe em geral o significado de ter introduzido a crítica da *Bíblia* na ciência teológica.

Devemos também analisar esse tratado em sua atualidade biográfica e histórico-temporal, condizente inteiramente com a mudança que, após descobertas mais recentes sobre a imagem supostamente solitária de Spinoza, sem dúvida se havia consumado. O tratado é um escrito tendencioso e publicista de sustentação da política republicana de Jan de Witt. "O verdadeiro motivo ao qual o *Tratado Teológico-Político* deve a sua criação é o vínculo de Spinoza com Jan de Witt." O autor dessa declaração também afirma sobre o *Tractatus politicus* "que essa obra, em sua parte prática, nada mais é do que um escrito do Estado holandês no sentido da política de Jan de Witt. Da mesma maneira, o *Tratado* contém uma defesa da política eclesial do Grande Pensionista". Por isso, o mesmo autor considerou crível a informação proveniente do biógrafo Lukas: a de que Spinoza mantinha-se com uma pensão de 200 florins de Jan de Witt, e conclui: "na sensibilidade extraordinária" de Spinoza, "ele devia ter um relacionamento muito estreito com um homem que lhe permitia retirar-se das preocupações da vida pública". Esse relacionamento estreito diz respeito a um problema muito complicado e muito internalizado no qual religião e Estado se entrechocam.

Como então se deve explicar e entender, em conformidade com a estrutura literária, uma pergunta puramente filológica com essa tarefa publicista, aquela pensada sobre a ligação entre a época da redação e os autores e redatores de cada livro da *Bíblia*? E como podia ela relacionar-se a uma mesma tarefa literária? Esses dois problemas realmente não parecem ter uma ligação imaginável. E se ambos, mesmo assim, estiverem compilados no mesmo livro, então deveria ele, desde o início, ser observado com desconfiança, pois essa união não é natural; ambas as tarefas ou, pelo menos, a investigação, não poderiam ter sido conduzidas sem a imparcialidade exigida. Pois, ou a investigação de direito público submeteu-se, à primeira vista, ao tema teológico, ou, em última instância, à tentativa de uma teoria do Estado. Ao menos uma das tarefas perdeu sua objetividade específica.

Com efeito, a crítica da *Bíblia* não teria entrado nesse livro se ela não tivesse sido preparada em um outro momento da vida de Spinoza. É sabido que Spinoza foi punido pela sinagoga de Amsterdã com a grande excomunhão. Com relação à pergunta de princípio sobre o direito da excomunhão em si, acreditamos poder nos abster de toda e qualquer palavra. Em contrapartida, que motivo tinha a sinagoga, à época, para esse castigo, sem, na verdade, levar em consideração um ataque preventivo da comunidade contra uma figura marcante, aquela representada pelo denunciante na história da perseguição aos judeus – mais tarde, isso se resolverá por si só. Aqui, temos somente que considerar a relação desse fato biográfico com a redação do *Tratado Teológico-Político*.

Sob o nome de "Apologia", Spinoza havia escrito um protesto, lido e distribuído nos seus círculos de amigos, contra a excomunhão que lhe foi infligida. Ele abandonou a ideia de impressão desse texto porque queria mais tarde, evidentemente, aplicar um golpe contra seus adversários em proporções maiores e sob uma perspectiva mais ampla. Talvez lhe tenha trazido uma dupla satisfação a ideia de conduzir sua luta contra o judaísmo e seus duelos bíblicos juntamente com o espírito de sua política. Também deve ter afastado de si qualquer dúvida de que sua política, em conformidade com seus objetivos e compreensível condição, mantivesse uma relação viva com sua verdadeira filosofia, com sua ética. A omissão da filosofia no título da obra seria um sinal ominoso. Pois o próprio tratado não deixa dúvida de que as ideias básicas da ética já estavam fixadas em sua redação. Por isso, haverá uma pergunta interessante: se as ideias básicas do tratado não somente estão de acordo com a tendência atual da política, mas se elas também se encontram em concordância com a ética que sua filosofia geral contém.

E, agora, revela-se um motivo claro e decisivo para o retorno àquela atitude contida na "Apologia"; um motivo que também se deixa reconhecer na economia do tratado. O tratado possui 20 capítulos. Somente o 16º foi intitulado Sobre os Fundamentos do Estado. A seguir, o capítulo 17º trata do Estado dos hebreus. E o 18º contém a continuação da história dos hebreus. Os dois últimos capítulos tratam do direito puramente teórico, em termos espirituais e de liberdade de pensamento.

Esses dois últimos capítulos formam, sob o ponto de vista da cultura geral, o valor histórico-político do tratado. Por meio deles, o tratado se torna um escrito básico do liberalismo político--religioso. Não entramos na investigação da questão de quais antecessores teve Spinoza sobre o tema. Não queremos reduzir seu mérito quanto a isso. Foi somente citado que Hobbes, quando lhe perguntaram sua opinião, respondeu de forma bastante significativa: "Não julgueis, para não serdes julgados". De tal maneira ele se identificava com este sucessor. Mas nós precisaremos verificar se esse liberalismo esgota o problema ético, primeiramente no sentido da ética de Spinoza e, assim, no espírito de uma teoria ética do Estado e de uma teoria ética da religião, ou o tenha apenas encorajado. Entretanto, de todas essas questões básicas previstas, ainda permanecemos aqui na consideração do índice do tratado.

A partir do 12º capítulo são tratadas as questões gerais da teologia natural. Mas até aí, quase dois terços de todo o livro, fala-se de teologia bíblica; e o 13º capítulo, sobre a quinta-essência do conteúdo de ensino bíblico, ainda está, na verdade, para ser levado em conta. Veremos agora, porém, que todo o conteúdo teológico dessa crítica sobre a *Bíblia* tem em mira o Estado dos hebreus; tem-se em mente que a religião do judaísmo doada por Moisés pretende apenas erguer e manter o Estado judaico. Eis o fundamento e o cerne de toda essa filologia. Toda essa pesquisa filológica encaminha-se para a destruição do significado da religião judaica, que, por isso, é conduzida e impelida por uma suposição filosófica. E esta, por conseguinte, devido à crítica basilar da religião judaica, não tem por isso menos atualidade em seu argumento publicista.

Para defender a política de De Witt contra os predicantes do partido ortodoxo dos Oranges, no sentido de partido dos dirigentes liberais, Spinoza procura provar ser o Estado dos hebreus a fonte de toda a desgraça ortodoxa, a ameaça à liberdade de pensamento. O tratado surgiu impresso na mesma oficina da qual "os escritos publicistas de De Witt saíam". Um escrito contrário diz: "por meio do judeu renegado forjado junto ao diabo no inferno, e publicado com a sabedoria do Senhor Jan e seus companheiros de espeto e braseiro". O autor, que aqui sempre citamos, diz sobre esse "desentendimento com o judaísmo" que, no entanto, forma o corpo principal de todo o livro: "que essas explicações, com seus fins verdadeiros [...] somente se mantêm em relações bem soltas e, ainda que de forma modificada, temos diante de nós a justificação original de Spinoza contra a acusação". Ele se contenta, nessa declaração de luta, em esclarecer "os juízos duros, até hostis, que Spinoza teceu sobre o povo do qual ele proveio [...] A justiça não é a virtude da luta".

Como não se empregar juízos sobre o povo, mas sobre a religião desse povo? Sobre um povo, o juízo de um homem pode ser duro, até mesmo hostil: sobre a religião, o filósofo deve carregar consigo a responsabilidade pública do seu juízo.

Essa questão, nosso autor não se faz. E eu talvez a possa expressar, pois nenhum outro sobre ela se pronunciou. A questão não diz respeito somente à religião judaica e, com ela, à religião em si: mais uma pergunta surge aqui contra os publicistas e, no conjunto, contra os filósofos. Nós analisamos em que complicações seu empreendimento literário está envolvido. Por último, mostrou-se que ele havia guardado todo seu rancor pela excomunhão para derramá-la nesse escrito estatal-filosófico, tendo por base uma pesquisa filológica da *Bíblia*. E, agora, verifica-se que, mesmo com sua graça, toda essa crítica à *Bíblia* e ao Estado judeu, por mais profundamente que queira situar sua base científica, sua causa, entretanto, encontra-se no oportunismo de um escrito político-partidário.

HERMANN COHEN

Sobre o Estado e a Religião, o Judaísmo e o Cristianismo
em Spinoza, *Anuário de História e de Literatura Judaicas*, 1915.

Estou inteiramente espantado, inteiramente encantado! Tenho um antecessor, e que antecessor! Eu não conhecia quase nada de Spinoza: que eu agora o houvesse solicitado (um livro emprestado), foi um 'ato instintivo'. Não é apenas que sua tendência geral seja igual à minha – fazer do conhecimento o mais poderoso afeto; eu me reencontro em cinco pontos principais de sua teoria, pois este pensador anormal e solitário está o mais próximo de mim nessas coisas: ele nega o livre-arbítrio, o finalismo, o ordenamento moral do mundo, o desprendimento, o mal; se, naturalmente, as distinções também são bastante grandes, elas dependem mais das diferenças de tempo, de cultura, de sociedade. *In summa*, minha solidão, que como no alto da montanha frequentemente me provoca falta de ar e deixa o sangue irromper, é agora, ao menos, uma solidão a dois. Maravilhoso! Aliás, meu estado de saúde não corresponde, de modo algum, às minhas esperanças. Que tempo excepcional aqui! Condições atmosféricas eternamente variáveis! Isso me estimula a sair da Europa! Eu preciso de um céu puro por meses, caso contrário não saio do lugar. Seis acessos graves, com duração de dois a três dias. Com o mais cordial afeto, vosso amigo

FRIEDRICH NIETZSCHE
A Franz Overbeck, na Basileia (cartão-postal).
Sils-Maria, 30.6.1881.

Não é duvidoso que o pensamento de Spinoza tenha sido formado pelos filósofos judeus da Idade Média, os Moisés Maimônides e os Hedaï Crescas; ele próprio recorda o que deve aos "antigos hebreus": o sentimento de que Deus guarda em si a imensidão e a totalidade do ser, que está a uma distância infinita do homem, incomparável e inefável; o sentimento, acima de tudo, de que a vida verdadeira do homem está em Deus e que sua razão de ser é o elo de amor que o faz participar da perfeição divina. Ao que convém acrescentar que os filósofos judeus não o influenciaram apenas por sua doutrina particular; foram os primeiros educadores de Spinoza que o iniciaram na especulação da antiguidade e foi por eles que Spinoza se vinculou à tradição da metafísica panteísta, em particular ao alexandrinismo; por eles conheceu a finalidade suprema de sua filosofia, que é a de formular a unidade absoluta. Quando se liberou de uma disciplina antiga, a inspiração religiosa nele permaneceu profundamente. O cartesianismo lhe oferece um método novo, o método verdadeiro, pois fundado sobre o livre desenvolvimento da atividade espiritual e que chega ao conhecimento exato das leis da natureza. Ele pergunta ao método cartesiano se ele permite reencontrar essa unidade absoluta que é a ideia essencial e como que a mola de seu pensamento e de sua vida, e o aceita porque, afastando do pensamento divino toda obscuridade, todo mistério, todo obstáculo espiritual, fornece uma base sólida à restauração religiosa. O mecanismo cartesiano estabelece a continuidade no universo: não há vazio, todo movimento que se produz em um corpo determinado está ligado ao movimento de outros corpos, e a repercussão é imediata. No fundo, só há um movimento para o universo, e cada movimento particular é um fragmento desse movimento total. Mas essa solidariedade, da qual Descartes mostrou a necessidade no espaço, ele a nega no tempo; os momentos no tempo são descontínuos, a cada instante o mundo está ameaçado de perecer, só é conservado pela vontade livre, essencialmente indiferente, de um Deus exterior ao mundo. Essa estranha qualidade corresponde a uma concepção parcial e mutilada do movimento. O movimento não é apenas passagem de um lugar a outro, ele é a passagem de um momento a outro; ele é indivisivelmente essas duas passagens e é impossível que lá exista necessidade e, aqui, contingência. A continuidade, que existe entre as diferentes partes do espaço, também existe entre as diferentes partes do tempo. Desde então, o universo encontra em si a razão de seu desenvolvimento, sem ter de jamais requerer a intervenção ou o concurso continuado de um ser estranho. O pensamento parece eliminado do universo, mas apenas se ele fosse exterior ao universo; segundo o mecanismo cartesiano, o encadeamento dos movimentos reproduz o encadeamento das ideias. É a necessidade da evidência que nos explica a necessidade da natureza. A geometria e a física se constituem por um sistema de equações, quer dizer, de relações inteligíveis. Essas relações formam, pois, assim como os objetos aos quais se aplicam, um mundo; são solidários uns com os outros, de sorte que, pela simples virtude do desenvolvimento lógico, pode-se passar de um a outro. Uma ideia particular é qualquer coisa de fragmentário que reclama a totalidade do espírito no qual ela se completa e pelo qual ela é compreensível. Há, na ordem do pensamento, um mecanismo e um automatismo espirituais. Revendo assim todas as consequências da ciência cartesiana, Spinoza concebe o universo da extensão e o universo do pensamento como sistemas igualmente autônomos. Cada um deles existe independentemente do outro e forma em si uma unidade. Ora, a unidade do pensamento e a unidade da natureza não podem ser senão uma só e mesma unidade, pois o pensamento é a verdade da natureza. A legitimidade da ciência repousa em definitivo sobre a unidade absoluta que Spinoza procurava com toda sua alma, sendo a condição da vida religiosa; o spinozismo estava concebido. Raramente a formação de uma doutrina se apresenta na história com tal clareza. Criança, Spinoza foi submetido à disciplina da tradição judaica; homem, não teve senão um mestre, Descartes. O que quis foi purificar Descartes e purificar a religião. Purificar Descartes, quer dizer, afastar do cartesianismo o elemento irracional, extrametódico: a separação da inteligência e da vontade, a união misteriosa da alma e do corpo, a oposição entre a liberdade intelectual no homem e a liberdade de indiferença em Deus, a distinção da religião natural e da religião revelada, estendida ao mundo do pensamento e ao problema da destinação humana; purificar a religião, quer dizer, afastar tudo o que prejudica a elevação do espírito, a tradição que deprime a inteligência e o ódio que deprava a vontade, a Igreja constituída com todos os instrumentos do paganismo e do materialismo que arrasta consigo: templos, costumes e ritos incompreensíveis.

LÉON BRUNSCHVICG
Écrits philosophiques, tomo I.
Paris: PUF, 1951.

Spinoza é o mais nobre e o mais amável de todos os grandes filósofos. Intelectualmente, alguns o superaram, mas, eticamente, é supremo. Como consequência natural disso, foi considerado, durante sua vida e até um século após sua morte, como um homem de espantosa perversidade. Judeu de nascimento, os judeus o excomungaram. Os cristãos sentiam por ele o mesmo desagrado; embora sua filosofia seja dominada pela ideia de Deus, os ortodoxos acusavam-no de ateísmo. Leibniz, que devia muito a ele, ocultou sua dívida, abstendo-se cuidadosamente de proferir uma única palavra em seu louvor; chegou até a mentir com respeito ao grau de seu conhecimento pessoal com o herético judeu... As poucas pessoas que o conheciam o amavam, mesmo quando desaprovavam seus princípios. O governo holandês, com seu habitual liberalismo, tolerou suas opiniões sobre as questões teológicas, embora, em certa ocasião, haja ficado politicamente em má situação por haver-se colocado ao lado de De Witts, contra a Casa de Orange. Morreu, com apenas quarenta e três anos de idade, de tísica... Sua obra principal, a *Ética*, foi publicada postumamente. Antes de examiná-la, devemos dizer algumas palavras acerca de dois de seus outros livros, o *Tratado Teológico-Político* e o *Tratado Político*. O primeiro é uma curiosa combinação de crítica bíblica e teoria política; o segundo trata apenas de política. Na crítica bíblica, Spinoza antecipa opiniões modernas, particularmente ao atribuir datas posteriores a vários livros do Antigo Testamento, que lhes eram atribuídas pela tradição. Procura, em todo o livro, mostrar que as Escrituras não podem ser interpretadas de modo compatível com uma teologia liberal. A teoria política de Spinoza é, em geral, derivada de Hobbes, apesar da enorme diferença temperamental existente entre os dois homens. Afirma que, num estado de natureza, não há nada lícito ou ilícito, pois o ilícito consiste em desobedecer à lei. Afirma que o soberano não pode fazer nada ilícito, e concorda com Hobbes em que a Igreja devia ser inteiramente subordinada ao Estado. Opõe-se a toda rebelião, mesmo contra um mau governo, e dá como exemplo as perturbações na Inglaterra como prova do mal resultante de se resistir pela força à autoridade. Mas discorda de Hobbes ao considerar a democracia como a forma de governo "mais natural". Discorda também ao afirmar que os súditos não deviam sacrificar *todos* os seus direitos ao soberano. Em particular, considera importante a liberdade de opinião... A *Ética* de Spinoza trata de três matérias diferentes. Começa com a metafísica; passa depois para a psicologia das paixões e da vontade; e, finalmente, formula uma ética baseada na metafísica e na psicologia precedentes. A metafísica é uma modificação da de Descartes, a psicologia lembra a de Hobbes, mas a ética é original, sendo o que o livro contém de mais valioso... Embora Spinoza não fosse um homem destituído de interesse científico – chegando mesmo a escrever um tratado sobre o arco-íris –, sentia-se principalmente atraído pelos problemas religiosos e morais. Aceitou de Descartes e de seus contemporâneos uma física materialista e determinista, e procurou, dentro dessa estrutura, encontrar lugar para a reverência e uma vida consagrada ao Bem. Sua tentativa foi magnífica, despertando admiração mesmo entre os que não a consideram bem sucedida... Os dois últimos livros da *Ética*, intitulados, respectivamente, *Da Servidão Humana, ou da Força das Afecções*, e *Da Potência do Intelecto, ou da Liberdade Humana*, são os mais interessantes. Somos escravos na medida em que o que nos acontece é determinado por causas exteriores, e somos livres na medida em que determinamos os nossos próprios atos. Spinoza, como Sócrates e Platão, acredita que toda ação má é devida a um erro intelectual: o homem que compreende adequadamente suas próprias circunstâncias, agirá sabiamente, e será feliz mesmo diante daquilo que, para outro, seria um infortúnio. Não faz nenhum apelo ao altruísmo; afirma que o interesse próprio e, de maneira particular, a autopreservação, governa toda a conduta humana. "Nenhuma conduta pode ser concebida como sendo anterior a esse intento de conservar o próprio ser" [...] As emoções são chamadas paixões quando nascem de ideias inadequadas; as paixões dos diferentes homens podem entrar em conflito, mas os homens que vivem obedientes à razão estarão inteiramente de acordo uns com os outros [...] O prazer, em si mesmo, é bom, mas a esperança e o medo são maus, como também o são a humildade e o arrependimento: "Quem se arrepende de uma ação é duplamente infeliz ou enfermo". Spinoza considera o tempo como irreal e, por conseguinte, todas as emoções que têm a ver com um acontecimento, como futuro ou passado, são contrárias à razão. "Enquanto a mente concebe uma coisa sob o ditame da razão, esta é afetada igualmente, quer a ideia seja de uma coisa presente, passada ou futura". Esta é uma frase difícil, mas pertence à essência do sistema de Spinoza. Na opinião popular, "está bem tudo o que acaba bem"; se o universo está gradualmente melhorando, pensamos melhor a respeito dele do que se estivesse gradualmente decaindo, mesmo que a soma do bem e do mal seja a mesma coisa nos dois casos. Interessamo-nos mais por um desastre ocorrido em nossa época do que na de Gengis Khan. Segundo Spinoza, isto é irracional. Qualquer coisa que ocorra, faz parte do mundo eterno e intemporal, tal como Deus o vê; pra ele, a data não tem importância. O homem sábio, tanto quanto lhe permite a limitação humana, esforça-se por ver o mundo como Deus o vê, *sub specie aeternitatis* [...] Só a ignorância nos faz supor que podemos modificar o futuro: o que há de ser, será, e o futuro está fixado de modo tão inalterável quanto o passado [...] Quando adquirimos, na medida do possível, uma visão de mundo análoga à de Deus, vemos todas as coisas como parte de um todo, e igualmente necessárias para a bondade do todo. Por conseguinte, "o conhecimento do mal é um conhecimento inadequado". Deus não tem o conhecimento do mal porque não há nenhum mal que tenha de ser conhecido; a aparência do mal só surge por se considerar as partes do universo como se existissem por si mesmas [...] O ponto de vista de Spinoza é destinado a libertar os homens da tirania do medo. "Um homem livre, no que pensa menos, é na morte; sua sabedoria é uma meditação não acerca da morte, mas da vida." Spinoza viveu inteiramene de acordo com este preceito. No último dia de sua vida, estava inteiramene calmo, não exaltado, como Sócrates no *Fédon*, mas conversando como o teria feito em qualquer outro dia sobre assuntos do interesse de seu interlocutor. Ao contrário de alguns filósofos, não só acreditava em suas doutrinas, como as praticava; não sei de nenhuma ocasião em que ele, apesar de grande provocação, se visse arrastado à exaltação ou à cólera, que sua ética condenava.

BERTRAND RUSSEL
História da Filosofia, capítulo x.
São Paulo: Cia. Editora Nacional, 1957

O sistema de Spinoza pertence mais propriamente ao curso do pensamento europeu do que a uma história da filosofia judaica. O objetivo primordial da filosofia judaica até esse tempo – interpretar e validar a religião do judaísmo em termos filosóficos – perdera o sentido para Spinoza desde o começo mesmo de sua obra. Sua filosofia coloca-se em profunda oposição à religião judaica, não só com respeito à forma dogmática tradicional, como também às convicções últimas. Desde o início, Spinoza reconheceu esse fato de maneira muito clara e abandonou a tentativa de conciliar a oposição, sem qualquer empenho em harmonizá-la. A crítica apresentada no *Tratado Teológico-Político* é testemunha desse reconhecimento íntimo, que domina todos os seus trabalhos filosóficos. Separada de qualquer conexão com a religião judaica, sua filosofia não é mais dirigida aos crentes no judaísmo, mas à comunidade dos pensadores europeus, unidos pela ideia de uma verdade autônoma. Sua influência se exerceu exclusivamente fora das fronteiras do mundo do judaísmo, encontrando seu lugar por inteiro no âmago da história da filosofia moderna. Somente quando o judaísmo se prendeu à vida espiritual das nações europeias, o pensamento spinoziano teve algum acesso e influência sobre o mundo judeu. Spinoza esteve envolvido com a filosofia judaica apenas na medida em que esta serviu como uma das causas formativas do seu pensamento. Filósofos judeus mais antigos propiciaram-lhe a primeira entrada no universo da filosofia, e graças a um esforço contínuo e diligente, adquiriu um conhecimento pormenorizado de suas doutrinas. A correspondência e, mais ainda, o *Tratado Teológico--Político* mostram que até na maturidade tinha conhecimento profundo e abrangente das obras daqueles pensadores. O *Tratado* processa-se sobretudo com base em filósofos medievais. Por certo, de um ponto de vista filosófico, isso não é muito importante, porque Spinoza não usou as teses de tais autores para desenvolver o seu próprio sistema, mas para promover a sua polêmica contra a *Bíblia*. No entanto, a influência deles sobre o seu sistema, embora não aparente, foi significante. A visão de mundo erigida pelos filósofos judeus, que era uma síntese de elementos aristotélicos e neoplatônicos, exerceu efeito decisivo sobre o pensamento spinoziano e tomou nova vida em seu sistema, embora numa forma modificada. Mesmo que, como Spinoza afirmava, a transferência dessa cosmovisão para o solo judeu tivesse enfraquecido ou destruído completamente seus principais objetivos, as discussões e controvérsias dos filósofos judeus amiúde concerniam à forma original dessas ideias, e eles desenvolviam seus argumentos com abrangência e clareza... Sem dúvida, filósofos judeus como Maimônides, Gersônides e Crescas, que exerceram uma forte e contínua influência sobre Spinoza, estão inteiramente distantes do panteísmo desse último. É possível que outras fontes judaicas, como os comentários bíblicos de Abraão ibn Ezra e a literatura da Cabala desempenhassem algum papel na formação de seu panteísmo, mas isso é incerto.

JULIUS GUTTMAN
A Filosofia do Judaísmo.
São Paulo: Perspectiva, 2003.

Nisso, discípulo de Maimônides, Spinoza jamais duvidou do direito da ciência. Os esforços científicos desse filho do século XVII o conduziram a resultados fundamentalmente diferentes dos ensinamentos de Maimônides. Spinoza tinha, ao que parece, a possibilidade de preservar o elo com o judaísmo, interpretando a Escritura, a exemplo de Maimônides, em função do que ele mesmo tinha por verdadeiro. Esta possibilidade lhe foi barrada tanto por uma inteligência obstinada pelo sentido e pelo valor próprios do texto da Escritura, em oposição a todos os artifícios da interpretação, quanto pelos elementos humanistas e reformadores que determinavam o espírito da época. O resultado não podia ser senão a consciência de uma distância face à Escritura. A percepção de seu caráter "vulgar", em forma e conteúdo, e a compreensão de seu caráter não científico eram, ao mesmo tempo, a consciência da superioridade do espírito científico relativamente à Escritura. Em um século no qual a ciência não era entendida como acabada em sua essência, mas como em contínuo progresso, era inevitável que essa superioridade fosse compreendida como marca de uma etapa mais avançada do pensamento humano. Não é, no entanto, a cientificidade enquanto tal que se encontra posta em questão pela Escritura? Não revela a Escritura uma outra razão de viver, uma tarefa totalmente outra da ciência, a saber, a obediência à lei revelada de Deus? Mas o espírito que se encontra persuadido de conhecer a finalidade da vida e que dispõe de toda a independência nos caminhos que para ali o conduzem, tal espírito não empresta nenhum interesse a qualquer autoridade diretora que seja e, portanto, também à Escritura. Desde que para ele a perfeição do homem consiste na liberdade e a liberdade numa autodeterminação soberana, ele rejeita como forma de servidão a atitude prescrita pela Escritura. Despreza o princípio moral próprio da Escritura. Indiferente, não preocupado, imperturbado, mas seguro de seu espírito, assim Spinoza se mantém face à Escritura.

LEO STRAUSS
La Critique de la religion.
Paris: CERF, 1996.

O gênio excepcional de Spinoza proporcionou-lhe duas posições de grande importância na história da filosofia: de um lado, ele levou a soluções inéditas e finais vários problemas da filosofia judaica medieval; do outro, deu um impulso enorme ao desenvolvimento da filosofia ocidental moderna. Apresentaremos a seguir alguns problemas da filosofia judaica medieval e as soluções que lhes deu Spinoza.

1. Atributos

O problema dos atributos de Deus preocupou os filósofos medievais, judeus, cristãos e muçulmanos. Seria possível atribuir a Deus qualidades sem com isso enquadrá-Lo nas categorias de seres criados? Chamá-Lo de "bom" não equivaleria a compará-Lo a outros seres "bons"? Julgá-Lo "poderoso" não significaria enquadrá-Lo na categoria dos demais seres poderosos, enquanto Deus deveria permanecer muito acima e totalmente além das criaturas?

A solução do judaísmo clássico, ou seja, bíblico, foi a condenação de toda teologia, de toda tentativa de formular atributos de Deus. "Não farás para ti figura nem representação qualquer de tudo que está no céu acima, nem na terra embaixo, nem nas águas debaixo da terra", reza o segundo mandamento (*Êxodo* 20, 4). Isso não se refere apenas à representação de Deus pelas artes plásticas, mas também, e principalmente, à representação de Sua essência no pensamento, na teologia. Quando Moisés, num momento particularmente difícil da sua missão, rogou que Deus Se lhe mostrasse, recebeu a resposta que "Nenhum mortal pode ver Deus e continuar vivo" (*Êxodo* 33, 20). O máximo que Deus pôde conceder ao Seu fiel servidor foi colocá-lo numa das cavernas do deserto montanhoso do Sinai, colocar Sua mão protetora sobre a entrada e, depois de ter passado, tirá-la e deixar Moisés ver... não o ser de Deus, mas os rastros de Sua passagem. Conforme essa metáfora, o judaísmo clássico tem que se restringir a procurar "os rastros de Sua passagem", seja na história, seja na natureza; jamais ousar procurar o Seu ser.

No encontro do judaísmo com a filosofia grega surge a reflexão sobre a essência de Deus, a teologia. No entanto, a procura teológica continua, na filosofia judaica medieval, carregada de fortes dúvidas, o que leva à doutrina dos "atributos negativos" de Maimônides: não é possível formular atributos positivos da substância divina, pois todos esses atributos são derivados da análise de substâncias finitas e, portanto, enquadrariam o Infinito em categorias do finito. O que é possível, no entender de Maimônides, é formular "atributos negativos" de Deus, dizer o que Ele não é. Não posso dizer que Ele é visível, mas sim que é invisível, imortal etc.

Spinoza, por sua vez, resolveu esse problema de forma totalmente inédita: a substância divina não é comparável a outras substâncias pelo simples fato de que é a *única* substância. Pois segundo a terceira definição da primeira parte da sua *Ética*, uma substância é "o que existe em si e por si é concebido, isto é, aquilo cujo conceito não carece do conceito de outra coisa do qual deva ser formado". Essa definição aplica-se unicamente a Deus, que é a única substância.

Ora, essa única substância que é Deus, segundo a definição número seis de Spinoza, contém "um número infinito de atributos, cada um dos quais exprime uma essência eterna e infinita". Desse número infinito de atributos, somente dois são conhecidos por nós: o atributo da extensão (a corporalidade) e o atributo do pensamento. Esses dois atributos perfazem o que costumamos chamar "natureza".

Deus é natureza. A natureza é o que de Deus é acessível para nós. Mas Deus não é somente natureza, é muito mais. Além dos dois atributos que conhecemos e que perfazem a natureza, Deus possui um número infinito de atributos que desconhecemos. Portanto, Spinoza não era panteísta, o que costuma-se dizer, mesmo entre os especialistas. Pois o panteísmo postula a identidade entre natureza e Deus. Essa identidade não existe para Spinoza. Embora a natureza seja Deus, Este não é natureza, é muito mais que isso. O "panenteísmo" é comum no misticismo religioso, desde a Idade Média até nossos dias. Moisés ben Azriel, no século XIII, diz: "Tudo está Nele e Ele vê tudo, pois Ele é todo percepção, embora não tenha olhos, pois Ele tem o poder de ver o universo dentro do Seu próprio ser". Ben Azriel expressava então uma posição não panteísta mas panenteísta, e sua visão de Deus assemelhava-se à de Rav Kuk, para quem "tudo está em Deus, embora Deus seja mais que tudo".

II. Contradições

Outro problema que perturbou os teólogos em todos os tempos é a contradição entre a onipotência divina e o livre-arbítrio do homem. Ambas as noções são indispensáveis para uma visão religiosa do mundo: como imaginar um Deus que não seja onipotente? Simplesmente não seria Deus. E é igualmente difícil conceber uma lei divina, sem que o homem tenha o poder de obedecê-la ou desobedecê-la. O problema já está formulado no *Pirkei Avot* (*Ética dos Pais*) III, 16, onde R. Akiva afirma: "Tudo está previsto, mas o livre-arbítrio é dado".

Durante a Idade Média, os filósofos religiosos, judaicos, cristãos e muçulmanos, fizeram inúmeras tentativas de eliminar essa contradição. Spinoza resolveu o problema, negando totalmente a livre vontade tanto de Deus como dos homens.

Para Spinoza, a atribuição de uma vontade a Deus implica a diminuição da Sua onipotência. Se Ele criou apenas o que queria criar, poderia ter criado mais. Limitou-se, dessa forma, a capacidade criadora de Deus, por causa da Sua vontade. Se tivesse criado tudo que podia, Sua vontade seria limitada, pois mesmo querendo não poderia ter criado mais. Para não limitar a potência de Deus, Spinoza nega Sua vontade. E sendo o homem parte de Deus, também o homem não pode ter um livre-arbítrio. É evidente que essa solução contraria profundamente os ensinamentos das religiões, particularmente do judaísmo, acerca da responsabilidade moral do homem.

III. Conhecimento

Diz Spinoza no seu *Tratado Político-Teológico*, no prefácio dessa grande obra sobre o judaísmo e as religiões em geral:

O conhecimento revelado não tem outro objetivo a não ser a obediência e é, portanto, totalmente diferente do conhecimento natural, das ciências e da filosofia, tanto na sua finalidade, como nos seus princípios e métodos; de modo que estes dois tipos de conhecimento não têm nada em comum e podem ocupar, cada um, o seu próprio espaço sem se contradizerem mutuamente e sem que um precise ser subserviente ao outro.

Com essa observação, Spinoza dava sua solução radical a mais um problema da filosofia religiosa medieval: como se relacionam a filosofia e a ciência de um lado, com a revelação religiosa do outro? Seria a primeira apenas servidora da teologia, fornecendo-lhe a necessária metodologia? Ou, como argumentou o grande filósofo judaico do século X, Rabi Saádia Gaon, daria a revelação ao homem apenas verdades às quais poderia chegar também pelo exercício das suas faculdades racionais?

Através dessa solução do problema, Spinoza dava cobertura filosófica à visão ortodoxa do judaísmo, quatorze anos depois de ter sido excomungado por essa mesma ortodoxia. Que a religião judaica fosse obediência incondicional a todos os pormenores de uma Lei revelada, é convicção básica da ortodoxia judaica. Spinoza acrescentava ainda que essa Lei é inatingível e totalmente fora do alcance da crítica das ciências e da filosofia.

Não deixa de ser uma das grandes ironias da história que a ortodoxia judaica tivesse recebido uma justificação filosófica exatamente da parte daquele filósofo que excomungou.

WALTER I. REHFELD
Spinoza e o Pensamento Judaico Medieval, *Nas Sendas do Judaísmo.*
São Paulo: Perspectiva, 2003, p. 84-87.

Sobre o projeto de uma ontologia pura haveria de se perguntar: o que faz com que Spinoza chame a essa ontologia pura uma *Ética*? A ontologia pura de Spinoza se apresenta como a posição única absolutamente infinita. A substância única absolutamente infinita é o ser. O ser enquanto Ser. Os entes já não serão seres, serão o que Spinoza chama de modos, os modos da substância absolutamente infinita. O que é um modo? É uma maneira de ser. Os entes ou os existentes não são os seres, apenas têm como ser a substância absolutamente infinita. Então, nós, que somos os entes, nós que somos os existentes, não seremos seres; seremos maneiras de ser dessa substância. Qual é o sentido imediato da palavra "ética", em que ela se distingue da moral? Uma ciência prática das maneiras do ser. A maneira de ser é precisamene o estatuto dos entes, dos existentes, desde o ponto de vista de uma ontologia pura. Em que é diferente de uma moral? O objeto da ética, quer dizer, da etologia, é buscar compor uma paisagem que seria a paisagem da ontologia, das maneiras de ser no Ser. Em uma moral temos sempre a seguinte operação: você faz alguma coisa, você próprio a julga. É o sistema do juízo. A moral é o sistema do juízo. Do duplo juízo: você julga por si mesmo e é julgado. Os que têm gosto pela moral são os que possuem gosto pelo juízo. Julgar implica sempre uma instância superior ao Ser, implica sempre algo superior a uma ontologia, implica sempre um mais que o Ser: o Bem que faz ser e faz atuar é o Bem superior ao Ser, é o Uno. O valor expressa essa instância superior ao Ser. Então, os valores são o elemento fundamental do sistema de juízo. Para julgar, vocês sempre se referem a esta instância superior ao Ser. Na ética é totalmente diferente; já não se julga. De certa maneira, se diz: "qualquer coisa que se faça, só terá que merecê-lo". Alguém diz ou faz algo; você não o relaciona com os valores. Mas se pergunta: como isso é possível? Como é possível internamente? Em outros termos, você relaciona a coisa ou o que foi dito ao modo de existência. Como se há de ser para se fazer ou dizer isso? Buscam-se os modos de existência envolvidos e não os valores transcendentes. É a operação da imanência... As pessoas, as coisas, os animais se distinguem pelo que podem, o que quer dizer que não podem a mesma coisa. O que é que posso? Nunca um moralista definiria um homem pelo que pode. Um moralista define um homem pelo que é, pelo que é de direito. Então, um moralista define o homem como um animal racional. É a essência. Spinoza nunca define o homem como animal racional; o define pelo que pode em corpo e alma. Se digo que "racional" não é a essência do homem, e sim que é algo que o homem pode, a questão muda completamente. O "irracional" é também algo que o homem pode. Estar louco também faz parte do poder do homem.

GILLES DELEUZE
En Medio de Spinoza.
Buenos Aires: Cactus, 2006, p. 45s.

Spinoza tem sido e ainda é uma das personalidades mais controvertidas da filosofia e do judaísmo. O debate contra e a favor de Spinoza não arrefeceu até hoje, nem em geral nem no pensamento judaico; ultimamente, foi permeado também por fortes sentimentos relativos à personalidade de Spinoza, não ficando restrito apenas à sua filosofia. [...]

[...] Temos agora à nossa disposição diversos trabalhos de *scholars* sobre a aceitação moderna de Spinoza, mas ainda não existe nenhuma visão abrangente da reação a Spinoza pelos anteriores. [...]

Moisés Mendelssohn (1729-1786) foi o primeiro pensador judeu com uma visão mais ou menos equilibrada do pensamento de Spinoza, ainda que ambivalente e parcial. Rejeitou seu "ateísmo", mas estava muito desnorteado e aflito pelo fato de Lessing, seu amigo mais próximo, considerar-se, ele mesmo, um spinozista. Sua controvérsia com Jacobi sobre o alegado spinozismo de Lessing, abrindo a caixa de Pandora da famosa "querela do panteísmo", no final do século XVIII, precipitou sua morte prematura. Embora pouco tenha mencionado o *Tratado Teológico-Político*, essa obra influenciou consideravelmente suas próprias concepções religiosas e de Estado. [...] Mas sua polêmica correspondência com Jacobi também contribuiu para o renovado interesse de Herder, de Fichte e de Schelling pela filosofia de Spinoza. O fato de Mendelssohn ter sido um dos primeiros filósofos – no pensamento judaico e em geral – a avaliar a filosofia de Spinoza de uma maneira mais ou menos histórica e reflexiva, caiu no esquecimento. Mendelssohn considerou o dualismo de Spinoza em matéria e espírito (extensão e pensamento) como representação de certo estágio preparatório do conceito de Leibniz da "harmonia preestabelecida". [...] "Antes que em filosofia fosse possível passar do sistema de Descartes para o de Leibniz, alguém tinha que cair no profundo abismo que separa os dois. Esse foi o triste destino de Spinoza. Quanta compaixão seu destino provoca. Ele foi uma vítima da luta humana pela razão, mas uma vítima que deve ser condecorada com flores. Não fosse por ele, a filosofia nunca teria expandido seus limites como o fez".

[...]

Solomon Maimon (c. 1753-1800), [...] tinha Spinoza em alta estima. Em sua famosa autobiografia ele descreveu a familiaridade adquirida com a filosofia de Spinoza como uma mudança crucial no desenvolvimento de sua própria filosofia. [...] A propósito, ele refutava a acusação de que o sistema de Spinoza era ateísta; ele o caracterizava como acosmismo (*akosmismus*), uma definição da filosofia de Spinoza que hoje em dia se atribui a Hegel, mas que se originou de S. Maimon.

Muitos dos pensadores judeus do XIX eram menos favoráveis a Spinoza. Heinrich Graetz (1817-1891) [...] definia Spinoza como "profanador do judaísmo" e rejeitava todos os juízos de valor históricos do *Tratado Teológico-Político*. Não obstante, ele também escreveu a seu amigo Moses Hess (1812-1875), spinozista entusiástico, que ambos eram spinozistas, Hess completamente e ele, Graetz, três quartos...

Hermann Cohen (1842-1918) era ainda mais franco em sua hostilidade. No ensaio "A Relação de Spinoza com o Judaísmo", chama Spinoza de "blasfemo e apóstata". Essa expressão virulenta despertou a repugnância de, entre outros, Franz Rosenzweig (1886-1929), a despeito de sua profunda amizade com Cohen, e afirmou que "a avaliação de Spinoza por Cohen era distorcida". Ernst Simon atacou a posição de Cohen em seu "Zu Hermann Cohens Spinoza-Auffassung", de 1935.

O mais acerbo e venenoso adversário de Spinoza foi o rabino ortodoxo, filósofo, poeta e intérprete bíblico Samuel David Luzzatto (1800-1865), autor dos artigos (ou, mais precisamente, panfletos) *Contra Spinoza*. Seu "ódio de Spinoza" (em suas próprias palavras) não tinha limites. [...] "O pensamento de Spinoza é totalmente contrário à *Torá* e por isso eu o odeio". [...]

Luzzatto levantava as seguintes acusações contra Spinoza: 1. Panteísmo = ateísmo. 2. A ética de Spinoza é falsa por substituir o sentimento pela razão, a misericórdia pelo autointeresse. 3. Determinismo em vez de autodeterminação. 4. Spinoza nega a existência dos fins, particularmente dos divinos. 5. Em sua crítica bíblica, Spinoza nega que a Torá seja de autoria de Moisés. 6. No Tratado Teológico-Político, ele malsina o judaísmo e lisonjeia o cristianismo. [...] Algumas dessas acusações têm razão de ser (e.g. 2, 4, 5), mas Luzzatto as distorce além de toda proporção para caluniá-lo. Moses Hess foi o primeiro a apontar a incompreensão crítica de Luzzatto acerca da filosofia spinoziana. [...]

Mesmo no século XX o historiador judeu Israel (Fritz) Baer [Yitzhak Fritz Baer (1888-1980)] afirmou que a crítica bíblica e a das tradições religiosas judaicas feitas por Spinoza apresentava um antissemitismo e um ódio a si próprio de coloração cristãs. Julius Guttman (1880-1950), o eminente erudito da filosofia judaica e de sua história, apesar de sua importante contribuição à compreensão da filosofia de Spinoza e sua relação com o judaísmo não se conteve ao falar acerca do "ódio veemente da religião da qual desertara". Todos esses ataques foram exagerados e fortemente tendenciosos.

Há, é claro, também o outro lado. Desde o século XIX, encontramos um crescente número de *scholars* judeus que não apenas respeitam a filosofia de Spinoza mas empenham-se em revelar suas relações patentes ou latentes com o judaísmo [...].entre eles estava Moses Hess [...]. Ele se considerava um *Juenger* (discípulo) de Spinoza, e apresentou a filosofia de Spinoza, em particular em seu *Roma e Jerusalém*, como a última e definitiva manifestação do espírito do judaísmo. Também seu amigo íntimo, em seus anos de juventude, Berthold Auerbach (1812-1882), compartilhava de sua devoção a Spinoza. [...] O interesse de Auerbach em Spinoza, estimulado ao ficar sabendo do destino trágico de Uriel da Costa, inspirou sua primeira novela *Spinoza, ein Denkerleben* (Spinoza, a Vida de um Pensador, 1837), começando com a participação (fictícia) do jovem Spinoza no enterro de Da Costa e terminando com uma identificação simbólica de Spinoza com o Messias. O livro reforçou o *background* judaico do jovem Spinoza. Isto o impeliu a traduzir a obra de Spinoza para o alemão. É dele a primeira edição alemã das obras completas de Spinoza, incluindo uma introdução biográfica que também chamou a atenção para os elementos judaicos da vida e do pensamento de Spinoza.

O mais original filósofo judeu na primeira metade do século XIX – Nachman Krochmal (1785-1840) – também era familiarizado com Spinoza. Embora em seu (hebraico) *Guia dos Perplexos Para os Nossos Tempos* (1851), o mencione apenas uma vez como "o filósofo Baruch", ele ressaltou que se deveria estudá-lo a fim de adquirir uma compreensão clara de nossa essência (a de Israel). Seu filho, Abraham Krochmal (c. 1818-1888), um *scholar* e escritor cujos interesses eram a *Bíblia* e o *Talmud* [...] era muito atraído e impressionado com Spinoza, em particular com sua crítica à *Bíblia*. "Ele foi o primeiro a reconhecer Spinoza como a fonte original da crítica textual da Bíblia." Seu livro *Even ha-Roscha* (1871), consagrado a Spinoza, foi composto na forma de uma (provavelmente fictícia) conversação entre ele, seu pai e sua irmã Kunah (também uma pessoa muito instruída) sobre a filosofia spinoziana.[...]

O mais ardoroso admirador de Spinoza entre os iluministas e intelectuais judeus do século XIX na Europa Oriental foi Solomon Rubin (1823-1910). Seu *More Nevukhim he-Hadasch* (Novo Guia dos Perplexos, 2 v., 1857) foi consagrado à *Ética* de Spinoza e ao *Tratado Teológico-Político*. É válido de nota que ambos, N. Krochmal e Rubin, publicaram seus pensamentos filosóficos com títulos que parafraseiam os trabalhos famosos de Maimônides, porém destacando ao mesmo tempo a necessidade de adaptá-los aos tempos modernos ("de *nossos* tempos", "o *novo* guia"). Solomon Maimon já havia feito isso em seu hebraico *Givat Hamoré*, formulando seus próprios pensamentos filosóficos como um comentário para a primeira parte do *Guia dos Perplexos*, de Maimônides. O livro de Rubin estimulou a ira de Luzzatto e deu nascimento a uma controvérsia veemente entre eles. Rubin também escreveu sua dissertação doutoral (em alemão) sobre *Spinoza e Maimônides* (1869), e dois outros livros em hebraico sobre Spinoza – *Hegyonot Spinoza* (Meditações de Spinoza, 1897) e *Baruch Spinoza* (1910). Ele traduziu a *Ética* para o hebraico com o ambicioso título *Heker Eloha im Torat-ha-Adam* (Em Busca de Deus e da Teoria do Homem, 1885), assim como a póstuma *Gramática Hebraica* sob o título *Dikduk S'fat Ever* (A Gramática da Linguagem dos Hebreus, 1905). Ambas as traduções, no antiquado estilo hebraico dos iluministas judeus, são praticamente ilegíveis agora. Elas não têm valor científico, se alguma vez tiveram, mas testemunham o esforço de Rubin em restaurar Spinoza em sua língua nativa e, *a fortiori*, destacar a importância de sua mensagem filosófica para o movimento do Iluminismo judaico. Desse ponto de vista, eles representam um importante gesto da reintegração de Spinoza no pensamento judaico moderno.

[...]

ZE'EV LEVY
Baruch or Benedict: On some Jewish Aspects of Spinoza's Philosophy.
New York: Peter Lang, 1989.

Esta obra de juventude, *Tratado da Correção do Intelecto*, provavelmente composta entre 1657 e 1661, articula-se diretamente em torno da questão dos fins últimos do homem. Spinoza estava, com efeito, decidido a procurar "um bem verdadeiro, capaz de ser comunicado e [...] cuja descoberta e posse tivessem como fruto uma eternidade de alegria contínua e soberana". Essa procura é totalmene representativa da inspiração mais fundamental do espinozismo.

O plano da obra é bastante complexo porque Spinoza fá-lo sofrer, à medida que vai redigindo, certas modificações. Além disso, o texto está inacabado. Tudo isso confere ao *Tratado* um aspecto pouco conforme ao estilo habitual das grandes obras do filósofo holandês.

Esse *Tratado* é colocado sob o signo de um desígnio moral que os seus oito primeiros parágrafos explicitam: trata-se de empreender uma "reforma do entendimento". Mas a palavra "reforma" constitui uma tradução imperfeita do latim *emendatio* que quer antes dizer "purificação". Com efeito, a vocação do *Tratado* é catártica.

A exposição hierárquica dos diferentes modos de conhecimento possíveis e dos seus respectivos valores (parágrafos 9 a 25) não é, pois, uma descrição dos mecanismos passivos do entendimento; é antes um apelo à reflexão autônoma. Spinoza distingue três gêneros de conhecimento: o conhecimento vago, empírico, ou por ouvir dizer, o conhecimento racional discursivo e o conhecimento intuitivo – embora racional –, ou a percepção imediata das ligações racionais. Esse "terceiro gênero" de conhecimento fez correr muita tinta; é preciso, pelo menos, evitar ver nele uma experiência mística. Por fim, é preciso notar que do primeiro gênero de conhecimento até aos modos racionais não existe passagem progressiva possível: não podemos nos colocar senão de imediato no conhecimento intelectual.

Os parágrafos 26 a 31 são consagrados à questão do método (o que muitas vezes levou a comparar o *Tratado* ao célebre *Discurso* de Descartes). Segundo Spinoza, o método de acesso à verdade não tem que ser procurado previamente; pelo contrário, é preciso estar na posse de uma ideia verdadeira (sem a verdade, por ela própria, o seu próprio critério: *verum index sui et falsi*) para daí tirar reflexivamente os princípios de um método. O que faz a verdade ou a falsidade de uma ideia não é a sua correspondência ideal com o objeto que lhe seria exterior, mas o fato de ser completa, adequada (isto é, total) ou, pelo contrário, mutilada, parcial.

A partir do parágrafo 32, Spinoza desenvolve os imperativos do método. É preciso distinguir as ficções (parágrafo 33 a 39) das ideias falsas (parágrafos 40 a 42) ou duvidosas (parágrafo 43). O parágrafo 44 é consagrado a uma análise da memória. Os parágrafos 45 a 48, à distinção entre o entendimento e a imaginação. Em seguida (parágrafos 49 a 56), encontra-se uma teoria da definição. Nos parágrafos 57 a 60, Spinoza ordena o conhecimento dos seres, começando pelo das coisas eternas, porque incriadas. Mas esse conhecimento supõe o do entendimento, que se torna, assim (parágrafo 61), o objeto da investigação. O *Tratado da Correção do Intelecto* é interrompido após uma investigação da natureza do entendimento, a partir de suas propriedades (parágrafos 62 a 72).

O inacabamento do *Tratado* foi objeto de numerosas hipóteses. Os discípulos de Spinoza, ao publicarem a obra, alegaram a falta de tempo. É igualmente possível que o filósofo tenha abandonado a obra assim que se apercebeu, de acordo com o ensinamento do próprio *Tratado*, que um método prévio era inútil, ou antes, se confundia com o próprio exercício do pensamento filosófico (que o *Breve Tratado* e a *Ética* vão desenvolver); é esta a hipótese de Alexandre Koyré, que traduziu a obra.

O *Tratado* está muito longe de ter conhecido o êxito da *Ética*, ou até do *Tratado Teológico-Político*. O seu incabamento e construção dispersa estão, sem dúvida, na origem dessa desafeição. O texto contém, todavia, todos os elementos do spinozismo definitivo.

DENIS HUISMAN
Dicionário das Mil Obras de Filosofia.
Porto: Porto, 2001.

Spinoza. "Não há esperança sem temor, nem temor sem esperança". Círculo fatal. O temor é tristeza e prisão, a esperança dele sai e a ele volta: labirinto. A imaginação se acorrenta a suas fantasias; o inferno e o paraíso torturam igualmente. Labirinto dos labirintos: esperar, temer, o bem, o mal... A própria vida. Deter-se. Compreender que isso não é nada; "a experiência me havia ensinado que todas as ocorrências mais frequentes da vida ordinária são vãs e fúteis..." Falsos prazeres, verdadeiro sofrimento: da esperança frustrada nasce uma "tristeza extrema". E que esperança não é frustrada? Não há esperança que não seja "impotência da alma" e promessa de tristeza. Em lugar da qual o sábio nada espera. Que teria ele a temer? Spinoza mostra-o bem, contra Descartes: Deus não tem de *criar* a verdade, porque ele é a verdade eterna, incriada. A verdade está por inteiro no campo do ser. A ignorância não a atinge, nem a mentira. É por isso que os céticos não lhe subtraem nada: dizer que a ignoram é reconhecer que ela existe; negar que ela existe é confessar que a ignoram. Os mentirosos tampouco: a verdade que alguém oculta não deixa de ser verdadeira, e disfarçá-la é ainda submeter-se a ela... A verdade tampouco tem história. Não se torna verdadeira nem falsa; ela não se torna, ela *é*. E por ser, é eterna. Ideia difícil sobre a qual será necessário retornar... Digamos apenas que Spinoza parece-me, neste ponto, de uma profundidade inigualada, que mostra que todo conhecimento adequado, racional ou intuitivo, é sempre conhecimento "sub specie aeternitatis".

ANDRÉ COMTE-SPONVILLE
Tratado do Desespero e da Beatitude.
São Paulo: Martins Fontes, 1997.

ALGUMA BIBLIOGRAFIA RECENTE
E ENDEREÇOS ELETRÔNICOS

A filosofia do final do século XX e início do XXI tem dado novamente importância ao pensamento de Spinoza. É prova desse interesse a bibliografia e os centros de estudo que o tomam como referência ou fonte de discussões. Por esse motivo, apresentamos abaixo algumas obras e fontes que exemplificam tal disposição.

BALIBAR, Etienne. *Spinoza et la Politique*. Paris: PUF, 2011.

BLANCO-ECHAURI, Jesus (org.). *Spinoza, Ética y Política*. Santiago de Compostela: Publ. Universidade de Santiago de Compostela, 1999.

BUNGE, Wiep van; KROP, Henri; VAN DE VEN, Jeroen M.M.; STEENBAKKERS, Piet (eds.). *The Continuum Companion to Spinoza*. New York: Continuum, 2011.

BUSSE, Julien. *Le Problème de l'essence de l'homme chez Spinoza*. Paris: Publ. de la Sorbonne, 2009.

CHAUÍ, Marilena. *A Nervura do Real*. São Paulo: Companhia das Letras, 1999.

CISCATO, Contanza. *Spinoza e la Stoa (Per una fondazione ontologica)*. Padova: Cedam, 2006.

FERREIRA, Maria Luísa Ribeiro. *Uma Suprema Alegria*. Coimbra: Quarteto, 2003.

GARRETT, Don (ed.). *The Cambridge Companion to Spinoza*. Cambridge: Cambridge University Press, 1996.

HUGUET, Montserrat Galcerán; PINO, Mario Espinoza (dir.). *Spinoza contemporáneo*. Ciempozuelos: Tierradenadie, 2009.

JAQUET, Chantal. *Sub specie aeternitatis*. Paris: Kimé, 1997.

388   SPINOZA: OBRA COMPLETA II

JAQUET, Chantal; SÉVERAC, Pascal; SUHAMY, Ariel (dir.). *La Multitude libre: Nouvelles lectures du Traité politique*. Paris: Éditions Amsterdam, 2008.

LEVY, Ze'ev. *Baruch or Benedict: On Some Jewish Aspects of Spinoza's Philosophy*. New York: Peter Lang, 1989.

MANZINI, Frédédric. *Spinoza, une lecture d'Aristote*. Paris: PUF, 2009.

MATHERON, Alexandre. *Études sur Spinoza et les philosophes de l'âge classique*. Lyon: ENS, 2011. (Collection La Croisée des Chemins)

NADLER, Steven. *Spinoza's Heresy: Immortality and the Jewish Mind*. New York: Oxford University Press, 2002.

NEGRI, Antonio. *Spinoza, L'Anomalia selvaggia: Spinoza sovversivo*. Roma: DeriveApprodi, 1998.

NOUVEL *Observateur*, Paris, n. 73, juil.-août 2009. Spinoza, Le maître de liberté (Hors-série.)

RIZK, Hadi. *Compreender Spinoza*. São Paulo: Vozes, 2006.

ROVERE, Maxime. *Exister, Méthodes de Spinoza*. Paris: CNRS, 2010.

VARDOULAKIS, Dimitris (org.) *Spinoza Now*. Minneapolis: Minnesota University Press, 2011.

Endereços Eletrônicos:

ASSOCIATION DES AMIS DE SPINOZA:
Disponível em: <www.spinozaeopera.net>. Acesso em: 16.9.2012.

GRUPO DE ESTUDOS ESPINOSANOS:
Disponível em: <www.fflch.usp.br/df/espinosanos>. Acesso: 16.9.2012.

MIDDLE TENNESSEE UNIVERSITY (PROCURAR STUDIA SPINOZIANA):
Disponível em: <http://www.mtsu.edu/>. Acesso em 23.10.2012.

NORTH AMERICAN SPINOZA SOCIETY:
Diponível em: <www.spinoza.us>. Acesso em: 16.9.2012.

NOTIZIARIO PERIODICO DI FILOSOFIA SPINOZIANA:
Disponível em: <www.fogliospinoziano.it>. Acesso em: 16.9.2012.

REVISTA CONATUS:
Disponível em: <www.benedictusdespinoza.pro.br>. Acesso em: 16.9.2012.

SPINOZA: OBRA COMPLETA
Plano da obra

V. I: (BREVE) TRATADO E OUTROS ESCRITOS
(Breve) Tratado de Deus, do Homem e de Sua Felicidade
Princípios da Filosofia Cartesiana
Pensamentos Metafísicos
Tratado da Correção do Intelecto
Tratado Político

V. II: CORRESPONDÊNCIA COMPLETA E VIDA

V. III: TRATADO TEOLÓGICO-POLÍTICO

V. IV: ÉTICA E COMPÊNDIO DE GRAMÁTICA
        DA LÍNGUA HEBRAICA

Este livro foi impresso na cidade de Cotia,
nas oficinas da Meta Brasil,
para a Editora Perspectiva.